CHINA
Roter Fluss
VIETNAM
Dien Bien Phu
Hanoi
Halong
Halongbucht
Golf von Tonkin
Hainan
(zu China)
Dien Chau
Vientiane
Nong Khai
Mekong
Dong Hoi
Udon Thani
Mu Gia
Mukdahan
Savannakhet
Khe Sanh
Hue
Khon Kaen
Maha Sarakham
LAOS
Da Nang
Hôi An
Isaan
Quang Ngai
Südchinesisches Meer
ND
My Lai
VIETNAM
Anlong Veng
Qui Nohn
yaprathet
Angkor Wat
Siem Reap
Prek Sbauv
Mekong
Tuy Hoa
Kompong Thom
Tonle-Sap-See
Trat
KAMBODSCHA
Nha Trang
Cam Ranh
Phnom Penh
iland
Bien Hoa
Chau Doc
Ho-Chi-Minh-Stadt
My Tho
Ben Tre
Can Tho
N
0
200 km

Tor Farovik

IN BUDDHAS GÄRTEN

Tor Farovik

IN BUDDHAS GÄRTEN

Eine Reise durch Vietnam,
Kambodscha, Thailand und Birma

Aus dem Norwegischen
von Knut Krüger

FREDERKING & THALER

Inhalt

We shall not cease from exploration.
And the end of all our exploring
Will be to arrive where we started
And know the place for the first time.

T.S. ELIOT

Vorwort

»Wer zu reisen versteht, hat keine festen Pläne und weiß nicht, wohin es ihn treibt«, schrieb der chinesische Philosoph Laotse vor über 2000 Jahren.

Dieses Buch wird Sie nach Vietnam, Kambodscha, Thailand und Birma (Myanmar) mitnehmen, und etwas widerwillig muss ich eingestehen, dass ich doch einen Plan habe. Vor uns liegen vier buddhistische Länder. Auf saftig grünen Hügeln erstrahlen die prächtigsten Tempel, während Weihrauchschwaden über die Dächer ziehen. Buddha verkündete die Botschaft der Barmherzigkeit, doch auch diese Länder blicken auf eine Vergangenheit zurück, die von Krieg und Gewalt geprägt ist. Für viele ist der Vietnamkrieg noch immer beunruhigend nah. Unter dem Terrorregime Pol Pots wurden über eine Million Kambodschaner auf dem Altar der Revolution geopfert. Während ich dies schreibe, werden Thailands südliche Provinzen von einem blutigen Konflikt zwischen der Regierung und einheimischen Muslimen heimgesucht. Und in Birma führen starrsinnige Generäle ein unbarmherziges Regime.

Als Nachbarn standen diese vier Länder jahrhundertelang in engem Kontakt miteinander. Über lange Phasen hinweg lebten sie in friedlicher Koexistenz, zu anderen Zeiten überfielen und töteten sie einander. Eines der größten und mächtigsten Reiche in diesem Teil Asiens wurde vor über 1000 Jahren gegründet, als die Angkor-Könige sich am Tonle-Sap-See im westlichen Teil Kambodschas ansiedelten. Viele der Tempel, die sie hinterließen, zeugen immer noch von dieser untergegangenen Epoche. »In der ganzen Welt findet man keine vergleichbaren Monumente«, schrieb der Engländer Robert J. Casey 1929 über die Tempelanlage von Angkor Wat. »Es ist unbeschreiblich. Der Besucher begnügt sich damit, es stumm zu bewundern.« Dem lässt sich nichts hinzufügen.

Im neunzehnten Jahrhundert begann für Kambodscha, ebenso wie für Vietnam, die Zeit der französischen Kolonialherrschaft. Birma wurde ein Teil des britischen Empire, während Thailand – was übersetzt so viel wie »freies Land« bedeutet – niemals von europäischen Mächten kolonialisiert wurde. Heute sind sie alle frei – wenn auch nicht ganz. Immer noch leiden sie an den Folgen früherer Kriege und Konflikte, und die allgegenwärtige Armut macht die Sache nicht einfacher. Auch Buddha ist allgegenwärtig. Für viele Reisende ist die Begegnung mit der erhabenen buddhistischen Kultur eine Quelle der Ruhe und Freude – aber auch der Verwunderung.

Diese Reise beginnt im ockergelb leuchtenden Hanoi, der vietnamesischen Hauptstadt, und endet im sagenumwobenen Mandalay, einer Stadt in Birma, die Rudyard Kipling in einem Gedicht aus dem Jahr 1889 folgendermaßen romantisierte: »*For the wind is in the palm-trees, and the temple-bells they say: ›Come you back you British Soldier, come you back to Mandalay!*‹« Viele Jahre sind seither vergangen, aber die britischen Soldaten kehren wohl nie mehr zurück. Doch noch immer rauscht der Wind in den Palmen, und das Läuten der Tempelglöckchen klingt so zauberhaft wie eh und je. Darum bin auch ich aufgebrochen – aus purer Freude, Neugier und Entdeckerlust –, habe endlose Strecken mit Auto, Bus und Zug und nicht selten mit dem Boot zurückgelegt. Unterwegs bin ich immer wieder rührender Gastfreundschaft begegnet und frage mich heute, zu wie vielen Tassen Tee ich auf meiner mühseligen Reise durch eine der schönste Landschaften Asiens wohl eingeladen wurde.

Dieses Buch ist das Resultat von insgesamt vier Reisen in die erwähnten Länder. Die längste von ihnen habe ich in der ersten Hälfte des Jahres 2005 unternommen. Es kann wie eine Reiseerzählung gelesen werden und beantwortet keinesfalls alle Fragen. Einige der geschilderten Begegnungen kamen zufällig zustande, andere nicht. Dessen ungeachtet hoffe ich natürlich, die Lust am Reisen sowie die Neugier auf fremde Länder und Kulturen ein wenig anzuregen. Die Literatur über diese Länder wird glücklicherweise immer unfangreicher.

Viele haben mir wertvolle Ratschläge gegeben. Mein besonderer Dank gilt dem Religionswissenschaftler Markus Aksland. Außerdem bedanke ich mich herzlich beim Norwegisch-Vietnamesen Dang Van Ty, dem Birmanen Khin Maung Win, dem Journalisten und Asienkenner Oddvar Lind sowie dem Reiseexperten des Norwegischen Rundfunks Jens A. Riisnæs. Für das Endresultat trage ich natürlich selbst die Verantwortung.

Nun wünsche ich Ihnen eine gute Reise, und denken Sie immer daran: In der Ferne läuten die Tempelglocken von Mandalay.

TOR FAROVIK
September 2006

Everybody needs his memories. They keep
the wolf of insignificance from the door.

SAUL BELLOW, SCHRIFTSTELLER

Eine ganz besondere Madame

Madame Noi starb vergangene Woche im Alter von 89 Jahren. Die kleine Frau mit den klassischen Gesichtszügen und dem straffen Haarknoten verwelkte und verging, wie zittriges Herbstlaub, das der Wind von den Bäumen löst. Die kurzen Wintermonate waren zu hart für sie. Sie ertrug den eisigen Wind nicht, der vom Roten Fluss herüberwehte und durch ihre undichten Fenster drang. Doch vor allem vertrug sie die Macht nicht mehr, jene Macht, die eines Tages anordnete, ihr Haus abzureißen. Ihr Haus! Das Haus, in dem sie seit 1954 gewohnt hatte. Es war untrennbar mit ihr verbunden gewesen, wie ein Körperteil. Nun schien ihr Leben mit einem Mal seinen Sinn verloren zu haben.

Das erste Mal begegnete ich ihr 1996. Als ich an ihre Tür klopfte, öffnete sie und fragte in fließendem Französisch: »Wer sind Sie, mein Herr?« Für einen kurzen Moment betrachtete ich stumm ihr dezent gepudertes Gesicht, die blinzelnden Augen, ihre schmale, wohlgeformte Nase, die rot geschminkten Lippen und ihr neues Gebiss. In den zurückgestrichenen schwarzen Haaren sah man nicht eine graue Strähne. Waren sie gefärbt? Gemessenen Schrittes führte sie mich die Treppe hinauf in den ersten Stock, wo sich das Zimmer Nummer fünf des Familienhotels befand. Wände und Decke verströmten einen frischen Geruch, das Mauerwerk war restauriert und der französische Kronleuchter von 1946 auf Hochglanz poliert. Madame Noi betätigte mit stolzer Miene den Schalter, worauf das hängende Kristallwunder den Raum bis in jeden Winkel erhellte.

»Das Begräbnis findet nächste Woche statt«, sagt ihr ältester Sohn mit gedämpfter Stimme.

Madame Nois Ehemann starb bereits 1962. Die Ehe währte kürzer als erwartet, doch lange genug, um zwei Söhne und eine Tochter hervorzubringen. Ich habe bereits früher vom Familienhotel am Truc Bac erzählt, vom

Speisesaal mit seinem ovalen Balkon und von der Liebe der Madame zur französischen Sprache, ja zu allem Französischen.

In den ersten Jahren nach dem Zweiten Weltkrieg arbeitete sie als Dolmetscherin für das Kultusministerium der Regierung, *Le ministère des Affaires culturelles*. Dann kamen die Kinder und das eintönige Leben in den eigenen vier Wänden. Doch Madame Noi fuhr damit fort, Selbstgespräche auf Französisch zu führen – selbst noch auf dem Totenbett. Am vorletzten Tag ihres Lebens hat sie für ihre Kinder noch ein französisches Gedicht deklamiert. Sie lag im Bett, das schneeweiße Laken bis unters Kinn gezogen. Ihre Stimme war kaum vernehmbar, doch wenn ich ihrem ältesten Sohn Glauben schenken darf, waren ihre letzten Worte unmissverständlich: »*... le grand finale.*«

Das große Finale kam gegen sechs Uhr in der Früh. Madame Noi tat ihren letzten Atemzug und schloss für immer die Augen.

»Sie war ein besonderer Mensch«, sagt ihr Sohn. »Außerdem stimmt es nicht, dass sie sich weigerte, Gäste zu bedienen, die ihr Essen nicht auf Französisch bestellen konnten.«

»Ach, nein?«

»Das ist eine Legende. Sie stand allen zu Diensten, ob sie nun Französisch sprachen oder nicht.«

Der Truc Bac ruht wie ein blanker Spiegel im Nordwesten Hanois. Nur ein schmaler Streifen Land trennt ihn vom weitaus größeren Westsee und vom Roten Fluss, der dem Gebirge im südwestlichen China entspringt. Auf seinem Weg von der Quelle bis zum Meer ernährt er Millionen von Menschen. Das Familienhotel, das jetzt abgerissen werden soll, liegt am Ostufer des Truc Bac, nahe einer Landzunge, auf der die Behörden einen kleinen Park mit Bäumen und Blumen geschaffen haben und natürlich auch mit Parkbänken, auf denen die Verliebten sich küssen. Sie haben richtig gelesen, auf den Steinbänken rund um den See, unter luftigen Trauerweiden, spielen sich die romantischsten Szenen ab.

Das letzte Mal habe ich fünf Tage lang bei Madame Noi gewohnt. Doch jetzt ist kein Platz für mich. Die Familie hat genug damit zu tun, die kondolierenden Gäste zu empfangen; trauernde Männer und Frauen gehen gesenkten Blickes ein und aus. Doch gibt es weitere Hotels in der Nachbarschaft, kleine Familienherbergen mit offenen Türen und möglicherweise ebenso schönen Balkonen wie bei Madame Noi. Aber wie könnte ich ihren je vergessen? Damals vermerkte ich in meinem Notizheft: »Und hier sitze ich doch tatsächlich auf Madame Nois Balkon, ein weiß gedeckter Tisch, Coq au Vin, ein edler französischer Rotwein, und blicke auf Tausende von

Radfahrern, ein Meer von Menschen und die Front alter verfallener Häuser mit französischer Architektur.«

Natürlich habe ich Madame Noi nie näher kennen gelernt. Doch habe ich eine Ahnung, dass der Sozialismus für sie ein wenig zu grau war. Nachdem Französisch von Russisch als wichtigste Fremdsprache abgelöst worden war, wurde ihr damit sozusagen die Lebensgrundlage entzogen. Viele Russen strömten ins Land, und ein Fünfjahresplan folgte auf den nächsten. Französisch, die Sprache der alten Kolonialmacht, wurde zunehmend zurückgedrängt, und langsam rückte der Krieg näher. 1966 fielen die ersten amerikanischen Bomben am Stadtrand von Hanoi. Präsident Lyndon B. Johnson hatte sich vorgenommen, die »Schlüsselinstitutionen« des Landes in Schutt und Asche zu legen.

»Und ich werde niemals den 26. Oktober 1967 vergessen«, sagt Madame Nois Sohn. »Wir waren gerade damit beschäftigt, Wäsche zum Trocknen aufzuhängen, da hörten wir am Himmel plötzlich einen lauten Knall. Ein Flugzeug brannte! Es war das Flugzeug von McCain.«

»John McCain?«

»Er rettete sich mit dem Schleudersitz und landete mit seinem Fallschirm mitten im See. Ich war damals erst vierzehn, kann mich aber noch genau daran erinnern. Ich ließ das weiße Laken fallen und lief einfach los. Die Leute strömten aus allen Richtungen zusammen. McCain strampelte hilflos im Wasser, während sich sein Fallschirm auf der Oberfläche ausgebreitet hatte. Mehrere Männer zerrten ihn an Land und verabreichten ihm erst mal eine ordentliche Tracht Prügel, bevor er abtransportiert wurde.«

Hier ist es also gewesen, am Truc Bac. Heute kennt man John McCain als weißhaarigen Senator von Arizona, doch in den sechziger Jahren war er Militärflieger im Vietnamkrieg und hatte an jenem Oktobertag den Auftrag erhalten, ein außerhalb von Hanoi gelegenes Elektrizitätswerk zu zerstören. Bevor es jedoch so weit kommen konnte, wurde seine F4 Skyhawk von einer vietnamesischen Luftabwehrrakete getroffen. Nach dem unfreiwilligen Bad im Truc Bac wurde er auf eine Ladefläche geworfen und ins Hoa Lo gebracht, ein berüchtigtes Gefängnis im Zentrum der Stadt. Amerikaner mit Galgenhumor nannten es »Hanoi Hilton«.

Madame Nois Sohn möchte mir die drei Meter hohe Steinskulptur zeigen, die an diese Begebenheit erinnert. Gemächlich machen wir uns auf den Weg und bleiben auf der schmalen Landbrücke stehen, die den Truc Bac vom Westsee trennt. »Hier ist sie«, sagt er. Eine eigentümliche Skulptur, soll sie Jesus am Kreuz zeigen? Nein, es ist John McCain, der mit leicht gebeugten Knien, sich an den Schnüren festhaltend, langsam zu Boden segelt. Vor einiger Zeit, zum 25-jährigen Jahrestag des Kriegsendes, wurde das Kunstwerk eingeweiht.

»Sie wissen doch sicher, wer die Skulptur enthüllt hat?«

»Nein.«

»John McCain.«

Wer gemütlich um den Truc Bac herumspaziert, braucht eine Viertelstunde. Der Weg führt unmittelbar am Wasser entlang, und die Banyanbäume, Palmen und Trauerweiden sind die gleichen wie eh und je. Doch die Bebauung am Ufer trägt sichtbare Zeichen der Verwandlung, besser gesagt, der Zerstörung. Die alten cremefarbenen Schönheiten mussten Bürogebäuden und klotzigen Hotels weichen. Das Dröhnen der Bulldozer erfüllt die Luft, während die Kräne dicht an dicht in den Himmel ragen. Das Sofitel Plaza, ein Monstrum von einem Hotelgebäude, ist bereits fertiggestellt. Dasselbe gilt für das Hanoi Lake View. Das noch im Bau befindliche Skyline Building scheint 24 Stockwerke hoch zu werden; die Arbeiter balancieren auf einem Bambusgerüst hin und her. Uns bleibt nichts anderes übrig, als unseren Schmerz in einer Tasse Tee zu ertränken, und zwar im altehrwürdigen Café Linh Trang, dessen Besitzer, ein alter Mann mit weißem, struppigem Bart, eine halbe Stunde benötigt, um das Wasser zum Kochen zu bringen.

Madame Noi soll in ihrem Heimatort begraben werden, der ein paar Kilometer entfernt liegt, unmittelbar am Roten Fluss. Ein ziemlich kleiner Ort, wie ich höre, der von einer grauen Mauer umgeben ist. Viele der Orte, die nördlich und westlich von Hanoi liegen, sehen so aus, denn im Lauf der letzten 2000 Jahre hat das mächtige China mehr als einmal versucht, Vietnam zu erobern – mit wechselndem Erfolg. Madame Nois Heimatdorf zählt nur 800 Einwohner, und die Mönche sind längst verständigt worden. Es soll ein würdiger Abschied werden, mit Weihrauch und Kerzenschein. Nachdem das letzte Mantra verklungen ist, soll sie außerhalb der Stadtmauer, auf einem sanften, mit immergrünen Bäumen bepflanzten Abhang zur letzten Ruhe gebettet werden. Familienmitglieder aus zwölf Generationen werden ihr Gesellschaft leisten; allzu einsam wird sie also nicht sein.

»Und ich werde sie so oft besuchen, wie ich kann«, versichert ihr Sohn.

Ein wenig betrübt über die verschandelte Umgebung verlasse ich den Truc Bac, tröste mich jedoch damit, dass Hanoi genug Seen hat. Im Herzen der Stadt liegt der Hoan Kiem. Vermutlich ist er ein wenig kleiner als der Truc Bac, aber was macht das schon, denn in seiner Mitte, auf einer winzigen Insel, ragt die verwitterte Schildkrötenpagode empor und bietet zu allen Zeiten des Tages einen hübschen Anblick. Nicht zuletzt in der Nacht, wenn sie, von Scheinwerfern in gelbliches Licht getaucht, wie ein stummer Zeuge vergangener Jahrhunderte wirkt.

Ich frage mich, ob es ein Hotelzimmer gibt, von dem aus man einen freien Blick auf die Schildkrötenpagode hat.

Ich schlendere zum Phu Gia, von außen betrachtet ein unansehnliches ockerfarbenes Hotel mit vier Stockwerken, betrete eine dunkle Lobby und entdecke die Rezeption hinter der ersten Tür rechts. Die Frau hinter dem Schalter sagt mir, dass alle Räume belegt seien. Die einzige Alternative sei das Zimmer Nummer 501, das sich gewissermaßen wie ein eigenes Haus auf dem Dach des Hotels befindet. Sie neigt den Kopf zur Seite und entschuldigt sich für den gepfefferten Preis: »Ganze achtzehn Dollar«, dafür sei das Zimmer aber noch zu haben. Nachdem ich mich kurz besonnen habe, beziehe ich hochzufrieden mein Domizil und frage mich, ob ich hier je wieder weg will.

Ein ganzes Dach für mich allein! Mit steinernem Tisch und steinernen Bänken und kleinen Pflanzen in blauweißen Töpfen. Mit Aussicht nicht nur auf den Hoan Kiem mit der Schildkrötenpagode, sondern auch auf das Pressehaus des vietnamesischen Parteiorgans *Nhan Dan* sowie das pompöse Ministerium für Kultur und Information. Von hier aus kann ich bestens überwachen, wann Kultusminister Pham Quang Ngi kommt und geht, und auch die Redakteure von *Nhan Dan* sollten sich nicht unbeobachtet fühlen. Drehe ich den Kopf zur Seite, erblicke ich die imposante St. Joseph-Kathedrale, eine katholische Kirche, die an Heiligabend 1886 eingeweiht wurde. In den harten sechziger Jahren blieben die Pforten geschlossen, doch nun stehen sie sperrangelweit offen, und wenn der Wind aus der richtigen Richtung kommt, höre ich die monotonen Gesänge aus dem großen neugotischen Kirchenraum. Es heißt, Vietnam habe sechs Millionen Katholiken, mehr als jedes anderes asiatische Land, abgesehen von China und den Philippinen.

Vom Ba De, einem buddhistischen Tempel, steigen weiße Rauchsäulen und der Duft nach Weihrauch in die Luft. Ich laufe die Stufen hinunter, wende mich nach links und werde förmlich um die nächste Straßenecke gesaugt. Das schmale Tor ist leicht zu übersehen, doch im Tempelhof pulsiert das Leben. Vor gelben Säulen hocken alte Frauen und verkaufen rote Räucherstäbchen und frische Ringelblumen. Auf dem Weg nach drinnen fällt mein Blick auf eine bronzene Inschrift. Ba Da, steht dort zu lesen, wurde im Jahr 1056 eingeweiht. Kaiser und Könige haben vor dem Altar gekniet. Selbst Ho Chi Minh, der Vater der Revolution, hat es sich nicht nehmen lassen, den Tempel mit zwei Besuchen zu ehren. Beide Male forderte er die Buddhisten auf, noch mehr für ihr Land und ihre Mitbürger zu tun: »Buddhismus bedeutet nicht, dass ihr euch vor euren irdischen Aufgaben verschließen könnt.«

Nachdem auch ich Räucherstäbchen entzündet habe, werde ich von einem Mönch mittleren Alters, der ein knöchellanges Gewand trägt, zum Ausgang begleitet. Aus irgendeinem Grund hat er jeden meiner Schritte überwacht.

»Haben Sie die Inschrift gelesen?«, fragt er mich in gutem Englisch.

»Ja, natürlich.«

»Dieser Tempel hat 52 Kriege überlebt.«

»52 Kriege?«

»Sowie Dürre, Überschwemmungen, Vandalismus, die Verstaatlichung, den Verfall, die Hyperinflation ...«

»Unfassbar.«

»Doch er lebt.«

Frühlingsluft erfüllt den Himmel,
ja, das ganze Universum strahlt,
und gleich einer Säule unseres reichen Landes steht die Hauptstadt.

NGUYEN GIAN THANH (1508)

Frühlingsluft

Hanoi ist meine asiatische Lieblingsstadt. Ich glaube, das hat mit vielen Kleinigkeiten zu tun. Mit all den Fenstern, Balustraden und Balkonen, den engen Gassen und verwitterten Dachziegeln, den Hinterhöfen und unzähligen Winkeln, in denen Rosen in allen erdenklichen Farben blühen. Gelbtöne gibt es hier in so zahlreichen Nuancen, dass mir schier die Sinne schwinden: ockergelb, dottergelb, sonnengelb, zitronengelb, senfgelb, honiggelb, ambergelb ...

Seit über einem Jahrtausend ruht Hanoi an den Ufern des Roten Flusses. Als die Franzosen 1882 an Land stürmten, fanden sie eine Handelsstadt mit 120 000 Einwohnern vor. Viele Häuser waren auf Pfählen errichtet worden und kehrten ihre Fassaden dem Wasser zu. Dahinter lag die repräsentativere Altstadt mit ihren Wohnungen, Handelsgassen, Geschäftshäusern, Palästen, Tempeln und Mauern. »Hanoi ist leider nicht nach unserem Geschmack. Dieses Chaos zu zivilisieren, wird ein hartes Stück Arbeit werden«, berichtete ein französischer Offizier. Die zukünftige Hauptstadt von Französisch-Indochina sollte Frankreichs Größe widerspiegeln, »dem Auge behagen« und den Einwohnern »einen entschiedenen Eindruck von der Würde der Kolonialmacht« vermitteln. Und so durften die 36 Straßen der Altstadt stehen bleiben.

Und heute?

Die Franzosen sind verschwunden, und an den Rändern der Stadt brummen die Bulldozer. Einiges geschieht immerhin. Doch erstaunlich vieles bleibt unberührt. Das muss daran liegen, das bisher einfach kein Geld vorhanden war, um die Stadt zu verunstalten, ihr die Persönlichkeit zu rauben und sie zu einer grauen, himmelstrebenden und modernen Metropole zu machen. Um Bangkok, Singapur und Hongkong ist es bereits geschehen, und was ist mit Peking und Schanghai? Bald wird auch die Vergangenheit dieser Städte dem Erdboden gleichgemacht worden sein. Doch das alte Hanoi klammert sich verzweifelt ans Leben, und die Alten auf den Spazierwegen rund um den Hoan Kiem sehen aus wie Relikte einer verschwundenen Zeit. Lange vor Sonnenaufgang schlurfen sie durch den Frühnebel, manche auf Stöcke gestützt, langsam und zögerlich, als hätten sie nie zuvor einen Schritt getan. Einige sehen aus wie Dichter oder Philosophen, mit langen Bärten, runden Brillen und fernen Blicken. Andere sind sehnig und krummbeinig; ihre Blicke zeugen von jahrzehntelangen Leiden. Haben sie an der Schlacht von Dien Bien Phu teilgenommen? Haben Sie die Tunnel von Vinh Moc gegraben? Haben Sie Waffen und Reis auf dem Ho-Chi-Minh-Pfad transportiert? Waren sie dafür verantwortlich, dass John McCain abgeschossen wurde?

Wenige Länder haben mehr gelitten als Vietnam. 2000 Jahre, in denen Krieg auf Krieg folgte, die meisten gegen China, später gegen die Franzosen und Amerikaner. Millionen wurden getötet, und entlang der Nationalstraße 1, der Hauptschlagader des Landes, reihen sich die Gräber in unendlicher Zahl. Doch jetzt ist Friede eingekehrt. Am 30. April 1975 wurde das Land wiedervereint, als nordvietnamesische Panzer die Umzäunung des Präsidentenpalastes in Saigon, der Hauptstadt im Süden, durchbrachen. Wenige Minuten später wehte die rote Flagge auf dem Dach des Palastes, und noch ehe der Tag um war, wurden die Einwohner darüber informiert, dass sie ab sofort in Ho-Chi-Minh-Stadt lebten.

Doch auch im Frieden war das Leben alles andere als leicht. Diejenigen, die nicht flüchteten, mussten mit Strafmaßnahmen des unnachgiebigen kommunistischen Regimes rechnen. Privatwirtschaft wurde verboten, Millionen kleiner Geschäfte geschlossen. Das Leben in Saigon, einer der quirligsten Städte in Asien, erstarb beinahe über Nacht. Erst 1986, nach Jahren des Hungers und der Armut, vollführte die Partei eine Kehrtwende. Inspiriert von Gorbatschows Perestroika lancierten die vietnamesischen Kommunisten ihr eigenes Schlagwort, *doi moi* – Erneuerung.

Inzwischen hält die Erneuerung seit zwanzig Jahren an und Vietnam erlebt einen neuen Frühling. Das Wirtschaftswachstum liegt bei acht Prozent, und der »Honda Dream« ist für Millionen von Menschen Wirklichkeit geworden. Vorläufig rollt er noch auf zwei Rädern, doch bald werden vermutlich zwei hinzubekommen. Aus klaffenden Löchern in den Häuserreihen ergießen sich die Waren auf den Bürgersteig. Die Zeit der halb gefüllten Reisschalen ist vorbei, und Nong Duc Manh, der Generalsekretär der Kommunistischen Partei, verkündet, dass Vietnam dabei sei, sich von seinem Status als Entwicklungsland zu befreien: »Unser Ziel ist es, den Klub der Entwicklungsländer bis zum Jahr 2010 zu verlassen.«[1]

All das klingt vielversprechend. Doch was sagen die alten Männer dazu, die im Morgennebel spazieren gehen? Einige von ihnen haben sich auf den Steinbänken rund um den Hoan Kiem niedergelassen und blicken stumm auf das algengrüne Wasser. Ein Alter mit grüner Baskenmütze und langen dunkelgrauen Haaren spricht mich an.

»Setzen Sie sich doch! Ja, setzen Sie sich nur hin! Sind Sie Amerikaner?«

»Nein, ich komme aus Norwegen.«

»Norwegen? Öl und Gas!«

Mit beiden Händen reicht er mir seine Visitenkarte, höflich und formell, als handle es sich um ein persönliches Geschenk. Ich bin einem pensionierten Wirtschaftsprofessor begegnet.

»Öl und Gas, Öl und Gas. Gute Zeiten für Norwegen.«

»Mir scheint, hier ginge es auch aufwärts.«

»Nun ja...«, antwortet er zögerlich. »Aber früher war es vermutlich besser.«

»Wann?«

»Im sechzehnten Jahrhundert.«

»Im sechzehnten Jahrhundert?«

Am nächsten Morgen, dieselbe Bank zur selben Zeit. Der Professor kommt mit dem Fahrrad und hat ein Buch mit einem 500 Jahre alten Gedicht mitgebracht. Es heißt »Frühling in der kaiserlichen Stadt« und stammt von Nguyen Gian Thanh. Der Professor schwärmt in höchsten Tönen davon und will es mir zuerst auf Vietnamesisch, dann auf Französisch vorlesen.

Das Universum wurde erschaffen
und die kaiserliche Stadt errichtet,
hier versammeln sich die Mandarine
in ihren prächtigen Gewändern,
während Hofmusik in alle Richtungen erschallt
und die Kultur erblüht.
Frühlingsluft erfüllt den Himmel,
ja, das ganze Universum strahlt,
und gleich einer Säule unseres reichen Landes
steht die Hauptstadt.

Das Gedicht besteht aus mehreren Strophen, deren letzte so endet: *Im Frieden zu leben – welch ein Glück!*

»Das sechzehnte Jahrhundert war unsere Blütezeit«, sagt der Professor, nachdem er das Buch zugeklappt hat.

Dann beginnt er mir von der Le-Dynastie zu erzählen, die 360 Jahre lang andauerte, von 1428 bis 1788. Le Loi, der Begründer der Dynastie, führte die vietnamesischen Widerstandstruppen an, nachdem der nördliche Teil des Landes von einem chinesischen Heer besetzt worden war. In China herrschte zu dieser Zeit die Ming-Dynastie, und der Kaiser sah es als seine heilige Pflicht, die vietnamesischen Barbaren zu zivilisieren.

Lange sah es so aus, als sollte das chinesische Invasionsheer siegen, doch dann ereignete sich ein Wunder: Aus dem See, der vor uns liegt, sprang plötzlich eine goldene Schildkröte und gab Le Loi ein magisches Schwert. Dieses Schwert verlieh den Vietnamesen solche Kräfte, dass sie die Chinesen aus dem Land jagen konnten. Als der Krieg vorüber war, ruderte der Kaiser mit dem Schwert auf den See hinaus. Erneut kam die Schildkröte an die Oberfläche, schnappte sich das Schwert und verschwand in der Tiefe. Eine starke Legende, die der Professor so farbig schildert, als habe er alles mit eigenen Augen gesehen.

»Hoan Kiem oder Ho Hoan Kiem«, klärt er mich auf, »bedeutet *See des zurückgekehrten Schwerts.*« Nach ein paar Sekunden fügt er hinzu: »Sicher, es geht uns nicht schlecht, aber es könnte uns noch viel besser gehen.«

»Und was müsste sich ändern?«

»Die klugen Köpfe haben bei uns keinen Einfluss. Soldaten sind dazu da, Kriege zu führen, und die klugen Köpfe sind dazu da, das Land zu führen. Verstehen Sie?«

In Vietnam ebenso wie in China wurden wichtige Positionen allzu oft mit Helden der Revolution besetzt. Doch um ihre fachliche Ausbildung war es schlecht bestellt, und die meisten von ihnen hatten keinen Schimmer von Verwaltung oder Ökonomie. So begingen die Regierungen einen Fehler nach dem anderen. Einstimmige Parteibeschlüsse scherten sich nicht um ökonomische Grundregeln, während die Bevölkerung wahre Wunder vollbringen sollte. Ein Großteil der Bildungselite galt als politisch inkorrekt und landete im Gefängnis oder im Umerziehungslager.

»Die Ignoranten haben bei uns viel zu lange den Ton angegeben«, sagt der Professor verbittert und schweigt.

Nach einer Weile fragt er mich, ob ich ihn zum Künstlercafé an der Pho Hai Ba Trung begleiten wolle, einer Straße, die zehn Minuten von hier entfernt liegt. Das Café erweist sich als länglicher Hof, der hinter einem hohen Eisengitter verborgen liegt. Nachdenkliche ältere Männer sitzen an dunkelblauen Plastiktischen und trinken Tee aus hohen Gläsern. Einer von ihnen hat einen Bleistift hinter dem Ohr und mehrere Bücher vor sich auf dem Tisch liegen. Die Gespräche sind gedämpft, die Ruhe vollkommen, und in den Gläsern treiben Teeblätter wie filigrane Schriftzeichen.

»Das sind meine Kollegen«, sagt der Professor, während er in alle Richtungen nickt. »Die unwichtigsten Männer des ganzen Landes versammeln sich hier jeden Morgen um acht und bleiben etwa drei Stunden.«

Der Professor lacht, und es dauert nicht lange, ehe die anderen in sein Lachen einfallen. Was sollten sie auch anderes tun? Zum Weinen ist es zu spät. Von hier bis zur Zentrale der Kommunistischen Partei ist es nur ein halber Kilometer, doch für die gebildeten Männer ist dieser Abstand unüberbrückbar.

Da *tet*, das vietnamesische Neujahrsfest, vor der Tür steht, hat mich Professor Thach zu diesem Anlass in sein Haus an der Stadtmauer eingeladen. Hanoi hat sich bereits verwandelt, und obwohl der Nebel immer noch um die Dächer streicht, ist das Leben auf den Straßen so farbig und geschäftig wie nie zuvor. Alle erledigen die dringend erforderlichen Einkäufe für das große Fest. Es ist fast unmöglich, sich durch die 36 Straßen zu bewegen, ohne an die kleinen Tische zu stoßen, die sich unter der kiloschweren Last kandierter Früchte biegen. In der Straße der Blechschmiede hat sich Frau Yen auf kandierte Aprikosen spezialisiert.

»Kauft sie besser jetzt, morgen sind sie ausverkauft!«, ruft sie mit schriller Stimme.

Die verlockenden Süßigkeiten befinden sich in großen Glasbehältern, an denen sich die Kinder die Nasen plattdrücken. Wer eine Vorliebe für kandierte Äpfel hat, wendet sich an Frau Trung vom Nachbartisch. Die Äpfel sind derart klebrig, dass sie große Schwierigkeiten hat, sie voneinander zu trennen.

Ich lasse mich mit der Menschenmenge zum Blumenmarkt treiben, wo ich von winzigen Orangenbäumchen und Tausenden von *hoa doa* begrüßt werde, kleinen Pfirsichbäumen, die beim Neujahrsfest unerlässlich sind. Die Menschen begutachten jeden einzelnen Baum, streichen behutsam über Zweige und Knospen und schnuppern entrückt an den ersten zarten Blüten – nur das Beste ist gut genug. So weit das Auge reicht, vom Fahrradständer an der Ecke bis zur alten verwitterten Stadtmauer, gleicht die Welt einem rosafarbenen Meer.

Das Neujahrsfest ist chinesischen Ursprungs, doch die Vietnamesen haben ihm einen ganz eigenen Charakter verliehen. *Tet* ist wie Weihnachten und Neujahr zusammen. Die Familien versammeln sich, tauschen Geschenke aus, essen ausgiebig, beten und bringen Opfer dar. Fast 400 000 Vietnamesen reisen aus dem Ausland an; die Flughäfen in Hanoi und Ho-Chi-Minh-Stadt platzen aus allen Nähten. Im sogenannten Wiedervereinigungszug, der den Norden mit dem Süden verbindet, quetschen sich die Menschen wie Ölsardinen aneinander, und die Busse sind so überladen, dass ihr Fahrgestell über den Asphalt schleift. Millionen sind auf der Reise, denn alle wollen an *tet nguyen dan*, dem Mondneujahr, zu Hause sein.

Während *tet* näher rückt und die Familie Thach ihr Haus nach Leibeskräften auf Vordermann bringt, ergreife ich die Chance, eine der ältesten Städte Asiens besser kennen zu lernen – die St. Joseph-Kathedrale mit ihren schönen Glasmalereien, das Große Theater, das auch Goldenes Theater heißen könnte, das Historische Museum mit seinen Spinnrädern, Amphoren und Gefäßen, das vergnügliche Wasserpuppentheater, das Revolutionsmuseum mit seinen muskelbepackten Männern sowie den wunderbaren Literaturtempel.

Wie bitte? Ein der Literatur geweihter Tempel? Genau, ein großes Rechteck, 350 Meter lang und 70 Meter breit, umgeben von einer hohen Mauer. Seit 1000 Jahren haben Vietnamesen, vorzugsweise die Intellektuellen, im Tempel der Literatur nach Inspiration und Weisheit gesucht. Ich bleibe vor einem hohen Tor in chinesischem Stil stehen. Auf einer der Säulen ist zu lesen: »Besuchern wird empfohlen, vom Pferd zu steigen!« Vom Pferd? Weit und breit sind keine Pferde zu sehen, dafür Hunderte von Fahrrädern, Mopeds, Motorrollern und Autos. Doch zur Einweihung im Jahr 1070 kamen die Würdenträger zu Pferde. Kaiser Ly Thanh Tong wollte einen Philosophen ehren, der 1500 Jahre zuvor gelebt hatte. Der chinesische Moralphilosoph Konfuzius hatte die Wichtigkeit der schriftlichen Lehre unterstrichen, weil in ihr auch der Respekt vor der Obrigkeit zum Ausdruck komme. Der Kaiser war natürlich ganz seiner Meinung.

Wenige Jahre nach seiner Einweihung wurde der Tempel zur Universität. Junge Männer aus dem ganzen Reich stiegen von ihren Pferden und schritten durch die Pforte in der Hoffnung, einst Mandarine, kaiserliche Beamte, zu werden. Im fünfzehnten Jahrhundert verfügte der Kaiser, dass die Namen der tüchtigsten Studenten in Steintafeln geritzt werden sollten, um auf ewig den Tempel zu schmücken. Und noch immer stehen sie da, auf zwei Meter hohen steinernen Schildkrötenpanzern. Schildkröten galten bei den Vietnamesen von jeher als heilige Tiere, die Weisheit und ein langes Leben symbolisierten.

Im vierten der fünf Höfe, dem Hof der Weisen, überquere ich die Schwelle zum schummrigen Innenraum des Tempels, in dem sich die Statuen von

Konfuzius und seinen vier Schülern Yanhui, Zengshan, Zisi und Mengzi befinden. Vor den Statuen sind mehrere ältere Frauen im Gebet versunken. Eine von ihnen ist unüberhörbar, ihre Stimme klingt flehend und klagend zugleich.

»Was sagt sie?«, frage ich höflich einen Touristenführer.

»Sie bittet darum, dass ihr Sohn die Prüfung bestehen und ein gutes Leben führen möge.«

In Vietnam ist der Konfuzianismus eine starke kulturelle Kraft. Lange Zeit war der Zugang zu höherer Bildung der Elite vorbehalten, doch heutzutage können 90 Prozent aller Vietnamesen lesen und schreiben, eine hohe Zahl für ein Schwellenland. Wenngleich die vietnamesischen Schulen zumeist auf stures Pauken und stupides Wiederholen des Lehrstoffs setzen. Der Lehrer ist unangreifbar, und Diskussionen können privat geführt werden. Vielleicht ist es so, wie Konfuzius es haben wollte; die Machthaber scheinen jedenfalls zufrieden damit. Die Leute sollen nicht zu viel fragen, sondern gehorchen.

Vom Literaturtempel aus folge ich einer breiten Straße, bis ich den luftigen Ba-Dinh-Platz erreiche, auf dem Ho Chi Minh am 2. September 1945 die vietnamesische Unabhängigkeit erklärte. Es war Herbst, doch Frühling in den Herzen. Japan hatte kapituliert und Frankreich nach einem verlustreichen Krieg genug damit zu tun, sich die eigenen Wunden zu lecken. Tausende von Menschen hatten sich auf dem Platz versammelt, um dem schmächtigen Mann mit dem schütteren Spitzbart zu lauschen. Viele wussten nicht einmal, woher er gekommen war. Wer war dieser Ho Chi Minh, dessen Name »Der Erleuchtete« bedeutet?

Jahrelang hatte er unter verschiedenen Namen im Ausland gelebt, in Frankreich, der Sowjetunion und China. Eigentlich hieß er Nguyen That Thanh. Ho Chi Minh war nur der letzte von 50 Decknamen – so war das Leben als Revolutionär. Geboren wurde er im Mai 1890, umgeben von Reisfeldern und kleinen Äckern, auf denen Maulbeeren, Mais und Zuckerrohr angebaut wurden. Sein Vater war Bauer. Der zukünftige Ho Chi Minh habe wie ein typischer vietnamesischer Bauernjunge gelebt, schreibt Jean Lacouture in seiner Biografie. »Als er seine Mutter verlor, war er zehn Jahre alt und trug sein Haar zu zwei kleinen Knoten gebunden, so wie alle Kinder in dieser Gegend.«

Im Alter von 21 Jahren ging er an Bord des französischen Schiffs *La Touche Tréville*, das zwischen Haiphong und Marseille hin und her pendelte. Er verdingte sich unter anderem als Küchenjunge und bekam dafür einiges von der Welt zu sehen: Kapstadt, Dakar, Lissabon, Le Havre, Bordeaux und

Marseille. Schon nach kurzer Zeit in Frankreich zog es ihn in die Politik. Eine neue politische Kraft, die Sozialistische Partei, wollte die Kolonien abschaffen! Das gefiel Ho, der sofort Mitglied wurde. »Sein Gesicht war schmal und schien von innen regelrecht zu brennen«, erinnert sich einer seiner Zeitgenossen, Joseph Ducroux. »Immer aktiv, stets angespannt, fast fiebernd. Er war wie besessen von dem einen großen Gedanken an sein Vaterland Vietnam.«

Von Paris zog es ihn nach Moskau, wo er Marxismus, Leninismus und Revolutionstheorie studierte. Zum Heiraten fand er nie die Zeit. War er womöglich schwul oder ausschließlich verliebt in die schönste aller Frauen: Vietnam? Er arbeitete Tag und Nacht, schrieb Reden, Briefe und Hunderte von Gedichten. In China landete er im Gefängnis, wo weitere Gedichte entstanden. Doch an jenem Tag, dem 2. September 1945, fühlte er sich frei. Der lang ersehnte Augenblick war gekommen. Als Anführer der Unabhängigkeitsbewegung Vietminh räusperte er sich und sagte: »Wir halten es für eine unumstößliche Wahrheit, dass alle Menschen gleich geboren sind und jeder dieselben unveräußerlichen Rechte von seinem Schöpfer bekommen hat, darunter das Recht auf ein Leben in Freiheit und auf das ungehinderte Streben nach Glück.« Er hatte aus der amerikanischen Unabhängigkeitserklärung von 1776 zitiert. Und mit Blick auf die französische Menschenrechtserklärung von 1791 bekräftigte er: »Alle Menschen sind frei geboren und haben dieselben Rechte.«

Alle reckten die Hälse. Es war nicht leicht, den kleinen Kopf hinter dem großen Mikrofon zu erkennen.

»Doch trotz dieser Worte haben die französischen Imperialisten unser Land und unser Volk geknechtet. Sie haben uns unmenschliche Gesetze aufgezwungen und drei verschiedene Regime installiert, eines im Süden, eines in der Mitte des Landes und ein drittes im Norden, und zwar einzig und allein mit der Absicht, uns zu spalten. Sie haben mehr Gefängnisse als Schulen gebaut, haben die Reisfelder, Gruben und Wälder geplündert und unser Land ruiniert.«

Während die Menschenmenge lauschte, verbreitete Ho Chi Minh seine Version von den Vorgängen im Jahr 1940, als die Japaner in Vietnam an Land gingen und die Franzosen vertrieben: »Die französischen Imperialisten fielen auf die Knie und überließen Vietnam den Japanern. Von diesem Moment an war unser Land keine französische Kolonie mehr!«

Er zog daraus den Schluss, dass Vietnam nun endgültig frei sei und sich jedem Versuch vonseiten Frankreichs, das Land zurückzuerobern, widersetzen würde.

Doch ganz so glatt ging es nicht. Die Franzosen kamen zurück und mussten erst 1954, nach der schmählichen Niederlage von Dien Bien Phu, der Tatsache ins Auge sehen, dass Vietnam, das Juwel von Französisch-Indochina, verloren war. Auf der im selben Jahr abgehaltenen Indochina-Konferenz in Genf wurde Vietnam vorübergehend geteilt, und zwar in ein realsozialistisches Nordvietnam unter Führung von Ho Chi Minh und ein kapitalistisches Südvietnam, dessen Regierung von den USA unterstützt wurde. Im Indochina-Abkommen wurde festgehalten, dass im Norden und im Süden freie Wahlen abgehalten werden sollen mit dem Ziel, das Land unter einer gemeinsamen Regierung wiederzuvereinen. Doch zu Wahlen kam es nie – hingegen entwickelten sich die USA allmählich zum Hauptgegner Nordvietnams.

»Ich bewundere Ho Chi Minh«, sagte ein amerikanischer Politiker zwölf Jahre später. »Er ist eine Persönlichkeit, er ist anziehend, sogar faszinierend, und ein selbstloser Patriot. Doch niemals wird er seinen Lebenstraum realisieren und Vietnam unter seiner Führung wiedervereinen. Wir haben uns entschieden, das nicht zu akzeptieren. Es tut mir leid für ihn, aber das wird nicht geschehen.«

Doch es kam anders: Im April 1975, sechs Jahre nach Hos Tod, wurde der letzte Amerikaner vertrieben und das Land wiedervereint.

»Bleiben Sie in der Schlange!«, ruft der Mann mit dem Megafon.

Wo Ho Chi Minh einst zu seinem Volk sprach, steht heute ein Mausoleum, das 1975 eingeweiht wurde. Von außen sieht es aus wie ein massiver dunkelgrauer Kasten, ähnlich dem Lenin-Mausoleum in Moskau. Abgesehen von den Steinen, aus denen es besteht, hat das Mausoleum nicht viel Vietnamesisches an sich, doch hinter den dicken Wänden, in einer kühlen Gruft, liegt der erste aller Vietnamesen.

Die Schlange mag heute ein wenig kürzer sein als üblich, doch die Vorschriften sind dieselben wie immer: »Runter mit den Sonnenbrillen! Hände aus den Hosentaschen! Nicht reden!«

Ich habe ihn schon früher hier liegen sehen, klein, zerzaust und bleich wie eine Wachspuppe. Warum ihn mir noch einmal ansehen? Bevor er 1969 starb, schrieb er sein Testament: »Wenn es mich nicht mehr gibt, sollen die Zeit und das Geld des Volkes nicht für ein großes Begräbnis verschwendet werden. Verteilt die Asche auf drei Urnen, eine für den Norden, eine für die Mitte des Landes und eine für den Süden. Begrabt die Urnen jeweils auf einem Berg, doch errichtet weder einen Grabstein noch eine Bronzestatue. Dann schon lieber ein kühles und solides Haus, in dem die Besucher verweilen können. Pflanzt Bäume zu meinem Gedenken. Mit der Zeit werden die Bäume zu einem Wald werden, der dem Land zugute kommt. Die Lokalbevölkerung soll für diese Bäume Sorge tragen.«

Doch das Politbüro wollte es anders. Auf einem rasch einberufenen Treffen wurde entschieden, Teile des Testaments geheim zu halten. Balsamierungsexperten wurden beauftragt, und noch ehe das Volk irgendetwas ahnte, war der Betrug in vollem Gang. Mit Lenin geschah dasselbe, mit Mao ebenso. Niemand von ihnen wollte zur Schau gestellt werden. Lenin wollte neben seiner Mutter begraben und Mao verbrannt werden.

Das ewige Leben in einem Glaskasten – wie ist das möglich?

Die Antwort lautet: Bei exakt sechzehn Grad und einer Luftfeuchtigkeit zwischen 80 und 90 Prozent. Außerdem muss die Leiche regelmäßig in Glycerin und Kaliumacetat gebadet werden. Nach dem Bad werden die Helden neu eingekleidet, bevor sie wieder in den Glaskasten gelegt werden.

Die Schlange besteht aus mehreren Hundert Schülern mit roten Halstüchern. Nervöse Lehrer eilen hin und her, um sich zu vergewissern, dass die Halstücher auch vorschriftsmäßig geknüpft sind. Nur zwei Tage bevor die Vietnamesen in das Jahr das Hahns eintreten, soll Ho Chi Minh wissen, dass die Revolution genügend Erben hat. Die Jungpioniere gelten gewissermaßen als Vortrupp der Revolution. Doch noch wichtiger ist die Kommunistische Partei mit ihren 2,5 Millionen Mitgliedern. Sie ist die einzige zugelassene Partei, deren Kern aus zehn bis fünfzehn Personen besteht. Sie regiert zirka 80 Millionen Menschen und hat ebenso wie ihre Schwesterpartei in China keinen oder nur einen sehr geringen Willen, das politische System zu reformieren.

»Wir praktizieren eine fortschrittliche sozialistische Demokratie«, sagt Generalsekretär Nong Duc Manh, der dem Volk für das neue Jahr weitere Wohltaten in Aussicht stellt.

Ich beschließe, diese Aussage bei einem Glas Wein zu überdenken, und welcher Ort wäre dafür besser geeignet als das blendend weiße Hotel Metropole?

Seit über 100 Jahren ist das Hotel Metropole der Treffpunkt der Reichen in Hanoi, und immer noch sitzen sie hier, ein kleiner Kosmos ungeheuer gebildeter Menschen, im Met Pub, im Spice Garden Restaurant oder im elegantesten Restaurant von ganz Indochina, dem Le Beaulieu. Doch einige Gäste kehren nie wieder zurück – Graham Greene, William Somerset Maugham, Bertrand Russell und Charlie Chaplin, um nur einige zu nennen. Auch Catherine Deneuve hat sich schon lange nicht mehr hier blicken lassen, und wo sind nur Jane Fonda und Joan Baez geblieben?

Das exklusive Metropole wurde gegründet, als die Trikolore noch über der Stadt wehte. Aber dann kamen Krieg und Verfall. Zwischenzeitlich wurde es zu einer überfüllten Absteige für zerlumpte, kriegsmüde Soldaten. Der Ballsaal wurde zum Schlafsaal umfunktioniert und die französischen Köche aus dem Haus gejagt. Nach dem Sieg des Sozialismus konnte es sich niemand leisten, die verblichene Schönheit wieder instand zu setzen. Ein Gast hat erzählt, dass er mitten in der Nacht aufwachte, weil mehrere Ratten an seinem Koffer nagten. Während des amerikanischen Bombenregens von 1968 und '69 verbrachten die Angestellten über 100 Tage im Luftschutzraum des Hotels. Schließlich bedurfte es Millionen französischer Franc, um das Gebäude zu renovieren, und 1992 war das Werk vollbracht.

Heute trägt es einen neuen Namen: Sofitel Metropole Hanoi. Aber die monatliche Hauszeitung, *Le Petit Journal*, gibt es immer noch. Ich schnappe mir sofort die Sonderausgabe, *Edition spéciale du Tet*, auf dessen Titelseite bereits das neue Jahr begrüßt wird: »*Bonne Année du Coq!*«

»Guten Tag, mein Herr«, begrüßt mich ein Kellner mit tiefer Verbeugung. »Wünschen Sie Ihre Mahlzeit mit oder ohne Menuett?«

»Mit oder ohne Menuett?«

»Unsere Violinistin verlässt uns in einer Viertelstunde.«

Tatsächlich, dort sitzt sie auf dem Sofa am Fenster. Ihre schwarzen Haare reichen ihr bis zur Hüfte und werden fast eins mit ihrem knöchellangen schwarzen Kleid.

»Das Menuett gibt es gratis, mein Herr.«

»Dann nehme ich die Einladung gerne an.«

»Möchten Sie ein bestimmtes Menuett hören? Mozart, Beethoven, Haydn ...«

»Haydn wäre schön.«

»Möchten Sie das Menuett vor, während oder nach dem Essen hören?«

»Am liebsten nachher, wenn ich noch ein Glas Wein trinke.«

»Sehr wohl, mein Herr.«

Und so geschieht es. Ich nehme ein spätes Mittagessen ein mit Weißwein und fangfrischen Krabben und höre danach ein Menuett von Haydn. Sie spielt es mit Eleganz und Einfühlung und zieht sich graziös zurück, nachdem der letzte Ton verklungen ist.

Ist heute noch Zeit für weitere Attraktionen?

Eine schaffe ich noch, das »Hanoi Hilton«. Das alte Gefängnis liegt in der Hoa-Lo-Straße Nr. 1. Es ist nicht leicht zu finden, denn an dem gelben Gebäude ist die Aufschrift »Maison Centrale« zu lesen – der alte französische Name. Die Wände riechen nach frischer Farbe, doch das Gefängnis ist über 100 Jahre alt. Lange Zeit war es völlig überfüllt von vietnamesischen Oppositionellen. Ein Raum ist den 300 amerikanischen Gefangenen gewidmet, die hier in Haft waren. Fotos von jungen, müden Männern. John McCain, der ehemalige Bomberpilot, starrt mich mit Augen an, die um Gnade zu flehen scheinen. Sein Bart ist struppig, am Kinn sehe ich eine Wunde. Vor fünf Jahren hat er die karge Zelle besucht, in die er gesperrt war. »Ich habe den Krieg hinter mir gelassen und empfinde keine Bitterkeit«, erklärte er den Journalisten. »Nun, um genau zu sein, empfinde ich Bitterkeit gegenüber den Gefangenenwächtern, die meine besten Freunde misshandelten und manche auch töteten.«

McCain verbrachte fast sechs Jahre in diesem Gefängnis, drei davon in einer Einzelzelle. Zweimal versuchte er sich zu erhängen, beide Male wurde er im letzten Moment von den Wächtern gerettet. Während seines Wiedersehens mit Hoa Lo bemerkte er ein Plakat, auf dem geschrieben stand: »Obwohl die amerikanischen Piloten unbeschreibliche Verbrechen an unserem Volk begingen, hat man sich nie an den Gefangenen gerächt. Stattdessen erhielten sie Kleider, Kost und Logis.«

»*That's entertainment*«, knurrte der Expilot.

Darauf wurde er von seinem vietnamesischen Gastgeber getadelt, er habe »die Gefühle des vietnamesischen Volks verletzt«.

Der letzte Abend des Jahres ist angebrochen, alle 36 Straßen sind festlich geschmückt, und in der Ferne läuten die Glocken der St. Joseph-Kathedrale. Das Wetter ist kühler geworden in den letzten Tagen. Während der kalte Nordwind in den Weiden rauscht, hat der Nebel die Straßen mit einer glatten Haut überzogen, auf der sich die Alten mit ihren Stöcken zögerlich vorantasten. An den Straßenecken hocken verfrorene Frauen, die warme Kleider aus offenen Pappkartons verkaufen. Die meisten Menschen eilen mit baumelnden Paketen, frischem Gemüse und rosafarbenen Blumen an ihnen vorüber.

Es ist kaum möglich, ein einheitliches Bild dieser 36 Straßen zu vermitteln, denn kein Haus gleicht dem anderen. Wären die Einwohner so eigenwillig wie die Architektur, befände sich das Viertel im Aufruhr. Die Baumasse – denn es ist wahrlich eine Masse – erinnert an hochkant stehende Dominosteine. Die Fassaden sind oft nicht mehr als drei Meter breit, dafür gut und gerne 20 bis 25 Meter hoch.

Fast ein Jahrtausend ist es her, dass die 36 Straßen Gestalt annahmen. Die Handwerker, die aus den Dörfern in die Stadt strömten, gehörten unterschiedlichen Gewerben an, und so bekam jedes Gewerbe seine eigene

Straße: Kupfer- und Silberschmiede, Papier- und Hutmacher, Korbflechter, Seidenhändler, Holzschnitzer, Nudelmacher, Schlachter, Fischer... Viele Straßennamen beginnen mit »Hang«, was Geschäft bedeutet. In einer der Straßen, der Hang Bac, reihen sich Schmuckgeschäfte aneinander, denn »Bac« heißt Silber. Und in der Hang Gai, der Seidenstraße, fluten die Stoffe bis auf den Gehsteig. Die Tradition ist hartnäckig in den 36 Straßen.

Damals wie heute bemisst sich die Steuerlast der Gewerbetreibenden nach der Fassadenbreite ihres Geschäfts. Je schmaler die Fassade, desto weniger Steuern müssen entrichtet werden. So entstanden in Hanoi Tausende von Dominohäusern. Die Läden gingen zur Straße hinaus, der Rest des Hauses diente als Lager und Wohnraum für die Großfamilie, die bis zu zwanzig Personen umfassen konnte.

Hanoi hat vier Millionen Einwohner, von denen sich viele in der Altstadt zusammendrängen. 1954 standen jedem Einwohner durchschnittlich 5,1 Quadratmeter zur Verfügung, 1992 waren es noch 4,2 und 2004 nur noch 3,9.

Ich bin gespannt, wie es zu Hause bei Professor Thach aussehen mag. Während ich die Nachmittagsstunden hinter mich bringe, indem ich durch die Straßen schlendere, steigt mir bereits der Duft des *tet* in die Nase. Die vietnamesische Küche, die sich in den letzten 2000 Jahren entwickeln und verfeinern konnte, strebt einem neuen kollektiven Höhepunkt entgegen. Wenn ich einen Blick in die Torwege werfe, sehe ich, dass viele Kinder bereits herausgeputzt sind. Kleine Mädchen tragen helle Seidenkleider, die Jungen frisch gebügelte Hosen und weiße Hemden. In der Fischerstraße 32 erblicke ich eine alte Frau, die eine Kerze auf dem Familienaltar entzündet, und aus Nummer 44 dringt das monotone Murmeln eines gemeinsamen Gebets. Vor jedem einzelnen Haus stehen dünne Bambusrohre, die mit roten Papierstreifen geschmückt sind. Die rote Farbe soll die bösen Geister vertreiben und den Übergang zum neuen Jahr so schmerzfrei wie möglich gestalten.

Ja, hier muss es sein, ein cremefarbenes fünfstöckiges Haus mit ovalen Balkonen und grünen, sperrangelweit geöffneten Fensterläden. Vor dem Erdgeschoss sehe ich zwei Motorroller, drei Mopeds, einen Werkzeugkasten und Professor Thach.

»Ich wusste, dass Sie kommen würden«, sagt er lächelnd.

Drinnen ist eine große Festtafel mit zahlreichen Schalen und Schüsseln gedeckt. Nur das Essen fehlt. Wir sind insgesamt zwölf Personen, von denen alle außer mir zur engen Familie gehören. Am Ende des Raumes thront der Küchengott in Porzellan.

Ong Tao, wie die Vietnamesen ihn nennen, hat in den meisten vietnamesischen Familien einen festen Platz. Wenn *tet* näher rückt, wird er mit Obst und Süßigkeiten überhäuft, bevor er auf die Reise geht. Denn eine Woche vor dem Fest begibt er sich in den Himmel, um dem Jadekaiser Bericht über die Familie zu erstatten. Damit der Bericht möglichst gut ausfällt, muss er wohlwollend gestimmt werden. Manchmal wird ihm auch ein Glas Reiswein, ein Schluck Wodka oder Whisky verehrt, damit er alles Unangenehme, das er in der Familie erlebt hat, wieder vergisst.

»Ong Tao hat uns vor einer Woche verlassen, doch heute Abend kommt er zurück«, flüstert Frau Thach, eine schmächtige Frau, die ein wenig melancholisch wirkt.

Erneut ist der Altar des Küchengotts mit köstlichen Speisen und Getränken gedeckt. Vor seinen Füßen liegen Münzen und Geldscheine, und von den brennenden Räucherstäbchen steigt weißer Rauch auf.

Auch die Vorfahren werden erwartet, wenn auch nur für einen kurzen Besuch. Einmal im Jahr werden sie in den Schoß der Familie zurückgerufen. Jetzt stehen ihre Bilder in einer langen Reihe. Eines von ihnen zeigt einen Mann mit knöchellangem Umhang und Seidenhut, der in einem eleganten, mit Drachenmotiven verzierten Stuhl sitzt. Vielleicht der Stammvater der Familie? Vor den Bildern steht eine Schale mit den obligatorischen Räucherstäbchen. Der Rest des Altars wird von Opfergaben in Anspruch genommen: Obst, Reiskuchen, Münzen, Geldscheine und frische duftende Blumen – all das soll den Toten Behagen bereiten. Von allen vietnamesischen Bräuchen und Traditionen gehört die Verehrung der Ahnen sicherlich zu den wichtigsten. »Vögel haben Nester, Menschen haben Vorfahren«, sagen die Vietnamesen, und morgen, am ersten Tag des neuen Jahres, sollen die Ahnen mit einem Festessen geehrt werden.

Professor Thach erzählt, man habe den Vietnamesen nach der Revolution jahrelang einzureden versucht, *tet* sei eine feudale Erfindung gewesen. Statt des Küchengotts und der eigenen Vorfahren sollten nun Marx, Engels, Lenin, Stalin und Ho Chi Minh verehrt werden. »Jedes Jahr, wenn *tet* vor der Tür stand, gingen die Parteileute von Tür zu Tür und forderten die Menschen auf, die alten Traditionen zugunsten des wissenschaftlichen Marxismus aufzugeben. Aber Sie sehen ja, mit welchem Erfolg. Die alten Bräuche, die wir so lieben, sind wieder zum Leben erweckt worden.«

Die Küche der Familie Thach liegt am Ende eines schmalen Korridors. Das laute Klappern, das aus ihr dringt, ist ein sicheres Zeichen dafür, dass die Vorbereitungen in vollem Gang sind. Nachdem ich anderthalb Stunden lang Tee mit Professor Thach getrunken habe, wird aufgetischt: feingeschnittenes Schweinefleisch mit getrockneten Bambussprossen, ein fetter Karpfen, drei gekochte Hühnchen, Gemüse in allen Farben, Reis und nicht zuletzt das an *tet* obligatorische *banh chung*, ein viereckiger klebriger Reiskuchen mit Bohnen und Schweinefleisch, der in ein Bananenblatt gewickelt ist. Er ist ungeheuer nahrhaft, sehr lang haltbar und kann zu jeder Zeit gegessen werden. Nun müssen nur noch die kleinen Gläser gefüllt werden, eine Aufgabe, der sich Professor Thach mit größter Andacht widmet.

Wir setzen uns an den Tisch. Doch bevor wir zu essen anfangen, spricht der Professor ein paar Worte. Er tut es auf Vietnamesisch. Sein Schwiegersohn, der neben mir sitzt, übersetzt:

»Zum ersten Mal überhaupt dürfen wir einen ausländischen Freund an unserer Tafel begrüßen. Er kommt aus Norwegen, dem reichsten Land der Welt.«

»Ja«, seufzt Frau Thach hingerissen. »Das ist wahr.«

Der Professor erzählt, wie wir uns auf der Steinbank am Hoan Kiem kennen gelernt haben. Zuerst glaubte er, ich sei Amerikaner, doch wer aus Norwegen käme, fügt er hinzu, habe sicher nicht den geringsten Grund, sich zu schämen.

»Viele glauben, die Amerikaner seien das reichste Volk der Welt. Falsch! Neue Zahlen belegen, dass die Norweger noch reicher sind. Dieses Land hat alles, große Wälder, Fisch, Öl und Reis im Überfluss.«

»Kein Reis«, verbessert ihn sein älterer Bruder mit gedämpfter Stimme.

»Nein, natürlich keinen Reis. Dessen ungeachtet sind wir davon überzeugt, dass Ihre Gegenwart uns im neuen Jahr Glück und Reichtum bescheren wird. Ist es nicht eine große Ehre, einen Norweger unter uns zu haben?«

»Doch!«, bestätigen alle unisono.

»Dann lasst uns auf unseren neuen Freund anstoßen.«

Wir nippen am edlen Reiswein und nicken uns feierlich zu. Das alte Jahr sollte möglichst stilvoll verabschiedet werden. Doch noch wichtiger ist es, das neue Jahr ebenso stilvoll zu beginnen, guten Willen und Nächstenliebe unter Beweis zu stellen. Denn das Verhalten, das man am ersten Tag des Jahres zeigt, wird man auch für den Rest des Jahres an den Tag legen.

»Das Jahr des Affen lassen wir hinter uns«, fährt Professor Thach fort. »Vor einem Jahr war ich ziemlich skeptisch, denn das Jahr des Affen birgt erhebliche Risiken. Schließlich wissen wir alle, wie Affen sich gebärden können. Hin und her, rauf und runter. Bei Affen weiß man nie, was sie als Nächstes anstellen, und wenn sie richtig böse sind, greifen sie sogar uns Menschen an.«

»Ja, das stimmt«, seufzt Frau Thach, noch ein wenig melancholisch.

»Doch nun, da es fünf Minuten vor Mitternacht ist, bin ich zufrieden. Im engen Familienkreis haben wir nicht einen einzigen Todesfall gehabt, und die Reisschüssel eines jeden ist gut gefüllt. Einige von euch haben große Fortschritte gemacht, und wenn ihr weiter hart arbeitet, werdet ihr reich werden. Ansonsten ging das meiste seinen üblichen Gang, sowohl in unserem eigenen Land als auch im Rest der Welt.«

»Und der Tsunami?«, flüstert sein älterer Bruder.

»Der Tsunami! So etwas kann auch nur im Jahr des Affen passieren.«

Allmählich wird aus der Ansprache ein Dialog, während der Professor allen Reiswein nachschenkt. Die Frauen am Tisch beginnen von ihren Dingen zu reden, die Männer ebenso, weitgehend auf Vietnamesisch. Doch Thachs älterer Bruder, ein distinguierter Herr mit erstaunlich glatter Haut, will mir gern etwas erzählen. Er lehnt sich über den Tisch und lächelt zurückhaltend.

»Vor fünf Jahren habe ich einen Leserbrief an die *New York Times* geschrieben.«

»Ach wirklich?«

»Ja, er wurde sogar abgedruckt.«

»Worüber haben Sie geschrieben?«

»Präsident Clinton war gerade zu Besuch gewesen, und ich wollte ihm danken. Es war sehr mutig von ihm, zu kommen. Wir Vietnamesen wünschen uns ein gutes Verhältnis zum Westen, nicht zuletzt zu den USA. Wir sind extrem auf ein gutes Verhältnis zu den USA angewiesen, jetzt und in Zukunft.«

»Warum glauben Sie das?«

»Weil China unser Nachbarland ist. In den letzten 2000 Jahren haben uns die Chinesen immer wieder überfallen. Die USA hingegen haben uns nur ein einziges Mal angegriffen. In Hanoi sind mehr als 100 Straßen nach vietnamesischen Kaisern, Generälen und Helden benannt, die die Chinesen bekämpft haben. Doch nur zwei Straßen haben einen antiamerikanischen Charakter. Die Amerikaner kehren nie mehr zurück, davon bin ich überzeugt. Aber die Chinesen? *China is a big country!*«

Professor Thach ist in dieser Hinsicht etwas weniger besorgt.

»Die Welt ist zivilisierter geworden, und ich bin mir relativ sicher, dass China uns zum letzten Mal überfallen hat. Aber die Chinesen sind eine wirtschaftliche Bedrohung. Darum müssen wir ihnen all unser Talent und Wissen entgegensetzen. Die klügsten Köpfe müssen bei uns den Ton angeben, nicht die zweit- oder drittklügsten. Und vor allem nicht – das ist entscheidend – die Ignoranten.«

Drei Stunden lang sitzen wir um den Tisch, während ein Gang dem nächsten folgt. Als das Essen beendet ist, beruhigen wir Körper und Seele mit duftendem grünen Tee. Wer einen Anflug von Klaustrophobie verspürt, geht an die frische Luft. Als ich auf den Charme der Altstadt zu sprechen komme, ernte ich Widerspruch. Touristen fällt es natürlich leicht, das Alte und Verfallene zu romantisieren, doch von den Einheimischen, die keine Möglichkeit haben, dem Lärm und der Enge zu entfliehen, wird die Altstadt oft als Zumutung empfunden. Bei der Familie Thach herrscht drangvolle Enge, auch ohne Gäste. Die kleinen Räume sind kaum möbliert und die sanitären Verhältnisse äußerst dürftig.

Während der Minutenzeiger auf Mitternacht vorrückt, breitet sich bei Millionen von Menschen zwischen dem chinesisch-vietnamesischen Grenzgebiet im Norden und dem Mekong-Delta im Süden eine feierliche und ernste Stimmung aus. Thachs Schwiegersohn legt eine CD ein und verbindet den Verstärker mit einem Lautsprecher, der an der Haustür steht. »Feuerwerk ist verboten«, erklärt er. »Aber ich habe eine CD mit Feuerwerksgeräuschen gekauft.«

Bevor er sie abspielt, versammelt sich die Familie vor dem Altar zum gemeinsamen Gebet, das von Professor Thach gesprochen wird. Die anderen stimmen leise, doch inbrünstig ein. Sei willkommen, lieber Küchengott! Seid willkommen, liebe Vorfahren! Nacheinander verbeugen sich alle vor dem Altar, Frau Thach lässt sich auf ihre schmächtigen Knie sinken. Im nächsten Augenblick, um Punkt zwölf, bricht in ganz Hanoi ein unbeschreiblicher Lärm los. Gongschläge, Jubelrufe und Gebrüll sind zu hören, während aus Tausenden von Lautsprechern Feuerwerksgeräusche dröhnen. Auch Thachs Schwiegersohn schaltet den CD-Spieler ein und lässt das gesamte Haus erzittern. Das Jahr des Hahns hat begonnen, und die bösen Geister, die Lärm nicht ausstehen können, fliehen über alle Berge. Frau Thach hält sich die Ohren zu, während der Professor das Spektakel in vollen Zügen genießt.

Eine Stunde später kommt die Stadt langsam zur Ruhe, obwohl die meisten sich weigern, jetzt schon ins Bett zu gehen. Denn wer mag wohl der erste Gast des neuen Jahres sein? Die Vietnamesen glauben fest daran, dass der erste Gast über Wohl und Wehe des neuen Jahres entscheidet. Ist es ein Bettler oder der arme Nachbar, gilt das als schlechtes Zeichen. Darum ist es nicht ungewöhnlich, dass bestimmte Verabredungen getroffen werden.

In den letzten Minuten hat Professor Thach an der Haustür Wache gehalten. Jetzt nur keine ungebetenen Gäste! Während er in einem Moment misstrauisch die Straße hinunterspäht, wirft er im nächsten einen prüfenden Blick in die Seitengasse.

»Mister Norway!«, ruft er plötzlich. »Ich möchte Sie einladen, unser *xong dat* zu sein.«

»*Xong dat?*«

»Unser erster Gast im neuen Jahr! Kommen Sie!«

Frau Thach nimmt mich an der Hand und führt mich behutsam aus dem Haus.

»Jetzt können Sie wieder hineingehen«, sagt der Professor, sobald ich die Schwelle überschritten habe.

Feierlich drehe ich mich um und werde im nächsten Augenblick zum hochgeehrten *xong dat* der Familie. Angeführt von Professor Thach werde ich von jedem Einzelnen willkommen geheißen, als wäre ich Jesus Christus, Buddha, Kaiser Le Loi, Ong Tao und Konfuzius in einer Person.

»War das nicht ein wunderbarer Beginn des neuen Jahres?«, fragt der Professor strahlend. »Doch!!!«, antwortet die Familie im Chor. »Ein wunderbarer Beginn!« Sicherheitshalber öffnet der Professor eine weitere Flasche Reiswein und füllt die schmalen Gläser.

Wir stoßen auf das Jahr des Hahns an, das vor uns liegt wie ein unbeschriebenes Blatt Papier.

»Wer ist dieser Mann?«, fragte der Prinz.
»Ein Mönch, Herr. Ein Mensch, der sich entschieden hat, seinen eigenen Weg zu gehen.«

GESPRÄCH ZWISCHEN DEM KÜNFTIGEN BUDDHA UND SEINEM WAGENLENKER CHANNA

Allein, aber frei

Wer Hanoi verlassen will, dem stehen verschiedene Möglichkeiten zur Verfügung. Am Neujahrsmorgen liege ich auf dem Bauch, unter mir ein Boden aus Teakholz. Langsam falte ich eine riesige Landkarte auseinander. Vietnam ist, von Nord bis Süd, fast 2000 Kilometer lang. Die Vietnamesen sagen, ihr Land gleiche einem Schulterjoch, an dessen beiden Enden ein Bambuskorb befestigt sei. Ein Schulterjoch allerdings, das von den Wirren der großen Politik für lange Zeit in zwei Hälften geteilt worden war, ehe die Vietnamesen es unter vielen Entbehrungen und Verlusten wieder zusammengefügt haben. Wie elegant es sich wiegt, auf der einen Seite vom Meer, auf der anderen von dichten Wäldern umschlossen. Solange Frieden herrscht, wird sich daran nichts ändern.

Viele Besucher von Hanoi zieht es unweigerlich ans Meer, denn welche Bucht kann es schon mit der von Halong aufnehmen? Mit ihren 1600 bewaldeten Kalksteininseln, die sich wie grüne Edelsteine aus dem Meer erheben, scheint sie für die Ewigkeit geschaffen zu sein. In der Stadt Halong, die im Innersten der Bucht liegt, gehen die Touristen an Bord einer Dschunke oder eines Sampan, um zwischen den Edelsteinen hin und her zu gleiten – eine Erinnerung fürs Leben. Doch wo finde ich die Parfümpagode? Angeblich in den Bergen, rund 80 Kilometer südwestlich von Hanoi. »Verborgen wie ein Wunder der Natur«, weiß mein Reiseführer zu berichten.

Zuerst nehme ich den Bus zum Ufer des Yen Vy, wo ich auf ein von Frauen gerudertes Boot umsteige. Selbst am ersten Tag des Jahres sind sie bereit, die Muskeln anzuspannen. Die Tour wird anderthalb Stunden in Anspruch nehmen. Ihr flaches Boot ist rot gestrichen, und am Heck dampfen Räucherstäbchen – ein Gruß an die Götter am ersten Tag des Jahres. Der

Ven Vy schlängelt sich wie ein breiter Slalomhang durch die flache Landschaft. Seine Oberfläche ist spiegelglatt. Alles atmet Ruhe und Frieden. Die Ufer sind von Schilf und rosafarbenen Seerosen gesäumt. Backbords sehe ich mehrere Frösche von Blatt zu Blatt hüpfen. Jenseits des Schilfs erahne ich die Reisfelder, die auf Regen und Frühling warten, sowie mehrere Tempel und kleine Steinhäuser. Unterwegs beginnen die Frauen vor sich hin zu summen, und während die Nebelschwaden mit den Bergspitzen spielen, gleiten wir langsam der Himmelsleiter entgegen.

Die unterste Stufe der Leiter, die sich als steiler Pfad entpuppt, wird von geschäftigen Händlern in Beschlag genommen, die von Wasser und Obst über Kekse, Nagelfeilen und Batterien bis hin zu Amuletten und heiligen Texten so ziemlich alles anzubieten haben. Da es die nächsten Kilometer steil bergauf geht, ist das Wasser sehr willkommen. Die steinernen Stufen sind von den Füßen der Pilger, die seit Jahrhunderten diesen Weg genommen haben, teils glatt und abgeschliffen. Die Parfümpagode – oder Chua Huong, wie die Vietnamesen sie nennen – wurde vor etwa 2000 Jahren entdeckt. Ein Mönch auf der Suche nach Erleuchtung hatte Zuflucht in den Bergen gesucht. Während er durch die Landschaft streifte, entdeckte er plötzlich eine Öffnung im Fels, hinter der sich eine Grotte verbarg. Dort drinnen, in tiefster Dunkelheit, errichtete er einen Altar. Im Lauf der Zeit kamen weitere Mönche hinzu und errichteten neue Altäre.

»Es ist kalt in Chua Houng. Kauft Schals!«, ruft einer der Verkäufer, der auf einem Felsvorsprung steht.

»Magische Halsbänder!«, ruft ein anderer. »Amulette! Heilige Steine! Wanderstäbe mit Drachenkopf!«

Eine Inschrift von 1770 in der Kalksteinwand verheißt mir die »schönste Grotte unter dem südlichen Himmel«. Die Inschrift besteht aus chinesischen Schriftzeichen und ist mit »Trinh Sam« signiert, dem reisefreudigsten Kaiser des Landes. Nach vier steil ansteigenden Kilometern, die durch dichten Wald führen, sehe ich die Felsöffnung. Ob es dort drinnen nach Parfüm riecht? Prüfend schnuppere ich an der Öffnung. »Lassen Sie mich raus!«, ruft eine verzweifelte Frau, die sich ein Taschentuch vor den Mund hält. »Ich kriege keine Luft!« Der Geruch der Räucherstäbchen hängt schwer in der Luft, doch den Mönchen, die den Großteil des Tages im dunklen Heiligtum verbringen, scheint es gut zu gehen.

Meine junge Fremdenführerin sagt mir, ich solle mit einem Glöckchen klingeln, um den Göttern mein Erscheinen anzukündigen. Die Grotte ist voller Altäre, Statuen und Rauchgefäße. Vor dem Hauptaltar, nahe dem Ausgang, sitzt ein Mönch im Lotossitz und hält die Augen geschlossen.

Verschiedene Pfade führen zu kleineren Altären, die sich tiefer im Inneren der Grotte befinden. Meine Fremdenführerin erklärt mir, dass die Parfümpagode für die Vietnamesen ungefähr den Stellenwert habe, den Mekka für die Moslems besitze. Jeder, dem Buddha etwas bedeute, sehne sich danach, mindestens einmal im Leben hierher zu kommen, und heutzutage sei das leichter als je zuvor. Das Land sei wiedervereint und die Tropfsteinhöhle ganzjährig geöffnet. Außerdem eigne sich die großartige Gebirgslandschaft bestens zu Meditation und religiöser Versenkung. Eine der Statuen soll Buddha Avalokiteshvara darstellen, einen von Buddhas Jüngern, der vermutlich in dieser Dunkelheit erleuchtet wurde. Eine andere ist der Prinzessin Dieu Thien geweiht, die der Legende zufolge eine Reinkarnation des zuvor erwähnten Buddha war. Auch sie praktizierte an diesem Ort ihren Glauben.

Im Gedenken an diese beiden Persönlichkeiten veranstalten viele Vietnamesen einmal im Jahr eine Wallfahrt zur Parfümpagode, und zwar am neunzehnten Tag des zweiten Mondmonats, für gewöhnlich im März. Zehntausende streben dann die steile Himmelsleiter empor, worauf in Vietnams heiligster Tropfsteinhöhle ein einziger Chor von Gebeten und Danksagungen erklingt.

Ich folge der Touristenführerin von Altar zu Altar, bis sie vor einem Vorsprung in der Felswand stehen bleibt. Mehrere Pilger verharren vor diesem Vorsprung und sprechen ein inständiges Gebet.

»Was sagen sie?«, flüstere ich.

»*Psst.* Das ist der Jungenstein.«

»Jungenstein?«

»Sie bitten darum, einen Sohn zu bekommen.«

Für Pilger, die sich eine Tochter wünschen, gibt es auch einen Mädchenstein, und allmählich verstehe ich, dass es in der Parfümpagode einen Altar für die meisten Bedürfnisse gibt. Viele sind darauf aus, die »Goldklippe«, die »Silberklippe«, die »Reisklippe« und »Mutters Milchbrust« zu berühren, und wer damit immer noch nicht zufrieden ist, der stattet dem Gott des Reichtums einen Besuch ab, der sich weiter oben am Hügel befindet. Und warum soll man nicht die Pagode zur Hilfe gegen die Ungerechtigkeit aufsuchen, wenn man unter Parteibonzen zu leiden hat, die den Hals einfach nicht voll bekommen?

Es ist ein gutes Gefühl, wieder an der frischen Luft zu sein. In der nächsten Stunde setze ich meinen Weg auf unbekannten Pfaden fort. Hier und da ragen kleine Tempel zwischen Aprikosen- und Banyanbäumen auf. Einer von ihnen bietet eine großartige Aussicht in südöstliche Richtung. Davor steht ein Mönch und winkt. »*Hello*«, sagt er zu mir. »*I'm the Caretaker Monk.*« Bevor ich die aneinandergelegten Hände zum Gruß heben kann, fragt er mit lauter Stimme: »Was passiert hier?« Er zeigt auf das Tal zu seinen Füßen. Gestern stand er an exakt derselben Stelle und ließ seinen Blick über die Landschaft schweifen. Alles war so wie immer, bis ein Vogelschwarm vorbeizog. Plötzlich fiel ein Vogel vom Himmel, dann ein zweiter, dann ein dritter. Es war kaum zu glauben. Am Ende lagen acht tote Vögel auf der Erde.

»Sicher die Vogelgrippe!«, sagt der Mönch auf Englisch. Hinter ihm auf der steinernen Bank steht ein Kurzwellenradio mit langer Antenne. Ohne die gesegneten Radiowellen könnte es hier oben ziemlich langweilig werden. »Was passiert hier?«, wiederholt der Mönch. »Ich bin verwirrt. Ist der Himmel zornig auf uns? Was haben wir nur verbrochen?« Er zählt die vielen Prüfungen unserer Tage auf – SARS, die Vogelgrippe, den Tsunami – und fragt, ob sie die Strafe des Himmels für den Frevel der Menschen seien.

»*I think so!*«, gibt er sich selbst die Antwort und blickt mir tief in die Augen. Er muss mindestens 60 Jahre alt sein. Nachdem seine fragende Miene verflogen ist, lädt er mich zu einer Tasse Tee und den Radionachrichten des BBC World Service ein. Wir setzen uns auf die Steinbank, während die Stimme aus London berichtet, dass die Jagd auf Osama bin Laden intensiviert worden sei. »Ich hoffe, dass sie ihn kriegen. Aber sie dürfen ihn nicht zum Tode verurteilen. Niemand von uns hat das Recht zu töten«, sagt er, nachdem die Nachrichten vorbei sind.

Der Mönch führt mich durch den bescheidenen Tempel, der nur aus einem einzigen Raum, einer kleinen Küche sowie einem Anbau mit zwei Schlafzimmern besteht. Das eine benutzt er selbst, während das andere Gästen zur Verfügung steht. Er öffnet es mit einem großen Schlüssel und sagt, dass ich gern hier übernachten könne. Die Übernachtung ist gratis, obwohl an der Wand ein kleines Kästchen hängt, in das man seinen Obolus entrichten kann. »Sie bekommen eine Decke, eine Waschschüssel und eine Schale *xup rau*, und morgen früh erwachen wir zu den neuesten Nachrichten von BBC und Radio Hanoi.« Sein Lächeln wird mit jedem Schritt breiter. Nachdem wir unsere Runde beendet haben, zeigt er mir das Gästebuch des Tempels, das im Mai 2002 begonnen wurde. Zuletzt übernachtete ein Paar aus Sapporo hier, Keiichi Sato und Misaki Yamamoto, er 32, sie 28 Jahre alt.

»Sie waren begeistert von meiner Suppe«, sagt er und sieht mich erwartungsvoll an.

Während sich die Dunkelheit über das Tal senkt, beginnt der Mönch eine reichhaltige Gemüsesuppe zu kochen, eine *xup rau*. Während der Mahlzeit erzählt er mir, dass er zwei Mal für längere Zeit hier oben gelebt habe, zuerst von 1986 bis 1988, dann von 1992 bis heute – fünfzehn reiche Jahre, geprägt von Meditation und himmlischer Ruhe. Doch natürlich auch von verschiedenen Gästen, dem Studium von Sprachen, dem Radio sowie den erforderlichen Arbeiten, um den Tempel instand zu halten.

»Jemand muss sich doch um die Dinge kümmern, die uns heilig sind«, sagt er.

In Vietnam gibt es viele Heiligtümer, um die man sich kümmern muss. Tempel und Pagoden liegen über das lang gestreckte Land verteilt, und heute Nacht werde ich in einer von ihnen übernachten. Der Mönch gießt lauwarmes Wasser in eine Waschschüssel, Seife habe ich selbst. Die schwarze Wolldecke mag ihre besten Tage hinter sich haben, leistet mir aber gute Dienste. Auch eine Taschenlampe bekomme ich, eine Ever Bright aus China. Doch was sehe ich da an der Wand?

Der Lichtkegel offenbart eine längliche Wandmalerei, die offenbar Buddhas Kindheit und Jugend darstellt. Eine Bilderfolge wie bei einem Comic. Ein Bild zeigt einen Wagen mit zwei Pferden, der einen Palast verlässt. Hinter dem Wagenlenker sitzt ein prächtig gekleideter junger Mann mit reinen, klaren Zügen. Millionen von Asiaten kennen diese Geschichte, doch nur wenige bei uns.

Es ereignete sich im Jahr 563 vor Christus. Ein kleines Kind, ein Prinz, kam in der kleinen nordindischen Stadt Kapilavastu zur Welt. Dort lebten König Suddhodana Gautama und Königin Maya in großem Luxus. Ihr Herrschaftsgebiet war nicht groß und die Armut unter den Menschen weit verbreitet, doch die meisten fanden Trost in den kleinen und großen Tempeln. Es waren Hindus, und der Hinduismus lehrt die Menschen, ihr Schicksal klaglos zu akzeptieren.

Lange fürchtete die Königin, sie könne keine Kinder bekommen. Doch dann geschah ein Wunder. In Kapilavastu war Sommer, man feierte das Vollmondfest. Die Menschen sangen und tanzten auf den Straßen. Auch die Königin nahm an dem Fest teil. Am siebten Tag stand sie früh auf. Nachdem sie in parfümiertem Wasser gebadet und ihre edelsten Kleider angezogen hatte, verließ sie den Palast mit den Taschen voller Goldmünzen. Sie wollte den Armen helfen, und ehe sie sich's versah, hatte sie alle unter den Leuten verteilt – 400 000! Danach kehrte sie in den Palast zurück, um sich auszuruhen.

Königin Maya fiel in Schlaf und sah im Traum, wie sie von den Königen aller vier Himmelsrichtungen – dem Nordkönig, dem Südkönig, dem

Ostkönig und dem Westkönig – emporgehoben wurde. Sie begann zu schweben, zunächst über die schiefen Dächer von Kapilavastu, dann über die grünen Täler in Richtung der blendend weißen Berge des Himalaja. Die vier Könige setzten sie an einem heiligen See ab, wo sie von vier lächelnden Königinnen empfangen wurde. Sie wurde gebadet und parfümiert und mit duftenden Blütenkränzen geschmückt. Danach wurde sie zu einem Palast am Fuße des Berges geführt und gebeten, sich auf der Terrasse ein wenig auszuruhen. Entspannt lehnte sie sich zurück. Die Aussicht war atemberaubend, nie hatte die Königin etwas Schöneres gesehen.

Da erblickte sie plötzlich auf dem Gipfel eines Berges einen weißen Elefanten. Mit dem Rüssel trug er eine weiße Lotosblüte. Plötzlich begann der Elefant unter lautem Trompeten den Berg hinunterzulaufen und stand im nächsten Moment auf der Palastterrasse. Königin Maya war außer sich vor Angst, doch anstatt sie anzugreifen, begann der Elefant sie zu umkreisen, erst ein-, dann zwei-, dann dreimal. Nachdem er die dritte Runde beendet hatte, blieb er stehen, steckte seinen Rüssel mit der Lotosblüte in ihre linke Seite und verschwand.

Die Königin erwachte und begriff mit einem Mal, was geschehen war. Sie war schwanger!

Der König sollte die frohe Kunde sofort erfahren. Er saß in einer wichtigen Runde, umgeben von Ministern, Edelleuten und Ratgebern, doch erregt wie sie war, bat sie ihn, die Besprechung zu unterbrechen. Der König tat ihr den Gefallen, worauf sie ihm von dem Traum erzählte.

»Wie deutest du ihn?«, fragte sie den König.

Der König war unsicher. Deshalb fragte er seine Priester und Astrologen um Rat. Diese schritten in langen Gewändern in den Königspalast, und Königin Maya berichtete, was sie geträumt hatte. Nachdem sie der wundersamen Geschichte andächtig gelauscht hatten, zogen sich die Männer zur Beratung zurück. Schließlich waren sie sich einig: Der Traum war ein Zeichen dafür, dass sie dem König einen Sohn schenken würde. Der König strahlte von einem Ohr zum anderen, endlich war die Erbfolge gesichert.

Doch die Priester und Astrologen hatten noch etwas auf dem Herzen. »Wenn der Sohn im königlichen Palast lebt, wird er der Herrscher des Universums sein. Falls er jedoch das väterliche Erbe ausschlägt und sich dem Volk anschließt, wird er ein Buddha, der klügste aller Männer.«

Ein Buddha? Der klügste aller Männer?

Königin Maya gebar ihren Sohn, einen Prinzen, der den Namen Siddharta, »der Siegreiche«, erhielt. Und da die Familie den Nachnamen Gautama trug, hieß er Siddharta Gautama.

Soweit die Legende. Heute findet sich Kapilavastu auf keiner Karte. 2500 Jahre haben die Spuren verwischt. Aber die Experten glauben, das Geschlecht der Gautama müsse im Grenzgebiet zwischen Indien und Nepal gelebt haben. In Lumbini, auf der nepalesischen Seite, gibt eine Steinsäule darüber Auskunft, dass Buddha an diesem Ort geboren wurde. Auf der Säule steht, sie sei von König Ashoka errichtet worden, der vor 2300 Jahren über ein riesiges Imperium herrschte.

So wie die meisten Prinzen wurde Siddharta nach allen Regeln der Kunst verwöhnt. Leider starb seine Mutter nur sieben Tage nach der Geburt, doch Prajapati, die neue Frau des Königs, kümmerte sich liebevoll um ihn. 32 weitere Frauen halfen ihr dabei, ihn zu umsorgen – acht trugen ihn, acht stillten ihn, acht badeten ihn und acht spielten mit ihm. Auch Papa Suddhodana tat alles dafür, um seinem einzigen Sohn und Erben das Leben so angenehm wie möglich zu machen. Doch im Lauf der Jahre plagten ihn immer größere Sorgen um dessen Zukunft. Siddharta war anders als die anderen Kinder, still und in sich gekehrt, mit einem auffälligen Interesse an moralischen Fragen. Selbst nachdem er die wunderschöne Yasodhara geheiratet hatte, grübelte er weiter über die ungelösten Fragen des Daseins. Doch woher sollten die Antworten kommen? Er lebte wie in einem Kokon, vollkommen unwissend über das Leben, das außerhalb der hohen Palastmauern vor sich ging.

Die Jahre vergingen, und der König fürchtete zunehmend, Siddharta könne den Palast eines Tages auf eigene Faust verlassen. In seinen Träumen sah er bereits, wie sich Siddharta, als Mönch verkleidet, aus dem Palast schlich. Ruckartig fuhr er aus dem Schlaf und rief: »Ist mein Sohn noch da?« Ein Bediensteter beruhigte ihn: »Selbstverständlich, Herr!«

Doch der König kam nicht zur Ruhe. In der Hoffnung, seinen Sohn zum Bleiben zu bewegen, ließ er für ihn einen Garten anlegen – keinen gewöhnlichen Garten, sondern den schönsten, den man sich nur vorstellen kann. Tausende von Gärtnern, Handwerkern und Künstlern machten sich an die Arbeit. Als der Garten schließlich vollendet war, beschloss der König, ihn Garten des Glücks zu nennen. Leider lag er ein gutes Stück vom Königspalast entfernt. Wenn der Prinz ihn besuchen wollte, musste er die Straßen von Kapilavastu durchqueren, was er nie zuvor getan hatte.

Bevor der Prinz sich auf den Weg machte, gab der König stets Anweisung, zuvor die Bettler und Armen von den Straßen und Märkten entfernen zu lassen. Die Stadt sollte in neuem Glanz erstrahlen. Prinz Siddharta nahm also in der prächtigen Kutsche Platz, und die Pferde setzten sich in Bewegung. Königlicher Wagenlenker war der über alle Maßen ehrliche Channa.

Sobald sie den Palast verlassen hatten, fiel der Blick des Prinzen auf einen alten Mann. Mit zerfurchter Haut und weißem Haar, gebeugt, zahnlos und erschöpft stützte er sich auf einen groben Stock und konnte sich kaum noch bewegen.

»Wer ist dieser Mann?«, rief der Prinz erschrocken. »Warum sieht er so aus?«

»Er ist das, was man einen alten Mann nennt«, antwortete Channa.

»Warum nennt man ihn alt?«

»Weil er nicht mehr lange zu leben hat.«

»Werde ich denn eines Tages auch so aussehen?«

»Ja, Herr. Wir alle werden alt. Wir alle werden eines Tages so aussehen.«

Der Prinz war so entsetzt, dass er Channa befahl, sofort zum Palast zurückzukehren. Lieber als den Garten des Glücks zu besuchen, wollte er sich zurückziehen, um weiter zu grübeln. Der König versuchte ihn mit Tänzerinnen und exotischen Zauberkünstlern abzulenken, doch keinem gelang es, den Prinzen wieder in gute Laune zu versetzen.

Nach einiger Zeit beschloss der Prinz, einen zweiten Versuch zu unternehmen, sich zum Garten des Glücks bringen zu lassen. Erneut wurden die Straßen gesäubert, doch als sie ein Dorf erreichten, sah der Prinz am Wegesrand eine jammernde, zerlumpte Gestalt.

»Was fehlt diesem Mann, Channa? Warum stößt er solche Laute aus?«

»Er ist krank, Herr«, antwortete Channa.

»Was bedeutet das?«

»Dass mit seinem Körper etwas nicht in Ordnung ist und dass er große Schmerzen hat.«

»Kann ich denn auch krank werden?«

»Natürlich, wir alle können krank werden.«

Erneut ließ er Channa den Wagen wenden. Der Prinz zog sich abermals zurück und dachte nach. Wie traurig es doch war, ein Mensch zu sein! Doch schließlich wollte er einen dritten Versuch wagen. So machten sie sich erneut auf den Weg und begegneten nach kurzer Zeit einem Trauerzug. Auf einer schaukelnden Bahre wurde ein Toter durch die Straßen getragen. Unter dem weißen Tuch, das ihn bedeckte, schauten der Kopf und die Füße heraus. Weinende Familienangehörige begleiteten die Bahre. Manche hatten sich mit heiliger Asche beschmiert, ein seltsamer Anblick für den Prinzen.

»Was ist das?«, fragte er verwundert. »Wer wird dort getragen, und warum haben die Menschen ihre Gesichter beschmiert?«

»Sie tragen einen Menschen, der gerade gestorben ist«, antwortete Channa.

»Fahr näher heran«, befahl der Prinz. Dann betrachtete er den Toten mit großen Augen.

»Was bedeutet gestorben?«

»Das bedeutet, Herr, dass ihn niemand je wiedersehen wird, weder seine Eltern noch seine Frau oder Geschwister, denn er ist aus dem Leben geschieden, er ist tot.«

»Werde auch ich eines Tages sterben?«

»Ja, Herr, wir alle müssen irgendwann sterben.«

»Und was passiert, wenn wir tot sind?«

Channa, der Hindu war, erzählte ihm, was er gelernt hatte – dass alle toten Menschen wiedergeboren werden, um ihre Leiden ein ums andere Mal zu durchleben.

»Fahr zurück!«, befahl der Prinz.

Channa fuhr zurück, worauf sich der Prinz, niedergeschlagener als je zuvor, im Palast einschloss.

Als König Suddhodana erfuhr, was geschehen war, versuchte er erneut, seinen Sohn auf jede erdenkliche Weise zu besänftigen. Nach einer Weile fühlte sich der Prinz dazu bereit, den Palast ein viertes Mal zu verlassen. Unterwegs begegnete er einem Mann mit kahl rasiertem Kopf, der ein einfaches Gewand trug. In der Hand hielt er eine Almosenschale. Sein Gesicht strahlte eine eigentümliche Ruhe aus, und obwohl er den königlichen Wagen sah, schien er mit seinen Gedanken an einem anderen Ort zu sein.

»Wer ist dieser Mann?«, fragte der Prinz.

»Ein Mönch, Herr, ein Mensch, der sich entschieden hat, seinen eigenen Weg zu gehen.«

»Was soll das heißen, seinen eigenen Weg?«

»Er geht seinen eigenen Weg, um ein einfaches religiöses Leben zu führen. Er will Ruhe in seiner Seele finden und ein gutes Leben führen, indem er gut zu allen lebenden Geschöpfen ist.«

»Fahr mich nach Hause!«, sagte der Prinz, und Channa kehrte ein viertes Mal zum Palast zurück.

Prinz Siddharta war an einer Weggabelung seines Lebens angelangt. Er musste sich entscheiden: Entweder er lebte weiter im Palast, umgeben von unermesslichem Luxus, und würde eines Tages König und Herrscher des Universums werden. Oder er würde es dem Mönch am Wegesrand gleichtun, ein Leben der Entsagung führen, gute Taten vollbringen und nach innerer Ruhe streben.

Eines Nachts schlich er sich in das Schlafgemach des Königs, um seinem Vater mitzuteilen, dass er ihn verlassen werde.

Der König hatte Tränen in den Augen und bat ihn inständig, es sich noch einmal zu überlegen.

»Ich kann bleiben«, entgegnete Siddharta, »wenn du mir vier Dinge versprichst.«

»Was immer du willst!«

»Versprich mir, dass ich nie alt und nie krank werde und niemals sterben muss. Und versprich mir, dass du, Yasodhara und alle anderen, die ich liebe, immer die gleichen bleiben werden.«

»Aber das kann ich nicht versprechen ...«

Damit war die Sache entschieden. Siddharta sagte, dass er den Königspalast bei Vollmond verlassen und nie mehr zurückkommen werde. Der König war außer sich vor Verzweiflung und befahl den Palastwachen, seinen Sohn nicht fortzulassen.

Die Tage vergingen. Yasodhara, schöner als je zuvor, gebar einen wohlbeschaffenen Sohn, der den Namen Rahula erhielt. Doch Siddharta ließ sich nicht beirren. Als es schließlich Vollmond wurde, schlich er sich des Nachts zu Mutter und Kind. Yasodhara schlief tief und fest, eine Hand ruhte auf dem Kopf des Kindes. Der Prinz geriet in Versuchung, die Hand zu entfernen, um den Kleinen noch einmal ansehen zu können. Doch aus Angst, die beiden zu wecken, ließ er es bleiben. Auf Zehenspitzen verließ er den Palast mit den prunkvollen Sälen, den weichen Teppichen und den wertvollen Gemälden. Der Prinz und die Prinzessin waren 29 Jahre alt – ihre Ehe bestand seit zehn Jahren.

Vor dem Palast hielt Channa Siddhartas Pferd bereit. Die schwere Pforte, die normalerweise schrecklich quietschte, glitt lautlos auf, und die Palastwachen schnarchten im Chor. Nur Mara, der furchtbare Dämon, stellte sich ihm in den Weg, doch ehe der Morgen graute, hatten der Prinz und sein treuer Gefährte alle Hindernisse überwunden.

Noch am selben Tag, fern von allen Menschen, stieg der Prinz vom Pferd. Er hob sein Schwert, schnitt sich die langen, schwarzen Haare ab, die ein Symbol der Macht gewesen waren, und warf sie gleichgültig fort. Dann reichte er Channa das Schwert und bat ihn zurückzureiten. Mit Tränen in den Augen nahm Channa Abschied, während der Prinz, nun als einsamer Mönch, einer ungewissen Zukunft entgegenging.

Bald erblickte er einen Jäger in einem schmutzigen Rock. »Entschuldige, aber könntest du dir vielleicht vorstellen, mit mir die Kleider zu tauschen?«, fragte Siddharta, wohl wissend, dass er immer noch ein prächtiges Gewand trug. Der Jäger willigte natürlich sofort ein. Kurz darauf lief ihm ein armer Bettler über den Weg und fragte: »Brauchst du noch eine Almosenschale?« –

»Sehr gern«, antwortete Siddharta und streckte die Hände aus.

Allein, kahlgeschoren, mit abgetragenen Kleidern und einer Almosenschale in der Hand – nun fühlte er sich endlich frei.

»Hier oben ist man wirklich frei«, sagt der Mönch zu mir.

Ein neuer Tag hat begonnen. Er nimmt den Teekessel von der Feuerstelle und füllt meinen Becher. Die Teeblätter bilden stets eine braune Haut über dem kochendheißen Wasser, bevor sie schließlich aufquellen und auf den Grund sinken.

»Ist es unten im Tal nicht besser? Mehr Menschen, mehr Leben?«

»Ja, mehr Menschen und mehr Leben. Aber besser?« Er schüttelt den Kopf. Für eine Weile betrachtet er die sinkenden Teeblätter, bevor er aufsteht und hineingeht, um die *xup rau* zu kochen.

Ich muss zugeben, dass die Nacht ein wenig unangenehm war. Die Pritsche war außerordentlich hart, und obwohl ich mich fest in die Decke eingewickelt hatte, kühlte ich ziemlich aus. Jetzt sind es hier oben nur acht Grad, und die Kleidungsstücke sind klamm vom Morgennebel. Doch der heiße Tee des Mönchs, gefolgt von einer Schale *xup rau*, weckt die Lebensgeister. Während wir unsere Suppe löffeln, ist es an der Zeit, dem Radio zu lauschen, denn das Böse in der Welt nimmt niemals ein Ende. Der Mönch drückt auf den Knopf und legt ein Ohr an den Lautsprecher.

»*This is good news*«, sagt er nach einer Weile.

Wie Radio Hanoi berichtet, sind die Feierlichkeiten zum neuen Jahr ohne Zwischenfälle verlaufen. Die Leute haben sich größtenteils an das Feuerwerksverbot gehalten und sich ordentlich benommen. Die Regierung ihrerseits hat das neue Jahr damit begonnen, mehrere tausend Gefangene, darunter zahlreiche Dissidenten, freizulassen. Der Mönch nickt und murmelt: »*Good, good.*« Weniger gut ist allerdings, dass sich die Vogelgrippe mit rasender Geschwindigkeit ausbreitet. Sie wurde in der Hälfte aller Provinzen des Landes festgestellt; außerdem häufen sich die Anzeichen, dass das Virus auch von Tier zu Mensch übertragen werden kann.

Die BBC wiederholt die Meldung, dass die Jagd auf Osama bin Laden intensiviert werden soll, worauf der Mönch denselben Kommentar abgibt wie gestern: »In Ordnung, fangt ihn, aber tötet ihn nicht. Niemand hat das Recht zu töten.«

Buddha verbot das Töten. Was lehrte er die Menschen noch? Nachdem er zum Bettler geworden war, zog er von Ort zu Ort. Sechs Jahre lang lebte er wie ein Asket, ohne jedoch die Wahrheit zu finden, nach der er suchte. Nicht nur sein Körper, sondern auch seine Gedanken schienen geschwächt zu werden. Vom Luxusleben, das er als Prinz geführt hatte, wollte er nichts mehr wissen. Nun galt es, den goldenen Mittelweg zu finden. Im Alter von 35 Jahren ließ er sich in der Hoffnung auf Erleuchtung unter einem Feigenbaum nieder. Tag und Nacht saß er im Lotossitz unter dem großen Baum und meditierte. Und so entdeckte er in einer Vollmondnacht im Mai die vier edlen Wahrheiten.

Alles irdische Leben ist unbefriedigend, vergänglich und leidvoll, stellte er fest. Die Ursache dieses Leids ist das Begehren des Menschen. Um dieses Begehren zu überwinden, muss der »Achtfache Pfad« beschritten werden – rechte Anschauung, rechte Gedanken, rechte Rede, rechtes Handeln, rechtes Streben, rechte Lebensweise, rechte Achtsamkeit und rechte Sammlung. In langen Selbstgesprächen führte er jeden Punkt für seine Anhänger aus.

Buddha betrachtete sich nicht als Gott, eher als Lehrer. Er wollte anderen den Weg zu einem besseren Leben aufzeigen. Und das Ziel des irdischen Strebens?

Als Hindu glaubte Buddha an die Reinkarnation: Die Menschen werden wiedergeboren, nicht nur einmal, sondern viele Male, und stets in anderer Gestalt. Ein Mensch kann ein gutes oder schlechtes Karma besitzen, je nachdem wie er früher gelebt hat. Gutes Handeln wird mit einem neuen und besseren Leben belohnt, schlechtes Handeln mit einem neuen und schlechteren Leben. Doch manche sind in der Lage, aus diesem ewigen Kreislauf auszubrechen und Nirwana zu erreichen – einen Zustand, in dem Hass, Begehren und Egoismus für alle Zeit überwunden sind.

Buddha starb im Alter von 80 Jahren, vermutlich an einer Lebensmittelvergiftung. Bevor er starb, fragte sein Diener Ananda ihn, wer sie in Zukunft leiten solle. Niemand, antwortete er. Die Wahrheiten, die er den Menschen vermittelt habe, seien Anleitung genug. In den nächsten Jahrhunderten verbreitete sich der Buddhismus in alle Himmelsrichtungen. Nach einer Weile teilten sich seine Anhänger in zwei Schulen. Die Nördliche Schule, auch »Großes Fahrzeug« genannt, wurde in China, der Mongolei, Korea, Japan und Vietnam heimisch. Die Südliche Schule, auch »Kleines Fahrzeug« genannt, nahm ihren Anfang in Sri Lanka und verbreitete sich von dort aus nach Thailand, Birma, Laos und Kambodscha. Die Nördliche Schule wird als Mahayana, die Südliche als Theravada bezeichnet.

Aber worin besteht der Unterschied?

»*The difference? I don't know. It's rather small, I think*«, antwortet der Mönch, während er versonnen über den Teekessel streicht.

Vielleicht hat er recht. Die Anhänger der beiden Schule haben sich – nach guter buddhistischer Tradition – weitgehend in Frieden gelassen. Da die

Theravada-Schule aber die ältere der beiden ist, gilt sie im Allgemeinen auch als ein wenig orthodoxer. Ihre Anhänger berufen sich auf die älteste Schriftsammlung des Buddhismus, den *Tipitaka*.

Weltweit gibt es heute rund 700 Millionen Buddhisten, die meisten davon in Asien. Im Lauf der Jahrhunderte waren sie harten Prüfungen – Kriegen, Revolutionen, Verfolgung und Hunger – ausgesetzt. Nun erleben viele von ihnen einen neuen Frühling, wie in China oder Vietnam. In beiden Ländern gibt es zahlreiche Tempel und Pagoden, wenngleich diese oft in sehr schlechtem Zustand sind. Doch hier, unmittelbar unter den Wolken, nehme ich den Geruch frischer Farbe wahr. Ob der Mönch selbst Hand angelegt hat?

»Hier oben ist man wirklich frei«, wiederholt er.

»Wie viele Besucher kommen an einem normalen Tag hierher?«

»Manchmal zehn, manchmal hundert. Doch viele benehmen sich nicht so, wie sie sollten.«

»Inwiefern?«

»Sie beten zu Buddha, als wäre er ein Gott. Doch Buddha war ein Mensch, und er ist tot. Jeden Tag stehe ich da hinten in der Ecke und höre die Leute beten. Letzte Woche waren viele Bauern hier oben. Ihre Felder sollen einem Golfplatz weichen. Daher haben sie Buddha um Hilfe gebeten. Manche bitten Buddha auch darum, Tod und Verderben über den Steuereintreiber zu bringen, und erst gestern habe ich Besuch von einem Ehepaar bekommen, das um Glück für die Karaoke-Bar bat, die sie eröffnet hatten. Solche Menschen sollten den Gott des Reichtums anbeten, der könnte ihnen vielleicht helfen, aber nicht Buddha.«

Während wir den Blick über die weite Landschaft streifen lassen, betritt ein gebrechliches Ehepaar den steinernen Vorplatz. Beide atmen schwer, der Anstieg war steil und beschwerlich. Instinktiv streben sie sogleich in das Innere des Tempels, worauf der Mönch aufsteht und ihnen neue, trockene Räucherstäbchen anbietet, die sich in einer Schachtel mit wohlbekanntem Aufdruck befinden: *Made in China*. Während die Alten zu murmeln beginnen, zieht sich der Mönch, wie üblich, in seine Ecke zurück.

»Wofür haben sie gebetet?«, frage ich ihn, nachdem das Ehepaar gegangen ist.

»Sie haben gebetet, dass aus ihren Söhnen keine Bauern werden mögen, so wie sie selbst. Ach, ihre Gebete sind vergeblich.«

»Als Mönch können Sie ihnen doch die Wahrheit sagen.«

»Wozu? Sie würden es doch nicht verstehen. Die meisten Leute wissen so ungefähr, dass Buddha für etwas Gutes steht, dass er Frieden und Nächstenliebe gepredigt hat. Doch nur die wenigsten verstehen den tieferen Gehalt des Buddhismus. Darum gehen sie von einem Altar zum anderen, von Konfuzius zu Buddha, dem Gott des Reichtums und vielen, vielen anderen, und bitten stets um dieselben Dinge. So ist es immer gewesen, und so wird es auch in Zukunft sein.«

Während ich meine Sachen zusammenpacke, nutzt der Mönch die Gelegenheit, erneut das Radio einzuschalten, um den Nachrichten aus Hanoi zu lauschen. Ich stecke 150 000 Dong für Kost und Logis in das Kästchen. Vielleicht reicht das Geld ja für ein wenig Farbe, um auch die rostroten Holzsäulen zu streichen, die das schiefe Tempeldach tragen. Der Betrag entspricht ungefähr sieben Euro. Zum Abschied verneigen wir uns tief voreinander. Als ich mich auf dem Abhang noch einmal umdrehe und den Kopf hebe, sehe ich, dass der Mönche wieder ins Tal hinunterblickt, einsam und frei. Als ich mich ein zweites Mal umdrehe, hält er sich ein Fernglas vor die Augen.

Wann fällt der nächste Vogel vom Himmel?

Blut wird fließen,
doch der Weg endet nie.

INSCHRIFT AM
HO-CHI-MINH-PFAD

Bewegung ist Leben, Stillstand ist Tod

Viele Schriftsteller haben ihrer Begeisterung für die Zugfahrt Ausdruck verliehen. Doch nur wenige haben darüber geschrieben, wie schwierig es sein kann, eine Fahrkarte zu ergattern, sich am Schalter überhaupt verständlich zu machen, den richtigen Zug zu finden... Man gerät von einer Frustration in die nächste, vor allem in China, wo der Reisende mit völlig unverständlichen Schriftzeichen konfrontiert wird. Doch Vietnam begrüßt den Reisenden mit lateinischen Buchstaben.

Gedankt sei Alexandre de Rhodes. Er starb 1660, aber sein Lebenswerk hat Bestand. Wie würde ich mich zurechtfinden, wenn es ihn nicht gegeben hätte? Der französische Jesuit und Missionar ging 1624 in Vietnam an Land. Er wollte das Evangelium verbreiten, doch die chinesischen Schriftzeichen waren ihm genauso unverständlich wie die gesprochene Sprache. »Als ich die Einheimischen zum ersten Mal sprechen hörte«, räumte er ein, »kam es mir wie Vogelgezwitscher vor. Ich hatte nicht die geringste Hoffnung, diese Sprache jemals erlernen zu können.«

Rhodes ersetzte die chinesischen Schriftzeichen durch lateinische Buchstaben – »zur Ehre Gottes und zum Besten des vietnamesischen Volkes«. 24 Jahre lang beugte er sich über seine Bücher. 1645, als die Arbeit ihrem Ende entgegenging, verurteilten ihn die Vietnamesen zum Tode, doch mit List und Tücke gelang es ihm, sich der Vollstreckung des Urteils zu entziehen. Stattdessen wurden zwei Mitarbeiter von ihm geköpft. Als sein lateinisch-vietnamesisches Wörterbuch 1651 in Rom erschien, wurde es als wichtiger Beitrag zur Verbreitung des Christentums gewürdigt. Mit der Zeit sahen auch die Vietnamesen die Vorteile, die es mit sich brachte, das lateinische Alphabet zu benutzen. Somit nimmt Alexandre de Rhodes für alle Zeit einen wichtigen Platz in der vietnamesischen Geschichte ein.

»Danke, Alexandre«, flüstere ich ein weiteres Mal, schnappe mir meine Fahrkarte und laufe zum Bahnsteig Nummer vier.

Die Dunkelheit senkt sich bereits über den Bahnhof, doch der Wiedervereinigungszug, ein Ungetüm aus abgenutztem Stahl, ist zu einer neuen Kraftprobe bereit. Die Entfernung von Hanoi bis nach Ho-Chi-Minh-Stadt, der Metropole im Süden, beträgt 1720 Kilometer. Ich sitze äußert weich – russischer Schaumgummi, von russischem Kunststoff überzogen –, denn die Wagen stammen aus der ehemaligen Sowjetunion. Die Diesellokomotive hingegen stammt aus Polen, und wenn alles läuft wie geplant, wird sie sich mit einer Geschwindigkeit von 60 Stundenkilometern ihren Weg bahnen.

Das vietnamesische Schienennetz ist 2600 Kilometer lang. Von Hanoi aus führen die Schienen in östliche Richtung, zur Hafenstadt Haiphong, während diejenigen, die sich nach Nord und Nordwesten erstrecken, in China enden. Doch keine Strecke kann sich mit derjenigen messen, die gen Süden führt. Viele Jahre lang, während der Vietnamkrieg tobte, rosteten Schienen und Gleise vor sich hin. Über 1000 Eisenbahnbrücken wurden gesprengt, die Lokomotiven stellten ihren Dienst ein. Aber dann kam der Frieden, und ganze Bataillone von Arbeitern – Russen und Vietnamesen Seite an Seite – machten sich daran, das Schienennetz wieder instand zu setzen. Achtzehn Monate später hatten sie 1334 Brücken restauriert, 158 Bahnhöfe errichtet und 27 Tunnel in die Berge gesprengt. Die Wiederaufnahme des Schienenverkehrs erfolgte 1976. Mit ohrenbetäubendem Kreischen und zu den Klängen der Internationale verließ der erste Zug feierlich den Bahnhof von Hanoi.

Am Kreischen hat sich nichts geändert. Kein Zug der Welt macht mehr Lärm als der Wiedervereinigungsexpress. Das könnte daran liegen, dass einige der Wagen noch aus dem Jahr 1938 stammen. Ungeheuer langsam, als koste ihn jede Umdrehung der eisernen Räder Überwindung, setzt sich der Bummelzug in Bewegung. Der Wagen, in dem ich sitze, ist nur halb voll, denn immer noch feiern die Menschen den Beginn des neuen Jahres. Während die unzähligen Lichter Hanois in der Dunkelheit verschwinden, beginnen die Zugangestellten durch die Wagen zu strömen. Glänzende Schüsseln mit kleingehacktem Fleisch, Bohnensprossen und gekochtem Reis werden durch den Mittelgang getragen und allen Fahrgästen angeboten. Doch was soll man zum Essen trinken?

»Hahnenwein«, schlägt mein Nachbar vor – ein besonderer Tropfen, extra produziert zum Jahr des Hahns. Er zieht eine ganze Flasche aus seinem Beutel und bittet um zwei Pappbecher. Das Getränk, eine graue Flüssigkeit, erweist sich als eine Art Reiswein. Der Geschmack ist rund und ein wenig süß, nicht unähnlich dem japanischen Sake. Wir lassen es bei zwei Bechern für jeden bewenden, kosten ausgiebig, lassen den Wein langsam über unsere Zungen laufen und nicken uns höflich zu. Als der letzte Tropfen geleert ist, schließe ich die Augen und befinde mich schon im nächsten Moment im Reich der Träume.

Stunden später werde ich vom sanften Morgenlicht geweckt. Wir reiben uns die Augen und sehen den rosafarbenen Widerschein des Südchinesischen Meeres. Auf der gegenüberliegenden Seite döst in einer ovalen Bucht die Prozinzstadt Dong Hoi vor sich hin, auch sie ist in rosafarbenes Licht getaucht. Auf dem Bahnsteig sieht man dampfende Suppentöpfe. Wohin will ich eigentlich? Vielleicht hierhin?

Jetzt hätte mir Alexandre de Rhodes gute Dienste erwiesen, denn Vietnamesisch ist eine tonale Sprache. Die Wörter können, abhängig von ihrer Tonhöhe, eine unterschiedliche Bedeutung haben. Das Wort »*ma*« zum Beispiel kann Mutter, Reis, Samenkorn, Grab, Pferd oder Gespenst bedeuten. Rhodes hat selbst berichtet, zu welchen Problemen dies anfangs führte. Einmal bat er seinen Koch, einen Fisch zu kaufen, auf Vietnamesisch: *cá*. Zufrieden kehrte der Koch mit ein paar großen Auberginen vom Markt zurück: *cà*. Ein anderes Mal bat er seinen Koch, ein wenig Bambus zu schlagen, auf Vietnamesisch: *chém tre*. Die Kinder, die dies zufällig mit anhörten, flohen schreiend in alle Richtungen, denn der Franzose hatte gesagt: »Töte die Kinder!« Schließlich löste Rhodes das Problem dadurch, dass er die Tonhöhe durch kleine Zusatzzeichen angab.

Ich selbst benutze den Zeigefinger, das reicht, um mir eine dünne Fischsuppe mit Chili und kleinen grünen Blättern zu besorgen.

Dong Hoi ist eine kleine Stadt. Einzig das Krankenhaus der Kubanisch-Vietnamesischen Freundschaft klingt ein bisschen nach großer weiter Welt. Vor der nächsten Bushaltestelle bleibe ich stehen und sehe mir das altmodische Ungetüm mit der Nummer 1202 an. Ein Bediensteter in Uniform sagt, der Bus ginge nach Mu Gia, einem Gebirgspass an der Grenze zu Laos. Der Name kommt mir irgendwie bekannt vor. Wenn ich die Augen schließe, wandern meine Gedanken zum Ho-Chi-Minh-Pfad, der alten Infiltrationsroute von Nord nach Süd. Als Vietnam 1954 in der Mitte geteilt wurde, begann Ho Chi Minh, eine heimliche Versorgungslinie zu seinen Alliierten im Süden aufzubauen. Das Ergebnis bestand aus einer Reihe kleiner Wege und Pfade, die quer durch Laos und später auch durch Kambodscha führten. Der Mu Gia spielte dabei eine wichtige Rolle.

Ich steige also in den Bus Nr. 1202, der keuchend die Stadt verlässt, um sich schon bald in den grünsten Tälern zu befinden. Als wollten wir den

Menschen dort einen Gruß hinterlassen, zieht der Bus eine schwarze Wolke stinkender Abgase hinter sich her. Der Weg geht bergauf und zieht sich an einem schäumenden Fluss entlang. Vietnam muss das Land der Flüsse sein. Einer der Fahrgäste, ein französisch sprechender älterer Herr, verrät, dass wir gleich an einem tosenden Wasserfall anhalten und ein Mittagessen zu uns nehmen werden. Er klopft sich lachend den Bauch.

Die Überraschung wartet hinter der nächsten Ecke auf uns. Vor einem rauschenden Wasserfall stehen die Köche mit ihrem Wagen. Warmer Dampf steigt empor und vereint sich mit der sprühenden Gischt. Viele Fahrgäste laufen sofort zu den Essenswagen, anderen haben es die kleinen Hügel unweit des Wasserfalls angetan. Doch was geschieht dort? Auf dem äußersten Hügel bleiben sie plötzlich stehen und deuten auf das Becken, das sich unterhalb des Wasserfalls gebildet hat. Sie rufen und fuchteln mit den Armen. Zwei von ihnen laufen zum Bus zurück und erzählen, was sie gesehen haben.

»Dort unten, im schäumenden Wasser, liegt ein Mensch – ein Mann!«

»Warum das?«, fragt mein französisch sprechender Freund. Wir stehen in der Essensschlange und sind vollauf damit beschäftigt, die verschiedenen Gerüche zu identifizieren, die den Töpfen entsteigen.

»Das wissen wir nicht.«

»Lebt er?«

»Ja, es ist ein Ausländer.«

Die Schlange verwandelt sich in einen hektischen Menschenschwarm, der dem Schauplatz entgegeneilt. Die Eifrigsten nehmen eine Abkürzung, einen steilen Abhang voller tückischer Steine. Und tatsächlich! Dort unten liegt ein quicklebendiger Mann im schäumenden Wasser.

Es ist Harry aus Schottland.

Harry tut so, als sei nichts geschehen. Lange Zeit bleibt er auf dem Rücken liegen, die Augen geschlossen, die Nase gen Himmel gestreckt, und hält sich mit jeder Hand an einem spitzen Stein fest. Für ein paar Sekunden verschwindet er im Wasser, bis er plötzlich wieder an die Oberfläche steigt wie eine leere Plastikflasche. Die Zuschauer lachen erleichtert.

»*Hello, I'm Harry!*«, sagt er und krabbelt an Land.

Er gibt mir die Hand und schüttelt seine nasse Mähne, sodass das Wasser in alle Richtungen spritzt.

Auch Harry ist hungrig und rafft geschwind sein leichtes Gepäck zusammen: einen Minirucksack, ein Paar Joggingschuhe und mehrere, mit Wasser gefüllte Plastikflaschen. Während sich der Schotte im Gebüsch umzieht, formiert sich die Essenschlange erneut. In einem der Töpfe erblicke ich literweise *bún mang*, eine Nudelsuppe mit Bambussprossen und Entenfleisch – da brauche ich nicht lange zu überlegen. Aus dem Gebüsch ruft Harry, dass er auch eine *bún mang* haben will, und um dem Ganzen die Krone aufzusetzen, kaufe ich darüber hinaus noch zwei Portionen *bánh cam*, große verführerische Bohnenpfannkuchen. Auch schwarzer Tee mit Honig, *ché mat ong*, darf nicht fehlen, und als alles fertig ist, bekommen wir diese Köstlichkeiten auf unserem eigenen Hügel serviert, mit freiem Blick auf das tosende Naturschauspiel.

Harrys Gesicht verschwindet in der Suppentasse. Nur ein Schlürfen ist zu hören.

»Bist du mit dem Bus gekommen?«, fragt er und leckt sich um den Mund.

»Ja, und du?«

»Ich laufe.«

»Du läufst?«

»Ja, ich laufe von Ort zu Ort, das heißt, eigentlich komme ich aus Schottland, Inverness, am Loch Ness.

»Loch Ness kenne ich natürlich.«

»Vielleicht denkst du jetzt, dass ich vor dem Ungeheuer geflohen bin, aber da irrst du dich.«

»Vor wem bist du dann geflohen?«

»Vor meiner Frau. Wir haben es nicht mehr miteinander ausgehalten.«

Harry nimmt einen Stein und wirft ihn in den Wasserfall.

»Jetzt gehen wir beide getrennte Wege, und das Laufen ist ein gutes Mittel, um die Vergangenheit hinter sich zu lassen. Solange ich in Bewegung bin, fühle ich mich gesund.«

Das passiert mir immer wieder. Jedes Mal, wenn ich auf Reisen bin, begegne ich Menschen, die vor jemandem oder etwas auf der Flucht sind – vor der Polizei, den Banken, dem Finanzamt, der Ehefrau, einer unglücklichen Liebe, Eltern, Nachbarn, Kollegen ... Vor ein paar Jahren begegnete ich in China in einer finsteren Schlucht einem verbitterten Belgier, der auf der Flucht vor seiner Schwester war. Er nannte sie eine Hexe und sagte, sie sei mit dem gesamten Familienerbe – Geld, Gemälden, Kupferstichen, Teppichen und Möbeln – abgehauen. Der Hass auf seine Schwester verfolgte ihn wie ein Schatten. An den thailändischen Badestränden habe ich mit Schurken aus der halben Welt gesprochen, und in den Tempeln des Himalaja habe ich junge Männer aus dem Westen kennen gelernt, die weinrote Mönchsgewänder trugen und auf der Flucht vor dem unbarmherzigen Materialismus waren.

»Wie lange willst du noch laufen, Harry?«

»Bis nach Ho-Chi-Minh-Stadt.«

»Was? Das ist aber noch ein ganzes Stück.«

»Ich weiß, ungefähr 1000 Kilometer. Kommt ganz auf die Straßenverhältnisse an. Aber ich hab Zeit.«

»Wie viel?«

»Noch ein halbes Jahr.«

Harry begann seinen Lauf in Hanoi. Ein englischsprachiges Magazin hat ihm auf dem Cover folgende Überschrift gewidmet: *Harry the Hero Will Surely Make It!* Doch nach nur fünf Kilometern, während er an einem Kanal entlanglief, wurde er von Polizisten auf Motorrädern angehalten. Sie wollten wissen, welches Ziel er habe. Nachdem er das Magazin sowie ein Empfehlungsschreiben der britischen Botschaft vorgezeigt hatte, durfte er weiterlaufen.

»Als Kind dachte ich, Vietnam sei ein Krieg«, sagt Harry.

»Und jetzt?«

»Jetzt weiß ich, dass es ein Land ist, dazu noch ein schrecklich langes.«

Harry läuft seit fast vier Wochen. Bisher ist es erst zu einem einzigen Zwischenfall gekommen: Als er in einem Dorf südlich von Hoang Tru übernachten wollte, wurde er von mehreren lärmenden Jugendlichen zu einer Party eingeladen. Nachdem diese eine Zeit lang gedauert hatte, wollten ihn einige mit einem übel riechenden Reiswein abfüllen. Sie drückten ihn auf einen Stuhl und hielten ihm die Flasche an den Mund. Als er abwehrte, begannen sie ihn zu bedrohen. Der Anführer packte ihn am Kragen und sagte, er solle sein Geld herausrücken. Nur unter Aufbietung aller Kräfte gelang es ihm, sich loszureißen und davonzulaufen.

»Die Leute auf dem Land trinken zu viel«, stellt Harry fest. »Sie sind arm und desillusioniert und wissen nicht, was sie mit ihrem Leben anfangen sollen.«

Drogen wie Opium und Heroin sind ein anderes Problem. Vom vietnamesischen Hochland aus gibt es unzählige Pfade zum sogenannten Goldenen Dreieck, in dem die Menschen seit Generationen ihren Lebensunterhalt mit dem Opiumanbau bestreiten. Die unmittelbare Nachbarschaft hat ihre Spuren hinterlassen, und Harry bezeichnet viele Dorfbewohner, denen er begegnet ist, als »bleiche Schwächlinge«. Der Eindruck des Schotten wird durch die offenen Reportagen in Vietnams französisch- und englischsprachigen Magazinen bestätigt. Zum Abschluss des Jahrs des Affen wurden siebzehn vietnamesische Männer zum Tode verurteilt, weil sie große Mengen Opium geschmuggelt und verkauft hatten.

Harry läuft selten mehr als 30 Kilometer am Tag, manchmal geht er auch ein Stück. Die meisten Leute sind freundlich und neugierig, und selbst die Ärmsten bieten ihm einen Platz zum Übernachten an. Der Schotte stellt keine hohen Ansprüche. Eine Bambuspritsche, ein Kissen und ein Moskitonetz sind mehr als genug. Das Moskitonetz hat er im Rucksack, nebst Mückenöl, Malariapillen, Pflaster, Wundsalbe, Seife, Zahnstocher, Zahnbürste und all den anderen Dingen für den täglichen Gebrauch.

Als wir aufgegessen haben, bemerkt Harry, dass er seine Seifenschale am Wasser hat stehen lassen. »Entschuldigung«, sagt er und springt den Abhang hinunter. Man sieht ihm an, dass er gut in Form ist.

»Wo willst du jetzt hin?«, frage ich ihn, als er zurückkommt.

Harry breitet eine Karte vor uns aus. »Ich werde diesen Weg nehmen«, antwortet er. »Die Leute nennen ihn Ho-Chi-Minh-Pfad.« Sein Zeigefinger fährt im Zickzack durch das Gebirge. Wenn ich ihn recht verstehe, dann haben wir denselben Weg vor uns. Doch in Friedenszeiten ist es eigentlich nicht notwendig, einen Umweg über Laos zu machen, um in den Süden Vietnams zu gelangen. Man muss die Straße nur rechtzeitig verlassen und den sichersten Weg nach Süden finden, ohne den Mu Gia zu überqueren. Harry ist auf Nahrung und Wasser angewiesen, auf Kost und Logis, doch die Karte gibt keine sichere Auskunft darüber, wo so etwas zu finden wäre. Er schnürt Rucksack und Schuhe und füllt seine Wasserflaschen. »Das Schicksal entscheidet«, sagt er und streckt den Rücken.

Wieder auf der Landstraße. Harry wird kleiner und verschwindet. Möge er gastfreundlichen Menschen begegnen. Und was noch wichtiger ist: Möge er den lokalen Ausgaben von Michael Schuhmacher entgehen, von denen es selbst hier, im vietnamesischen Hochland, Tausende gibt.

Ein stilles Gebet für Harry: »Lieber Gott, du weißt sicherlich, dass Harry aus Inverness stammt, das liegt in Schottland am nördlichen Ufer von Loch Ness. Er hat sich vorgenommen, durch Vietnam zu laufen. Sicherheitshalber will ich dich noch mal an seine wichtigsten Merkmale erinnern: zirka einsneunzig groß, dünne, halblange schwarze Haare, ovales Gesicht, lange Nase, leichter Unterbiss. Er läuft in südliche Richtung, trägt eine Baseballkappe mit Texaco-Reklame, ein weißes T-Shirt, eine blaue Kordhose und Joggingschuhe von Puma. Auf dem Rücken hat er einen grünen Rucksack unbekannter Marke. An seinem Gürtel sind vier Wasserflaschen befestigt. Beschütze ihn! Dirigiere die vietnamesischen Rennfahrer im großen Bogen um diesen zähen Schotten herum, sodass er unbeschadet in Ho-Chi-Min-Stadt ankommen und wohlbehalten zu seiner Exfrau und seiner zehnjährigen Tochter nach Schottland zurückkehren wird.«

Der Bus ist startklar, wir setzen unsere Fahrt fort. Nach nur fünf Kilometern, auf einem steilen Anstieg, haben wir Harry eingeholt. Noch immer geht er in gemächlichem Tempo, die Bohnenpfannkuchen liegen ihm vermutlich schwer im Magen. Ich drehe mich um und winke ihm zu, und noch ehe wir auf der Kuppe des Hügels angekommen sind, ist Harry zu einem winzigen Punkt in der diesigen Ewigkeit geworden.

Der Ho-Chi-Minh-Pfad. Ich erinnere mich noch immer an die Propagandafotos. Lange Reihen von Männern und Frauen auf ihrem Marsch durch den Dschungel, voll beladen mit Waffen und Nahrungsmitteln. Aufrechte, heroische Gestalten in einfachen Bauernkleidern, den Blick starr geradeaus gerichtet. Auf den Köpfen die obligatorischen Strohhüte, an den Füßen die primitivsten Sandalen, von Hand zugeschnitten und genäht im nächsten Dorf. Immer das Ziel vor Augen. Die Frauen jung und hoch gewachsen, mit strengem Blick und langen, dicken Pferdeschwänzen. Diese Schönheiten, so wurde uns vermittelt, waren dazu auserkoren, den mächtigsten Staat dieser Erde zu besiegen.

Soweit ich verstand, sangen sie bei der Arbeit. In Kriegen wird viel gesungen. Doch Helden können auch weinen, und in Bao Ninhs Buch *The Sorrow of War* entsteht ein anderer Eindruck von den Grauen des Krieges. Durch die Hauptperson namens Kien gibt der Autor ein ungeschminktes Bild von sich und seinen Mitsoldaten, von den Offizieren und anonymen Befehlshabern, die den Krieg aus ihren Bunkern in Hanoi heraus führen. 1969 nahm man den Siebzehnjährigen in die verheißungsvolle 27. Jugendbrigade auf. Die Brigade wurde umgehend in den Dschungel entsandt, durch den sich der Ho-Chi-Min-Pfad schlängelte. Sie bestand aus 500 jungen Männern. Wenige Monate später waren nur zehn von ihnen übrig geblieben.

»Lieber sterben als sich ergeben!«, riefen die Offiziere.

Würde keiner von ihnen überleben? Sollte er, ein unschuldiger Siebzehnjähriger aus Hanoi, wirklich sterben? Hier? Jetzt?

Nach den blutigen Verlusten verspürte keiner der Überlebenden mehr den Drang, die stolze 27. Jugendbrigade zu erwähnen. Der Wald, in dem sie sich aufhielten, wurde nun »Dschungel der schreienden Seelen« genannt. »Die Erwähnung dieses Namens genügte, um uns einen kalten Schauer über den Rücken zu jagen.« Weitere Kämpfe folgten. Als endlich die Waffen schwiegen, war nur noch ein einziger Soldat übrig: Bao Ninh.

Der Ho-Chi-Minh-Pfad begann tatsächlich als schmaler Weg. 1959 beugte sich Ho Chi Minh über die längliche Landkarte Vietnams. Das Land war seit fünf Jahren geteilt. Was nun? Im Norden wehte die rote Fahne, doch im Süden wurden die Menschen Ho zufolge von gierigen Großgrundbesitzern und bösartigen Kapitalisten unterdrückt. Im Hintergrund lauerten die Franzosen und Amerikaner. Etwas musste geschehen.

Am 19. Mai desselben Jahres klingelte das Telefon von Oberst Vo Bam. Der Oberst saß an seinem Schreibtisch im Verteidigungsministerium in Hanoi. Einer der mächtigsten Generäle des Landes bestellte ihn zu sich ein – auf der Stelle! »Heute, in diesem Augenblick, beginnt ein neues Kapitel in der Geschichte unseres Landes«, erklärte der General mit ernster Stimme. »Und Sie sollen dabei eine wichtige Rolle spielen.«

Vo Bam war Versorgungsspezialist und hatte im Feld gegen die Franzosen gekämpft. Wenn er etwas beherrschte, dann war es die Beschaffung von Waffen. Ruhig, aber entschieden setzte ihn der General von den Plänen in Kenntnis. »Onkel Ho« und seine Verbündeten hatten einen heiligen Beschluss gefasst. Es handelte sich um die Resolution Nr. 15, die eine Versorgungslinie zu den Menschen im Süden eröffnen sollte. Die Waffen, fürs erste 7000 Gewehre, sollten auf geheimen Pfaden über die Grenze der beiden Landesteile geschmuggelt werden. »Aber denken Sie daran: Die Route, die Sie auswählen, unterliegt strengster Geheimhaltung! Nicht ein einziger Fußabdruck darf entdeckt, nicht eine Zigarettenkippe gefunden werden!«

Drei Wochen später schlichen sich die ersten Soldaten in den Dschungel, voll beladen mit Waffen. Es war Regenzeit und der Untergrund völlig aufgeweicht. Der Letzte in der Kolonne versuchte die Fußspuren mit Zweigen und Laub zu verwischen. Nachts, wenn es wie aus Eimern schüttete, schliefen sie unter dünnen Plastikplanen. Sie durften flüstern, aber nicht laut miteinander sprechen. Am 20. August ging eine verschlüsselte Meldung bei den Generälen in Hanoi ein: ALLE WAFFEN GELIEFERT.

Weitere Kolonnen passierten die unsichtbare Grenze, und die nordvietnamesischen Generäle rieben sich die Hände. Doch dann geschah eine Panne: Versehentlich vergaßen die Soldaten vier Gewehre auf einer Kaffeeplantage nahe der Demarkationslinie. Die Besitzerin entdeckte die Waffen auf ihrer täglichen Inspektionsrunde und warnte die Amerikaner, die sofort Alarm schlugen. Von nun an wurde es äußerst gefährlich, Waffen von Nord nach Süd zu transportieren. 1961, nach einigen schweren Verlusten, entschlossen sich die Nordvietnamesen, neue Routen abzustecken, die durch Laos führten. Der laotische Dschungel barg viele Gefahren – Schlangen, Malaria, gefährliche Sümpfe, sogar wilde Elefanten –, doch sollten sich wagemutige Kommunisten davon abhalten lassen?

»Nein«, antwortete Ho Chi Minh. »Kommunisten kennen keine Gefahren, nur neue Möglichkeiten.«

Schon bald wanderten Tausende junger Männer und Frauen auf dunklen Pfaden, schwer beladen mit Waffen, Nahrungsmitteln und Wasser. Auch Fahrräder, zumeist chinesischen, polnischen oder tschechoslowakischen Fabrikats, wurden in Gebrauch genommen. Um ihre Transportkapazität zu erhöhen, wurde speziell ihr Stahlrahmen verstärkt und verlängert. Das revolutionäre Superfahrrad konnte eine Last von bis zu 320 kg transportieren, bloß fahren konnte man nicht auf ihm. Es konnte nur geschoben und – wo es die Gegebenheiten erforderten – auch gezerrt und gestoßen werden.

Auch Elefanten machte man sich zunutze. Niemand konnte so schwere Lasten befördern wie sie, wenngleich sie während der Regenzeit manchmal rettungslos im Sumpf versanken. Dann wurden sie getötet und das Fleisch – mehrere Tonnen Nahrung – brüderlich geteilt. Einige Elefanten konnten gerettet werden, indem man große Baumstämme durch den Sumpf rollte. An ihnen zogen sich die Tiere nach oben, die noch einigermaßen bei Kräften waren – ein sonderbarer Anblick.

Wunder, gewiss. Doch auch unendliches Leid. Junge Männer, die sich gerade das erste Mal rasiert hatten, fielen Kugeln und Bomben, Malaria oder Hunger zum Opfer. Selbst die Natur konnte sie in Angst und Schrecken versetzen. »Wenn es dunkel geworden ist, geben Bäume und Pflanzen die unheimlichsten Töne von sich«, schrieb Bao Ninh. »Wenn diese grauenhafte Musik beginnt, gerät die Seele in Aufruhr, und wohin man auch schaut, sieht alles gleich aus.«

Der Fotograf Trong Thang verbrachte vier Jahre mit den Soldaten im Dschungel. Die Aufnahmen entwickelte er unter den erbärmlichsten Bedingungen, in einem dunklen Krug, bei flackerndem Kerzenlicht. Thang wollte die Gefühle der Soldaten einfangen: Gesichter, Blicke, Tränen, Grimassen, Lächeln und die seltenen Momente der Empfindsamkeit zwischen Mann und Frau. Denn auch Frauen waren dabei. Eines Tages entdeckte er drei junge Frauen, die in einem Fluss badeten. Sie waren splitternackt, und Thang hob seine Kamera. Doch er drückte nicht auf den Auslöser. Es schien ihm doch nicht angebracht, sie zu fotografieren.

Eine Stunde später wurden sie von einem amerikanischen B 52-Bomber getötet. »Mich lässt diese Frage einfach nicht los: Warum habe ich das Foto nicht gemacht? Warum habe ich diesen heiligen Augenblick nicht für die Geschichte festgehalten?«

Im Lauf der Jahre verwandelten sich die gefährlichen Pfade in Wege und Straßen, über die Kolonnen voll beladener Lastwagen fuhren, meist in der Nacht. Am Tage warteten sie irgendwo im Dickicht, von der subtropischen Vegetation verborgen. Soldaten, die keinen Platz auf den Wagen fanden, gingen weiter zu Fuß. Die Amerikaner reagierten mit einem unvergleichlichen Bombenhagel. Doch jeder gefallene Soldat wurde durch einen neuen ersetzt. Allein im März 1967 schlugen sich 8600 bewaffnete vietnamesische Soldaten über Laos nach Südvietnam durch. In derselben Zeit flogen die Amerikaner 8500 Bombenangriffe, was nahezu einen Angriff pro feindlichem Soldaten ergibt.

Die Strategen im Pentagon spielten hin und wieder mit dem Gedanken, in Laos einzumarschieren, kamen jedoch immer wieder davon ab. In diesem Fall hätte der Krieg eine ganz andere Dimension angenommen.

Doch wie stand es um die Mobilisierung des Himmels?

Amerikanische Chemiker hatten herausgefunden, dass es möglich war, künstlichen Regen zu erzeugen. Verteidigungsminister Robert McNamara, der eine ausgeprägte Schwäche für technologische Lösungen besaß, war von dieser Idee sogleich fasziniert. Die Dow Chemical Corporation erklärte sich bereit, und im Juli 1967 stieg das erste amerikanische Flugzeug in die Luft, das mehrere Container mit Silberjod an Bord hatte, das den Regen intensivieren sollte. Die »Operation Popeye« sollte die nordvietnamesischen Widerstandskämpfer im heftigsten Regen aller Zeiten ertränken, doch der Himmel hielt sich zurück, und auch die amerikanischen Meteorologen konnten keine signifikante Abweichung von den üblichen Niederschlagsmengen feststellen. Dennoch hielt man fünf Jahre lang an der Aktion fest, was der Dow Chemical Corporation riesige Einnahmen bescherte.

Das Engagement der USA in Vietnam hatte bescheiden angefangen. Zunächst fungierten sie als Ratgeber für das korrupte Regime im Süden des Landes, später entsandten sie Soldaten. Im Dezember 1965 kämpften 184 000 amerikanische Soldaten auf vietnamesischem Boden, zwei Jahre später war ihre Zahl auf 485 000 gestiegen. Im Weißen Haus regierte ein verzweifelter Lyndon B. Johnson, der sich im Frühjahr 1968 entschied, nicht wieder für das Präsidentenamt zu kandidieren.

Auf Johnson folgte der Republikaner Richard Nixon, der versprach, einen ehrenvollen Frieden zu schließen und die Soldaten nach Hause zu holen. Viele jubelten, doch in Indochina waren die Regenmacher weiter bei der Arbeit. Die Dow Chemical Corporation hatte auch Agent Orange im Angebot, eine Flüssigkeit, die imstande war, die dichten Wälder zu entlauben, in denen sich der Feind versteckte.

Während die amerikanischen Flugzeuge wie wütende Bienen über das Netz des Ho-Chi-Minh-Pfades schwärmten, verbreitete sich die Meldung, »Onkel Ho« sei gestorben. Im Pentagon wurde die Nachricht mit einhelligem Jubel aufgenommen. Was nun? Würden die Nordvietnamesen endlich

Frieden schließen? Im amerikanischen Fernsehen zeigten sich die Kommentatoren vorsichtig optimistisch. Doch auf den Dschungelpfaden in ganz Asien war der Verkehr dichter als je zuvor.

Im Februar 1972 reiste Präsident Nixon nach Peking, um Mao zur Vernunft zu bringen. Seit Jahren waren die Vietnamesen von China mit Waffen und Lebensmitteln versorgt worden. Doch von Mao war keine Hilfe zu erwarten. Je eher sich die Amerikaner aus Vietnam zurückzögen, desto besser, war seine eindeutige Botschaft. Ein Jahr später kamen die kriegführenden Parteien überein, die Waffen niederzulegen und einen »Nationalen Versöhnungsrat« zu gründen. Nixon versprach, sämtliche Soldaten abzuziehen, und die Südvietnamesen nicht mehr zu unterstützen, selbst wenn die Kampfhandlungen erneut aufflammen sollten.

Doch für das Regime im Süden war die Schlacht bereits verloren. Eine Million zäher Männer hatte eine ungeheure Transportleistung erbracht. 200 000 nordvietnamesische Soldaten befanden sich bereits auf südvietnamesischem Boden. Hinzu kam die FLN, die südvietnamesische Nationale Befreiungsfront, mit ihren gefürchteten Guerillakriegern.

Zwei Jahre später war der Krieg vorbei.

Vollgas. Wir nähern uns dem Mu-Gia-Pass.

In Cha Lo, dem letzten ärmlichen Dorf vor dem Anstieg, fragt der Ersatzfahrer, ob ich wirklich im Bus bleiben wolle. »*Laos next*«, sagt er. »*No return.*« Er unterstreicht den Ernst der Lage, indem er eine fürchterliche Grimasse schneidet. Auch die anderen Fahrgäste wollen bleiben, ungefähr 20 Leute mit verschiedenstem Gepäck. Auf der Rückbank sitzt eine junge Frau mit langen Zöpfen und stillt ihr Kind, das hin und wieder einen schrillen Schrei von sich gibt. Ein älterer Mann mit dunkelblauer Mao-Mütze streicht mit den Fingern über sein langes Dschungelmesser, ein anderer spricht in gedämpftem Ton mit seinem Spiegelbild in der Fensterscheibe. »*If Laos, you lost*«, fährt der Ersatzfahrer fort und verdreht die Augen. »*No people, no city, no hotel. Come back impossible.*«

Der Regenwald begrüßt uns wie feuchter Balsam. Von Guerillakriegern oder wilden Elefanten keine Spur, höchstens die ein oder andere Malariamücke dürfte in der Nähe sein. Und plötzlich haben wir ihn erreicht. Der Mu Gia liegt nur 700 Meter über dem Meeresspiegel. Wir bleiben vor der Steinsäule stehen, gewidmet denen, die dem Ho-Chi-Min-Pfad zum Opfer fielen. Sie steht nur wenige hundert Meter von der Grenzstation aus tropischem Teakholz entfernt. Alle wollen aussteigen, manche suchen nach ihren Reisedokumenten.

Im nächsten Moment kommt ein weiterer Bus. Die männlichen Passagiere sind alle um die sechzig, manche tragen Uniform. Ein Offizier mit dicker Hornbrille sagt, es seien Kriegsveteranen, die vor 30 oder 40 Jahren Waffen auf dem Truong-Son-Pfad transportiert haben. Für die Vietnamesen ist dies die eigentliche Bezeichnung für den Ho-Chi-Minh-Pfad. Truong Son ist der Name des Gebirgszugs, der Vietnam von Laos trennt. Die Franzosen bezeichneten ihn als *chaîne annamite*.

Der förmlichste und höchstdekorierte der Offiziere hat eine Rede vorbereitet. In monotonem Stakkato liest er seinen Text vom Blatt ab. Als er damit fertig ist, dreht er sich um und verneigt sich vor der Gedenksäule und dem Gebirge. Die anderen Veteranen folgen seinem Beispiel. Einer von ihnen zieht ein weißes Taschentuch aus seiner Brusttasche und trocknet sich die Augen. Innerhalb der nächsten halben Stunde klettern die Sportlichsten ein Stück die Felsen empor und versuchen einen Blick hinüber nach Laos zu werfen. Sie schweigen ergriffen und lassen den Blick über die stillen Wälder schweifen.

»Jetzt machen wir ein Foto«, sagt der mit der Hornbrille, als alle zurück sind. »Und Sie sind auch dabei«, fügt er an mich gewandt hinzu.

Mir wird ein Platz in der fünften Reihe zugewiesen, eingerahmt von zwei hoch aufgeschossenen Veteranen, auf deren Brust zahlreiche Medaillen baumeln. Auf der Steinsäule, die am linken Bildrand zu sehen ist, steht geschrieben: »559. Brigade. Blut wird fließen, doch der Weg endet nie.«

»Sind Sie bei guter Gesundheit?«, fragt mich der Offizier, als das Fotoshooting vorbei ist.

»Danke, ich kann nicht klagen. Wie geht es Ihnen?«

»So lala.«

Nachdem die Veteranen ihren Tee aus großen hellgrünen Thermoskannen getrunken haben, treten sie den Heimweg an, und ich geselle mich zu ihnen. Viele von ihnen fallen bald in Schlaf, denn sie haben einen langen Tag mit intensiven Eindrücken hinter sich. Der Offizier mit der Hornbrille erzählt, er stamme aus der kleinen Küstenstadt Vinh Son, die 120 Kilometer von hier entfernt liegt. Unterwegs seien sie an fünf Friedhöfen und drei Tempeln stehen geblieben, außerdem hätten sie zwei Essenspausen gemacht.

»Vinh Son hat viele seiner besten Männer geopfert. Sind Sie schon mal dort gewesen? Nein? Wenn Sie zu Besuch kommen, werden Sie fast keine Männer in meinem Alter sehen. In der Straße, in der ich wohne, finde ich auch keinen gleichaltrigen Bridgepartner mehr. Wir Überlebenden haben großes Glück gehabt.«

Schon bald gelangen wir an eine Kreuzung. Auf dem Schild, das in südliche Richtung weist, steht: Ho-Chi-Minh-Nationalstraße. Ich will tatsächlich nach Süden und erblicke vor mir einen Streifen mit frischem Asphalt. Im Stillen nehme ich Abschied von den schlafenden Veteranen.

Ho-Chi-Minh-Nationalstraße?

Im Hochland Vietnams nimmt eine Autobahn langsam Gestalt an. Dort sind eine Horde lärmender Lastwagen, Bulldozer und Asphaltierungsmaschinen sowie unzählige Arbeiter mit gelben Helmen dabei, einen modernen Ho-Chi-Minh-Pfad von Hanoi im Norden bis nach Ho-Chi-Minh-Stadt im Süden zu schaffen – auf einer Strecke von insgesamt 1690 Kilometern. Die Regierung spricht von einem »modernen Wunder«; einer der Väter des Projekts hat den Begriff »Asiens neue Autobahn« geprägt.

Der erste Spatenstich erfolgte 1999. Falls der Zeitplan eingehalten wird, werden die Arbeiten bis 2010 abgeschlossen sein.

Auch dieses Mal setzt die politische Führung in Hanoi ihre Hoffnung in die Massen. Zusätzlich zu den 300 000 fest angestellten Arbeitern hat die Regierung Millionen starker Männer zu dieser »gemeinnützigen Tätigkeit« einberufen. Drückeberger werden mit einem Bußgeld belegt. Aus Kuba ist eine sozialistische Arbeitsbrigade angereist, und auf einer der Hügelkuppen, die bald verschwunden sein wird, weht momentan die kubanische Flagge. Entlang dieser Straße soll eine florierende Gesellschaft entstehen, die in der Lage ist, 28 Millionen Menschen zu sättigen. Doch was ist mit der Umwelt? Vietnams Binnenland ist bekannt für seine unberührte Natur, sein reiches Tierleben und viele ethnische Minderheiten.

»Eine solche Straße zu bauen, mit zwei bis drei Fahrbahnen auf beiden Seiten, ist eine ökologische Katastrophe«, sagt Frank Momberg, Geschäftsführer der Fauna and Flora International. Allein im Lauf der letzten beiden Jahre hat das Land ein Drittel seines Waldbestands eingebüßt. Was wird geschehen, wenn Millionen von Menschen in die neuen Siedlungsgebiete ziehen? Den Plänen zufolge geht die neue Straße mitten durch zehn Naturreservate, unter anderem Vietnams ersten Nationalpark. Laurent Zessler, der Leiter des UN-Gesundheitsprogramms in Vietnam, geht davon aus, dass es durch die neue Straße zu einer vermehrten Ausbreitung von HIV und Aids kommen wird. 350 000 Vietnamesen sind bereits HIV-infiziert.

Doch die Regierung lässt diese Kritik kalt.

»Ich habe all diese Argumente schon hundert Mal gehört«, sagt Le Quy, seines Zeichens Experte für »Verkehr und sozialistische Entwicklung«, den ich einige Kilometer weiter südlich, in Khe Sanh treffe. »Andere dürfen

Straßen bauen, nur wir nicht. Führen nicht auch Wege durch die Rocky Mountains oder den Yosemite National Park? Manche von ihnen enden in San Francisco. Dort ist Aids sehr verbreitet; warum lassen die Behörden also die Straßen nicht sperren? Ein amerikanischer Forscher namens Valley oder Vallely rät uns, das Geld lieber in neue Technologien und ins Internet zu investieren. Aber können wir Holz und Kaffee, Kokosnüsse, Pfeffer und Gummi via Internet transportieren? Können wir im Internet wohnen? Die vietnamesische Bevölkerung wächst um anderthalb Millionen Menschen jährlich. Sollen sie sich im Cyberspace ansiedeln?«

»Wenn ein Land sich entwickeln soll«, fährt er fort, »muss man seine objektiven Gegebenheiten akzeptieren. Vietnam ist ein sozialistisches Land, darum arbeiten wir hier nach einem Plan. Ein Großteil der Kritik kommt aus den USA. Doch wie wurde der nordamerikanische Kontinent erschlossen? Man führte einen Krieg nach dem anderen. Einmal wurden an einem einzigen Tag 12000 Menschen getötet. Wir hingegen töten niemanden. Da die Menschen uns so vorbildlich unterstützen, halte ich es durchaus für möglich, dass wir früher fertig werden als geplant.«

Die vietnamesischen Fernsehnachrichten senden ständig neue Reportagen über den Stand der Bauarbeiten, untermalt von Militärmusik und optimistischen Kommentaren. Ein mit Hacken und Spaten bewaffneter Arbeitstrupp beteuert einhellig, alles für die neue Straße, den Sozialismus und Ho Chi Minh opfern zu wollen. Nationale Minderheiten präsentieren sich in ihren schönsten Trachten und erzählen, wie glücklich sie sind. Einer von ihnen sagt: »Ich bin über 50 Jahre alt, doch erst jetzt weiß ich, wie Asphalt aussieht. Er ist hart und schwarz und riecht gut!« Ein anderer hat der Straße zu Ehren ein Lied geschrieben, das er mit schmetternder Stimme vorträgt.

Doch die Begeisterung ist nicht ungeteilt. Akademiker haben leise Bedenken anklingen lassen, und selbst Parteimitglieder sollen zuweilen die Nase rümpfen. Das Problem besteht darin, dass sich kaum jemand traut, unverhohlen Kritik zu üben – so etwas macht sich nicht bezahlt.

Wie merkwürdig. Ich habe die alte Grenze zwischen Nord- und Südvietnam auf frischem Asphalt passiert. Nicht ein einziger Schuss hat sich gelöst, als der Bus den Grenzfluss Ben Hai überquerte. Jetzt befinde ich mich in einem kleinen Hotel in Khe Sanh – unter Ingenieuren, Vermessern, Bulldozerfahrern, Parteimitgliedern, Reishändlern und Inspektoren der nationalen Forstverwaltung. Ich habe ein kleines Zimmer bekommen und finde die Hausordnung des Hotels auf Englisch und Vietnamesisch vor:

LAWS OF HOTEL
Show passport, name and photo face.
Guns, toxics, reptiles, dogs and women not allowed in room.
No spit on floor. Use toilet.
Leaving room, leaving key.
The check is out before 12.00 noon.
Management

Dass die Hotelführung Gewehre, Kriechtiere und Hunde untersagt, kann ich verstehen. Aber Frauen? Und wo sind eigentlich die Amerikaner geblieben, die Khe Sanh einst mit Tausenden von Soldaten bevölkerten? In der Hochphase des Vietnamkriegs kamen Namen wie Khe Sanh, Camp Carroll, the Rockpile, Ashau Valley und Hamburger Hill täglich in den Nachrichten vor.

Khe Sanh liegt in einem Talkessel. Auf den umliegenden Hügeln hatten sich die Amerikaner postiert und blickten Jahr für Jahr nach Norden. Sie feuerten eine Salve nach der anderen in Richtung des Ho-Chi-Minh-Pfades, auf marschierende nordvietnamesische Soldaten, auf alles, was sich bewegte. Lange glaubten sie, die Situation unter Kontrolle zu haben. Doch dann kam der 21. Januar 1968. Ho Chi Minh startete seine Tet-Offensive, die überfallartige Belagerung Khe Sanhs durch Tausende nordvietnamesische Soldaten.

»Niemals!«, rief Präsident Lyndon B. Johnson. »Niemals werde ich ein neues Dien Bien Phu zulassen!«

Eine Wiederholung der französischen Niederlage von 1954 sollte unter allen Umständen verhindert werden.

Im Weißen Haus löste eine Krisensitzung die andere ab. Die Belagerung dauerte 76 Tage. Als der Pulverdampf sich verzogen hatte, war das Schlachtfeld übersäht mit Toten, vor allem Nordvietnamesen, aber auch Amerikanern. Bekamen sie ein Grab? Unweit von Khe Sanh entdecke ich den Troung-Son-Ehrenfriedhof, auf dem sich 10 000 Grabmäler in Reih und Glied befinden. Davor knien alte Frauen und weinen. Eine von ihnen schlägt unaufhörlich gegen den Stein, als wolle sie sich mit ihrem toten Sohn vereinen. An einer der Ecken ist eine ganze Familie damit beschäftigt, den Stein mit Wachs zu polieren. Vor dem Friedhof sitzen die Räucherstäbchenverkäufer hinter einem Berg von Pappschachteln. Nein, die jungen Toten geraten nie in Vergessenheit.

Die Geschichte kennt mehrere Versionen. In neuen vietnamesischen Geschichtsbüchern ist zu lesen, die Amerikaner hätten bei Khe Sanh eine vernichtende Niederlage erlitten. Die Amerikaner proklamieren ihrerseits den

Sieg in dieser Schlacht. Wer von ihnen hat recht? Tatsache ist, dass es den Nordvietnamesen nie gelang, die amerikanische Marinebasis zu erobern. Doch als der Sturm vorüber war, entschied der neue Oberbefehlshaber in Vietnam, General Creighton W. Abrams, die Basis aufzugeben – womöglich auf Anordnung des Präsidenten. Die Kosten waren zu hoch geworden.

Im Nachhinein ist Khe Sanh als eine Art Sinnbild des Vietnamkriegs bezeichnet worden: Den USA fehlte es weder an Soldaten und Offizieren noch an Waffen und Geld. Es fehlte der Wille.

»Ho Chi Minh brauchte sich keine Gedanken über die Anzahl der Gefangenen zu machen«, sagte General Abrams Jahre später. »Doch wir mussten das sehr wohl.«

Während die USA eine Antikriegsdemonstration nach der anderen erlebte, versprach der neue amerikanische Präsident Richard Nixon seinen Landsleuten einen ehrenvollen Frieden: »*Our great and courageous soldiers shall return home, to their parents, their wives and children!*« Der Rückzug sollte in mehreren Etappen vor sich gehen, während die USA gleichzeitig alles dafür tat, ihren südvietnamesischen Verbündeten in die Lage zu versetzen, den Kampf allein fortzuführen. Langwierige Friedensverhandlungen folgten, und im Januar 1973 hörte die Welt die Botschaft, auf die sie so lange gewartet hatte: Die USA und Nordvietnam hatten Frieden geschlossen. Endlich konnten die amerikanischen Soldaten den Heimweg antreten.

Zwei Jahre später fiel das südvietnamesische Regime in sich zusammen, und der Krieg war beendet.

»Heute Abend bekommen wir amerikanische Gäste«, verrät mir der Mann an der Rezeption. »Dann werden Sie Gesprächspartner haben.«

Zwei Stunden vor Mitternacht, während Khe Sanh im goldenen Mondlicht badet, treffen sie ein. Die amerikanischen Behörden haben jahrelang nach vermissten Landsleuten in Vietnam gefahndet. Mit Erlaubnis Hanois haben Suchmannschaften ungezählte Schlachtfelder aufgesucht, sich ihren Weg durch den Dschungel gebahnt und in der roten, lehmigen Erde gegraben. Sie haben jeden Stein umgedreht und jeden Knochenfund analysieren lassen. Bis heute gelang es ihnen, 517 Gefallene zu identifizieren. Die sterblichen Überreste wurden in Absprache mit den Familien in die Heimat überführt und dort mit militärischen Ehren bestattet.

Doch wie viele wurden noch nicht gefunden?

Lieutenant Larry Greer wirft einen Blick in seine Unterlagen.

»1403 werden noch vermisst.«

Sowie weitere 377 in Laos und 55 in Kambodscha.

Lieutenant Greer hält es für eine nationale Pflicht, weiter nach ihnen zu suchen, vor allem hier, wo der Krieg so intensiv geführt wurde. Andere würden das Geld lieber dazu verwenden, traumatisierten Vietnam-Veteranen zu helfen, doch der Lieutenant protestiert.

»Jedes Mal, wenn wir die sterblichen Überreste eines Vermissten finden, schenken wir den Hinterbliebenen Frieden. Manche sagen, unsere Arbeit sei zu teuer, und natürlich kostet es einiges, Jahr für Jahr die Erde umzupflügen, aber es lässt sich eben nicht für alles ein finanzieller Gegenwert beziffern. An einigen der Begräbnisse habe ich selbst teilgenommen. Wenn der Sarg in die Erde gesenkt wird und ich die dankbaren Blicke der Hinterbliebenen sehe, dann weiß ich, dass meine Arbeit nicht umsonst war. Erst vor ein paar Tagen haben wir den Brief einer 97-jährigen Frau bekommen…«

»Was hat sie geschrieben?«

»Sie schrieb, ›*Please find my dear Tommy before I die…*‹ Ihre Handschrift war so zittrig, dass wir sie kaum entziffern konnten.«

Am nächsten Morgen machen sich Larry und sein Team wieder auf den Weg. Ein weiteres Mal wollen sie das Gebiet um den sogenannten Hamburger Hill durchsuchen. Lächelnde Vietnamesen stehen ihnen als Fahrer, Dolmetscher und Ratgeber zur Verfügung. Einer der Wagen ist voller Grabungsgerätschaften. Larry selbst trägt mehrere lange Koffer mit elektronischen Suchgeräten. Wäre es möglich, dass ein paar vermisste Amerikaner immer noch am Leben sind? Einige wenige Hinterbliebene klammern sich immer noch an diese Hoffnung, doch Larry schüttelt den Kopf. »Die Chance ist mikroskopisch klein«, sagt er. »Es ist zehn Jahre her, seit die letzten Überlebenden aufgespürt wurden.«

Wie viele Vietnamesen werden noch vermisst?

Gut 300 000. Die Regierung unternimmt so gut wie nichts, um sie zu finden. Die Politiker in Hanoi argumentieren, dass sich ein armes Land wie Vietnam keine kostspieligen Suchaktionen leisten könne. Und selbst wenn sterbliche Überreste gefunden werden, fehlt es an Material und Wissen – zum Beispiel über das Gebiss –, um sie zu identifizieren. Doch gibt es auch Hinterbliebene, die auf eigene Faust forschen. Eine von ihnen ist Pham Van Hy, deren Geschichte in der Zeitschrift *Vietnam Courier* erzählt wird. Die Haare der 76-jährigen Frau sind ergraut, doch noch immer hat sie genug Kraft, um mit eigenen Händen nach ihrem Sohn zu graben. Immerzu sucht sie das schroffe Dak-To-Gebirge auf, um dort praktisch jeden Stein umzudrehen. Hier ist ihr Sohn gefallen, doch bislang war ihre Mühe vergeblich.

»Wenn ich ihn finde, werde ich ihn sofort erkennen«, sagt sie.

»Warum sind Sie da so sicher?«, fragt der Journalist.

»Weil ich mich an sein wunderschönes Kinn erinnere. Niemand hatte ein so schönes Kinn wie er.«

Pham Van Hy sagt, sie habe bereits an 45 verschiedenen Stellen im Dak-To-Gebirge gegraben. Nach jeder Grabung zündet sie ein Räucherstäbchen an und betet in alle vier Himmelsrichtungen.

»Nach so vielen Jahren betrachte ich die ganze Gegend als sein Grab. Es ist so schön hier oben. In gewisser Weise fühle ich mich hier inzwischen wie zu Hause.«

»Wohin fahren Sie?«, fragt der Mann an der Rezeption, als ich mich verabschiede.

»In Richtung Süden.«

»Oh, dann wird es warm werden! Nordvietnam Winter, Südvietnam Sommer! Alle zehn Kilometer wird die Temperatur um ein Grad steigen.«

Er breitet begeistert die Arme aus. So vieles ist schon über den Unterschied zwischen dem Norden und dem Süden Vietnams geschrieben worden, über Klima, Mentalität und Sprache. Als ich Hanoi vor ein paar Tagen verließ, zeigte das Thermometer 12 Grad. Nun ist es auf über 22 Grad geklettert, und mit der Wärme kommen Lächeln, Improvisationsgabe und Freimütigkeit. Das nördliche Vietnam hat von jeher im Schatten Chinas mit seinen strengen Mandarinen, Bürokraten und Kommunisten gestanden. Im Süden hingegen spürt man die Brise des tropischen Meeres, des Horizonts und fremder Länder. Während den Nordvietnamesen vor allem an der Administration gelegen ist, waren die Südvietnamesen schon immer am Handel interessiert – um ihre zahlreichen Nachkommen nähren zu können.

Man sollte nicht generalisieren, doch manches trifft vielleicht trotzdem den Kern der Wahrheit.

Vor mir breitet sich der warme Süden und das kleine Wunder einer Stadt aus. Sie ist vollkommen gelb, und aus jedem gelben Fensterladen und jeder gelben Tür, ja aus jeder einzelnen Pore, dringen kleine und große Erzählungen nach draußen. Und mindestens eine glückliche Erzählung der Gegenwart.

Liebe erträgt alles, glaubt alles,
hofft alles, duldet alles.

ERSTER KORINTHERBRIEF 13,7

Das ist echte Liebe

Am Samstagmorgen ist die Luft noch kühl. Die Vietnamesen dösen vor sich hin, doch der Kirchendiener in Hôi An ist bereits erwacht. Ich höre das Bimmeln feiner Messingglöckchen, die ihren hellen Klang in alle Richtungen verbreiten – die lange Hauptstraße hinauf, in die schmalen Seitengassen hinein, an der Japanischen Brücke vorbei, bis zum grünen Palmenhain auf der anderen Seite des Flusses. Ich folge ihrem Klang und stehe wenige Minuten später Peter gegenüber.

Schon seit vielen Jahren wacht Pater Peter Le Nhu Hao über seine katholische Gemeinde in Hôi An. Besonders groß ist sie nicht, »ein paar Tausend oder so«, um seine eigenen Worte zu benutzen. »Doch im Moment habe ich leider keiner Zeit, um mit Ihnen zu reden«, teilt er mir mit. »Heute habe ich vier Trauungen. Könnten Sie vielleicht später noch mal wiederkommen?«

Peters Kirche, auch sie ist gelb, liegt auf einem Höhenzug. Da eine der drei Eingangstüren offen war, bin ich sofort hineingegangen. Pater Peter steht in Alltagskleidung vor dem Altar, glättet die Decke, ordnet die Kerzenleuchter symmetrisch an und vergewissert sich, dass die Blumen frisch und die Weihrauchbehälter blank poliert sind.

Dann untersucht er den roten Läufer, wischt mit einem feuchten Lappen über den Altar und prüft, ob das Mikrofon funktioniert. Als das letzte Läuten verklungen ist, kommt der Kirchendiener vom Turm herunter. Auf Anweisung von Pater Peter platziert er zwei Flaggen neben der Eingangstür, eine vietnamesische und eine amerikanische. Sie riechen frisch gewaschen, und der Pfarrer nickt zufrieden.

»Entschuldigung«, frage ich, »aber wann wird die erste Trauung denn stattfinden?«

»Um drei, und es wird eine ganz besondere Trauung werden.«

»Inwiefern?«

»Vietnam and America marry. Everybody very happy!«

Sowohl der Pater als auch der Kirchendiener lächeln breit. Letzterer macht sogar einen kleinen Hopser.

Ich beschließe, um drei Uhr zurückzukehren.

Hôi An, das klingt wie ein Jubelschrei, und warum eigentlich nicht?

Vor langer Zeit, lange bevor Vietnam französische Kolonie wurde, begegneten sich in Hôi An Reisende aus der halben Welt. Chinesen, Japaner, Malaien, Inder, Perser und Araber – sie alle trieb es nach Hôi An, oder Faifo, wie die Stadt damals hieß, was im Lauf der Zeit auch die Europäer anlockte.

»Die Küste ist voller Klippen und Felsen. Horden von Affen spielen in den Bäumen, und Früchte und wilde Blumen findet man überall«, schrieb ein chinesischer Reisender 1646. »Vor der Stadt erblickt man einen Wald aus Masten, und erst allmählich begreifen wir, dass es sich um Dschunken handelt, die auf besseren Wind warten.«

Um nach Hôi An zu gelangen, mussten die Seeleute zunächst in den Fluss Thu Bon einbiegen. Dann tauchte schließlich vor ihnen eine kleine Stadt auf, die nur aus einer einzigen, von Handelshäusern gesäumten Straße bestand. Ein Sprachengewirr erfüllte die warme Luft, wenngleich ein Großteil des Handels auf Chinesisch vor sich ging. Die Chinesen waren seit Jahrhunderten als tüchtige Seefahrer bekannt, und ihr Entdeckerdrang wurde zusätzlich angefacht, als der Kaiser ihnen im fünfzehnten Jahrhundert befahl, »die Welt zu erkunden«. Der Eunuch Zheng He leitete sieben Expeditionen und erforschte dabei auch die vietnamesische Küste.

Die ersten europäischen Segelschiffe erreichten die Stadt zu Beginn des siebzehnten Jahrhunderts. Zunächst kamen die Portugiesen, dann die Niederländer, und natürlich hatten sie auch Missionare an Bord. Die Jesuiten, die aus Japan vertrieben worden waren, suchten nach neuen Einsatzgebieten. Warum sollten sie ihr Glück nicht auch in Vietnam versuchen? Voller Tatendrang postierten sie sich also vor den Handelshäusern und predigten, doch nur die wenigsten Menschen schienen daran interessiert zu sein. Den meisten reichte die Verehrung ihrer Vorfahren, und wer darüber hinaus noch Bedarf hatte, der wandte sich an Buddha.

»Die Chinesen sind ausschließlich an den Preisen für Pfeffer und Elfenbein interessiert, und die Vietnamesen gebärden sich nicht viel anders«, klagte ein Missionar. »Wenn ich ihnen von unserem Erlöser Jesus Christus berichte, gehen sie mit einer Miene vorbei, die an Herablassung grenzt.«

Einer der ersten Missionare, die Vietnamesisch lernten, war Alexandre de Rhodes. »Von Hôi An, ja von jedem kleinen Hafen aus, den wir erobern, werden wir die frohe Botschaft allen Ungläubigen des Landes verkünden«, versicherte er in einem seiner Briefe. Doch die Aufgabe war nicht leicht. Schon 1631, während Rhodes intensiv mit seiner Missionsarbeit beschäftigt war, verbot der Kaiser den Katholizismus auf vietnamesischem Boden. »Es ist eine unverständliche Religion, die Furcht und Verwirrung verbreitet«, begründete er seinen Entschluss. »Wenn wir unsere Vorfahren verraten, werden ihre verlorenen Seelen für alle Zeit ruhelos von Ort zu Ort wandern.«

Dennoch fuhren die Missionare mit dem Predigen fort. 1847 platzte dem Kaiser endgültig der Kragen. Von nun an sollte jedem vietnamesischen Katholiken das chinesische Schriftzeichen für »Ungläubiger« ins Gesicht eingebrannt werden. Ausländische Missionare sollten ertränkt, einheimische Priester der Länge nach entzweigesägt werden. Viele flüchteten in die Wälder, andere aufs Meer hinaus. Wer sich nicht schnell genug davonmachte, erlitt einen qualvollen Tod.

Doch dann kam die Rettung. Ein Heer von Franzosen ging an Land und verwandelte Vietnam in eine Kolonie. Kaiserliche Dekrete, ob jüngeren oder älteren Datums, wurden aufgehoben, und die Katholiken, ob mit oder ohne Brandmal, trauten sich wieder auf die Straße. Katholische Priesterschulen schossen wie Pilze aus dem Boden, und Tausende von Vietnamesen wurden gezwungen, die geistlichen Leuchttürme der neuen Zeit zu errichten – die Kirchen. Viele von ihnen standen der neuen Religion, die nicht die ihre war, mit Skepsis und Hass gegenüber. Und was sollten sie von ihren Landsleuten halten, die sowohl die gemeinsamen Vorfahren als auch Buddha einem fremden Gott geopfert hatten?

Für viele Vietnamesen waren Katholizismus und Kolonialismus untrennbar miteinander verbunden. Genau deshalb gingen die Katholiken auch harten Zeiten entgegen, nachdem die Franzosen das Land verlassen hatten. Der Buddhismus konnte leicht toleriert werden, aber das Christentum? Ho Chi Minh rümpfte die Nase, und die ersten Kirchen wurden geschlossen.

Als das Land 1954 geteilt wurde, flüchteten 600 000 nordvietnamesische Katholiken nach Südvietnam. Der dortige Präsident Ngo Dinh Diem war selbst Katholik und darüber hinaus so radikal, dass er die Ausübung anderer Religionen behinderte. Nicht nur die Buddhisten reagierten empört, doch einige von ihnen gingen so weit, sich öffentlich zu verbrennen.

Über 30 Jahre lang blieben die Kirchen in Nordvietnam geschlossen. Als das Land 1975 wiedervereint wurde, erlitten die Christen im Süden dasselbe Schicksal. Im politischen Tauwetter der achtziger Jahre wurden die Gotteshäuser dann schrittweise wieder geöffnet. Niemand wurde mehr wegen seines Glaubens ertränkt oder zersägt. Doch die Freiheit hat ihre Grenzen. So wie in China sind die christlichen Gemeinden Überwachung und Restriktionen ausgesetzt. Gläubige, die der Partei widersprechen, riskieren, bestraft zu werden.

Eine vietnamesisch-amerikanische Hochzeit kommt in diesem Land sicher nicht alle Tage vor.

In Erwartung der großen Begebenheit genieße ich mein Frühstück im Hotel Huy Hoang, mit Aussicht über den Fluss, die Fische und das Leben. Nahezu lautlos gleiten die Boote dahin, die so schlank sind wie Pfeile. In einem der Boote sehe ich eine junge Frau mit einem Neugeborenen, eingeschlagen in ein flatterndes Seidentuch. Wie schön es ist, einfach so dazusitzen, sich zurückzulehnen und die Zehen zu strecken. Auf dem perfekt gedeckten Bambustisch stehen kochend heißer Kaffee, frisch gepresster Orangensaft und dampfende, von einem hauchdünnen Reisteig umgebene Krabben. Die größten Boote laufen Hôi An schon lange nicht mehr an. Im neunzehnten Jahrhundert starb die Stadt einen langsamen Tod, der Fluss verschlammte und wurde zu einem seichten Bach. Doch die kleinen Boote verkehren hier immer noch. Die Fischer sind auf dem Weg zum Markt, der nur einen Steinwurf entfernt liegt. Ihnen folgen die Krabben-, Schnecken-, Krebs- und Aalhändler, die Gemüse-, Hühnchen-, Hunde- und Porzellanverkäufer sowie mehrere kleine Boote, die rote Ziegelsteine geladen haben.

Das Hotel Huy Hoang muss eines der kleinsten im ganzen Ort sein. Von seiner luftigen Terrasse aus hat man alles im Blick, und wenn ich den Hals recke und einen Blick durch den Rosengarten werfe, dann sehe ich, dass das halbe Gebäude auf nassen Pfählen ruht. Bald wird der Markt erwachen, denn inzwischen haben alle Boote festgemacht. Die Stille weicht munterem Stimmengewirr, in das sich ausgelassenes Bellen, Grunzen, Krähen und Zwitschern mischt. Ein paar Hühner laufen frei durch die Gegend, als hätten sie keinen Besitzer. »Vietnam bekämpft die Vogelgrippe mit großer Entschlossenheit!«, erklärt die *Vietnam News Agency*. Doch in Hôi An geht alles seinen gewohnten Gang.

Die alte Frau, die das Hotel führt, fragt mich, ob ich satt und glücklich sei – eine Frage, die ich nach jeder Mahlzeit vollen Herzens bejahen kann.

Will ich mein Glück noch steigern, dann brauche ich nur dieselben Straßen entlangzuwandern, auf denen die Missionare vor 400 Jahren das Wort Gottes verbreiten wollten. Die beiden Hauptstraßen erstrecken sich schnurgerade am Flussufer entlang. Angelockt von Hôi Ans großer Geschichte und dem neugewonnenen Prestige der Altstadt als Weltkulturerbe, strömen erneut die Ausländer in die vergessene Schönheit am Thu Bon. So entdecken sie alte Tempel und Pagoden, Herrschafts- und Handelshäuser, Statuen und Altäre, Brücken und Brunnen sowie kurze Gedichte, die in schlanke Säulen geritzt wurden.

Viele Gebäude werden von chinesischen Schriftzeichen geschmückt, wie die 1773 errichtete chinesische Versammlungshalle. Diejenige für die Kaufleute aus der Provinz Kanton wurde drei Jahre später eingeweiht. Die Kaufleute der Küstenprovinz Fujian trafen sich ein Stück die Straße hinauf, man muss nur dem Duft der Räucherstäbchen und dem dumpfen Klang der Trommeln folgen. Hinter dem burgunderroten Tor werden die Besucher von Thien Hau begrüßt, der Göttin des Meeres und Beschützerin der Seeleute. Wer hätte die Launen des Südchinesischen Meeres ohne sie überlebt, und das schon seit Generationen? Vor der Göttin steht ein ganzer Wald von Räucherstäbchen, und auf dem roten Kissen vor dem Altar ist eine ganze Familie im Gebet versunken. Zur Rechten von Thien Hau thront die rotwangige Göttin Thuan Phong Nhi, die Hilferufe auch aus größter Entfernung wahrnimmt. Und zur Linken befindet sich die grünhäutige Thien Ly Nhan, die mehr als 1000 Kilometer weit sieht, und zwar in alle Richtungen.

Ein uralter Chinese in schwarzen Leinenschuhen schlurft vor dem Altar auf und ab und verteilt freigebig Räucherstäbchen. Sein jüngerer Kollege erzählt, die drei Göttinnen hätten zahllose Leben gerettet. Wenn die Hilfsgöttinnen merken, dass jemand in Seenot ist, informieren sie Thien Hau, die sich sofort auf den Weg macht, um zu helfen.

Ein großes Wandgemälde zeigt, wie Thien Hau, ausgestattet mit einer Lampe, über das sturmgepeitschte Meer schwebt, um ein Schiff in Seenot zu retten. Ein anderes Bild soll sechs Familienoberhäupter darstellen, die im siebzehnten Jahrhundert, unmittelbar nach dem Fall der Ming-Dynastie, von Fujian nach Hôi An geflüchtet sind. Jedes Mal, wenn in China eine Dynastie gestürzt wurde, flüchteten viele ihrer Anhänger in andere Länder, nicht zuletzt nach Vietnam. Heute leben gut zwei Millionen Han-Chinesen in Vietnam, in Hôi An sollen es ungefähr 10 000 sein.

In dem prachtvollen Tempel erblicke ich auch den Gott des Reichtums – eine wichtige Erscheinung in der chinesischen Götterwelt – sowie einen Altar zur Anbetung der Vorfahren.

Je mehr Tempel Hôi Ans ich zu sehen bekomme, ob chinesische oder vietnamesische, desto stärker wird mir bewusst, wie viele Gemeinsamkeiten es zwischen den beiden Nachbarländern gibt. Tausende Jahre engen Kontakts haben ihre Spuren hinterlassen. Die Sprachen sind zwar verschieden, doch die Menschen knien auf den gleichen Seidenkissen und sprechen die gleichen Gebete zu den gleichen Göttern.

Am Ende der Hauptstraße liegt die Japanische Brücke mit ihrem geschwungenen Ziegeldach. Wie die Chinesen spielten auch japanische Kaufleute eine wichtige Rolle in der Blütezeit Hôi Ans. Doch 1636 befahl ihnen der japanische Kaiser, nach Hause zu kommen. »Der Handel mit anderen Ländern ist von jetzt an streng verboten!« Gehorsam, wie sie waren, traten die meisten den Heimweg an, worauf ihre Brücke zu verfallen begann. Doch heute erstrahlt sie in neuem Glanz, und kein japanischer Tourist wendet ihr den Rücken zu, ehe er nicht jedes kleine Detail des wunderbaren Bauwerks fotografiert hat.

In der Nähe wohnt eine Familie, die behauptet, nicht nur chinesische und japanische, sondern auch polynesische und vietnamesische Ahnen zu haben. Die Tochter der Familie, die man hinter der Theke des Lampengeschäfts im Souterrain findet, hätte es bis zur Miss World bringen können. Wenn Gene die Ozeane kreuzen, können Wunder geschehen. Und nun – es ist halb drei – wird es gleich zu einer Hochzeit zwischen Vietnam und den USA kommen.

Jetzt aber los!

Vor der Kirche steht bereits eine große Anzahl Schaulustiger. Wegen der Frühlingswärme haben manche Frauen kleine chinesische Fächer bei sich. Erwartungsvoll recken sie die Hälse und blicken die Straße hinunter, wo der Wagen mit dem Brautpaar jeden Moment den Hügel hinaufrollen und vor dem Portal halten wird. Währenddessen erscheinen die Hochzeitsgäste, doch kann ich beim besten Willen keine Amerikaner entdecken. Habe ich etwas missverstanden?

»Die Braut ist Vietnamesin, wohnt jedoch in den USA«, erklärt mir einer der Wartenden, ein Mann in den Vierzigern.

»Und der Bräutigam?«

»Der ist Vietnamese, einer von uns.«

Plötzlich geht ein Raunen durch die Menge. Das Brautpaar kommt!

Das glänzende Auto ist mit Blumen bestreut und roten Seidenbändern geschmückt, auf denen Wünsche für ein langes Leben und ewiges Glück zu lesen sind. Die Braut, die im kalifornischen Orange County beheimatet ist, steigt langsam aus dem Wagen und nickt den Gästen vorsichtig zu. Ihre lange, blendend weiße Schleppe erinnert mich an den Wasserfall, den ich im vietnamesischen Hochland gesehen habe. Unter dem ebenso weißen Schleier erahne ich ein blasses, goldbraunes Gesicht, das von schwarzen Korkenzieherlocken eingerahmt wird. Und der Bräutigam? Er scheint stark behindert zu sein und schleppt sich mühsam vorwärts. Ein Kriegsversehrter?

»Nein, er leidet an Multipler Sklerose«, flüstert mir mein Nebenmann zu. »Wir sind alte Kindheitsfreunde.«

Die Kirchentüren werden geschlossen. Kurz darauf ertönen aus dem Inneren brausende Orgeltöne. Wir Schaulustigen bleiben vor der Kirche stehen und warten, während die Brautleute vor den Altar treten. Seit die Politik und das große Meer die beiden vor 25 Jahren voneinander trennte, haben sie sich kaum gesehen. Doch jetzt ist der große Augenblick gekommen, denn Liebe erträgt alles, duldet alles, besiegt alles.

»Das ist echte Liebe«, sagt mein Nebenmann mit Betonung auf jedem einzelnen Wort.

Unaufgefordert beginnt er zu erzählen. Als Kind wuchs er Wand an Wand mit dem Bräutigam auf. Damals war er so wie alle anderen. Zusammen jagten sie Eidechsen, und wenn es ihnen zu warm wurde, sprangen sie einfach in den Fluss. Als Zehnjähriger entwickelte Hien, so der Name des Bräutigams, ein brennendes Interesse an der Tochter des Reishändlers, und in den nächsten vier Jahren war das junge Paar unzertrennlich. Doch von einem auf den anderen Tag war sie spurlos verschwunden. Der Reishändler hatte schon lange geplant gehabt, in ein fremdes Land zu ziehen, und setzte diesen Plan eines Nachts in die Tat um. So verlor Hien 1980 plötzlich und unerwartet seine große Liebe.

Während drinnen die Zeremonie in vollem Gang ist, schließe ich die Augen und vergegenwärtige mir die Bilder eines furchtbaren Dramas: Getrieben von reiner Not und der Hoffnung auf eine bessere Zukunft flüchteten Tausende von Vietnamesen aufs offene Meer hinaus. Die Ersten hatten dies bereits vor dem Fall des südvietnamesischen Regimes 1975 versucht, doch erst am 3. April, dem Tag des Zusammenbruchs, kam es zur Massenflucht. Fischerboote, Lastkähne, Hausboote, kurz gesagt, jedes Fahrzeug, das einigermaßen schwimmen konnte, kappte die Leinen. Viele der Flüchtenden waren chinesischer Herkunft, doch auch Vietnamesen mit Geld und Verbindungen zum alten Regime wollten nichts wie weg. Weg von der sozialistischen Revolution mit seinen Kollektiven, weg von der Zwangsarbeit in den neuen Wirtschaftszonen und den mehr oder minder leeren Regalen in den Geschäften.

Meistens geschah die Flucht in aller Verschwiegenheit, aus Angst, sonst gefasst zu werden. Doch manche Menschen berichten auch, sie seien von den Behörden zur Flucht ermuntert oder regelrecht gedrängt worden. Bevor man ihnen die Erlaubnis erteilte, mussten sie ihr Geld und alle Wertgegenstände abgeben. Vor allem der chinesischstämmige Teil der Bevölkerung, darunter zahlreiche Geschäftsleute, wurde gnadenlos erpresst.

Für eine unbekannte Zahl, es mögen Zehntausende sein, endete der Traum von einem neuen Leben auf dem Grund des Meeres. Das Risiko, über den Thu Bon zu schippern oder an der vietnamesischen Küste entlangzufahren, hielt sich noch in Grenzen, doch über das offene Meer nach Australien zu flüchten? Trinkwasser und Proviant waren bald aufgezehrt, während die Naturgewalten – die stechende Sonne, stürmische Winde, der Monsun – den Menschen die letzte Kraft raubten. Viele wurden von Piraten überfallen, ausgeraubt, vergewaltigt, ermordet. Vor allem die thailändische Küste erwies sich als lebensgefährlich.

Wie ist es der Braut und ihrer Familie gelungen, sich bis in die USA durchzuschlagen?

Vielleicht wurden sie von einem fremden Schiff aufgenommen und auf den Philippinen, in Malaysia, Thailand oder Indonesien an Land gesetzt? Verbrachten sie mehrere Jahre in Flüchtlingslagern, mit Stacheldraht und hohen Wachtürmen, ehe die USA ihnen die Einreise gewährten? Vielleicht wateten sie auch selbst an einer unbekannten Küste an Land, nachdem sie aus eigener Kraft das Meer überquert hatten. Alles ist möglich, und jetzt sind sie hier.

Um den Gesang besser hören zu können, treten wir näher an die geöffneten Fenster heran. Die Stimmen, die nach draußen dringen, klingen merkwürdig verhalten, doch mein Nebenmann versichert mir, er habe am Morgen ein ungewöhnliches Schild gesehen, als er an dem Gewürzladen der Familie des Bräutigams vorbeiging: AUFGRUND EINES FAMILIÄREN GLÜCKSFALLS GESCHLOSSEN! Auch er ist der Meinung, dass sein alter Freund sich mehr als glücklich schätzen könne, denn mit seinem physischen Defekt hätte er auf dem Heiratsmarkt keine Chance, wäre da nicht die grenzenlose Liebe seiner Braut.

»Wann ist er an Multipler Sklerose erkrankt?«

»Ich weiß nicht genau. Das ist schon viele Jahre her.«

»Und wie hat er es geschafft, mit ihr wieder Kontakt aufzunehmen?«

»Sie begannen sich zu schreiben, und vor zwei Jahren ist sie gemeinsam mit ihren Eltern zu Besuch gekommen. Das ist alles, was ich weiß.«

Endlich ist die Trauung vorbei, zu den feierlichen Klängen der Orgel tritt das frisch vermählte Paar aus der Kirche.

»Das ist echte Liebe!«, wiederholt mein Nebenmann, diesmal laut und deutlich.

Von einem plötzlichen Impuls getrieben, macht er ein paar Schritte nach vorn, um dem Brautpaar zu gratulieren. Doch dann zögert er und bleibt unschlüssig stehen. Einer der Fotografen, ein junger Mann mit glänzenden, nach hinten gekämmten Haaren, bittet die Eheleute, sich zu küssen. Doch die beiden sind scheu und begnügen sich damit, einander strahlend anzuschauen. Dann kommt Pater Peter aus der Kirche, in der einen Hand hält er die vietnamesische, in der anderen die amerikanische Flagge. Er wirkt erleichtert und lächelt von einem Ohr zum anderen.

So endet dieser Nachmittag auf Hôi Ans Kirchentreppe in purem Glück.

»Ein Vietnamese wird immer ein Vietnamese sein«, sagt Pham Tien Van. »Ob es ihn nun nach Orange County oder Seattle, nach Vancouver, New York, Paris oder Dublin verschlägt, immer wird er die Anziehungskraft seines Heimatlandes spüren, seiner Familie, seines Geschlechts, seines Geburtsorts und der Grabstellen seiner Vorfahren.«

Auch Pham hat den Weg nach Hause gefunden. Wir teilen uns die Frühstücksterrasse des Hotels Huy Hoang. Sein Englisch verrät einen melodischen irischen Akzent, doch in den siebziger Jahren diente er dem südvietnamesischen Heer als Offizier. Am selben Tag, an dem die Nordvietnamesen Saigon eroberten, wurde er zum Leutnant befördert. »Als hätte ein Stern mehr oder weniger irgendwas geändert!« Er lacht aus vollen Hals, als er mir die Geschichte erzählt. Zwölf Tage später ging er in Sattahip, einer thailändischen Hafenstadt, an Land. »Etwas Dramatisches gibt es nicht zu berichten, alles ist glattgegangen.«

In den letzten Jahren stand Pham hinter den Zapfhähnen seines eigenen Pubs in Dublin, 24 verschiedene Biersorten habe er im Angebot.

»Wenn du zu Besuch kommst, kannst du trinken, so viel du willst«, sagt er und haut mir auf die Schulter. »Gratis!«

Dann erzählt er mir, dass er Vietnam in den letzten acht Jahren drei Mal besucht habe. Er hat Familienmitglieder und Nachbarn getroffen, die Gräber der Vorfahren gepflegt, großzügig Geschenke verteilt und nach Herzenslust gegessen und getrunken. Und man stelle sich vor: Nur zwei Tage nach seiner Ankunft wurde er vom kommunalen Parteivorsitzenden zu einem Festessen eingeladen. Dieser bat ihn inständig, doch für immer nach Hause zurückzukehren. Der Parteivorsitzende, ein gesprächiger Mann, sagte, das »Vaterland« brauche Menschen mit seinen Fähigkeiten.

»Es war eine merkwürdige Situation. Wäre ich in den achtziger Jahren zurückgekehrt, hätten sie mich in Handschellen abgeführt und in ein Umerziehungslager gesteckt. Doch nun bin ich so etwas wie ein Held.«

Helden gibt es viele heutzutage. 2,7 Millionen Vietnamesen leben im Ausland, die Hälfte von ihnen in den USA. Manche von ihnen sind zu großen Vermögen gekommen. 2004 haben sie ihren Familien in der Heimat insgesamt fast vier Milliarden Dollar zukommen lassen. Bootflüchtlinge, die damals mit Mühe und Not überlebten, arbeiten heute als Wissenschaftler und Dozenten an den führenden Universitäten der Welt. Einige engagieren sich im Kampf gegen HIV und Aids, andere entwickeln die Hochgeschwindigkeitsprozessoren der Zukunft. Wieder andere haben sich selbstständig gemacht, arbeiten hinter Zapfhähnen oder stehen am Wok in Städten wie Oslo, St. Louis und Dublin. Die es weniger gut getroffen haben, entsorgen den Müll oder wischen den Boden. Die meisten Vietnamesen sind es gewohnt, hart zu arbeiten.

Doch natürlich gibt es auch gescheiterte Existenzen. Die Nordvietnamesen besaßen von vornherein geringere Chancen als ihre Landsleute aus dem Süden. Ihre Schulbildung ließ oft zu wünschen übrig, außerdem verfügten sie nur über eine schwach ausgeprägte Tradition im Geschäftsleben. Statt es vom Tellerwäscher zum Millionär zu bringen, landeten sie oft in den Slums, und ihre Kinder wurden Mitglieder von Banden wie Oriental Boyz, Orange Boyz oder Scar Boyz. Auch die Mädchen schlossen sich zu Organisationen zusammen, die so klangvolle Namen trugen wie Banana Girls, Innocent Bitch Killers oder Devil's Daughters. Drogen, Prostitution und Menschenhandel wurden zu ihren Tätigkeitsfeldern.

Jahrelang wurden die Flüchtlinge von der Regierung in Hanoi mit Verachtung gestraft. Sogar Museen wurden gebaut, um ihre tatsächlichen oder behaupteten Vergehen zu dokumentieren. Statt sich für die heilige Sache des Sozialismus zu engagieren, hatten sie das Vaterland verraten und sich auf die Seite der Imperialisten geschlagen. Viele wurden der Kollaboration und Spionage bezichtigt. Man warf ihnen vor, das heimische Regime stürzen zu wollen, was an und für sich nicht falsch ist, doch welchen Schaden hätten sie schon anrichten können? Den meisten wurde ein Besuchervisum für die alte Heimat verweigert, und die wenigen, die wieder ins Land gelassen wurden, sahen sich Verfolgung und Repressalien ausgesetzt.

Erst gegen Ende der achtziger Jahre wurde der Ton ein wenig versöhnlicher. Und heute, zu Beginn des neuen Jahrtausends, vergeht kaum ein Tag, an dem nicht irgendein Politiker zu Versöhnung und Toleranz aufruft. »Kommt nach Hause! Helft uns, das neue Vietnam aufzubauen!«, hieß es in einer der letzten Verlautbarungen des Parteibüros. Die Zeitungen sind voll des Lobes über die Resolution Nr. 36, die feierlich verspricht, allen *viet kieu* (den im Ausland ansässigen Vietnamesen), die zurückkehren möchten, zur Seite zu stehen.

Wird Pham der Aufforderung Folge leisten und seine Zapfhähne in Dublin für immer schließen?

»Niemals!«, antwortet er entschieden. »Hin und wieder komme ich gern zurück, doch nicht, um zu bleiben.«

Dann zählt er all die Unannehmlichkeiten auf, die das Leben im heutigen Vietnam mit sich bringe: schlechte Straßen, Armut, Korruption, unsichere Rechtslage und vieles andere. Doch statt seinen Monolog fortzusetzen, reicht er mir einen Zeitungsartikel, der von seinem Landsmann Minh T. Nguyen verfasst wurde. Der Name sagt mir zwar nichts, doch nachdem ich den Artikel gelesen habe, kann ich das Unbehagen besser verstehen, das viele Vietnamesen bei der Begegnung mit ihrem Heimatland empfinden.

Minhs Familie flüchtete 1980 über das Meer. Er war damals zwei Jahre alt. Nachdem sie ein paar Jahre im damaligen Westdeutschland verbracht hatten, zog die Familie nach Kalifornien. Jung wie er war, versuchte Minh alles, um sich so schnell wie möglich in einen waschechten Amerikaner zu verwandeln. Er wollte schließlich sein wie alle anderen, die neuesten Hollywoodfilme anschauen, Skateboard fahren, Cola trinken und Hamburger essen. Wenn seine Eltern von Vietnam sprachen, zog er sich sofort zurück.

Doch im Lauf der Zeit freundete er sich mit anderen vietnamesischen Jugendlichen an. Die meisten von ihnen waren viel weniger »amerikanisch« als er und pflegten intensiv ihre Verbindung zur alten Heimat. Da erwachten auch seine patriotischen Gefühle, und eines Tages bestieg er gemeinsam mit seiner Schwester eine Boeing, die sie nach Saigon brachte. Was für ein Erlebnis – auf dem von leuchtend grünen Reisfeldern umgebenen Flughafen zu landen! Dass die Stadt inzwischen ihren Namen geändert hatte, spielte keine Rolle. Endlich war er zu Hause.

Allerdings kam er sich schon bald wie ein Fremder vor. Als zurückgekehrter *viet kieu* wurde er überall sofort erkannt und in eine Schublade gesteckt. Seine Sprache, seine Kleidung und sein Haarschnitt, ja, seine ganze Erscheinung, verrieten ihn. Er war nicht einer von ihnen. »Ich hasste es, ein *viet kieu* zu sein! Die anderen schienen auf mich hinabzublicken, weil ich mein Land aus den falschen Gründen verlassen hatte. Dass ich damals erst zwei Jahre alt war, interessierte sie nicht. Ich gehörte eben nicht dazu. Man vermittelte mir den Eindruck, mein Vaterland verraten und dadurch auch meine vietnamesische Identität verloren zu haben. Dass ich die Sprache nur unzureichend beherrschte, machte die Sache keineswegs besser.«

Seine Einkaufstouren wurden zu einer einzigen Plage. Sobald die Verkäufer bemerkten, dass er ein *viet kieu* war, stürzten sie sich wie die Geier auf ihn. Zum einen wollten sie ihm nahezu alles andrehen, selbst Lippenstifte und Büstenhalter, zum anderen verlangten sie schwindelerregende Preise. Ein *viet kieu* hatte doch wohl Geld genug!

»Sobald sie bemerkten, dass ich ein *viet kieu* war, glaubten sie, ich würde bedenkenlos alles kaufen. Nach ein paar Tagen bemerkte ich, dass ein *viet kieu* für die Zugfahrt von Saigon nach Nha Trang 66 Prozent mehr bezahlen musste als normale Vietnamesen. Für die Überfahrt mit dem Tragflächenboot nach Vung Tau knöpften sie mir genau den doppelten Preis ab. Dieses Apartheidssystem vor den Fahrkartenschaltern ist für jeden erkennbar, weil *viet kieu* dort eine eigene Schlange bilden müssen. Optimistische Verwandte rechnen damit, dass wir bei jeder Begegnung sogleich die Brieftasche öffnen. Auf einer Gesellschaft, die uns ›zu Ehren‹ arrangiert worden war, tauchten fast 70 unbekannte Leute auf. Sie alle behaupteten, mit uns verwandt zu sein, und noch ehe wir am Tisch saßen, hatte ich achtzehn Onkel und dreizehn Tanten! Das Ende vom Lied war, dass ich mich gezwungen sah, Geld unter ›Angehörigen‹ zu verteilen, von denen ich noch nie gehört hatte.«

Dennoch sah er die Reise nicht als missglückt an. Minh hatte seine alte Großmutter, seine tatsächlichen Tanten und Onkel und viele, viele andere Menschen getroffen – Gesichter, die er nur aus zerfledderten Fotoalben kannte, die immer noch nach Salzwasser rochen. Er hatte seine Heimatstadt kennen gelernt sowie das Haus gesehen, in dem er geboren worden war. Die Dinge, von denen die Eltern in all den Jahren gesprochen hatten – Reisfelder, Palmen und freilaufende Hühner –, sah er nun mit eigenen Augen.

»Doch, es war ein gutes Gefühl, nach Hause zu kommen«, schließt Minh. »Aber meine Zukunft liegt woanders.«

»Hast du den Artikel gelesen, den ich dir gegeben habe«, fragt mich Pham, als wir uns am nächsten Morgen auf der Terrasse begegnen.

»Ja«, antworte ich, und Pham nickt zufrieden.

»Ich habe mich von der ersten Zeile an wiedererkannt«, sagt er. »Alle sind hinter unserem Geld her. Im einen Augenblick sind wir Helden, im nächsten Verbrecher, und mir gefällt keine dieser beiden Rollen.«

Über eine Million Vietnamesen, die im Ausland lebt, hat ihrem Heimatland in den letzten Jahren einen kurzen Besuch abgestattet. Minh und Pham sind nur zwei von ihnen. Sie alle machen natürlich ihre eigenen Erfahrungen, und die Meinungen über das Land, das sie verließen, sind geteilt. Doch nur wenige haben sich dazu verleiten lassen, für immer zurückzukehren. Noch weniger sind dazu bereit gewesen, ihr Geld in Vietnam zu investieren. Vielleicht ist die Vergangenheit immer noch zu nah. In ihrer neuen Heimat genießen sie eine Freiheit, die ihnen Vietnam, allen Veränderungen zum Trotz, nicht bieten kann. Sie haben freie Wahlen kennen gelernt, manche sind sogar selbst gewählt worden. Sie fahren ein Auto und sind in den Genuss materieller Güter gekommen, von denen die meisten Vietnamesen nur träumen können. Sie haben sich weitergebildet und eigene Häuser gebaut. Sie nehmen wichtige Sozialleistungen in Anspruch. Und die Zeit steht nicht still. Weitere Generationen von Kindern und Kindeskindern werden geboren und von ihrem neuen Heimatland geprägt. Kaum anzunehmen, dass sie irgendwann ihre Koffer packen, um in das Land ihrer Vorfahren zu ziehen.

Doch zu jeder Prognose gehört ein gewisser Unsicherheitsfaktor: Falls sich Vietnam eines Tages zu einem neuen asiatischen Wirtschaftswunder entwickeln sollte, was dann? Tausende im Ausland lebender Chinesen haben in den letzten Jahren ihre »Chinatowns« verlassen und sich in China angesiedelt. Manche sind in kleinen, untauglichen Booten in See gestochen wie seinerzeit die Vietnamesen. Die Jüngeren wollen Geschäfte machen, die Ältesten kehren zum Sterben nach Hause zurück.

»In jungen Jahren kannst du reisen, wohin du willst«, lautet ein altes chinesisches Sprichwort, »doch im Alter sollst du in deiner Heimatstadt sterben.«

Im Verwaltungsbezirk Hôi An ist Le Manh Dung stellvertretender Vorsitzender des Komitees, das für die Belange der Exilvietnamesen zuständig ist. Wir begegnen uns in einem blendend weißen Raum, der nur von der Büste Ho Chi Minhs und zwei roten Flaggen geschmückt wird. »1982 haben 342 *viet kieu* ihren Verwandten und Freunden einen Besuch abgestattet«, sagt er, während er einen Blick in seine Unterlagen wirft. »Vier Jahre später, 1986, waren es schon 8000, und 2004 kamen sage und schreibe 430 000! In ein paar Jahren werden es über eine Million sein, da bin ich ganz sicher.«

»Warum?«

»Wegen der Resolution Nr. 36. Leider ist sie immer noch nicht allen bekannt. Deswegen müssen wir alle *viet kieu* darüber informieren, was sie genau beinhaltet.«

Le, ein kleiner Mann mit ergrauenden Haaren, gibt sich demütig und bescheiden. Ohne Umschweife bittet er um Entschuldigung dafür, dass »Partei und Volk« so lange auf ihre überseeischen Landsleute hinuntergeblickt haben. »Aber Sie dürfen die historischen Umstände nicht vergessen. Hinter uns lagen Jahrzehnte des Krieges, die Millionen von Opfern kosteten. Viele unserer Gegner flohen ins Ausland, und manche von ihnen bereiteten uns weiterhin Schwierigkeiten, als der Krieg schon vorbei war. Darum haben wir auf eine bestimmte Art und Weise reagiert. Doch jetzt haben wir einen Schlussstrich unter die Vergangenheit gezogen, denn wir sind doch alle vom gleichen Blut. Ja, das sind wir, vom gleichen Blut!«

»Viele *viet kieu* werfen Ihnen vor, vor allem an ihrem Geld interessiert zu sein.«

»Das entbehrt jeder Grundlage. Alle sind uns gleich willkommen, ob arm oder reich. Aber es ist natürlich eine Tatsache, dass wir Geld von außen brauchen, um richtig in Schwung zu kommen. Ausländische Gesellschaften haben in den letzten Jahren große Investitionen bei uns getätigt. Doch nur fünf Prozent dieser Investitionen stammen von unseren Landsleuten im Ausland. Das ist leider viel zu wenig, deshalb fordern wir sie auf, sich stärker zu engagieren.«

»Aber halten Sie es für richtig, dass heimkehrende *viet kieu* von ihren Freunden und Verwandten regelrecht ausgenommen werden?«

Le muss nachdenken.

»Ja, das mag schon vorgekommen sein«, räumt er zögerlich ein. »Manche *viet kieu*, die hier zu Besuch sind, verhalten sich aber auch so arrogant, als gehörten sie einer anderen und besseren Rasse an. Sie tragen feine Kleider, teure Uhren und wertvollen Schmuck und erwecken den Eindruck, sie seien Multimillionäre, auch wenn das gar nicht der Fall ist. So etwas provoziert natürlich Missverständnisse. Doch heutzutage sind die Unterschiede ja nicht mehr so groß, wie sie einmal waren. Die meisten Leute können sich einen Farbfernseher leisten, ohne auf finanzielle Unterstützung angewiesen zu sein. Schreiben Sie, dass unser Verhältnis viel entspannter geworden ist. Ja, schreiben Sie das!«

Le Manh Dung überreicht mir zum Abschluss ein Geschenk, eine Schachtel mit vietnamesischem Tee, eingepackt in Seide und mit einer großen, roten Schleife versehen.

»Trinken Sie diesen Tee«, sagt er, indem er sich tief verneigt. »Er schenkt Ihnen ein ruhiges Gemüt und inneren Frieden.«

Die Vergangenheit stirbt nie.
Sie ist nicht einmal vergangen.
WILLIAM FAULKNER

Vier Stunden in My Lai

Ruhiges Gemüt? Innerer Frieden?

Auf der Nationalstraße 1 kann davon keine Rede sein. Auf dem warmen Asphalt vereinigt sich alles Mechanische, ja alles, was lebt, zu einer lärmenden, vorwärtsdrängenden Masse. In einem Land, in dem Verkehrsschilder vorzugsweise als Dekoration betrachtet werden, sterben Jahr für Jahr fast 100 000 Menschen im Verkehr. In Vietnam herrscht Rechtsverkehr, »doch fanatische Rechtsfahrer sind wir nicht«, wie Do, mein Fahrer, meint.

Die Nationalstraße 1 befördert uns zur armen Provinz Quang Ngai, einer unübersichtlichen Landschaft aus Reisfeldern, Dschungel, Gebirgsrücken und steilen Bergen. Den amerikanischen Soldaten war Quang Ngai verhasst. Immer wieder, vor allem nach Einbruch der Dunkelheit, gerieten sie in einen Hinterhalt. Manchmal schienen die Guerillakämpfer überall zu sein, dann waren sie plötzlich wie vom Erdboden verschluckt. Die Amerikaner bombardierten indes ein Dorf nach dem anderen. Als der Krieg vorbei war, hatten sie 70 Prozent von Quang Ngai dem Erdboden gleichgemacht.

Entlang der Straße liegen die Friedhöfe. Do und ich halten an einem von ihnen an. Auf diesem befinden sich 864 Grabstellen; Nordahl Grieg hätte von »jungen Toten« gesprochen. Wir gehen an einer der Reihen entlang und sehen eine alte Frau, die vor einem der Gräber kniet. Als sie Do sieht, hebt sie den Kopf und bittet um Wasser. Do läuft zum Auto zurück und füllt einen Plastikbecher mit Tee aus seiner Thermoskanne.

»Sie muss sehr durstig sein«, sagt er und reicht ihr den Becher.

Die Frau nimmt ihn mit zittrigen Händen entgegen, doch anstatt ihren eigenen Durst zu löschen, bittet sie ihren Sohn zu trinken.

»Trink!«, sagt sie. »Du darfst nicht sterben!«

Am dunkelgrauen Stein ist ein Bild des Sohnes befestigt. Sie hält das Glas an die vollen Lippen des ernsten Jungengesichts.

»So trink doch, mein Junge! Deine alte Mutter hat warmen Tee für dich mitgebracht.«

Do und ich ziehen uns diskret zurück, während die alte Mutter das Gespräch mit ihrem Sohn fortsetzt. Sie streicht ihm über das Haar, und als wolle sie ihm beweisen, dass der Tee nicht zu heiß ist, nippt sie selbst daran. »So trink doch! Du verbrennst dir schon nicht die Lippen.« Aber der junge Tote hat keinen Durst.

Ein paar Kilometer weiter südlich steht ein Reisebus quer auf der Fahrbahn. Die Passagiere, ungefähr 50 Ausländer, betrachten resigniert den platten Reifen.

»Jetzt kommen wir zu spät«, sagt einer von ihnen.

»Zu spät wohin?«

»Nach My Lai. Wir wollen für die Toten singen.«

My Lai? Dieser Name hat sich für immer in das Gedächtnis der Menschen eingebrannt. Für eine ganze Generation wurde das Massaker von My Lai zum Sinnbild für die Barbarei des Vietnamkriegs. Und jetzt, an einem warmen Märztag, befinden wir uns nur 58 Kilometer vom Ort des Geschehens entfernt. Wird der Chor aus Atlanta noch rechtzeitig ankommen? Die Sänger, darunter viele Farbige, stehen im Halbkreis um den verzweifelten Fahrer herum, der Hilfe von Do und ein paar anderen Männern erhält. Ganz langsam, kraft vietnamesischer Hydraulik, hebt sich das Ungetüm, während Reisbauern, die vom benachbarten Feld herbeigeeilt sind, das Reserverad aus der schwarzen Tiefe des Kofferraums ziehen. Eine halbe Stunde später ist der Bus wieder unterwegs, und Do hängt sich an seine Hinterräder. Schließlich biegt der Bus in östliche Richtung auf eine schmale Seitenstraße ein. Wir folgen ihm.

Amerikanischer Chorgesang bei Sonnenuntergang? In My Lai?

16. März 1968. Die Soldaten der Kompanie Charlie waren mit ihren Nerven am Ende. Wochenlang hatten sie sich durch den Dschungel von Quang Ngai gekämpft, ohne einen einzigen feindlichen Soldaten zu Gesicht zu bekommen. Dennoch hatten sie 28 ihrer eigenen Leute verloren, die aus dem Hinterhalt erschossen oder einer Mine zum Opfer gefallen waren. William Calley, ein 24-jähriger Lieutenant aus Florida, wollte sich rächen, und die Chance dazu bot der befohlene Angriff auf das Dorf My Lai, das die Amerikaner als Stützpunkt der vietnamesischen Guerilla ansahen. Calley und seine Leute wurden mit den schweren Kampfhubschraubern der Luftwaffe zu ihrem Einsatz geflogen, und schon nach wenigen Minuten stand das halbe Dorf in Flammen.

Dann schwärmten die Soldaten fächerförmig aus, an den Gewehren waren Bajonette aufgepflanzt. »Der Erste, der getötet wurde, war ein alter Mann, der auf einem Acker stand und irgendetwas zu uns sagte«, erzählte einer der Soldaten. Ein anderer erschoss kaltblütig eine junge Frau und ihr neugeborenes Kind. »Kinder, Frauen, Alte, Wasserbüffel, ich schoss auf alles, was ich sah. An diesem Tag in My Lai tötete ich 25 Menschen.«

Zwischen den Morden fanden die Soldaten noch Zeit für Vergewaltigungen. Nachdem sie eine Stunde lang gewütet hatten, wurden die Überlebenden in einen langen Graben gestoßen. Über das Feldradio klagte Captain Medina, Calleys Vorgesetzter, über das »langsame Vorgehen«.

»Beeilt euch!«, rief er. »Bringt es hinter euch!«

Während sich die panischen Vietnamesen aneinanderklammerten, hob Calley sein M-16 Sturmgewehr und mähte sie nieder. Paul Medlo, der einzige der Soldaten, der zögerte zu schießen, stand wie gelähmt da. »So schieß doch, Mann!«, schrie Calley, »und glotz nicht!» Doch Medlo brach in einen Weinkrampf aus. Calley hingegen schoss weiter und hörte erst damit auf, nachdem die letzten Schreie verstummt waren. Doch plötzlich krabbelte ein kleines Kind aus dem Graben, Calley warf es zurück und schoss.

Wenige Stunden später lagen die Toten, Menschen wie Tiere, über die Felder von My Lai verstreut. Von den niedergebrannten Strohhütten stieg dicker blauschwarzer Rauch auf. »Ich habe keinen einzigen lebenden Menschen mehr gesehen, als ich das Dorf verließ«, berichtete einer von Calleys Männern.

Stille breitete sich unter den Männern aus. Niemand sprach ein Wort. Doch ein Mann, der niemals in My Lai gewesen ist, ahnte, dass Furchtbares geschehen war. Der 21-jährige Richard Ridenhour gehörte derselben Brigade wie die Soldaten der Kompanie Charlie an. Die kargen Auskünfte der Kameraden setzten sich für ihn zu einem erschreckenden Mosaik zusammen. Schließlich fasste er sich ein Herz und schrieb einen langen Brief ans Weiße Haus. »Dieses habe ich gehört, Herr Präsident, und so bitte ich Sie, um unser Gewissen willen, die Sache untersuchen zu lassen, um die volle Wahrheit ans Licht zu bringen.«

Colin Powell, bekannt als Außenminister unter George W. Bush, war damals Major. »Das Verhältnis zwischen den amerikanischen Soldaten und der vietnamesischen Zivilbevölkerung war stets ausgezeichnet«, lautete seine lapidare Antwort. Doch die blutigen Bilder, die das Magazin *Life* am 5. Dezember 1969 auf zwölf Seiten veröffentlichte, sprachen eine andere Sprache. Die »Schüsse« des Armeefotografen Ron Haeberle waren so eindeutig, dass die ganze Nation wie unter Schock stand. Auf einem der Fotos starrt ein kleines Mädchen, Sekunden bevor es erschossen wird, direkt in die Kamera.

Ein unvorstellbares Verbrechen war begangen worden, und die Verbrecher waren Amerikaner.

Pham Thanh Cong steht im Eingang. Der lächelnde Mann ist Direktor des Friedensmuseums von My Lai. Als die Sänger aus Atlanta aus dem Bus steigen, begrüßt er jeden Einzelnen von ihnen mit größter Herzlichkeit. Das ist also My Lai, geht mir durch den Kopf, ein Dorf, das aussieht, wie alle anderen auch. Nach einem langen, sonnigen Tag scheint es friedlich vor sich hin zu dösen. Kleine Ansammlungen von Häusern verbergen sich hinter einer fruchtbaren Vegetation. Reisfelder, wohin man schaut. Einige Bauern gehen mit nackten Füßen und geschulterten Hacken vorüber. Unter ihren Strohhüten rinnt der Schweiß. Ein paar Sekunden lang bleiben sie stehen und betrachten die Fremden, ehe sie auf einem rostroten Pfad weiterziehen. Eine Entenschar watschelt unverdrossen dem nächsten Teich entgegen.

Über der friedlichen Idylle wacht eine hoch aufgeschossene Frau aus weißem Granit. Zornig begrüßt sie die Besucher mit geballter Faust. Ein lebloses Kind ruht auf ihrem linken Arm. Vor ihr befinden sich noch vier weitere Figuren: eine junge Frau, die ihren toten Vater vom Boden aufhebt; ein junger Mann, der vor seinem Sohn kniet. Das in Granit gemeißelte Monument im Friedenspark von My Lai ist die Botschaft des Dorfes an die Welt: Hier ist es geschehen. Und es darf sich nie wiederholen.

Während den Chormitgliedern in einem Nebengebäude Erfrischungen gereicht werden, nimmt sich Nhu, eine Fremdenführerin in einem knöchellangen Kleid, meiner an.

»Sind Sie Amerikaner?«, fragt sie vorsichtig, beinahe flüsternd.

»Nein, ich bin Norweger.«

»Kein Norweger hat am Massaker in My Lai teilgenommen«, erklärt sie, als wolle sie mir vor der Führung etwas Beruhigendes sagen.

Und Beruhigung ist nötig, denn ein Rundgang durch das Museum schont niemanden. Wir gehen von Raum zu Raum, Nhu und ich, vorbei an zahlreichen Fotoserien. Ron Haeberle ist fleißig gewesen. Mit seinen beiden Kameras, einer Nikon und einer Leica, lief er von Strohhütte zu Strohhütte, von Exekutionsstätte zu Exekutionsstätte. »Ich wusste, dass dies niemals geschehen durfte, und dennoch war ich ein Teil davon«, sagte er viele Jahre später. »Die Amerikaner packten sich die Dorfbewohner und erschossen sie – es wurden keine Gefangenen gemacht. Diese Vorgehensweise widersprach all meinen Vorstellungen, wie ein Krieg geführt werden sollte, doch ließ ich mir nichts anmerken und fuhr damit fort, meine Bilder zu machen. Das Fotografieren war doch schließlich mein Job! Manchmal hatte ich das Gefühl, von der Kamera beherrscht zu werden. Ich hob sie, drückte auf den Auslöser und ließ sie wieder sinken. Nichts wurde arrangiert.«

Als der Tag vorüber war, händigte Haeberle die Schwarzweiß-Fotos seinen Vorgesetzten aus, wie es Vorschrift war. Die Farbfotos, die er mit seiner eigenen Kamera gemacht hatte, behielt er. Nach Hause zurückgekehrt, verkaufte er die eindrücklichsten von ihnen für je 35000 Dollar an *Life*, was damals eine enorme Summe war. Noch heute kassiert er Tantiemen für einige der barbarischsten Augenblicke des Vietnamkriegs.

Im letzten der Räume hängen Bilder von Lieutenant Calley, Captain Medina, General Westmoreland, Verteidigungsminister McNamara und Präsident Nixon – fünf schuldige Männer. Letztgenannter lächelt breit, als hätte er soeben eine entscheidende Schlacht gewonnen. Doch in Wirklichkeit hatte er verloren. Von diesem Moment an wurde es immer schwieriger, die Amerikaner von der Notwendigkeit des Krieges zu überzeugen.

»Kommen Sie«, sagt Nhu und setzt sich einen weißen, breitkrempigen Hut als Schutz vor der Sonne auf.

Der Friedenspark erstreckt sich über ein großes Gebiet, das mit Palmen und duftenden australischen Eukalyptusbäumen bepflanzt ist. Kleine Gedenksteine zeigen an, wo die Häuser des Dorfes einst gestanden haben. Auf jedem Stein stehen die Namen der Bewohner. »Hier wohnten vier Erwachsene und sieben Kinder«, flüstert Nhu und zeigt auf die Inschrift.

Wohl wissend um die Realität des Krieges, hatten die Einwohner von My Lai unterirdische Zufluchtsräume gebaut. Doch als die Kompanie Charlie auftauchte, wurden diejenigen, die unter die Erde geflüchtet waren, ausgeräuchert und getötet.

Auf Ständern vor dem Granitmonument sind mehrere Blumenkränze zu einem Halbkreis angeordnet. Weiße Seidenbänder verraten, woher sie stammen. Auf einem von ihnen flattert ein Friedensgebet, unterzeichnet von den Veterans for Vietnam, einer amerikanischen Organisation. Ein anderer Kranz stammt von einer südkoreanischen buddhistischen Vereinigung, denn auch südkoreanische Soldaten haben in Vietnam gekämpft. Der Blumengarten verbreitet einen betörenden Duft. Die jährliche Gedenkveranstaltung, zu der wie üblich mehrere tausend Teilnehmer kamen, wurde erst vor zwei Tagen abgehalten.

Die schockierendste Gedenkstätte im Friedenspark ist ein halb mit Brackwasser gefüllter Graben. Nhu stellt sich in ihrem hübschen Kleid an die Kante und rückt ihren Hut gerade. »Hier ist es geschehen«, sagt sie, immer noch im Flüsterton. »Hier wurden 170 Dorfbewohner von Lieutenant Calley und seinen Männern niedergemäht.«

Wir stehen schweigend da und starren aufs unbewegte Wasser, über dem die Insekten schwirren.

»Und niemand hat überlebt?«

»Doch, fünf Personen. Direktor Pham, den sie gerade kennen gelernt haben, war damals erst elf Jahre alt. Auch er hat überlebt.«

»Wie ist ihm das gelungen?«

»Er lag bewegungslos unter seiner toten Mutter, seinen toten Schwestern und seinem toten Bruder. Erst nachdem sich die Soldaten aus dem Staub gemacht hatten, ist er hervorgekrabbelt.«

Zwei Frauen in den Dreißigern überlebten den Kugelhagel ebenfalls.

Worte sind überflüssig. Selbst sieben Jahre, nachdem Nhu begonnen hat, im Friedenspark zu arbeiten, wird sie von ihren eigenen Worten immer noch so bewegt, dass ihr die Stimme versagt. Als ich sie frage, ob auch ihre eigene Familie betroffen war, schüttelt sie den Kopf. Ihre Familie wohnte weit genug entfernt, sie selbst wurde 1974 geboren.

My Lai bestand aus vielen kleinen Behausungen, und Calleys Männer liefen von einer zu anderen. Aufgrund des allgemeinen Chaos und der dichten Vegetation war es nicht leicht, den Umfang des Massakers abzuschätzen. Damals. Doch heute wissen wir es genauer.

»504 Einwohner wurden getötet«, sagt Nhu. »Nur fünf überlebten.«

Ein Menschenzug wandert durch Gedenksteine, Palmen und Eukalyptus hindurch. Es ist der Chor aus Atlanta. Direktor Pham und zwei ältere vietnamesische Frauen gehen voran. Nhu fasst mich am Ärmel und flüstert: »Da sind sie!«

Sie sind alt geworden, Truong Thi Le und Ha Thi Quy, die beiden Frauen, die das Massaker im Graben überlebten. Die Leiden der Vergangenheit stehen ihnen ins Gesicht geschrieben, doch immer noch sind sie von Zeit zu Zeit dazu bereit, über die damaligen Geschehnisse zu berichten. Leise, sehr leise, nähert sich der Chor dem Ort des Geschehens. Als alle stehen geblieben sind, ergreift Direktor Pham das Wort. »Ich war damals so jung und habe nicht viel verstanden. Aber diese Frauen können Ihnen einiges erzählen.«

Truong Thi Le beginnt zu sprechen. Sie erzählt zunächst, dass die Einwohner von My Lai lange Zeit ein gutes Verhältnis zu den Amerikanern hatten. Nur wenige Tage vor dem Massaker waren ein paar amerikanische Soldaten zu Besuch gewesen und hatten um Wasser gebeten. Sie bedankten sich großzügig mit Zigaretten und jeder Menge Süßigkeiten für die Kinder.

Als sie sich wieder auf den Weg machten, winkte ihnen das halbe Dorf hinterher. Doch dann kam der 16. Februar. »Die ersten Hubschrauber kamen morgens um sechs.« Die schmächtige Frau spricht mit hoher, klagender Stimme. Hin und wieder, wenn der Dolmetscher übersetzt, fasst sie sich ans Herz und starrt wie gelähmt auf das unbewegte Wasser. »Noch heute meine ich die Todesschreie zu hören. Du nicht auch?«, fragt sie, an ihre Freundin gewandt.

Sie schließt ihren Vortrag mit einer weiteren Frage ab: »Wir hatten keine Waffen. Warum haben sie uns also erschossen?«

Als beide Frauen das Ihrige gesagt haben, fragt Direktor Pham die Sänger aus Atlanta, ob sie irgendwelche Fragen hätten. Sie verneinen, denn es gibt nichts mehr zu sagen.

»Wir wollen einfach singen«, entgegnet der Dirigent, der den Kopf gesenkt und die Hände gefaltet hat.

Dann stellen sie sich in vier Reihen auf. Diejenigen, die immer noch ihre olympischen Kopfbedeckungen von 1996 tragen, nehmen sie ab und legen sie ins Gras. Der Dirigent hebt den Taktstock, worauf getragener Gesang die warme Luft erfüllt.

Als der letzte Ton verklungen ist, dreht sich der Dirigent zu Dirktor Pham und den beiden Frauen um und verneigt sich tief. So endet der Nachmittag in My Lai in stiller Würde.

Langsam schlendern wir zu unserem Wagen zurück. Doch was hören wir in der Ferne? Einen Chor heller Stimmen, denn jenseits der Palmen liegt die Grundschule des Dorfes.

Während sich die Sänger aus Atlanta von Professor Pham verabschieden, singen die Kinder weiter, wahrscheinlich haben sie gerade Musikstunde. Das kleine Schulgebäude wirkt zwischen den üppigen Bananenstauden sehr idyllisch. Als der Weg entlang einem grünen Feld eine Linksbiegung macht, sehe ich die kleinen Sänger durch das offene Fenster. Nhu und ich halten in gehörigem Abstand an, um sie nicht zu stören. Heute ist es wieder schön, ein Kind in My Lai zu sein. Oder etwa nicht?

»Jedenfalls haben wir Frieden«, sagt Nhu. »Doch wir sind immer noch arm. In einigen Jahren werden diese Kinder in die Stadt ziehen, da bin ich ganz sicher.«

Wie in ganz Vietnam findet auch von My Lai aus eine stille Völkerwanderung statt. Auch wenn die alten Kooperativen aufgelöst worden sind und die Bauern ihren Grund und Boden zurückerhalten haben, sind die Erträge nur sehr gering. Die Felder sind einfach zu klein, oft nur 3000 bis 4000 Quadratmeter groß. Darum ziehen die Jungen fort. In den letzten fünfzehn

Jahren sind zwei Millionen Jugendliche nach Ho-Chi-Minh-Stadt gezogen, um sich als Friseure, Kellner, Köche, Taxifahrer und Bauarbeiter zu versuchen. Andere finden ihr Glück in den mittelgroßen Provinzstädten, und wer kühlere Temperaturen bevorzugt, der nimmt den Zug nach Hanoi. In den Städten verdienen sie besser, einen Teil des Geldes schicken sie ihren Eltern nach Hause.

Ich frage Nhu, ob sie ebenfalls wegziehen will.

»Nein«, antwortet sie entschieden. »Ich habe doch eine wichtige Aufgabe zu erfüllen.« Dann spricht sie den Satz, der in Vietnam eine Art Mantra zu sein scheint: »Wir müssen vergeben, dürfen aber nie vergessen!«

Die Kunst der Vergebung gründet sich oft auf Religion, Moral und Philosophie. Doch der Wunsch der Vietnamesen nach Versöhnung hat auch mit den harten ökonomischen und politischen Realitäten zu tun. Vietnam ist auf ein gutes Verhältnis zu den USA angewiesen, um ein Gegengewicht zum immer stärker werdenden China zu haben. Darum sind auch amerikanische Investoren höchst willkommen – auch in My Lai und der armen Provinz Quang Ngai. Bis jetzt ist das Interesse bescheiden gewesen, doch die Unermüdlichsten geben nicht auf. Nhu erzählt, dass einige von ihnen einen *»promotion trip«* in die USA unternommen hätten. Von hier bis zu den weißen Badestränden sind es nur wenige Kilometer. Die Idee ist, My Lai und Umgebung zu einem Touristenparadies auszubauen, in dem die Hotelgäste im Meer baden, fischen und Golf spielen können. Brummende Bulldozer ebnen bereits die Fläche für den ersten Golfplatz, und auch wenn Nhu nicht sonderlich begeistert wirkt, konstatiert sie doch: »Golfschläger sind besser als Gewehre.«

Es ist Abend geworden. Die tief stehende Sonne verleiht der grünen Landschaft eine rosa und violette Färbung. Zweifellos: lieber Golfschläger als Gewehre!

Von Angesicht zu Angesicht mit dem
mächtigen Mekong hältst du inne.
Du wirst demütig und denkst nach.
Und wenn du eine Weile nachgedacht
hast, fragst du dich: Woher kommt er?

FRANCIS GARNIER, FRANZÖSISCHER FORSCHUNGSREISENDER

Jeder Fluss birgt eine Möglichkeit

Auch in Asien gibt es Bahnhöfe, die Kathedralen gleichen und einen in Hochstimmung versetzen. Vergessen Sie den Bahnhof von Ho-Chi-Minh-Stadt. Der ist nur ein großer Kasten, errichtet allein zu dem Zweck, den Reisenden ein Dach über dem Kopf zu bieten. Als ich Anfang der achtziger Jahre zum ersten Mal hierher kam, wurde ich von einer ganzen Horde elternloser Kinder belagert. Eines von ihnen, ein Junge von vier, fünf Jahren, hinkte auf einem Bein, einem anderen fehlte ein Ohr. Einige schliefen irgendwo auf der nackten Erde, wie weggeworfene Stoffpuppen. Der Bahnhof und seine Umgebung wirkten wie ein Sinnbild für ein Land, das immer noch am Boden lag. Und das Schlimmste war, dass sich kaum jemand für die unglücklichen Kinder interessierte. Die meisten bezeichneten sie als *bui doi*, »Staub des Lebens«, und der Staub sollte frei umhertreiben.

Wo ist nur der Staub geblieben? Vor den Fahrkartenschaltern stehen geordnete Schlangen von Reisenden, die alle nach Norden wollen. Denn hier hört die längste Eisenbahnlinie der Welt auf, die ihren Anfang im finnischen Turku nimmt und sich über Helsinki, Moskau, Ulan Bator und Peking bis zu der Stadt erstreckt, die einst Saigon hieß. Für einen Moment bleibe ich stehen und betrachte die glänzenden Schienen von Gleis Nummer zwei. Bleibt zu hoffen, dass visionäre Männer und Frauen sie einst verlängern werden, sodass wir, die wir das rhythmisch metallene Geräusch so lieben, unsere Reise bald werden fortsetzen können – zunächst nach Phnom Penh, Kambodschas französisch inspirierter Hauptstadt, dann weiter nach Thailand. In Bangkok könnten wir anschließend an Bord des

Oriental Express gehen, eines Luxuszugs, und Kurs auf Singapur nehmen – 137 Kilometer vom Äquator entfernt.

HCMC, wie Ho-Chi-Min-Stadt gern abgekürzt wird, ist durch die Zusammenlegung der Städte Saigon und Cholon entstanden. Die Vorstädte mit eingerechnet, vereinigt sie sieben Millionen Einwohner, die allein ein Fünftel des Bruttosozialprodukts Vietnams erwirtschaften. Die Stadt verfügt über 50 Universitäten und Hochschulen, und vom Saigon-Fluss, der wichtigsten Wasserstraße zum Meer, hallen die dumpfen Sirenen der Containerschiffe herüber. Optimisten sprechen bereits von einem »neuen Schanghai«, einer Stadt, die Asien und den Rest der Welt mit einem steten Fluss an billigen, aber guten Waren versorgt. Bis dahin ist es noch weit, doch ist nicht zu leugnen, dass vieles in Bewegung geraten ist. Aus dem Wirrwarr der Werbeplakate stechen die Namen von Weltfirmen hervor. »Das Investitionsklima wird zunehmend besser«, schreibt die *Vietnam Economic Times*, die überzeugt ist, dass sich die zweistelligen Wachstumsraten der Stadt bald auf das ganze Land übertragen werden. »Dann werden wir uns auf Augenhöhe mit China befinden.«

Verglichen mit Hanoi, das mit einer tausendjährigen Vergangenheit aufwarten kann, ist dies eine junge Stadt. Erst im neunzehnten Jahrhundert begann sie Gestalt anzunehmen, und die Franzosen, die als tüchtige Stadtplaner bekannt waren, sorgten dafür, dass sie weitaus luftiger wurde als Hanoi. Breite, schattige Boulevards ziehen sich durch die schöne Bebauung. Im Herzen der Stadt befinden sich einige der bekanntesten Gebäude des Landes: der verlassene südvietnamesische Präsidentenpalast, der schon vor langer Zeit zu einem Museum umfunktioniert wurde; das alte französische Rathaus, in dem heute das Volkskomitee tagt; das neoklassizistische Revolutionsmuseum, in dem die Franzosen einst ihre prächtigen Bälle veranstalteten; die neoromanische Kathedrale Notre Dame mit ihren beiden Türmen, das vielbesuchte Stadttheater sowie das Historische Museum. Auch einige der alten Hotels haben sich erhalten: das Hotel de Ville, das Rex oder das Continental.

Ich habe nicht vor, mich lange hier aufzuhalten, vor allem weil ich die Anziehungskraft des großen Mekong-Deltas kenne, dieses grünen Paradieses, das halb Vietnam ernährt. Doch kann ich nicht weiterreisen, ohne Christina wenigstens einen kurzen Besuch abzustatten. Zehn Jahre ist es her, seit ich ihr zum ersten Mal begegnet bin, in der Tu-Xuong-Straße 38, einem Gebäude voller Kinder. Manche waren vor kurzem erst auf die Welt gekommen, andere schon zehn Jahre alt. »Sieh dir diese Kinder an«, sagte sie. »Ich weiß nicht, woher sie kommen, und ich habe keine Ahnung, wer ihre Eltern sind. Doch wir müssen uns um sie kümmern.«

Christina Noble wurde vor 60 Jahren in Dublin geboren. Ihre kranke Mutter war früh gestorben. Der Vater, ein Alkoholiker, verbrachte den Großteil seines Lebens auf einem Barhocker. Ihr Elternhaus stand in einem Viertel, über dem permanent der Geruch der benachbarten Whiskeydestillerie hing. Am schlimmsten war es in der kalten Jahreszeit. Wenn der Vater gegen Mitternacht nach Hause kam, zerschlug er nicht selten die Möbel zu Kleinholz, um ein Feuer im Ofen zu machen. Einmal versuchte er gar die Tapete von den Wänden zu reißen und in die Flammen zu werfen.

Christina hatte fünf jüngere Geschwister, die genauso litten wie sie. Jahrelang war die Straße ein sichererer Aufenthaltsort als die eigenen vier Wände. Nach und nach landeten sie alle im Kinderheim. Christina sehnte sich nach ihren Geschwistern, doch von den Nonnen des katholischen Kinderheims war kein Trost zu erwarten. »Weine nicht«, sagte eine von ihnen. »Deine Geschwister sind tot. Entweder sind sie bei Gott oder sie schmoren in der Hölle.«

Noch ehe sie 30 war, hatte sie zwei gescheiterte Ehen hinter sich. Eine Gruppenvergewaltigung führte dazu, dass sie einen Sohn zur Welt brachte, der ihr nach drei Monaten weggenommen wurde. Doch ihr Lebenswille war stark, und so beschloss sie, irgendwo im Ausland, weit weg von allen schrecklichen Erinnerungen, ein neues Leben zu beginnen. An einem Sommertag 1989 landete sie auf dem Flughafen von Ho-Chi-Minh-Stadt. »Ich bekam einen Schock. Alles war noch viel schlimmer, als ich es mir vorgestellt hatte. Kranke Kinder mit flehendem Blick folgten mir auf Schritt und Tritt. Viele waren mit Läusen und Flöhen übersät. Niemand traute sich, sie anzufassen, geschweige denn, ihnen ein bisschen Liebe zu geben. Die Art und Weise, wie sie behandelt wurden, erinnerte mich an meine eigene Kindheit in Irland.«

Christina wollte ihnen so gern all die Liebe geben, die sie selbst nie bekommen hatte, doch der Anfang war hart. Wie sollte sie, eine arme Irin mittleren Alters, ihnen nur helfen? Viele betrachteten sie mit Skepsis. »Bitte keine Einmischung in fremde Angelegenheiten! Im Sozialismus ist alles bestens geregelt!« Doch Christina blieb hartnäckig, und im Juli 1991, nicht einmal zwei Jahre nachdem sie nach Vietnam gekommen war, wurde das Kindersozialzentrum offiziell eröffnet. Im Hintergrund standen die Parteifunktionäre und spendeten Beifall.

Heute wird Christinas Projekten Bewunderung und Respekt gezollt. Finanzielle Unterstützung erhält sie von Menschen aus verschiedenen Ländern. Vielen tausend Kindern wurde dadurch ein neues Leben geschenkt, und wenn der von ihr geleitete Chor der Straßenkinder zu singen anfängt, fällt es schwer, die Tränen zurückzuhalten. Die Lebensverhältnisse der Kinder sagen viel über den Zustand einer Gesellschaft aus, und jetzt, an einem Frühlingstag im März, ist die barmherzige Samariterin aus Dublin die Erste, die einräumt, dass Vietnam Fortschritte macht. »Aber«, fügt sie hinzu, »lass dich nicht davon täuschen, was du auf dem Bahnhof siehst oder auch nicht siehst. Ho-Chi-Minh-Stadt ist wie ein Maulwurfshügel mit 1000 verborgenen Gängen. Ich selbst kenne nur fünf oder zehn von ihnen, deshalb habe ich auch vor zu bleiben.«

Christina ist inzwischen 62 Jahre alt. Die stattliche Frau strotzt nur so vor Energie, und als ich sie frage, woher sie die bekommt, antwortet sie: »Von den Kindern! Wir können so schöne Städte bauen, wie wir wollen. Wir können Wolkenkratzer errichten, Shoppingcenter und neue U-Bahnen bauen. Wir können uns alle materiellen Güter zwischen Himmel und Erde erschaffen, doch wenn wir den Kindern nicht die Liebe geben, die sie brauchen – was dann?«

Während wir miteinander plaudern, klopft es an der Tür. Draußen stehen zwei verschreckte Kinder und wollen hinein. Christina hat sie nie zuvor gesehen. Zwei Straßenkinder, Thi und Dinh, ein siebenjähriges Mädchen und ein sechsjähriger Junge, beide mit laufender Nase und schmutzigen, zerrissenen Kleidern. Sie brauchen Hilfe. Und Christina nimmt sie mit offenen Armen auf. Erst einmal will sie alles von ihnen wissen, woher sie kommen, ob ihre Eltern noch leben, warum sie auf der Straße gelandet sind …

Die Kinder erzählen, dass sie keine Eltern hätten und auf der Straße lebten, solange sie sich erinnern könnten.

»Habt ihr denn gar keine Verwandten?«

»Nein … jedenfalls kennen wir niemanden.«

»Wie habt ihr die ganze Zeit überlebt?«

»Überlebt … ich weiß nicht, einfach so.«

Es ist das Mädchen, das antwortet. Der Junge hat Probleme mit dem Gehör. Sein eines Ohr ist taub, das andere geschädigt. Thi muss ihm alles langsam ins linke Ohr rufen. Sie sitzen eng beieinander und haben sich die Arme um die Taillen gelegt. Sie waren stets zusammen und haben sich immer beschützt.

»Sieh dir nur diese Kinder an!«, sagt Christina, die feuchte Augen bekommen hat. »Gibt es etwas Schöneres als Kinder, die so zusammenhalten?»

»Kann ich ein Foto von ihnen machen?«, frage ich.

»Das musst du sie schon selbst fragen. Es geht schließlich um sie. Das ist der entscheidende Punkt. Die Kinder haben Rechte – Menschenrechte. Und wenn du sie fotografieren möchtest, musst du *sie* um Erlaubnis fragen, nicht mich. Wenn neue Kinder zu mir kommen, erzähle ich ihnen immer sehr bald, dass sie bestimmte Rechte haben: das Recht auf Nahrung, auf ein Dach über dem Kopf, auf Liebe und Schulbildung. Das Recht, Ja zu sagen, und das Recht, Nein zu sagen. Vor allem, wenn sie jemand für seine Zwecke einspannt, sie ausnutzen will, zum Beispiel sexuell, dann haben sie das Recht, Nein zu sagen!«

Nur zögerlich legen Thi und Dinh ihre Befangenheit ab. Dinh zeigt seinen böse entzündeten Daumen. Ein Teil des Nagels ist abgerissen. Christina holt Desinfektionsmittel und Pflaster.

»Hast du das gesehen?«, fragt sie mich. »Er hat mir seinen entzündeten Finger gezeigt und mich um Hilfe gebeten – ein großer Vertrauensbeweis. Das Einzige, was diese Kinder auf der Straße gelernt haben, ist, die Erwachsenen zu fürchten. Doch hier bin ich, Christina Noble, das vergewaltigte Mädchen aus Dublin. Ich komme aus Dublin, verstehst du?«

Thi und Dinh haben Hunger. Christina bietet ihnen heißes Wasser, Reis und Kekse an. Binnen weniger Minuten ist die Reisschüssel leer und die Kekspackung verschwunden.

»Wir haben auch eine Schule hier. Habt ihr Lust, zur Schule zu gehen?«

Thi strahlt, dreht sich zu Dinh um und ruft ihm ins Ohr: »Wir können auf der Schule anfangen, wenn wir wollen! Willst du?«

Der Junge nickt lächelnd.

Im Lauf der nächsten halben Stunde verwandelt sich das Leben zweier Kinder. Thi und Dinh werden Nahrung, ein Dach über dem Kopf, Liebe und Schulbildung versprochen. Menschenrechte. Doch sie haben natürlich auch das Recht, auf die Straße zurückzukehren, falls sie das möchten. »Ich kann niemanden zwingen«, sagt Christina, »und es geschieht ab und zu, dass Kinder einfach abhauen und nie wiederkommen. Aber auch das ist ein Menschenrecht.«

Ein weiteres Kind betritt vorsichtig den Raum, ein fünfjähriger Junge, der seit zwei Jahren im Kinderheim wohnt. Sanft legt er seinen Kopf in Christinas Schoß und seufzt zufrieden. *»I love ya«*, flüstert sie. *»I love ya, darlin'.«*

Sie beugt sich hinunter und küsst ihn auf die Wange.

Die Busse zum Mekong-Delta gehen alle fünf Minuten. Auf einem ist »My Tho« angeschrieben, das ist meiner. Im letzten Moment hat jemand im Mittelgang eine Wand aus Pappschachteln errichtet. Sie tragen die Aufschrift »Panasonic« sowie Produktionsnummern und eine strenge Ermahnung, sie vorsichtig zu behandeln. Der Weg nach My Tho geht stur geradeaus.

Kilometer um Kilometer mit gleichmäßiger Bebauung auf beiden Seiten, fast wie eine Straße in der Stadt.

Das Mekong-Delta besteht aus 40 000 Quadratkilometern feuchter Erde und Tausenden verstreuter Dörfer. Es beginnt ungefähr 50 Kilometer südlich von Ho-Chi-Minh-Stadt. Im Osten grenzt es ans Meer, im Süden und Westen an Kambodscha. Vor fast einem Jahrtausend, als das kambodschanische Angkor-Reich seine Blütezeit erlebte, gehörte das Delta zu Kambodscha. Sein Großteil bestand aus dichten Wäldern und Sümpfen mit einem wirren Netz gerader und geschwungener Wasserstraßen. Schlangen und Krokodile machten diese Gegend gefährlich, doch die Menschen, so starrsinnig wie eh und je, ließen sich nicht beirren. Sie hackten und gruben, legten Drainagen und kanalisierten das Wasser, bis die Landschaft allmählich eine kultivierte Form annahm und ein Schachbrett von Reisfeldern entstand.

Ich bin schon früher hier gewesen, in der Regenzeit. Die Bezeichnung grasgrün bekommt eine völlig neue Bedeutung, wenn der Reis sprießt und die Setzlinge schließlich in unermesslicher Zahl gepflanzt werden. Die Bauern des Deltas ernten zwei Mal im Jahr. Die Erträge sind so hoch, dass mit ihnen ganz Vietnam ernährt werden könnte. Doch der mächtige Mekong, der Fluss der Freude und des Kummers, hat nie gezähmt werden können. Unabhängig vom Willen der Menschen bahnt er sich seinen Weg und teilt sich nahe des Meeres in neun Arme. Die Vietnamesen bezeichnen sie als neun Drachen, und jedes Jahr, wenn die Drachen außer Rand und Band sind, flüchten Tausende aus ihren Häusern. Doch sobald sich die Drachen beruhigt haben, kehren sie wieder zurück.

Diese Landschaft hat auch packende Literatur hervorgebracht – über die Launen des Himmels, über die Macht und Ohnmacht des Wassers und über die Liebe in Zeiten der Trockenheit und der Flut. Die Erzählung, die ich vor ein paar Jahren las, war keineswegs untypisch: Die neun Drachen waren außer sich vor Zorn, und die Flut wollte kein Ende nehmen. Zwei Liebende saßen, vom Wasser getrennt, auf ihrem Fleckchen Erde und warfen sich sehnsüchtige Blicke zu, doch konnten sie einander nicht erreichen. Als Gott dies bemerkte, verwandelte er sie aus reiner Barmherzigkeit in Schwäne. So war das Wasser kein Hindernis mehr und der Vereinigung stand nichts im Wege.

Doch jetzt, in der Trockenzeit, wirken die Drachen harmloser als je zuvor. Keine Wolke trübt den Himmel, nur die Strohhüte bewahren die Menschen vor einem Sonnenstich.

My Tho tritt in der Dämmerung hervor. Die Stadt liegt am Song Tien Gang, einem der neun Drachen, der nahezu unbewegt vor sich hin brütet.

Die Ersten, die sich im siebzehnten Jahrhundert dort ansiedelten, waren Bootsflüchtlinge aus Taiwan. Heute wohnen hier 100 000 Menschen. Bei manchen von ihnen handelt es sich offenbar um Kirchgänger, denn als ich in die Nguyen-Trai-Straße einbiege, rufen die Kirchenglocken zum Abendgebet. Ja, sie steht immer noch da, die alte französische gelb-weiße Kirche.

Die Franzosen haben im Mekong-Delta tiefe Spuren hinterlassen. Hier begann die Kolonialisierung, und noch immer gibt es einige herrschaftliche Kolonialbauten zu sehen. An einem von ihnen leuchtet der rote Stern der Kommunistischen Partei. Entlang dem Fluss, den Nebenarmen und vielen Kanälen wohnen Menschen in gebrechlichen Pfahlbauten. Tausende müssen es sein, die sich in einer langen Reihe aneinanderdrängen, so weit das Auge reicht. Von der Brücke aus, die sich über den Bao-Dinh-Kanal spannt, sehen die Pfähle wie Streichhölzer und die Häuser wie Streichholzschachteln aus. Manche stehen hochkant, andere quer.

Doch wo finde ich den Kokosnussmönch?

Er ist tot, schon seit mehreren Jahren. Außerdem wohnte er auch nicht hier, sondern auf der Phung-Insel im Fluss. Eigentlich hieß er Nguyen Thanh Nam. In jungen Jahren studierte er Physik an verschiedenen französischen Universitäten, in Lyon, Caen und Rouen. Man sagte dem jungen Mann mit dem scharfen Intellekt eine glänzende Karriere voraus. Nach Vietnam zurückgekehrt, heiratete er und bekam eine Tochter. Doch eines Tages verabschiedete er sich mir nichts, dir nichts von seiner Familie, weil er es sich in den Kopf gesetzt hatte, Mönch zu werden. Niemand konnte ihn von seinem Entschluss abbringen. Er ruderte also auf die Insel hinaus, ließ sich im Lotossitz nieder und richtete seinen Blick auf die Ewigkeit.

Als der Krieg ausbrach, protestierte er gegen ihn, indem er nichts mehr zu sich nahm außer Kokosnüssen. Die Leute strömten auf die Insel, um ihm ihren Respekt zu bezeugen, und schließlich, nachdem er eine »neue« Religion erfunden hatte – eine Synthese aus Buddhismus und Christentum –, begann er seine Predigten von einem schön geschnitzten Thronstuhl aus zu halten. »Gewalt ist verwerflich!«, rief er. »Jesus und Buddha haben uns den Frieden gepredigt, und wir wollen unser Land mit Gewalt wiedervereinen? Eine wirkliche Wiedervereinigung kann nur mit friedlichen Mitteln geschehen. Alles andere ist Illusion.« Stundenlang konnte er sich über die Unmoral des Krieges auslassen. Seine Kritik richtete sich stets gegen beide Parteien, und die Regierung im Süden reagierte eines Tages darauf, indem sie ihn ins Gefängnis warf.

Doch auch nachdem das Land gewaltsam wiedervereint worden war, hörte der Kokosnussmönch nicht auf zu protestieren. Erneut wurde er eingesperrt, bis er im Frühjahr 1990 keine Kraft mehr hatte und für immer die Augen schloss.

Heute ist die Phung-Insel eine Touristenattraktion, obwohl sie nur wenig zu bieten hat. Alles ist fort, selbst der Thronstuhl. Ein ums andere Mal erzählen die Touristenführer die Geschichte vom Kokosnussmönch, während die Souvenirverkäufer kleine Bildchen von Jesus und Buddha, Räucherstäbchen, Postkarten, Schlüsselanhänger, Tigerbalsam, Kaugummi, Kekse, Cola und Obst verkaufen – und Kokosnüsse natürlich.

Der Kokosnussmönch war ein engagierter Buddhist. Obwohl er ein zurückgezogenes Leben führte, war er stark an politischen und sozialen Fragen interessiert. In Vietnams jüngerer Geschichte sind solche Mönche keine Seltenheit. Manche werden sich an den buddhistischen Mönch erinnern, der sich 1963 aus Protest gegen das korrupte Regime im Süden verbrannte. Die Selbstverbrennung geschah auf einer Kreuzung mitten in Saigon. Das Foto von ihm ging um die ganze Welt, ein schwarzer Körper im Lotossitz, von lodernden Flammen umgeben.

Ob es auch im Norden zu solch extremen Formen des Protests kam, ist nicht bekannt, da kaum ein Fremder das Land hat besuchen können. Doch im wiedervereinigten Vietnam leiden nicht nur die Mönche unter den Restriktionen, die ihnen auferlegt wurden. Einige sitzen im Gefängnis, andere stehen unter Hausarrest, wie zum Beispiel der fast 90-jährige Thich Duang Do. Nach Kriegsende 1975 war er eine der führenden Persönlichkeiten in Vietnams vereinter buddhistischer Kirche. Zwei Jahre später wurde er ins Gefängnis geworfen, weil er es sich erlaubt hatte, gegen die Diskriminierung Andersdenkender zu protestieren. In den letzten Jahren stand er unter Hausarrest. Wenn er doch einmal das Haus verlässt, dann nur unter Aufsicht. Thich hat es folgendermaßen formuliert: »Ein Bürger Vietnams zu sein, ist leicht, solange man auf breiten Wegen bleibt. Doch sobald du dich auf Nebenpfade begibst, wirst du aufgegriffen und verurteilt.«

Die Fähren fahren in dichter Folge, und alle sind voll besetzt. Manche Passagiere lehnen sich über die Reling, um den beunruhigend niedrigen Wasserstand in Augenschein zu nehmen. Plötzlich liegen Sandbänke in der Sonne, die nie zuvor jemand gesehen hat. »China ist schuld daran!«, sagt einer von ihnen. Am oberen Flusslauf des Mekong haben chinesische Behörden damit begonnen, in die Natur einzugreifen. Neue Dämme werden gebaut und das Wasser umgeleitet – zu Lasten Vietnams, des letzten Landes, bevor sich der Fluss ins Meer ergießt. Die neuen Dämme haben in Vietnam eine hitzige Debatte ausgelöst, doch die Experten warnen davor, den Chinesen die alleinige Schuld zu geben. Denn nur zwölf Prozent des Wassers, das durch das Delta fließt, stammt aus China. Den Rest steuern Nebenflüsse aus Birma, Laos, Thailand und Kambodscha bei.

Wenig später befinde ich mich in Ben Tre, einer Kleinstadt, einst Sammelpunkt der revolutionären Vortruppen im Deltagebiet. Eine ältere Frau in einem grauen Hosenanzug führt mich durch das Revolutionsmuseum der Stadt. »Die Massen in Ben Tre waren die Speerspitze der Revolution«, erklärt sie, indem sie mit einem Stock auf eines der Bilder zeigt. »Ohne uns wäre Vietnam heute immer noch ein geteiltes Land.« Wir bleiben vor einer Glasvitrine stehen, in der sich die blutigen Kleider eines gefallenen Guerillakämpfers befinden. Dann bittet sie mich, ein bestimmtes Datum im Gedächtnis zu behalten: den 17. Januar 1960. An diesem Tag erhoben sich die Bauern gegen die Grundbesitzer, und von Ben Tre aus verbreitete sich der Aufruhr über das gesamte Deltagebiet. Fünfzehn Jahre später wurde ihr Kampf mit dem Sieg gekrönt, doch in diesem Gebiet, sagt sie, habe vor 1978 kein wirklicher Frieden geherrscht. »Die reaktionären Kräfte wollten einfach keine Ruhe geben.«

Doch glücklicherweise leben die Menschen heute in Frieden, und hinter dem Revolutionsmuseum befindet sich jetzt ein Tempel, in dem sanftmütige Mönche rund 50 elternlosen Kindern Unterkunft und Verpflegung bieten. Jenseits der neuen Wasseradern komme ich nach Tra Vinh, eine weitere Stadt, und wende ich mich in westliche Richtung, erreiche ich Vinh Long und Can Tho. Mit ihren 150 000 Einwohnern ist Can Tho so etwas wie das Nervenzentrum des Deltas. Der Erste, der mich begrüßt, als ich an Land gehe, ist Ho Chi Minh. Wie er so dasteht auf seinem grauen Granitsockel, hat er einen perfekten Überblick über das Gewimmel von Booten auf einem der meist befahrenen Flüsse der Welt.

Der Mekong entspringt als kalte, tröpfelnde Quelle dem tibetanischen Gebirge, zirka 5200 Meter über dem Meeresspiegel. Die Experten streiten über die Länge des Flusses. Die Schätzungen variieren zwischen 4350 und 4909 Kilometern. Unterwegs verändert er sowohl seinen Namen als auch seinen Charakter, und so wie die meisten Flüsse wird er geliebt und gefürchtet zugleich – wohl vor allem geliebt, denn ohne den Mekong wäre dieser Teil Asiens zum Tode verurteilt.

Von hier aus werde ich ihn bis nach Phnom Penh begleiten, doch zunächst will ich das Leben auf dem Balkon von Emile und Thi genießen. Er ist Franzose, sie Vietnamesin. Es war Liebe auf den ersten Blick, als sie sich 1984 in Straßburg über den Weg liefen. Doch der Weg von dort bis nach Can Tho ist weit. Warum sind sie umgezogen?

»This Eltern starben zu Beginn der achtziger Jahre«, erzählt Emile. »Ihr Haus stand leer, und Thi hatte Heimweh.«

Ihre Pension hat nur sechs Zimmer. Das oberste habe ich bezogen. Dort oben auf dem ovalen Balkon, in einem gemütlichen Bambussessel, fühle ich mich dem Paradies so nah wie nur irgend möglich. Unter mir scheint die ganze Welt vorüberzuschippern: Ruderboote, Lastkähne, Kanus, Dschunken, Sampans, Fährboote, Hausboote, Schlepper, mit Fisch und Obst beladene Schiffe und mehr oder minder verrostete Frachter auf dem Weg nach Chau Doc und Phnom Penh. Ein nordkoreanisches Schiff, voll beladen mit Reis, fährt aufs offene Meer hinaus. Es heißt *Koryo VI*, und wenn ich mich nicht irre, wird es bald wieder zurückkommen. Im sozialistischen Paradies ist Hunger an der Tagesordnung, da zählt jedes Reiskorn.

»Nehmen wir einen Drink«, sagt Emile. »Wie wär's mit einem Garnier?«

»Einem Garnier?«

»Ein Gin Tonic mit den besten Essenzen der Früchte dieser Gegend. Ich habe ihn selbst erfunden, meine Spezialität.«

So trinken wir also unseren Garnier, während sich das Gewirr der Fahrzeuge in Tausende bewegliche Lichter verwandelt. Dumpfe Sirenen hallen durch die Abenddämmerung. Doch wer ist dieser Garnier? Emilie steht auf und geht zum Bücherschrank. »Das musst du lesen«, sagt er und reicht mir das Buch. »Unbedingt!« Ich streiche behutsam über den Rücken der historischen Ausgabe: *Voyage d'Exploration en Indo-Chine*, erschienen im Jahr 1873, der Autor heißt Francis Garnier.

Nur der knarrende Deckenventilator begleitet mich, während ich mich in die Lektüre vertiefe. Die Reproduktion des Kupferstichs auf Seite fünf zeigt eine entschlossene Persönlichkeit mit dunklen Augen, schwarzen Haaren und einem gewaltigen Backenbart. Schwächlich schien Garnier nicht gewesen zu sein. Schon als Fünfzehnjähriger ließ er sich von der Marine anwerben. Er wollte für sein Vaterland kämpfen. Oder wie er es viele Jahre später formulierte: »Nationen ohne Kolonien sind tote Nationen.«

1860 kam er in Vietnam an – und war dem Land vom ersten Moment an verfallen. Der Anblick des mächtigen Mekong beeindruckte ihn zutiefst, und wie so viele andere Abenteurer fragte er sich: Woher kommt er? Und was mag er für Schätze bergen? Gold, Silber, Mineralien – ungeahnte Reichtümer?

Der Mekong wurde zu seiner fixen Idee. Garniers Gedanken kreisten unablässig um den mächtigen Strom und die Möglichkeiten, die er bot. Er war davon überzeugt, dass Frankreich ihn beherrschen und erforschen müsse. Er schrieb einen Brief nach Hause und argumentierte, der ganze Erfolg Frankreichs in Indochina hinge davon ab, ob »jemand« bereit sei, sich auf dem Mekong flussaufwärts zu begeben, bis er von Eis und Stein aufgehalten würde. Garnier vermutete die Quelle des Mekong in Tibet, war sich jedoch nicht sicher. Niemand war sich seinerzeit sicher.

In Saigon erhielt Garnier einen Job bei der französischen Kolonialverwaltung, hatte jedoch weiterhin nichts als den Fluss im Kopf. »Am Tage sitze ich hinter meinem Pult in der Abteilung für Innere Angelegenheiten, doch glaubt bloß nicht, dass ich lange hier bleiben werde! Mein Ziel ist es, den Mekong bis hinauf nach Tibet zu erforschen, wenn ich auch Zweifel hege, ob mir das gelingen wird.«

Zu Beginn der sechziger Jahre des neunzehnten Jahrhunderts diskutierten französische Politiker darüber, ob Frankreich in Vietnam bleiben solle oder nicht. Einige vertraten die Ansicht, das Land sei eine kostspielige Kolonisierung nicht wert. Garnier konnte eine solche Argumentation nicht nachvollziehen, vor allem in einer Zeit, in der die Briten eine chinesische Hafenstadt nach der anderen eroberten. Während sich England Stück für Stück des chinesischen Riesenreichs bemächtigte, sollte sich Frankreich wie ein geprügelter Hund aus dem Staub machen? Nein, meinte Garnier, ganz im Gegenteil. Frankreich müsse seiner heiligen Pflicht nachkommen, ganz Indochina zu zivilisieren und quasi durch den Hintereingang nach China einzudringen, indem es den »weißesten aller Berge« in Tibet bezwang.

Garnier schlug eine Expedition zur Erforschung des Mekong vor. »Jeder Fluss birgt eine Möglichkeit«, schrieb er in seinem langen Brief, »und diese Möglichkeit müssen wir ergreifen.«

Nach langem Hin und Her willigte die französische Regierung schließlich ein. Der 42-jährige Ernest Doudart de Lagrée wurde zum Expeditionsleiter ernannt, während der 26-jährige Garnier sein Stellvertreter wurde. Hinzu kamen zwei Ärzte, ein Zeichner sowie mehrere Dolmetscher und Soldaten verschiedener Nationalität. Unterwegs wollten sie noch so viele Leute anheuern, wie es die Situation erfordern würde.

Die beiden dampfbetriebenen Kanonenboote, die sie flussaufwärts befördern sollten, hatten allerlei Leckereien an Bord: 700 Liter Wein, 300 Liter Weinbrand, Zigarren, Zigarillos und Zigaretten, 150 Kisten mit Keksen und doppelt gebackenem Brot sowie 42 Säcke mit Dörrobst. Natürlich fehlte es auch nicht an Medizin und Bandagen, Karten und Messinstrumenten sowie großen Mengen an Waffen und Munition. Man müsse ja damit rechnen, betonte Garnier, dass die unzivilisierte Bevölkerung entlang dem Fluss den heiligen Charakter der Expedition nicht zu würdigen wisse. Als sie am

5. Juni 1866 ablegten, ging für Garnier ein Traum in Erfüllung, und als die Boote Stunden später in den Mekong einbogen, verspürte er ein überschwängliches Glücksgefühl.

Nach der unkomplizierten Fahrt durch das Mekong-Delta überquertem sie die Grenze nach Kambodscha. Der Wein schmeckte ausgezeichnet, und die Expeditionsteilnehmer waren sehr angetan von der Schönheit der kambodschanischen Frauen. »Sie sind ein wenig rundlicher als die Vietnamesinnen und die Augen nicht ganz so hinterlistig«, notierte einer der Teilnehmer in seinem Tagebuch. Doch in Laos begegneten sie wilden Stromschnellen, und spätestens beim Anblick der gewaltigen Khone-Wasserfälle musste Garnier seinen Traum begraben, aus dem Mekong eine viel befahrene Handelsstraße zu machen. Dann erkrankte er an Typhus und war achtzehn Tage lang nahezu ohne Bewusstsein. Als man ihn in ein Kanu umbetten wollte, kenterte das Boot, und Garnier fiel ins Wasser. Doch merkwürdigerweise schien ihn das zu beleben, denn von nun an erholte er sich allmählich, bis er gänzlich wiederhergestellt war.

Als die Bewohner des Grenzgebiets zwischen Thailand, das damals noch Siam hieß, und Laos das Ende der Regenzeit mit Gesang und Tanz feierten, schlossen sich die Franzosen dem fröhlichen Treiben an. »Es hat dieses Jahr sehr viel geregnet, der Fluss ist über seine Ufer getreten. Es können viel Reis und andere Freuden erwartet werden. Alle Frauen sind dank ihrer Ehemänner oder Liebhaber in anderen Umständen. Wer die Väter sind, spielt im Grunde keine Rolle.« In Vientiane, der laotischen Hauptstadt, bemerkten die Franzosen, dass ihnen zur Fortsetzung der Reise wichtige Papiere fehlten. Doch Garnier wusste Rat. Er machte kehrt und *ging* die 800 Kilometer zurück nach Phnom Penh, wo die Papiere auf ihn warteten. Unterwegs musste er sich gegen wilde Tiere und Schwärme von Malariamücken zur Wehr setzen – und schließlich denselben Weg wieder zurückgehen.

Von Vientiane aus segelte die Expedition langsam in Richtung Norden. Bislang deutete nichts darauf hin, dass Laos über die Reichtümer verfügte, die Garnier in seinem Schreiben angedeutet hatte. Nachdem die Siamesen Vientiane 1820 geplündert hatten, lag ein Großteil der Stadt in Ruinen. Die Menschen waren bettelarm, und hätten sie nicht im Fluss fischen können, wären sie womöglich verhungert.

Westlich und nördlich von Vientiane wurde der Fluss schmaler. Hin und wieder wurden sie von gefährlichen Unterwasserfelsen an der Weiterfahrt gehindert und mussten ihren Weg zu Fuß fortsetzen. Der Reihe nach erkrankten sie an Malaria und der Ruhr. Doch als sie schließlich die chinesische Stadt Jinghong erreichten, hatten sie eine historische Tat vollbracht.

Zum ersten Mal war es einer ausländischen Expedition gelungen, dem Mekong bis zur chinesischen Grenze zu folgen.

Aber mit der trauten Gemeinsamkeit war es vorbei. In den nächsten Monaten schlugen sich die Teilnehmer jeder für sich in Richtung Norden durch. Lagrée und Garnier, die beiden Expeditionsleiter, hatten genug voneinander. Unterwegs erkrankte Lagrée erneut an der Ruhr, außerdem klagte er über Leberschmerzen. Der Arzt Lucien Joubert entschied sich zu einer Operation, bei der Lagrée einen halben Liter Blut verlor. Eine Woche später war er tot. »O Gott, was habe ich nur getan?«, fragte sich Joubert verzweifelt. Lagrée wurde in einer einfachen Holzkiste bestattet.

Garnier befand sich zu dieser Zeit in einer anderen Gegend. Als er hörte, dass der Expeditionsleiter in chinesischer Erde begraben worden sei, tobte er vor Wut und forderte, den Sarg wieder aus der Erde zu holen. Ein französischer Staatsbürger sollte in französischer, notfalls in vietnamesischer, doch keinesfalls in chinesischer Erde begraben werden. Also bargen sie den Sarg und schleppten ihn mit sich, während sie weiter der Quelle des Mekong entgegenstrebten. Doch in Dali, einer kleinen Stadt in der chinesischen Provinz Yunnan, drohte der muslimische Sultan damit, die französischen Expeditionsmitglieder köpfen zu lassen. Dieses Schicksal hatten wenige Tage zuvor schon drei Malaien erlitten, also bestand kein Zweifel daran, dass der Sultan es ernst meinte.

Die erschrockenen Franzosen flüchteten mitsamt dem Sarg in die Berge. Zu diesem Zeitpunkt begriff Garnier, dass die Expedition zum Scheitern verurteilt war. In den nächsten dreizehn Tagen gelangten sie bis zu einer Höhe von 3000 Metern, wo sie einen weiteren Fluss entdeckten, den majestätischen Yangtze. Wie der Mekong entspringt er den tibetanischen Bergen und schlängelt sich gleich einer graubraunen Straße dem Meer entgegen. Garnier gab den Befehl zur Umkehr. Auf dem Yangtze setzten die Franzosen ihre Reise fort und erreichten schließlich – nachdem sie eine Entfernung von 4000 Kilometern zurückgelegt hatten – Schanghai. Von dort aus segelten sie mit Lagrées Sarg an Bord nach Saigon. Als sie dort an Land gingen, waren sie zwei Jahre lang fort gewesen.

Lagrées Beerdigung wurde ein großes Ereignis. »Wir haben unseren besten Mann, doch niemals unseren Mut verloren«, erklärte Garnier. Voller Stolz konnte er bekannt geben, dass es ihnen gelungen war, den Verlauf des Mekong bis zur chinesischen Grenze und ein Stück darüber hinaus zu kartografieren. Jede einzelne Kurve hatten sie verzeichnet, wichtiges botanisches und ethnografisches Material gesammelt, lokale Sprachen sowie die verschiedenen »buddhistischen Schulen« studiert. Frankreich hatte dazugelernt. Dennoch war es ein Wermutstropfen, dass der Mekong als bedeutende Handelsstraße nicht in Betracht kam. Teile des Flusses eigneten sich nicht für den Schiffsverkehr, und auf Reichtümer waren sie auch nicht gestoßen.

Francis Garnier war mit seinen 28 Jahren immer noch ein junger Mann. Was sollte er jetzt tun?

Zunächst reiste er mit dem Schiff zurück nach Frankreich, wo er von Kaiser Napoleon III. empfangen wurde. Doch wusste er in seinem Heimatland nichts mit sich anzufangen und kehrte, nachdem er Bericht erstattet hatte, nach Vietnam zurück. Der französische Generalgouverneur fragte ihn, ob er eine militärische Expedition weit im Norden des Landes führen könne. Die Franzosen waren hier immer noch schwach vertreten, und Garnier stellte sich sofort zur Verfügung.

Zwei Monate darauf war er tot. Man erschoss ihn aus dem Hinterhalt und schnitt ihm sicherheitshalber den Kopf ab. Kopf und Körper wurden später in Saigon begraben. Über ein Jahrhundert später, im Jahr 1983, wurden seine sterblichen Überreste nach Paris überführt, wo sie heute vor seiner Statue in der Avenue de l'Observatoire ihre letzte Ruhestätte gefunden haben.

Heute ist Samstag. Emile hat Lust auf eine Fahrradtour, und ich schließe mich ihm an. Wir radeln aus der Stadt hinaus und folgen idyllischen Pfaden in südwestliche Richtung, entlang an Kanälen und Palmenhainen, vorbei an Büschen und trüben Fischteichen, über schmale Deiche und krumme Brücken. Noch ehe wir durstig geworden sind, begegnen wir einer langen Trauerkolonne in weißen Kleidern. Die Ersten tragen eine farbenfrohe Fahne, auf der sich windende Drachen und eine Inschrift zu sehen sind, die ich nicht lesen kann. Den Fahnenträgern folgt ein einzelner Trommler, dann einige Mönche, die Sargträger und schließlich das Gefolge. Wir bleiben respektvoll und äußerst andächtig stehen, bis die letzten Trauernden hinter den Mangobäumen im Hintergrund verschwunden sind.

Mango? Im Mekong-Delta wachsen Mangos, Melonen, Papayas, Ananas, Durians, Guaven, Grapefruit, Orangen, Mandarinen und Äpfel – der fruchtbarste Obstgarten der Welt. »Hast du Durst?«, fragt Emile. An einer Kreuzung halten wir an und kaufen zwei Papayas für ein paar Cent. Während ich es mir schmecken lasse, sehe ich ein Haus durch die Landschaft gleiten. Auf dem Dach steht ein Mann mit nacktem Oberkörper. Weitere Häuser gleiten vorüber, nicht zwei, nicht zehn, sondern achtzehn Häuser auf Reisen, eine Parade von Hausbooten, kein ungewöhnlicher Anblick in dieser Gegend. Auf einem der Dächer sitzt eine ganze Familie und isst, auf einem anderen liegt ein einsamer Hund.

Eine Viertelstunde später erreichen wir das Rattendorf. Die gebrechlichen Pfahlbauten bestehen aus morschen Planken und provisorischen Wellblechdächern.

»Die Leute leben hier von der Rattenjagd«, erklärt Emile. »Sie machen das professionell.«

Ratten können im Mekong-Delta eine echte Plage sein. Jedes Jahr fressen sie Reis und anderes Getreide im Wert von mehreren Millionen. Doch Nguyen Van Men und die anderen Jäger wissen, wie den Ratten beizukommen ist. Jede Nacht rücken sie fächerförmig aus wie ein Heer an der Front, bewaffnet mit lichtstarken Taschenlampen, Spezialfallen und pfeilspitzen Bambusrohren.

»In einer Nacht fangen wir zwischen 50 und 75 Kilo«, erklärt ein hagerer Mann um die sechzig. Er sitzt unter seinem Blechdach und repariert eine der Fallen.

»Was geschieht mit den gefangenen Ratten?«

»Wir verkaufen sie und verdienen gutes Geld dabei.«

»Aber wer interessiert sich denn für Ratten?«

»Alle. Die Ratten auf den Reisfeldern sind groß und fett und haben weißes Fleisch. Die Leute mögen sie. Die Stadtratten dagegen will niemand haben. Die fressen selber viel ungesundes Zeug und verbreiten alle möglichen Krankheiten.«

Nguyen erzählt, dass die Ratten letztes Jahr allein im Can-Tho-Gebiet riesige Anbauflächen mit Reis und Gemüse zerstört hätten. Darum müssen sie bekämpft werden, koste es, was es wolle. Am schlimmsten war die Plage vor fünf, sechs Jahren. Da drangen sie in jedes Haus ein und taten sich an Krügen, Tellern und Schüsseln gütlich, als wären sie Familienmitglieder. »Ich habe gegen die Amerikaner gekämpft, doch dieser Krieg ist weitaus schwieriger, und ich weiß nicht, ob er jemals aufhört. Jedenfalls verdienen wir ganz gut mit der Rattenjagd.«

Wir bleiben noch ein Weilchen sitzen und diskutieren über die Rattenpreise. Nguyen berichtet, dass der Kilopreis vom Markt bestimmt werde. Gibt es viele Ratten, ist der Preis niedrig, sind es wenige, steigt er. Derzeit liegt der Kilopreis bei 8000 Dong, das entspricht ungefähr 40 Cent. Für viele Bauern sind die Ratten ein einträgliches Nebengeschäft. Nguyen und die anderen Rattenjäger des Dorfes verkaufen ihren Fang an die Restaurants in der Umgebung. Andere bringen ihre Beute in Ho-Chi-Minh-Stadt an den Mann, wo die Ratten mit Zwiebeln und Pilzen zubereitet und mit pikanten Saucen serviert werden. »Selbst Ministerpräsident Phan Van Khai isst Rattenfleisch«, fügt Nguyen stolz hinzu. »Das habe ich jedenfalls gehört.«

Ein sehr beliebtes Gericht in dieser Gegend sind Kokosnussfrösche. Frösche gibt es jede Menge im Mekong-Delta, doch wie wird ihr Fleisch so aromatisch? Man muss nur eine Kokosnuss öffnen und einen Babyfrosch hineinsetzen. In den nächsten drei Monaten bekommt der Frosch nichts anderes zu trinken als Kokosmilch und nichts anderes zu essen als das weiße Fruchtfleisch. So wird er am Ende zu einer himmlischen Delikatesse.

Auch in der folgenden Nacht werden Nguyen und die anderen Jäger ausrücken. Emile und ich wünschen ihnen viel Erfolg. Vom Rattendorf fahren wir in einem großen Bogen um einen Kokospalmenwald herum, bis wir ein weiteres Dorf erreichen. Es liegt auf einer Landzunge, die nur teils von Wasser umgeben ist. In der Trockenzeit hat man Gelegenheit, die Deiche zu verstärken. Etwa 100 Bauern, Frauen wie Männer, laufen mit schwingenden Schulterjochen umher, an denen mit Erde und Steinen beladene Bambuskörbe befestigt sind. Emile erzählt, dass während der Sturmflut vor fünf Jahren mehr als 400 Bewohner des Mekong-Deltas ertrunken seien. Die meisten von ihnen waren Kinder, die nicht schwimmen konnten. Diese Tragödie scheint die Behörden aufgeschreckt zu haben, denn an diesem Tag im März begegnen wir vielen farbigen Schildern mit der Aufschrift: *Jedes Kind ein Schwimmer!*

Als wir um die nächste Kurve biegen, wird uns fast ein Fischernetz zum Verhängnis. Der Bauer, der direkt am Pfad wohnt, steht in der Türöffnung und wirft das Netz von dort aus ins seichte Wasser.

Ein paar Meter entfernt spielen Kinder in einem Kanal. Eines von ihnen, ein etwa zehnjähriger Junge, benutzt eine halbierte Kokosnussschale als Schöpfkelle. Er zieht sie durch das fließende Wasser und gießt es anschließend über seinen braunen Körper. Dabei schließt er lachend die Augen. Mehrere Angler tauchen auf. Am Flussufer stehen sie auf einer Länge von 200 Metern dicht an dicht. Angelruten gibt es hier gratis, man muss sich nur im nächsten Bambushain bedienen.

Für die Amerikaner war das Mekong-Delta vor allem ein »demografisches Problem«, um General William Westmoreland zu zitieren. Es wohnten so viele Menschen dort, dass an ein Flächenbombardement nicht zu denken war. Die Lösung hieß »search and destroy« – das Ausräuchern des Feinds durch Spezialeinheiten, unterstützt durch Kampfhubschrauber und schnelle Kanonenboote. Doch die Guerilla wusste sich zur Wehr zu setzen, schließlich gibt es im Delta genug Schlupfwinkel, und binnen kurzer Zeit hatten sie Hunderte heimtückischer Minen ausgelegt.

Schließlich fasste Westmoreland den Entschluss, das Delta mit Hilfe von »Agent Orange« zu entlauben. Millionen von Litern dieser chemischen

Flüssigkeit wurden über der Landschaft versprüht, und während die Soldaten den Krieg fortsetzten, floh ein Großteil des Zivilbevölkerung nach Saigon. Als der Krieg endete, bestand fast die halbe Stadtbevölkerung aus Flüchtlingen aus dem Deltagebiet im Süden. Zehntausende fuhren aufs große Meer hinaus, nur um als kleine Punkte in der blauen Ewigkeit zu verschwinden.

Heute sind die Narben des Krieges kaum noch zu sehen. Die tropische Wildnis wächst schnell. Doch die unsichtbaren Narben heilen sehr langsam – wenn überhaupt.

Die letzte Station vor Kambodscha heißt Chau Doc. Von meinem schwimmenden Fahrzeug aus wirkt die Stadt wie alle anderen, obwohl eines der Gebäude einem Königspalast gleicht. Es ist das Victoria Hotel. Reisende, die es nicht besser wissen, müssen es für ein restauriertes Relikt aus der Kolonialzeit halten – dabei wurde das Hotel erst 1999 erbaut. Vom Kai sind es nur ein paar Schritte, und die Frau an der Rezeption hat den verführerischen Victoria Riverview Deluxe Room für 90 Dollar im Angebot oder die Victoria Suite für 120 Dollar die Nacht. Die Leute um mich herum sprechen Vietnamesisch und Khmer, ein sicheres Zeichen dafür, dass ich mich nahe der Grenze befinde. In tiefen Ledersesseln sitzen ketterauchende Männer – Businesstalk.

Verschwitzte Rucksacktouristen stapfen durch die warmen Straßen, ich bin einer von ihnen. Einige kommen aus Kambodscha, andere wollen dorthin. Unglaublich freundlich und hilfsbereit sind wir Menschen mit dem Sack auf dem Rücken – an jeder Straßenecke tauschen wir willig Sonnencreme, Malariapillen und Erfahrungen aus. Nichts kann uns trennen, außer dieser drückenden Hitze, die uns manchmal gereizt und dann wieder gleichgültig macht.

Die grünen Hügel außerhalb von Chau Doc zieren Tempel verschiedenster Herkunft – vietnamesisch, chinesisch, khmer und cham –, und genauso vielgestaltig ist die Stadt selbst. Vom Markt dringt Fischgeruch herüber; das Restaurant hinter der Lagerhalle bietet den fetten, aber festfleischigen Mekong-Karpfen an. In der Mitte des Restaurants erhebt sich ein künstlicher, von einem Wasserbecken umgebener Berg. Nachdem ich meine Bestellung aufgegeben habe, höre ich ein lautes Platschen. Der Koch höchstpersönlich, ein groß gewachsener Kerl, hat sich mit Gummistiefeln und Kescher ins Bassin begeben. Südlich des siebzehnten Breitengrads bekomme ich nirgends frischeres Essen serviert, und der vietnamesische Wein namens Dalat ist auch nicht zu verachten.

Vietnam, ich werde dich vermissen! Trotz all deiner Probleme, deiner Armut und furchtbaren Geschichte, hast du etwas Verheißungsvolles an dir. Ab hier werden die Flüsse schmaler. Die chaotischen Pfahlbauten weichen Palmen und undurchdringlichem Dickicht. Doch bevor ich mich in das Königreich Kambodscha einstempeln lasse, muss ich mich aus der Sozialistischen Republik Vietnam ausstempeln lassen. Als der Kapitän das Ruder hart nach Backbord einschlägt, erblicke ich eine baufällige Brücke. »An Land und den Pfad hinauf!«, kommandiert er.

In einem grauen Haus auf einem einsamen Hügel sitzt ein vietnamesischer Grenzbeamter mit seinem Stempel. Der Rest des Begrüßungskomitees besteht aus etwa 50 Kindern, die einen umschwirren wie wild gewordene Wespen. »*Coins, coins!*«, rufen sie, und wir sind vernünftig genug, unsere Taschen von vietnamesischen Münzen zu befreien. Nachdem die letzte Münze ihren Besitzer gewechselt hat, wird die Bootreise zu dem kambodschanischen Kontrollposten fortgesetzt, der sich 200 Meter entfernt befindet. Bei ihm kann man ein Visum erstehen. Die Kinder wiederum überqueren die unsichtbare Grenze mit leichten Schritten. »*Notes, notes!*«, rufen sie diesmal, denn haben wir nicht auch ein paar Geldscheine in der Tasche?

Aber natürlich haben wir das – jubelnd laufen die kleinen Bettler zurück nach Vietnam.

Two things greater than all things are.
The first is Love, and the second is War.
And since we know not how War may prove,
Heart of my heart, let us talk of Love!

RUDYARD KIPLING

Ein Land ohne Menschen?

Siehst du wirklich so aus, Kambodscha, ein Land ohne Menschen? Keine Bebauung, keine Tempel, nichts? Nicht mal ein einsamer Fischer?

Mein Handbuch, feucht von der Gischt, veranschlagt die Einwohnerzahl Kambodschas auf vierzehn bis fünfzehn Millionen. Nach dem grausamen Aderlass der siebziger Jahre wächst die Bevölkerung nun wieder um 300 000 im Jahr. In der Überzahl sind die Khmer, die hier bereits seit drei Jahrtausenden leben. Doch auch andere Bevölkerungsgruppen wie Thais, Chinesen und Vietnamesen haben in der rotbraunen Erde des Landes Wurzeln geschlagen. Ebenso das muslimische Volk der Cham, das vor fast 2000 Jahren von der malaiischen Halbinsel und Polynesien aus einwanderte. Und jenseits aller Landstraßen, im undurchdringlichsten Dschungel, ist eine Vielzahl an Minoritäten beheimatet.

Unser schlankes Boot schiebt sich langsam den stillen Fluss hinauf, der von bleichem Dickicht gesäumt wird. Jon Swain, ein britischer Journalist, hat ihn 1974 befahren. Das von den USA gestützte Regime in Phnom Penh stand kurz vor dem Zusammenbruch. Die Einwohner der Stadt, zwei Millionen Menschen, hungerten. Im Dickicht lauerte die Guerilla der Roten Khmer mit ihren automatischen Waffen und Bombenwerfern. Doch Swain wollte sich die Schiffsreise nicht entgehen lassen. Am Kai in Saigon erkämpfte er sich einen Platz an Bord der *Bonanza Tree*, einem stinkenden Seelenverkäufer voller Kakerlaken. Jahrelang hatte er das sterbende Regime mit Reis und anderen Nahrungsmitteln versorgt, und sein Kapitän, der 28-jährige Henri Pentoh, war längst zur Legende geworden.

Pentoh beklagte den jämmerlichen Zustand seines Schiffs, meinte aber, es sei vollkommen sinnlos, es auf Vordermann zu bringen. Schließlich sei es ein »Kriegsschiff«, was die vielen Einschusslöcher am Rumpf bewiesen. Das Ruderhaus befand sich hinter einer Mauer von Sandsäcken, doch wo war der Funker?

»Der ist nicht mehr«, antwortete Pentoh.

Erst später erfuhr Swain die ganze Geschichte. Der Funker war bei einem Angriff der Roten Khmer vor zwei Monaten getötet worden. Eine vom Ufer abgefeuerte Rakete war in die Kabine eingeschlagen, in der er schlief.

Die junge Mannschaft, die aus zirka zwanzig Thais und Indonesiern bestand, hatte 1600 Tonnen Reis geladen. Ihr lebensgefährlicher Einsatz wurde mit 120 Dollar im Monat sowie Kost und Logis entlohnt. »Sie lebten im Augenblick«, schrieb Swain. »Zwischen den Transporten besuchten sie die Bordelle und Bars in Saigon und Phnom Penh und ließen sich volllaufen. Doch an Bord waren sie stets ruhig, wohlerzogen und nüchtern.«

Die Fahrt durch das vietnamesische Deltagebiet verlief ohne Zwischenfälle. Im Grenzort Tan Chau schloss sich die *Bonanza Tree* einem Konvoi an, der von kambodschanischen Kanonenbooten eskortiert wurde. Bei Anbruch des Tages legten sie ab. Im Ruderhaus stand Kapitän Pentoh mit seinem unerlässlichen Fernglas und spähte durch einen winzigen Spalt zwischen den Sandsäcken hindurch. Der Motor heulte wie ein wildes Tier, und Pentoh fürchtete, die Erschütterung könne das Schiff in Stücke reißen. »Doch die *Bonanza Tree* schien unverwüstlich, und die Ergebenheit der Mannschaft ihr gegenüber kannte keine Grenzen.«

Auch die Toilettentür war von Kugeln durchsiebt, und jeder, der dem Ruf der Natur folgte, riskierte sein Leben. Doch bisher war noch jeder aus dem kleinen Kabuff auf dem Achterdeck lebend zurückgekehrt. Swain fragte sich, ob er womöglich der Erste sein würde, der auf dem Klo starb.

Lange Zeit ging alles gut. Mit sieben Knoten Geschwindigkeit pflügte die *Bonanza Tree* flussaufwärts. Nachdem sie die Grenze passiert hatte, feuerten die Kanonenboote ein paar Mal ins Dickicht, aber niemand antwortete auf ihre Schüsse. Die Roten Khmer schienen spurlos verschwunden. Doch zwanzig Kilometer, bevor sie Phnom Penh erreichten, waren zwei mächtige Einschläge zu hören. Die Schüsse hatten das Führerschiff *Monte Christo* getroffen, von dem Rauch und Flammen aufstiegen. Auf der *Bonanza Tree* verschanzten sich alle hinter den Sandsäcken. Während die Schüsse kreuz und quer über den Fluss pfiffen, fuhr Pentoh regelrecht Slalom. Der Lotse hingegen klammerte sich an sein kleines Buddha-Amulett. Plötzlich wurde das Boot von einem schweren Treffer erschüttert, doch niemand wagte das Ruderhaus zu verlassen, um den Schaden zu begutachten. Eine Stunde später erblickten sie Pnomh Penh – die Gefahr war vorüber.

Im Herbst 1974 wurde Phnom Penh zu 90 Prozent von Schiffen aus versorgt. Unerschrockene Männer wie Pentoh hielten das wankende Regime am Leben. Doch die Roten Khmer kamen immer näher, und im Januar 1975 wurden sowohl der Mekong als auch dessen Nebenfluss Bassac für den Schifffahrtsverkehr gesperrt. Drei Monate später, am 17. April, rückte die Guerilla in die Hauptstadt des Landes vor. Die Sieger wollten einen neuen Himmel und eine neue Erde schaffen, und als Vorgeschmack darauf wurde die gesamte Bevölkerung aus der Stadt gejagt.

Die Krankenhäuser platzten aus allen Nähten. Die Ärzte taten, was sie konnten, operierten, nähten und verbanden. Doch was jetzt? Sollten sie ihre Patienten im Stich lassen, um ihre eigene Haut zu retten?

Die oft erst halbwüchsigen Soldaten der Roten Khmer stürmten durch die Korridore: »Weg! Verschwindet!« Die Mündungen ihrer Gewehre sprachen eine deutliche Sprache. Protest war zwecklos, denn die Soldaten hatten ihre Order von Angkar Loeu, der »Höheren Organisation« – einer fernen, aber allmächtigen Kraft, die neuerdings Land und Leute beherrschte.[2] Leitungen und Kabel wurden herausgerissen, Operationen abgebrochen. Ein Arzt war mitten in einer Amputation, als der Befehl kam. Sie sollten sich zum Teufel scheren, Ärzte, Krankenpfleger und Patienten. In den nächsten Stunden rollte ein Zug nach dem anderen aus Phnom Penh heraus, vollgestopft mit Kranken und Verletzten in ihren Eisenbetten auf Rädern, mit medizinischen Geräten und Ärzten in blutigen Kitteln. Die qualvollen Schreie der Patienten wurden mit jedem Kilometer leiser, und nachdem sie die Stadtgrenze passiert hatten, wurden die Betten mit den Toten einfach an den Wegesrand geschoben und dort stehen gelassen.

»Weiter! Schneller! Angkar verlangt Disziplin!«

Zwei Millionen Menschen. Angkars anonyme Führer begründeten die »Evakuierung« damit, dass die USA angeblich eine Bombardierung der Stadt planten. Außerdem hatte das vom Krieg verwüstete Land einen akuten Bedarf an Nahrungsmitteln. Nur indem man nahezu die gesamte Bevölkerung zum Anbau von Reis und anderem Essbaren verpflichtete, konnten die sieben Millionen Bäuche einigermaßen gefüllt werden.

Sobald der größte Hunger gestillt war, sollte die Bevölkerung unter der Anleitung Angkars wahre Wunder vollbringen. Im Lauf weniger Jahre sollten Milch und Honig fließen und die Welt sich staunend die Augen reiben. Die Theorie des »Supersprungs« war von einer Clique lebensferner Intellektueller ersonnen worden. Mehrere von ihnen, wie Pol Pot, Khieu Samphan und Ieng Sary, hatten in Paris studiert. Keiner von ihnen hatte je auf einem Reisfeld geschuftet, hingegen hatten sie Marx, Engels, Lenin, Stalin und Mao studiert. Außerdem fühlten sie sich stark zu Kambodschas Vergangenheit hingezogen, der strahlenden Angkor-Epoche (802–1431), einer Zeit, in der das Volk der Khmer auf dem Gipfel seiner Macht stand und auch über Teile der Nachbarländer herrschte. Ihr Ziel war es, die Macht der Angkor-Könige noch zu übertreffen und verlorenes Terrain zurückzugewinnen.

Phom Penh wurde vollkommen geräumt. Nur 40 000 Auserwählte durften bleiben. Eine neue Zeitrechnung wurde eingeführt, 1975 mit dem Jahr 0 gleichgesetzt. Offiziere und Beamte, die eine Verbindung zum alten Regime hatten, wurden standrechtlich erschossen. Die Nationalbank wurde in die Luft gesprengt. Das Geld, Millionen von Banknoten, den Ratten überlassen. Im neuen Reich war Geld überflüssig. Die katholische Kathedrale, eines der schönsten Gebäude der Stadt, wurde dem Erdboden gleichgemacht. Der Katholizismus wurde wie jede andere Religion als Opium fürs Volk betrachtet. Die Tempel wurden geplündert und geschlossen, Tausende von Mönchen vor die Tür gejagt. So starb eine der größten asiatischen Städte binnen einer Woche einen qualvollen Tod.

Unter Angkars strenger Kontrolle flohen die Vertriebenen ziellos in alle Richtungen, einer ungewissen Zukunft entgegen. Wen die Kräfte verließen, der wurde erschossen und in den nächsten Straßengraben geworfen. In all dem Chaos wurden Ehepaare, Eltern und Kinder auseinandergerissen, doch wer in Tränen ausbrach, riskierte sein Leben. Weinen war verboten. Hingegen war es erlaubt, Angkar zu huldigen. In den neuen, aus Holzstöcken und getrockneten Palmblättern errichteten Dörfern wurden die Bewohner ständig zusammengetrommelt, um die jüngsten Instruktionen von Angkars unbekannter Führung – angeführt vom sagenumwobenen Bruder Nummer eins – entgegenzunehmen. Privateigentum wurde abgeschafft, private Landwirtschaft durch sozialistische Kollektive ersetzt. Auch die Mahlzeiten wurden streng gemeinsam eingenommen. Zeitungen, Bücher und Drucksachen wurden verboten, Radios konfisziert und zerstört. Wer es wagte, eine andere Sprache als Khmer zu sprechen, war des Todes. Die Grenzen wurden geschlossen, desgleichen die Schulen, denn die Schule der Revolution war doch vollkommen ausreichend.

Dann kam die Regenzeit. Die Massen wurden auf die Felder beordert, um Reis anzupflanzen. Alle waren in Schwarz gekleidet, denn schwarz war Angkars heilige Farbe. Seit Jahrhunderten war der Reisanbau die Grundlage für die stolze Zivilisation der Khmer. Doch nun sollte das Volk sämtliche Grenzen sprengen und den Ertrag vervielfachen. Der Überschuss sollte an die »revolutionären Massen in der ganzen Welt« verkauft werden, sprich China und Nordkorea. Im Gegenzug sollte Kambodscha Fabriken und

Maschinen erhalten, Autos und Busse, ja schlichtweg alles, was das Volk benötigte.

Die nächsten 44 Monate wurden zu einem einzigen Albtraum. Die Bevölkerung musste von Sonnenaufgang bis spät am Abend arbeiten, oft sechzehn Stunden am Tag. Die Verpflegung war erbärmlich. Der Grossteil der Reisernte wurde nach China geliefert. Die Chinesen revanchierten sich mit Maschinengewehren, Minen und Bombenwerfern. Um ihrem vielversprechenden Verbündeten beizustehen, schickte Peking Tausende von Experten. »Als unbezwingbare Waffenbrüder marschieren unsere Völker Arm in Arm, Schulter an Schulter, auf dem strahlenden Weg des Sozialismus«, schrieb das chinesische Parteiorgan. »Keine Macht auf Erden kann uns aufhalten.«

Nachdem sie eine Weile marschiert waren, begann den Chinesen Böses zu schwanen, aber da war es schon zu spät. Der Völkermord war in vollem Gang. Um dem neuen Regime wenigstens einen Hauch von Legitimität zu verleihen, wurden »Wahlen« abgehalten und dem Land der schöne Name »Demokratisches Kampuchea« verliehen. Doch diejenigen, die unter der neuen Flagge ächzten, fühlten sich als Sklaven.

Überarbeitung, Hunger, Erschöpfung, Krankheit und Tod – fünf Stichwörter in der richtigen Reihenfolge. Die Kambodschaner verendeten wie die Fliegen. Dazu kamen die Hinrichtungen. Der geringste Verstoß, die kleinste Andeutung von Unzufriedenheit wurde mit dem Tod bestraft. Menschen mit einer höheren Ausbildung waren besonders bedroht, denn Angkar betrachtete sie mit tiefstem Misstrauen. Der Bauer hingegen – ebenso wie der Analphabet auf dem Reisfeld – repräsentierte die höchste Form der Intelligenz. Viele Intellektuelle verrieten sich, weil sie Brillen trugen. Der Bauer trug keine Brille, warum sollte es dann irgendein anderer tun? Als der Völkermord beendet war, lebten nur noch 300 der zuvor 12 000 Lehrer. Ärzte und Ingenieure ruhten in ihren Gräbern. Das Land war seines Intellekts beraubt – ein Körper ohne Gehirn.

Der Historiker David Chandler hat darauf hingewiesen, dass Angkar niemals seine Hinrichtungen begründete. Die Menschen verschwanden einfach, leise, diskret und spurlos. Wenn es auf den Abend zuging, wurden zum Tode Verurteilte zu einer »politischen Fortbildung« oder zur »Obsternte« gerufen. Sie kehrten nie wieder zurück. Als Überlebender berichtet Chandler: »Der Sonnenuntergang war die schlimmste Zeit des Tages. Da wurden die Leute abgeführt. Jeden Abend waren wir voller Angst, und wenn wir bei Sonnenaufgang erwachten, waren wir erleichtert, weil wir eine weitere Nacht überlebt hatten.« Die Hinrichtungen wurden oft von blutjungen Soldaten ausgeführt, von denen manche erst zwölf oder dreizehn Jahre alt waren.

Für Angkar waren die Khmer die reinste und edelste aller Rassen. Der Beweis war Angkors stolze Zivilisation. Andere Völker, wie zum Beispiel die Vietnamesen, wurden als unterlegen betrachtet. Desto größer war die Verbitterung Pol Pots, dass die Vietnamesen sich nach dem Fall des Angkor-Reichs Teile des Landes unter den Nagel gerissen hatten, die den Khmer zustanden. In Kambodscha lebten immer noch mehrere hunderttausend Menschen vietnamesischer Abstammung, die meisten von ihnen waren Kaufleute, andere Fischer auf den großen Flüssen und dem Binnensee Tonle Sap. Jetzt war die Zeit der Rache gekommen. Mindestens 100 000 Vietnamesen wurden massakriert, die anderen aus dem Land gejagt. Den Einwohnern chinesischer Abstammung erging es nicht besser. Ungefähr 200 000 von ihnen wurden auf dem Altar der Revolution geopfert. Auch sie hatten seit vielen Generationen in Kambodscha gelebt.

Nachdem er ein halbes Jahr an der Macht gewesen war, hegte Pol Pot den Verdacht, dass seine Organisation von »zahlreichen Reaktionären« – auch »Mikroben« genannt – unterwandert werde. Rottet sie aus!, lautete sein Befehl. Wie in George Orwells *Farm der Tiere* begann die Revolution, ihre eigenen Kinder zu fressen. Mehrere tausend Parteimitglieder wurden inhaftiert, gefoltert und hingerichtet. Gleichzeitig gierte Pol Pot danach, es den Vietnamesen »heimzuzahlen«. Entlang der vietnamesischen Grenze rüsteten die Roten Khmer zum Krieg, um das fruchtbare Mekong-Delta zurückzuerobern, das einst zu Kambodscha gehört hatte. Doch sollte dieser Traum in Erfüllung gehen, musste das Volk noch viel, viel härter arbeiten!

Auf politischen Schulungen und bei der Feldarbeit mussten die Massen folgendes Lied anstimmen:

Leuchtend rotes Blut bedeckt unsere Erde,
Blut, das die Menschen befreien wird,
das Blut junger Menschen, Buddhisten und Frauen!
Zum Himmel strömt dieses Blut
und wird zur roten Flagge unserer Revolution!

Während das blutrünstige Lied über die Felder schallte, stürmten Pol Pots Männer über die vietnamesische Grenze. Anderthalb Jahre wogten die Kämpfe hin und her und kosteten viele Tausende das Leben. Schließlich hatten die Vietnamesen genug. Im Dezember 1978 fielen 100 000 bestausgebildete Soldaten in Kambodscha ein. Ihnen waren die Roten Khmer nicht gewachsen. Die Soldaten waren mittlerweile genauso erschöpft wie die Zivilbevölkerung und leisteten keinen Widerstand mehr.

Wenige Wochen später fiel Phnom Penh. Am Straßenrand stand die spärliche Zivilbevölkerung und jubelte. Unfassbar – sie jubelte dem historischen Erzfeind, den Vietnamesen, zu. Auf der 47. Straße warf eine alte Frau einem vietnamesischen Panzerfahrer ein Veilchen zu. Andere flohen Hals über Kopf, während Bruder Nummer eins das Privileg besaß, mit dem Hubschrauber fliehen zu können.

Seit diesen Tagen sind die Kambodschaner nicht damit fertig geworden, ihre Toten zu zählen. Drei Millionen sagen die einen, während Susan Cook, die Leiterin des Cambodian Genocide Program an der amerikanischen Yale-Universität, von 1,7 Millionen Toten spricht. Cook und ihre hoch qualifizierten Mitarbeiter haben seit Jahren versucht, die Daten von Kambodschas jüngster Tragödie zu ermitteln. Andere, wie der Forscher Michael Vickery, gehen von 700 000 Opfern aus.

So schwierig kann es sein, die nahe Vergangenheit zu rekonstruieren.

Einsamkeit. Ein brauner Fluss ohne die geringste Bewegung. Kahle, leblose Ufer. Dahinter steht das Dickicht wie eine verblichene Kulisse. Jenseits davon wohnen Menschen. Wohlweislich haben sie ihre Pfahlbauten in gehörigem Abstand zum Wasser gebaut. In dieser Gegend ist mit dem Monsun nicht zu spaßen.

Während der Morgen zum Vormittag wird, breitet sich der Bassac aus und verwandelt sich in ein Binnenmeer. Kleine Fischerboote schaukeln auf dem trägen Wasser, und als ich mein Fernglas hebe, sehe ich den Fischer quer auf den Planken liegen und vor sich hin dösen. Von Norden nähert sich ein weiterer Fluss, breit wie eine Autobahn. Oh, heiliger Mekong, so vieles hast du erlebt auf deiner Reise, die in Tibet 5224 Meter über dem Meeresspiegel als eiskalte Quelle begann! So viele Kilometer voller Dramatik, scharfer Kurven und steiler Wasserfälle. Die Mantras der Mönche und das Läuten der Tempelglocken haben dich vorwärts getragen, doch jetzt bist du zur Ruhe gekommen, bist lau und zahm geworden, als hättest du keine Kraft mehr. Ein weiterer Fluss, der Tonle Sap, benannt nach dem gleichnamigen See, schiebt sich gemächlich von Norden heran. Auch ihm scheint jeder Meter, den er vorankommt, Mühe zu bereiten. Doch was erhebt sich da am fernen Horizont?

Es ist Phnom Penh, einst die Stadt des Todes. Ist wenigstens sie inzwischen zum Leben erwacht?

Das Unmögliche ist möglich geworden.

DR. SINN ANURAS

Ein langes Leben? 160 Jahre?

Einige von uns haben geschlafen, betäubt von der Hitze und der gleichförmigen Natur. Doch jetzt kommen wir zu uns.

»Kasino!«, ruft eines der Besatzungsmitglieder. Er steht auf und streckt seine Arme dem Ziel entgegen wie Leif Eriksson auf Christian Kroghs Gemälde, als er Amerika entdeckt. In die Stadt, die einst verwüstet, erstickt und den Ratten überlassen wurde, strömen heute die Glücksjäger aus ganz Asien. Das Holiday International Hotel & Casino – ein monströses Wortgebilde – ist zur Verheißung auf leicht zu erwerbenden, ungeahnten Reichtum geworden. Wir gleiten am Hotel Cambodiana, am Königspalast und dem scharlachroten Nationalmuseum vorbei. Die lange Häuserfront entlang dem Sisowath Quay, der Uferstraße, grüßt uns mit ihrem unverkennbar französischen Charme.

»*Taxi, Sir! Taxi, taxi, taxi!*«, rufen die Männer, die sich am Kai versammelt haben. »*Motorbike! Cyclo! Cold water or cold beer! Coke! Biscuits! Today's newspaper!*«

Ein schmächtiger Junge im Vorschulalter stürzt mir mit einem Stapel Tageszeitungen entgegen. Die Headline der *Phnom Penh Post* springt mir ins Auge: NEUE ANTI-AGING-MEDIZIN LÄSST KINDER VON HEUTE 160 JAHRE ALT WERDEN! Ein thailändischer Arzt, Dr. Sinn Anuras, bietet seinen Patienten in einem Krankenhaus in Singapur eine Behandlung mit Wachstumshormonen an. Sie kostet 5000 Dollar pro Woche, für die meisten Thais eine schwindelerregende Summe. Doch wer will nicht lange leben? Und wer nach Singapur reist, hat in der Regel Geld genug. »Vor ein paar Jahren glaubten die meisten Menschen, dass wir keinesfalls älter als 110 oder 120 werden können. Doch nun müssen wir umdenken. Ein Alter von 160 Jahren zu erreichen, ist keine Utopie mehr!«

Und bis jetzt seien keine Nebenwirkung seiner Behandlung aufgetreten, stellt Dr. Anuras fest. Außer den Wachstumshormonen bietet das Krankenhaus in Singapur auch Gentherapie, die therapeutische Nutzung von Stammzellen sowie Nanotechnologie zur Herstellung künstlicher Organe an – all das, um den Menschen ein längeres Leben zu ermöglichen.

»Früher haben Könige und Kaiser große Expeditionen in ferne Länder entsandt, um ein Lebenselixier zu finden. Doch heute können wir uns auf die Wissenschaft stützen. Das Unmögliche ist möglich geworden«, erklärt Dr. Anuras freudestrahlend und wartet mit einer weiteren Neuigkeit auf: Reiche thailändische Eltern deponieren inzwischen die Stammzellen ihrer Kinder bei der Stammzellenbank des thailändischen Roten Kreuzes. »Vielleicht haben sie ja später Verwendung dafür.«

Ein langes Leben? 160 Jahre? Die halb nackten bettelnden Kinder am Sisowath Quay sehen schrecklich dünn aus, manche blicken mich mit müden Augen an. Keines von ihnen wird 160 Jahre alt werden. Kein asiatisches Land hat eine höhere Kindersterblichkeit als Kambodscha. Neue Zahlen zeigen, dass 124 von 1000 Kindern vor ihrem fünften Geburtstag sterben. Die durchschnittliche Lebenserwartung liegt bei 56,2 Jahren.

»*Cyclo, Sir, cyclo!*«

Das Angebot kommt aus einem pfeifenden Brustkasten, aus dem die letzte Luft entwichen zu sein scheint. Die dürren Beine, die aus der kurzen Hose herausschauen, erinnern an Petterøe's Pfeifenreiniger.

Der Cyclofahrer und ich. Der Fluss auf der einen, die Häuserfront auf der anderen Seite: La Croisette, New World Beauty Hair Saloon, The Jungle Bar & Grill, Traditional Khmer Massage, Ta Hok Hut (»Sell All Kinds of Coffins«), Hotel California, Hotel Sunshine, Foreign Correspondents Club, King's Court (»Special Happy Pizza«) und Star Hotel, um nur einige Namen zu nennen, die auf dieser Straße zu lesen sind.

Der Cyclofahrer ringt nach Luft. Ständig muss er sich den Schweiß mit seiner *krama* – einem langen karierten Baumwolltuch, das er sich um den Hals geschlungen hat – trocknen. Als Kind hat er die kritischen ersten fünf Jahre überlebt. Viele Jahre später überlebte er Pol Pot, und nun hat er, inzwischen zahnlos, offenbar auch die 56 überschritten. So wie er sich keuchend in die Pedalen legt, habe ich das sichere Gefühl, dass er eine Geschichte zu erzählen hat, der kein erfundenes Drama das Wasser reichen könnte. Was tat er wohl vor 30 Jahren? Auf welcher Seite hat er gekämpft, wie viele Menschen getötet? Jeder Kambodschaner über 35 Jahren ist ein Zeitzeuge. Werden sie die tragische Geschichte ihres Landes weitergeben, bevor sie sterben?

Star Hotel. Das unansehnliche Gebäude liegt am Park vor dem Königspalast, doch der Mann an der Rezeption schüttelt den Kopf. Es ist kein Zimmer mehr frei. »Ach, doch«, verbessert er sich. »Wenn Sie wollen, können Sie die Suite haben.« Er öffnet eine Ledermappe und zeigt mir Fotos von der Suite. »Von hier aus haben sie einen direkten Blick auf den Königspalast, den königlichen Park und den Mekong. Besser können Sie nicht wohnen. Sie kostet 45 Dollar.«

Endlich werde ich wohnen wie ein Fürst. Jetzt schlägt meine große Stunde: Minibar, CNN, bequeme Sessel und sogar willige Kambodschanerinnen. »Sagen Sie Bescheid, wenn Sie eine Frau brauchen«, sagt der Kofferträger, bevor er die Klimaanlage anstellt. Auf der Schwelle dreht er sich noch einmal um und hebt warnend den Zeigefinger: »Aber keine unter 16! Die Regierung macht uns da klare Vorschriften, und unten auf der Straße steht die Polizei.«

Viele Jahre lang war Kambodscha ein Mekka für Pädophile. In den Touristenbroschüren und an den Rezeptionen der Hotels wird heute in großen Buchstaben davor gewarnt. Auch auf den Bürgersteigen sieht man leuchtende Schilder: »Wenn Sie etwas Auffälliges beobachten, rufen Sie 023 720-555 an!« Wer auf frischer Tat ertappt wird, riskiert zwanzig Jahre Gefängnis. Mindestens 500 Täter sind bereits verurteilt worden. Und in Kambodscha hinter Schloss und Riegel zu sitzen, soll wahrlich kein Vergnügen sein.

Raum 311. Wenn ich das Sofa ein wenig zur Seite rücke, kann ich mich in aller Ruhe zurücklehnen und den prachtvollen Königspalast in Augenschein nehmen. Dringt da etwa Jazz aus den halb geöffneten Fenstern?

Es gab eine Zeit, in der unablässig Jazz im Königspalast erklang. König Sihanouk, inzwischen alt und pensioniert, liebte sein Saxofon, und die Gesellschaften bei Hofe dauerten manchmal bis zum Morgengrauen. Vor den Palastmauern standen die Armen und lauschten. Andere versammelten sich auf den Balkonen auf der anderen Straßenseite. »Heute ist er ziemlich gut in Form«, konnten sie dann zueinander sagen. In den Pausen, wenn die Fenster offen standen, hörte man den König lachen, denn niemand hatte eine höhere Fistelstimme als er. Doch die Pausen währten nie allzu lang. Ein kleiner Schluck Champagner, und schon blies Sihanouk wieder ins Horn und gab Standards wie »Moon River«, »When The Saints Go Marching« und »Ain't She Sweet« zum Besten.

Ain't She Sweet?

Es herrschte kein Mangel an schönen Frauen während der königlichen Jazzsessions, doch eine war schöner als alle anderen. Sihanouk hatte sie bei einem Schönheitswettbewerb in der Stadt gesehen. Sie hieß Monique Izzi. Nachforschungen ergaben, dass der Vater französisch-italienischer Herkunft und die Mutter eine Khmer war.

Ein Bote überbrachte ihr die Mitteilung, dass sie als Gesellschaftsdame am königlichen Palast »erwünscht« sei. Die Eltern fühlten sich geschmeichelt und willigten ein. Monique zog also in den Palast, und Gerüchte besagen, sie sei vor dem zudringlichen Monarchen schon bald wieder nach Hause geflüchtet, doch die strenge Mutter habe ihre Tochter sogleich zurückgeschickt. Der Rest ist Geschichte. Monique Izzi wurde Königin von Kambodscha.

Die Khmerkönige hatten eine tausendjährige Haremstradition. Als die Franzosen 1867 Kambodscha besetzten, saß Sihanouks Urgroßvater Norodom I. auf dem Königsthron. Sein Harem bestand aus 400 Frauen. In regelmäßigen Abständen wurden unter Führung des Muslimen Ibrahim neue Haremsdamen rekrutiert. Sihanouks Vorgänger, König Monivong (1927–41), soll 60 Ehefrauen gehabt haben. Eine ziemlich anstrengende Angelegenheit, wenn er auch ansonsten ein ziemlicher Faulpelz war. Heiße Tage verbrachte er am liebsten in seiner Hängematte. Waren wichtige Dokumente zu unterzeichnen, mussten die Beamten vor dem dösenden Monarchen Schlange stehen, bis dieser geruhte, im Liegen seine Unterschrift darunterzusetzen.

Erst 1941 wurde der königliche Harem auf französische Initiative abgeschafft. »Die Frauen verließen ihren Herrn mit gebeugtem Kopf, langsam, fast apathisch, als hätten sie einen großen Verlust erlitten«, schrieb ein französischer Beobachter.

Im selben Jahr bestieg der erst neunzehnjährige Sihanouk den Thron. Kambodscha war immer noch französische Kolonie, und so drängte ihn der französische Gouverneur (*résident supérieur*) zu einer bürgerlichen Hochzeit. Dadurch hofften die Franzosen, die Stellung des Königshauses zu schwächen und die Kolonialzeit womöglich zu verlängern. Im Lauf der nächsten dreizehn Jahre wurde der Monarch Vater von (mindestens) ebenso vielen Kindern. Seine erste Frau schenkte ihm zwei Nachkommen: Prinzessin Bopha Devi und Prinz Ranariddh. Seine zweite Frau, eine Prinzessin, die gleichzeitig seine Tante war, gebar ihm einen Sohn. Die dritte, auch eine Tante, brachte vier Söhne und zwei Töchter zur Welt. Mit seiner vierten Frau, die aus Laos stammte, bekam er zwei weitere Töchter, und aus der Ehe mit Monique Izzi gingen zwei Söhne hervor.

»Ich war wie ein geiles Kaninchen«, soll Sihanouk über diese Lebensphase gesagt haben. Verglichen mit seinen Vorgängern muss er allerdings einen recht maßvollen Eindruck gemacht haben. »Es ist eine Tatsache, dass sich die Kambodschaner nie an der Polygamie gestört haben«, schreibt Milton Osborne in seiner Sihanouk-Biografie. »Als Quelle aller Macht erwartete man vom König, dass er die Erbfolge sicherte und seine Manneskraft unter Beweis stellte…«

Über einen langen Zeitraum hinweg regierte Sihanouk vollkommen unangefochten. »Ich liebe sie und sie lieben mich«, sagte er 1960 über seine Untertanen. Im selben Jahr beschloss er, sich als Filmschaffender hervorzutun. Über die Kinoleinwand sollte die Welt einen Eindruck vom kambodschanischen Paradies bekommen. Von 1966 bis 1969 produzierte er neun Filme, genauer gesagt, er produzierte sie nicht nur, sondern schrieb selbst die Drehbücher, führte Regie, dirigierte, kritisierte, improvisierte und gestikulierte – Sihanouk war überall.

Die Premiere seines ersten Films, *Apsara*, fand im Frühjahr 1966 zugleich in Phnom Penh und Paris statt. Mehrere Rollen waren mit Sinahouks nahen Verwandten besetzt. Die übrigen Schauspieler steuerten das vornehme Bürgertum Phnom Penhs, die Ministerien und das Militär bei. Die Kinogänger, die es nicht besser wussten, mussten Kambodscha für ein Märchenland halten. Verschwunden waren die Bettler und Huren, der allgegenwärtige Schmutz, die Wellblechhütten, Müllberge, wilden Hunde und schlammigen Wege. Das Leben war ein Tanz zwischen Palmen und Tempelsäulen, ein einziges königliches Ballett, und in mehreren Szenen gleitet die graziöse Bopha Devi durchs Bild, mystisch und katzengleich, wie nicht von dieser Welt. Die von der Regierung zensierte Lokalpresse war außer sich vor Begeisterung und bezeichnete Sihanouk als größten Filmschaffenden seiner Zeit.

In den nächsten Filmen spielte er selbst wichtige Rollen – als siegreicher General, verwundeter Soldat und geheimnisvoller Spion. Als Phnom Penh 1968 sein erstes Filmfestival veranstaltete, sahnte Sihanouk natürlich den ersten Preis ab, eine Apsara-Statue aus reinem Gold. Im folgenden Jahr wiederholte sich dieses Spektakel.

»Zeigt die Filme meinen Kindern«, sagte er. »Sorgt dafür, dass alle sie zu sehen bekommen.«

Er meinte damit nicht etwa seine eigenen Nachkommen, sondern das kambodschanische Volk, fast sieben Millionen Menschen. Doch das Interesse hielt sich in Grenzen. Dagegen begannen die armen Bauern zu murren. Wo waren die Felder, die Sihanouk ihnen versprochen hatte? Wo blieben Saatgut, Hühner, Wasserbüffel, Schulen, Straßen und Medikamente? Die soziale Sicherheit?

Lange hatte Sihanouk ihnen ein besseres Leben in Aussicht gestellt, doch korrupte Politiker und lokale Tyrannen hielten sie am Boden. Die herrschende Klasse hatte vom Leben auf den Dörfern keine Ahnung. Sihanouks Prinzen, Generäle und Minister fuhren lieber nach Nizza, Cannes und Paris in Urlaub. Die hungernden Bauern setzten sich auf ihre Weise zur Wehr, indem sie begannen, öffentliche Gebäude und militärische Einrichtungen anzugreifen. Sihanouks Soldaten ließen daraufhin mehrere abgeschlagene Bauernköpfe nach Phnom Penh bringen und zur allgemeinen Abschreckung öffentlich zur Schau stellen.

Doch der Aufruhr ging weiter. Die USA wurden mit Sihanouks Amtsführung immer unzufriedener. Offiziell war Kambodscha ein neutrales Land, dennoch schaute der Monarch weg, als die Nordvietnamesen begannen, den östlichen Teil des Landes als Aufenthaltsort und Waffendepot zu benutzen. Im März 1970 wurde Sihanouk abgesetzt, der amerikafreundliche General Lon Nol übernahm die Führung des Landes. Sihanouk, unberechenbar wie eh und je, verbündete sich daraufhin mit den Roten Khmer. Der Beweis ging einen Monat später in Gestalt eines Fotos um die Welt: Sihanouk und Pol Pot, beide lächelnd, Seite an Seite im kambodschanischen Dschungel.

Mit Sihanouk als Gallionsfigur setzten die Roten Khmer ihren Kampf fort, bis auch der Königspalast zurückerobert war. Doch statt eines Platzes an der Sonne bekam der Exmonarch Hausarrest hinter königlichen Mauern. »Sie haben mich ausgespuckt wie einen Kirschkern«, sagte er später. »Ich war ihnen nicht länger von Nutzen!« Die Gefangenschaft währte so lange, bis die Roten Khmer durch vietnamesische Streitkräfte von der Macht vertrieben wurden – fast vier Jahre.

Die Vietnamesen blieben zehn Jahre lang, und während er auf bessere Zeiten wartete, entschied sich Sihanouk, ins Exil zu gehen, teils nach Peking, teils nach Pjöngjang, der Hauptstadt Nordkoreas. 1989 zogen sich die Vietnamesen aus Kambodscha zurück, und vier Jahre später, an einem warmen Tag im September 1993, bestieg Sihanouk erneut den Thron.

Sitzt er dort immer noch?

Entschuldigung, jemand klopft an der Tür.

»Die Minibar, Sir«, sagt der uniformierte Bedienstete vom Zimmerservice. »Ich soll die Minibar überprüfen.«

Bislang ist sie leer, doch im neuen Kambodscha herrscht kein Mangel an alkoholischen Getränken. Wie wäre es mit einem prickelnden Champagner, natürlich aus der Champagne? Mit einem Cognac aus Cognac oder einem Armagnac aus Armagnac? Einem schottischen Whisky, einem russischen Wodka oder einem Rotwein aus der Rioja? Der distinguierte Herr, der eine Art weiße Paradeuniform trägt, füllt die Minibar bis zum Rand und fragt, nachdem auch die letzte Flasche ihren Platz gefunden hat: »Möchten Sie bei Sonnenuntergang ein Abendessen auf Ihrem Zimmer einnehmen, Sir?«

Warum eigentlich nicht? Und so geschieht es. Im sanften Abendlicht wird mir ein zartes Entengericht serviert, begleitet von einem Rioja Vega Crianza

1999, ausgebaut im Barrique, Aromen von Beeren und Hibiskus, komplexe Frucht, feine Tannine, leicht erdig im Abgang. Mr. Room Service serviert mir das Essen mit betonter Andacht, doch bevor er das Zimmer verlässt, bleibt er noch einmal stehen und sagt: »Sehr trocken, Sir!« Er unterstreicht seine Worte, indem er auf den königlichen Rasen deutet, auf dem mehrere Gärtner damit beschäftigt sind, das kränkelnde Gras zu wässern. Dann verlässt er fast lautlos das Zimmer und zieht dezent die Tür hinter sich zu.

Ja, in der Tat ist es trocken, und erst in einem Monat werden die Kambodschaner eine Antwort auf die ewig wiederkehrende Frage erhalten: Wie fällt der Monsun aus? Wird es zu wenig oder zu viel regnen? Die Antwort wird auf der Rasenfläche zu meinen Füßen gegeben, denn im Mai, ein paar Wochen vor Einsetzen des Monsuns, findet die königliche Pflugzeremonie statt. Dann werden mehrere tausend Zuschauer beobachten, wie die königlichen Ochsen auf den Rasen gelassen werden, um zunächst mit dem Pflug eine symbolische Furche zu ziehen und sich sodann sieben Köstlichkeiten schmecken zu lassen – Reis, Mais, Bohnen, Sesam, Wasser, Wein und Gras. Trinken sie viel Wasser, ist dies ein Zeichen dafür, dass die Trockenheit noch lange andauern wird. Trinken sie wenig, muss mit heftigen Regenfällen gerechnet werden. Was und wie viel die Ochsen essen und trinken, wird genauestens notiert, und wenn die Zeremonie vorüber ist, wird dem Volk die königlich-meteorologische Langzeitprognose verkündet.

Während sich die Dämmerung wie eine samtweiche Decke über Phnom Penh senkt, werden mit einem Mal die Tausenden von Lichtern entlang den Palastmauern entzündet. Ein Scheinwerfer erhellt das männliche Porträt über dem Eingangstor des Palastes, aber es ist nicht Sihanouk, sondern der neue König des Landes.

Im Herbst 2004 was Sihanouk amtsmüde geworden. Aus Peking schickte er einen Brief und veröffentlichte wie üblich dessen Wortlaut auf seiner eigenen Homepage. »Ich danke ab. Ich bin jetzt 82 Jahre alt, und ich will nicht mehr.« Mehrmals hatte Sihanouk seinen Rücktritt bereits angekündigt. Doch nun war es ihm ernst. Einer seiner Söhne, Prinz Ranariddh, reiste sofort nach Peking in der Hoffnung, den Vater umzustimmen. Aus Paris kam sein Halbbruder, Prinz Sihamoni, ein attraktiver Balletttänzer, der den Großteil seines Erwachsenenlebens im sechzehnten Arrondissement verbracht hatte.

Wie gern wäre ich eine Fliege an der Wand gewesen, als der Familienrat in Peking tagte. Mehrere Tage und Nächte diskutierten sie, doch der Vater war von seinem Entschluss nicht abzubringen. Gemäß dem Grundgesetz musste der neue König vom Thronrat gewählt werden, einem Gremium von neun Männern, darunter der Ministerpräsident sowie fünf buddhistische Führer. Doch die Empfehlung des Königs hatte natürlich Gewicht.

Prinz Ranariddh kam nicht in Betracht. Als Präsident der Nationalversammlung und aktiver Politiker hatte er zu wenig Abstand zu den allgegenwärtigen Intrigen in Phnom Penh. Manipulations- und Bestechungsvorwürfe begleiteten ihn seit Jahren, außerdem galt er als Schürzenjäger. Der Ruf von Prinz Sihamoni hingegen war makellos. In die Wirren der Politik hatte er sich nie hineinziehen lassen, und Frauen waren in seinem Leben merkwürdig abwesend. Französische Skandaljournalisten begannen zu recherchieren, fanden jedoch nichts.

Der Thronrat brauchte nicht lange zu überlegen: Einstimmig wurde der 52-jährige Sihamoni zum neuen König gewählt. Phnom Penh wurde zum großen Fest herausgeputzt, doch Sihamoni bat das Festkomitee um Zurückhaltung. Normalerweise dauerten die Krönungsfeierlichkeiten sieben Tage, doch der neue Monarch ließ es bei drei bewenden. »Das Land ist arm, also lasst uns sparsam sein.«

Am Tag vor der Krönung war Sihamoni der Mittelpunkt einer feierlichen Zeremonie im Palast. Das Ritual folgte buddhistischen und hinduistischen Traditionen. Die königliche Familie war zugegen, als Sihamoni zu Buddhas Ehren sieben rote Räucherstäbchen entzündete und sich drei Mal tief verneigte. Acht Priester schritten daraufhin mit Obst- und Blumengaben zum Altar, während der Hofastrologe seinen Blick gen Himmel richtete und sprach: »Mögen alle himmlischen Geister, die über unser Königshaus wachen, Seine Majestät, König Norodom Sihamoni, segnen und ihm ein langes und gesundes Leben schenken.«

Der Krönungstag begann damit, dass Sihamoni, begleitet von in Schwarz gekleideten Wachen sowie Mönchen in orangefarbenen Gewändern, von seiner königlichen Wohnung zur goldenen Pagode des Palastes schritt. Auf einer prächtig geschmückten Bühne nahm er im Schutz eines riesigen Sonnenschirms auf seinem goldenen Thronstuhl Platz. Geladen waren Tausende von Gästen, Regierungsmitglieder, Politiker, Richter, Mönche, Botschafter und andere Würdenträger. Papa Sihanouk, kränkelnd und grauhaarig, segnete seinen Sohn, indem er ihm Weihwasser aus neun verschiedenen Krügen über den Kopf goss. Dann legte Sihamoni mit belegter Stimme den Eid ab. Er versprach, seinem Land mit ganzer Kraft zu dienen, und wiederholte den Schwur sicherheitshalber gleich drei Mal. Der Balletttänzer war nun König geworden.

Am dritten Tag der Krönungsfeierlichkeiten empfing der neue König seine Gäste zur Audienz. Am vierten Tag war der Alltag wieder eingekehrt.

Mitternacht. Langsam verlöschen die Lichter der Millionenstadt, und auch die leuchtende Perlenkette, die den Palast umgibt, erstirbt mit einem Mal. Nur das Porträt von König Sihamoni ist noch erleuchtet. Die regelmäßigen Gesichtszüge und der kahle Schädel lassen mich an Yul Brynner denken. Doch im Gegensatz zu Brynner, dessen stechender Blick so viel Entschlossenheit ausstrahlte, wirkt Sihamoni wie die Güte in Person, als wolle er allen Kambodschanern, ja der gesamten Menschheit, nur das Beste.

In einer Schublade finde ich im Innern einer hübschen Ledermappe das noble Briefpapier des Hotels. Wie soll ich es formulieren? »Eure Majestät, König Norodom Sihamoni von Kambodscha. Ich, ein norwegischer Schriftsteller auf der Durchreise, ersuche hiermit um Audienz in der Hoffnung, vielleicht ein Interview ...« Nein, das geht nicht. Ich habe wohl ein Glas zu viel getrunken. Aber wie wäre es mit Prinzessin Bopha Devi? Ich setze ein neues Schreiben auf: »Eure königliche Hoheit, Prinzessin Bopha Devi. Ich bin ein norwegischer Schriftsteller ...« Diesmal beende ich den Brief, unterschreibe so elegant wie möglich und bringe ihn am nächsten Morgen auf den Weg.

Daumen drücken.

Buddha verbot uns, zu Gewalt zu greifen.
Also, was soll ich sagen?

ABT SO YOUWATH

Hat man denn niemals seine Ruhe?

Hat man denn niemals Ruhe? Draußen ist es dunkel, doch auf der Rasenfläche vor dem Palast haben die Frühaufsteher damit begonnen, ihre Glieder nach Osten zu strecken. Die Übungen werden von lauter Musik begleitet, die aus tragbaren Radios schallt. Im sanften Licht der Lampen sehe ich Hunderte aktiver Menschen. Einige joggen auf der breiten Straße zwischen Park und Palast hin und her. Das ist ihre einzige Chance. Während des Tages ist kaum daran zu denken, sich körperlich zu betätigen.

Wenn ich in Zimmer 311 durch den Spalt zwischen den Gardinen schaue, erkenne ich in der Ferne, jenseits des Mekong, ein rotes Feuer. Ein neuer Tag bricht an, und eine halbe Stunde später badet ganz Kambodscha in der Morgensonne.

Ich schleiche mich hinaus. Dem Lärm ist es noch nicht gelungen, die armen Gestalten zu wecken, die auf der Promenade entlang dem Mekong liegen und schlafen – ganze und halbe Familien, junge Mütter mit Neugeborenen, alte, erschöpfte Männer, Herumtreiber, Arbeitslose, seelische Wracks. Von den harten Steinplatten steigt Uringestank auf. Wenn ich den Kopf hebe, sehe ich die ersten Fischer im rosa Gegenlicht als schwarze Silhouetten auf den Fluß hinausfahren. Andere sitzen am Ufer und flicken ihre Netze.

Eine Küche auf Rädern fährt knirschend vorüber. Ein rollendes Wunderwerk, ausgestattet mit Pfannen, Töpfen und Blechbehältern, ja sogar mit einem Holzkohlengrill. Dem Reistopf entsteigen dichte Dampfschwaden, und auf dem Grill liegen kleine, knusprig gebratene Fische in einer langen Reihe. Gewürzt wird mit geheimen Kräutermischungen und Fischsaucen aus kleinen Schälchen. Mir läuft das Wasser im Mund zusammen. Wer klug ist, spült alles mit *tai* (Tee) hinunter, und wem der Sinn nach Früchten steht, der kann zwischen Kokosnüssen, Durians, Äpfeln, Papayas, Mangos, Pfirsichen und Ananas wählen.

»*Nih ch'ngain nah!*«, ruft die Köchin und lacht. »Das ist herrlich!«

Auch die Frauen mit den Reisigbesen sind erwacht. Mit Bundbinde und Strohhut rücken sie rhythmisch auf dem Sisowath Quay vor. Wer jetzt keinen Staub auf seinem Fisch haben will, muss schneller essen oder in Deckung gehen. Unwillig wickelt sich ein Obdachloser aus seiner Decke, reibt sich die Augen und streckt sich. Was sollen all diese Menschen mit dem neuen Tag anfangen? Arbeiten? Arbeit ist nicht zu finden. Betteln? Ein Drittel der Bevölkerung lebt unter der offiziellen Armutsgrenze. Für die Ärmsten ist Betteln eine Notwendigkeit.

Nicht nur die Palmen stehen hoch und aufrecht entlang dem Sisowath Quay, sondern auch die Fahnenstangen. Die Fahnen aller Herren Länder flattern in der kühlen Morgenbrise. Das Land, das während der Terrorherrschaft der Roten Khmer seine Grenzen schloss, möchte heute so gern zur globalen Familie gehören. Das Land braucht Hilfe von außen – und bekommt diese auch. Die Fahrzeuge großer internationaler Hilfsorganisationen prägen das Straßenbild in Phnom Penh seit Jahren.

Der Morgenverkehr wird dichter. Glücklicherweise haben die meisten ein Ziel, und ich bin auf dem Weg zum Königspalast.

»*Kilo, kilo!*«, ruft das vierjährige Mädchen, als es mich erspäht.

Sie schleppt eine rostige Waage mit sich herum und will, dass ich mich wiege. Es soll nur einen Dollar kosten. Ich schüttle den Kopf, aber das Mädchen lässt nicht locker. Mit nackten schmutzigen Füßen und flehendem Blick läuft es hinter mir her. »*Kilo, kilo!*« Nach 200 Metern überholt sie mich, dreht sich um und hebt die Waage in die Luft. Meinetwegen. Vorsichtig stelle ich mich auf die klapprige Konstruktion. Das Mädchen beugt sich hinunter, um zu lesen: »*Many, many kilo!*«

Von hier aus sind es noch achthundert Meter bis zum Besuchereingang. Das Mädchen hat ihren Dollar bekommen, sieht aber offenbar die Chance, sich einen weiteren zu verdienen. Sie lässt sich einfach nicht abschütteln, und als wir den Eingang erreichen, besteht sie darauf, dass ich mich ein weiteres Mal auf die Waage stelle. Vielleicht habe ich ja seit dem letzten Mal ein paar Gramm verloren. »*Oh!*«, sagt sie diesmal. Die Palastanlage hat die Form eines großen Rechtecks, das verschiedenste Epochen und Stilmittel vereint. Als die Bauarbeiten 1866 begannen, standen die Franzosen mit Rat und Tat und auch finanzieller Unterstützung zur Seite. Mein Touristenführer, ein junger Mann, folgt der vorgegebenen Route und geht der Silberpagode entgegen. Ursprünglich wurde sie 1892 ganz in Holz erbaut, 70 Jahre später jedoch durch das heutige Bauwerk aus haltbarerem Material ersetzt. Über dem weißen Schmuckstück thront ein orangefarbenes Dach, und den

Boden ließ Sihanouk mit 5281 glänzenden Silberfliesen belegen. Jede von ihnen wiegt 1250 Gramm, was insgesamt 6,6 Tonnen Silber ergibt!

»Stopp!«, ruft plötzlich einer der Aufseher und eilt auf ein japanisches Paar zu, das ein ungeschriebenes Gesetz gebrochen hat. »Niemand außer dem König darf diesen Boden betreten!«

Nahe dem Altar sitzt ein goldener Buddha in Lebensgröße, der 90 Kilo auf die Waage bringt und mit 9584 Diamanten verziert ist. Der Smaragdbuddha aus reinem Kristall ist auch nicht zu verachten und wird als nationales Kleinod betrachtet.

In den weißen Stupas[3] außerhalb der Pagode ruhen die sterblichen Überreste früherer Könige und Königinnen. Dann geht es weiter zur Thronhalle, zur königlichen Schatzkammer, dem königlichen Bankettsaal und dem Pavillon Napoleons III. Dieser schenkte ihn einst seiner Frau, der eigenwilligen Königin Eugénie. Die Königin aber rümpfte die Nase, lies ihn abreißen und als Geschenk an den König nach Kambodscha verschiffen. Eine kleine Inschrift verrät, dass der Pavillon erst vor einigen Jahren mit französischer Unterstützung restauriert wurde. »Nie war der Königspalast schöner als heute«, stellt mein Fremdenführer fest. Schön ist er tatsächlich, auch wenn die Spuren der Verwüstung durch die Roten Khmer noch immer nicht getilgt sind. Eine 600 Meter lange Mauer mit farbigen Motiven hinduistischen Ursprungs wurde von den roten Analphabeten zerstört. Ramponiert und durchlöchert, gemahnt sie an Kambodschas jüngere Vergangenheit.

Von der Terrasse vor dem Thronsaal erhasche ich einen kurzen Blick in die Privatgemächer des Monarchen, die hinter einer Mauer verborgen liegen. Doch weder der König noch seine Halbschwester sind zu entdecken; dafür ist die königliche Garde unübersehbar. »Sihamoni ist ein guter Mensch«, sagt mein Fremdenführer, der ebenfalls den Hals reckt, »doch heutzutage haben die Könige keine Macht mehr…«

In gemächlichem Tempo, wegen der Hitze, verlasse ich die weitläufige Palastanlage. Vor dem Tor, unter einer großen Bougainvillea, sitzen Cyclofahrer, Kokosnussverkäufer und Kartenspieler. Ein kleines Kind schlummert quer über einer rostigen Waage. Ich beuge mich hinunter. Ja, sie ist es. Mit halb geöffnetem Mund, vollkommen reglos, liegt sie auf dem Rücken. Ihr Kopf ruht auf dem harten Asphalt. Wie viele Kilo *sie* wohl auf die Waage bringt? Schwer zu sagen, doch viele werden es nicht sein.

Flacher als Phnom Penh kann eine Stadt eigentlich nicht sein. Doch die abwechslungsreiche Vegetation und einige architektonische Perlen verleihen ihr Lebendigkeit. Die Vegetation – Flammenbäume mit prächtigen roten und gelben Blüten, Guaven mit ihrem verschwenderischen Lavendelduft, Jasmin- und Hibiskussträucher, Zwergkiefern, betörend duftende Frangipani-Bäume, auch Tempelbäume genannt, Palmen und feuerrote Rosengärten. Die Architektur – der Königspalast mit seinem orangefarbenen Dach, Tempel, Pagoden und prächtige Villen. Und mitten in der Stadt – wer hätte das gedacht? – gibt es sogar eine kleine Anhöhe, Wat Phnom.

Wat bedeutet Tempel und Phnom heißt Berg. Der Tempelberg ragt nur 27 Meter empor, doch wenn wir der Legende glauben schenken, entstand die Stadt vor über 600 Jahren genau an dieser Stelle. Damals entdeckte eine Frau namens Don Penh vier Buddhastatuen in einem hohlen Baumstamm, der am Ufer des Mekong an Land gespült worden war. Was sollte sie mit ihnen anfangen? Um ihren Meister zu ehren, beschloss sie, einen Hügel anzuhäufen und darauf einen Tempel zu errichten, in dem die Statuen untergebracht werden sollten. Und so geschah es.

So lange Pol Pot etwas zu sagen hatte, durfte sich niemand Wat Phnom nähern. Wer es dennoch versuchte, wurde erschossen. Nachdem die Revolution zwei Jahre lang gewütet hatte, entschied Pol Pot, den Tempel abzureißen und durch eine gigantische Staue seines Ebenbilds zu ersetzen. Tüchtige Handwerker machten sich ans Werk, doch bevor die Arbeit richtig in Gang kam, wurde Bruder Nummer eins in den Dschungel gejagt. Heute ist Wat Phnom der geografische und geistige Mittelpunkt der Stadt. Am Fuße des Hügels stinkt es nach Urin, doch vom Altar steigen Weihrauchschwaden in die Luft. Gemurmelte Gebete sind zu hören, und wer etwas Sinn für die Geschichte des Tempels hat, der entzündet Räucherstäbchen für Don Penh.

Von hier aus bekommt man ein Gefühl für den architektonischen Zuschnitt der Stadt. Soweit ich das beurteilen kann, hatten die französischen Stadtplaner einen relativ leichten Job. Mit Hilfe eines Lineals wurden schnurgerade Straßen, Avenuen und Boulevards entworfen. Heute tragen viele von ihnen die Namen berühmter Männer, darunter natürlich die ehemaligen Könige des Landes, aber auch Josip Broz Tito, Jawaharlal Nehru und Charles de Gaulle. Aber warum wurde die große Ringstraße südlich und westlich der Stadt nach dem Großen Vorsitzenden Mao benannt? Ganz einfach: ohne Mao kein Pol Pot. Oder wie es Ieng Sary, Pol Pots »Außenminister« vor zwei Jahren formulierte: »Noch das kleinste Wort des Vorsitzenden Mao war uns heilig.« Pol Pot wollte es dem chinesischen Tyrannen gleichtun und sein irdisches Traumreich innerhalb kürzester Zeit realisieren. Aus China strömten nicht nur Waffen, sondern auch Ratgeber ins Land, und zwar zu Tausenden. Viele von ihnen wohnten nur einen Steinwurf vom berüchtigten Richtplatz außerhalb der Stadt entfernt. Ohne auch nur einen Finger zu rühren, wurden sie zu Zeugen, wie Tausende von Menschen hingerichtet und in Massengräbern verscharrt wurden.

Drehe ich den Kopf, sehe ich die stattliche Nationalbibliothek. Maos Rotgardisten vergnügten sich mit Bücherverbrennungen, und dasselbe taten Pol Pots junge Analphabeten. »Der Spaten ist dein Stift, das Reisfeld dein Papier!«, hieß es bei den Roten Khmer; was sollten sie also mit Büchern anfangen? Heute riecht die gelb gestrichene Fassade der Nationalbibliothek nach frischer Farbe, und über dem Eingang prangt der alte Spruch: »Macht ist vorübergehend, das Wort ist ewig.« Der Lesesaal ist voll besetzt, vorwiegend mit ernsten jungen Männern. Hinter einem Schreibtisch sehe ich eine ältere Dame, vermutlich eine Bibliothekarin.

»Wie lange arbeiten Sie schon hier?«, frage ich leise.

»Seit 1974.«

»Seit 1974? Waren Sie auch am 17. April 1975 hier?«

»Warum fragen Sie?«

»Ich bin Schriftsteller. Hätten Sie Zeit, ein wenig mit mir zu plaudern?«

Sie steht auf und bittet mich in einen der Nebenräume.

»Sie sind nicht der Erste, der fragt«, sagt sie. »Aber ich habe nicht die Kraft, um über die Vergangenheit zu sprechen.«

Bevor ich etwas entgegnen kann, bricht sie in Tränen aus. Eine andere Frau eilt herbei und bittet um Entschuldigung für ihre weinende Kollegin. Dann sagt sie heftig: »Manchmal wird es uns einfach zu viel, verstehen Sie?«

Ein wenig erfahre ich doch. An dem Tag, als die Roten Khmer Phnom Penh einnahmen, hatte die Bibliothek geschlossen. Vorsorglich war ein Teil der Bestände in Depots verlagert worden. Dann wurde die Stadt geräumt, und die wenigen Rote-Khmer-Soldaten, die noch blieben, waren nicht in der Lage, alles zu zerstören. Die Nationalbibliothek verwandelte sich in ein Geisterhaus und verfiel langsam, während sich Ratten und Insekten über die ältesten Schriften der Khmer hermachten. Sicher, die Roten Khmer haben enormen Schaden angerichtet, doch am schlimmsten war die Abwesenheit verantwortungsvoller Menschen – die Gleichgültigkeit. »Bücher müssen gepflegt werden wie kleine Kinder«, stellt Chaya, die jüngere der Frauen, fest. »Wenn wir vergessen, uns um sie zu kümmern, dann sterben sie.«

Inzwischen füllen sich die Regale wieder. Wohltätige Spender ergänzen die Bestände, und manches Buch, das zurückkehrt, hat eine abenteuerliche Geschichte hinter sich, überlebte unter einer Fußbodendiele, in einer Felsspalte oder einem hohlen Baumstamm. Wir wandern an den Regalen entlang, die den Geruch alter Weisheit verströmen. Hier und da bleibt Chaya stehen, um mit ihren langen, schlanken Fingern über die Buchrücken zu streichen. Da fällt mein Blick auf einen geschlossenen und mit Metallbolzen verriegelten Bücherschrank. Hinter den Türen ist ein Exemplar des *Ramayana* zu erkennen, eines der ältesten Klassiker des Hinduismus. Wie viel Literatur mag Kambodscha unter Pol Pot hervorgebracht haben? »Keine«, antwortet sie prompt und fügt mit Nachdruck hinzu: »Überhaupt keine.«

Ich setze meinen Rundgang fort und erreiche das Nationalmuseum. Das himmelstrebende Gebäude aus rostrotem Terrakotta wurde vor 100 Jahren erbaut. Hier drinnen, zwischen den schlanken Säulen, liefen die Roten Khmer regelrecht Amok und zerhackten oder zerschlugen die schönsten, teils 2000 Jahre alten Kunstwerke. Einem Buddha auf seinem Sockel wurde der Hals abgeschlagen. Und heute? Reproduktionen und Schenkungen, teils aus dem Ausland, haben das Museum wieder zum Leben erweckt. Die Statue von Vishnu, einem der großen Götter des Hinduismus, stammt aus dem siebten Jahrhundert und strahlt mit ihren acht Armen eine enorme Tatkraft aus.

In gewisser Weise hat Pol Pots Kambodscha Maos China kopiert. Jahrelang zogen Maos Rotgardisten mit Brechstangen und Vorschlaghammern von Ort zu Ort. Einige hatten sogar Dynamit dabei. Weg mit der Vergangenheit! Vieles wurde zerstört, doch alle Spuren menschlichen Schaffens aus mehreren Jahrtausenden zu vernichten, ist unmöglich.

Vom Nationalmuseum schlendere ich zum Buddhistischen Institut, Wat Ounalom, hinüber, das 1443 gegründet wurde. Hier wohnt der Oberste Patriarch mit seinen Mitarbeitern sowie etwa 100 Mönche. Als ich durch das Tor gehe, haben die Mönche ihr Morgengebet schon beendet. Gemächlich, wie ein orangefarbener Fluss, ergießen sie sich aus dem Gebetssaal. Einer von ihnen, ein älterer Mönch, nimmt sich meiner an. Während er mich herumführt, erfahre ich, dass im Tempel 500 Mönche lebten, als er 1975 von den Roten Khmer gestürmt wurde. Viele von ihnen, auch der Oberste Patriarch Huot Tat, wurden damals getötet. Die blindwütigen jungen Soldaten liefen von Saal zu Saal und zerstörten alles, was sich zerstören ließ. Die unersetzbare Tempelbibliothek, rund 30 000 Bände, wurde in den Mekong geworfen, desgleichen eine Statue des damaligen Patriarchen.

»Doch schauen Sie, jetzt steht sie wieder hier. Wir haben sie 1979 aus dem Mekong gefischt.«

Die Messingsausgabe des Patriarchen hat inzwischen ihren festen Platz in der ersten Etage.

Der Buddhismus kam vor über einem Jahrtausend nach Kambodscha. Lange Zeit wurde der Mahayana-Buddhismus, die Nördliche Schule, praktiziert, bevor sie im dreizehnten Jahrhundert vom Theravada-Buddhismus, der Südlichen Schule, ersetzt wurde. Zu Beginn des Jahres 1970 verteilten sich 65000 Mönche und Novizen auf insgesamt 3000 Tempel. Zehn Jahre später waren die meisten Tempel dem Erdboden gleichgemacht. Tausende von Mönchen, vor allem die ältesten und am besten ausgebildeten, wurden massakriert. Von den jüngeren hingegen haben mehr überlebt. Angkar betrachtete sie als nützliche Arbeitskräfte. Doch bevor sie sich der Feldarbeit widmeten, mussten sie ihr Mönchsgewand ausziehen und Bruder Nummer eins, dem höchsten aller Wesen, ihre Treue schwören.

Höher kann die Sonne nicht steigen. Als die letzten Schatten verschwunden sind, haben sich die Mönche in die kühlen Säle des Wat Ounalom zurückgezogen. Was nun?

»Zum Kasino«, schlägt der Taxifahrer vor, der lange hinter seinem Lenkrad gedöst hat. Wo Armut ist, ist Korruption; wo Korruption ist, ist Begierde; und wo Begierde ist, ist oft ein Kasino. Vor zehn Jahren gab es in Phnom Penh 65 kleine und größere Kasinos. Große Summen standen auf dem Spiel, und nicht selten kam es zu Schusswechseln und Entführungen. Schließlich hatte der Ministerpräsident genug. Nur eine einzige Spielbank, das Naga Hotel Floating Casino, durfte seinen Betrieb aufrechterhalten. Heute sind die Einarmigen Banditen und Roulettetische aufs Land gezogen.

»Wir wollen die größte Touristenattraktion nach Angkor Wat werden!«, erklärte der chinesische Bauherr bei der Grundsteinlegung. »Jetzt, da Angkor immer bekannter wird, darf Phnom Penh nicht vergessen werden.«

Das Kasinohotel hat 750 Zimmer, und es mangelt auch nicht an Suiten, VIP-Räumen, Konferenzräumen, Geschäften und Restaurants. Die Architekten hatten zuvor bereits das Sun City in Südafrika und das pittoreske Venetian Hotel & Casino in Las Vegas entworfen. In Kambodscha hielten es die Eigentümer offenbar für notwendig, eine große Tafel vor dem Eingang zu befestigen: »Das Mitbringen von Messern, Schlag- und Schusswaffen ist verboten!« Die Aufseher, die mich wortlos filzen, finden nichts dergleichen und lassen mich passieren. Ich betrete einen burgunderroten Teppich, der von mehreren hundert Leuten bevölkert wird. »Entschuldigen Sie die Enge«, raunt mir einer der Angestellten zu, »aber das Kasinoflugzeug ist gerade eben gelandet.«

»Kasinoflugzeug?«

»Ja, das Kasinoflugzeug aus China.«

Das Flugzeug aus der chinesischen Großstadt Kunming ist erst vor zehn Minuten gelandet; die Flugzeit nach Phnom Penh beträgt nur eine Stunde und fünfzig Minuten.

»Das Kasinoflugzeug landet jeden Freitagmorgen, und immer ist es ausgebucht. Die Chinesen sind große Spieler, außerdem haben sie genügend Geld. Schauen Sie nur da drüben, der spielt an drei Automaten gleichzeitig.«

Ich habe mich entschieden, zehn Dollar auf dem Altar der Spannung zu opfern.

»Einen Moment«, sagt der Angestellte. »Ich werde einen freien Banditen für Sie finden.«

Er eilt hierhin und dorthin, doch alle Banditen sind besetzt. Vielarmige Chinesen haben alles in Beschlag genommen, was blinkt. Ein wenig kurzatmig zieht er mich in eine Ecke und sagt: »Heute Abend und morgen früh kommen noch mehr Chinesen. Vor Sonntag fliegt keiner von denen nach Hause. An Ihrer Stelle würde ich Montag wiederkommen.«

Auf diese Weise spare ich zehn Dollar.

Das Leben ist ein Kampf.
Wer kämpft, überlebt.
VICTOR HUGO, LES MISÉRABLES

Wer kämpft, überlebt

Letzte Nacht habe ich schlecht geschlafen. Eine verzweifelte Frau hat mich wach gehalten.

Die Probleme beginnen oft im Kleinen. Gestern Abend musste ich aus meiner Suite evakuiert werden; einer der Pagen murmelte etwas von einem Wasserschaden. Von meinem neuen Zimmer aus, das sich eine Etage tiefer befindet, blickte ich in einen schummrigen Hinterhof, in dem ein räudiger Hund sofort die Zähne fletschte, sobald ich das knarrende Fenster öffnete. Diesen Hinterhof verbindet eine enge Passage mit der königlichen Rasenfläche, doch ist sie so schmal, dass nur Magersüchtige sich hindurchzwängen können. An ihrem Ende sah ich – wie eine vage Hoffnung – einen schwachen Lichtschein, womöglich von einer Straßenlaterne.

Gegen Mitternacht begann der Hund wieder zu bellen – ein scharfes, erregtes Kläffen, das meine Trommelfelle wie Messer durchschnitt. Als das Bellen endlich verstummte, schlief ich sofort ein, um wenig später von besagter Frau geweckt zu werden. Dort unten, in einer schwarzen, eingeschlossenen Welt, stand sie und führte Selbstgespräche, zunächst leise, dann immer lauter. Lange Zeit schien sie im Kreis zu gehen, wie ein Gefangener im Gefängnishof. Hin und wieder schlug sie mit den Händen gegen eine unsichtbare Klagemauer. Dann, als hätte sie plötzlich die schmale Passage entdeckt, schrie sie auf und lief hindurch, dem Licht entgegen. Der Schrei erzeugte ein unheimliches Echo, das erst langsam verklang.

Heute Morgen klagte ich dem Mann an der Rezeption mein Leid.

»Ich weiß, sie ist ein altes Problem«, entgegnete er höflich. »Wir können daran nichts ändern.«

»Wie lange macht sie das schon?«

»Solange wir denken können. Ihr Mann wurde von der Santebal hingerichtet. Seitdem ist sie untröstlich.«

Ich folge dem Duft einer tropischen Frühlingspflanze, einem *Hibiscus tiliaceus*, passiere fliegende Händler und Fahrradreparateure, eine Gruppe Bananenstauden, einen Mopedverkäufer und mehrere schlafende Hunde. An der 278. Straße biege ich nach links ab. Das Haus der Santebal liegt an der Kreuzung 330./331. Straße, man muss nur lange genug geradeaus gehen. Auf der Karte ist diese Stelle mit dem Namen Tuol Sleng markiert.

»Tuol Sleng?«, frage ich einen Passanten.

»Gehen Sie einfach weiter, bis zu den Wasserverkäufern.«

In der Ferne sehe ich einige Männer, die unter einem hellblauen Sonnenschirm vor sich hin dösen. Das müssen die Wasserverkäufer sein. Die Plastikflaschen sind an der hohen Mauer zu einem Berg aufgestapelt. Es bedarf vieler Wasserflaschen, am besten eiskalter, um sich den schrecklichen Bildern zu stellen, die einen in der Folterkammer der Roten Khmer, dem heutigen Museum, erwarten. Manche Besucher sind beim Anblick der Gefangenenporträts, der Zellen und Folterwerkzeuge schon in Ohnmacht gefallen, und ebenso viele kommen weinend aus dem Museum heraus.

Eine etwa 60-jährige Frau namens Sitha führt mich herum. Sie trägt einen weinroten Sarong und eine weiße Baumwollbluse mit Spitzenkragen. Ihr schwarzes, zurückgestrichenes Haar endet in einem dicken Knoten. An den Füßen trägt sie Gummisandalen aus China. Mit leiser, fast flüsternder Stimme, als fürchte sie ihren Arbeitsplatz, bittet sie mich, ihr zu folgen. Vor uns liegt Tuol Sleng, in der paranoiden Geheimsprache der Roten Khmer auch S-21 genannt. S stand für Sala oder Saal, während 21 die Kodenummer für Santebal war, die Geheimpolizei des Regimes.

Die Santebal war eine gefürchtete Organisation, die an dieser Stelle, hinter hohen Mauern, ihr Hauptquartier hatte. Einst drang Kindergesang aus den offenen Fenstern, weil hier fast 1000 Kinder zur Schule gingen. Doch dann wurden die Kinder fortgejagt und sämtliche Zeugen aus der Nachbarschaft entfernt. Niemand sollte wissen, was hier vor sich ging. Nachdem die Folterwerkzeuge an ihrem Platz und die Klassenzimmer in zahllose winzige Zellen unterteilt worden waren, wurden die ersten von insgesamt 15000 Opfern inhaftiert. Nur sieben überlebten. An ihrem allerletzten Dienstag, dem 7. Januar 1979, richtete die Santebal die vierzehn verbliebenen Gefangenen hin.

»Sie ruhen hier«, sagt Sitha.

Wir bleiben vor vierzehn weiß gekalkten Grabsäulen stehen, die sich auf einem Fleckchen Erde vor einem der Gebäude befinden.

»Wer waren sie?«

»Die unglücklichsten Männer der Welt.«

Die Brise, die vom Mekong herüberweht, rauscht leise in den Palmen. Die Häuser hinter den grünen Baumkronen sind groß. Wir beginnen bei Block A, dem ersten vor vier Gebäuden. Jeder der zehn Räume im ersten Stock wurde zum Verhör »wichtiger Gefangener« benutzt. Das Geständnis zu verweigern, war zwecklos. Wer hier eingesperrt wurde, musste schuldig sein, denn die Organisation war unfehlbar. Vor uns steht ein rostiges Eisenbett. Die Fußketten, die auf der Matratze liegen, sehen so massiv aus, als seien sie Teil eines Schiffsankers gewesen, und die spitzen Folterwerkzeuge aus Eisen scheinen direkt aus der Hölle zu stammen.

»Dieser Mann wurde beschuldigt, der CIA und dem KGB anzugehören«, sagt Sitha mit leiser Stimme.

»Der CIA und dem KGB zur selben Zeit?«

»Ja.«

Jemand der Mitgliedschaft beim KGB und/oder der CIA anzuklagen, sei nichts Ungewöhnliches gewesen, erzählt Sitha, denn sowohl die Anklage als auch das Urteil wurden als Formalität betrachtet. »CIA« oder »KGB« waren nur Chiffren für den allgegenwärtigen Feind. Am schwerwiegendsten jedoch war die Anklage, ein vietnamesischer Agent zu sein. Vietnam galt als Erbfeind, und nachdem sich Pol Pot mit den vietnamesischen Kommunisten überworfen hatte, sah er überall vietnamesische Agenten. Im S-21 wurden viele Gefangene gezwungen, vor dem Porträt von Ho Chi Minh niederzuknien, der zu diesem Zweck den Körper eines Hundes bekommen hatte. »Siehst du, du hast vor dem Hund Ho Chi Minh gekniet! Das beweist, dass du ein vietnamesischer Agent bist!«

Seltsamerweise sind Diktatoren oft sehr gewissenhaft, wenn es darum geht, die eigenen Verbrechen zu dokumentieren. Pol Pot war in dieser Beziehung keine Ausnahme. Jeder Gefangene des S-21 wurde fotografiert. Die angstvollen Blicke der Männer, Frauen und Kinder kann man heute im Museum betrachten. Sitha zieht mich in eine Ecke, um mir das Foto von Chan Kim Srun mit ihrem neugeborenen Sohn zu zeigen. Resigniert sitzt sie da, das Baby auf dem Arm. Die meisten Männer haben geschwollene Gesichter und verklebte Augen.

Schweigend bewegen wir uns von Bild zu Bild, auch Sitha spricht lange kein Wort. »Nach vierzehn Jahren kenne ich jedes einzelne Gesicht«, flüstert sie. Dann erreichen wir die Klassenzimmer, die in eine monotone Abfolge winziger Gefangenenlöcher verwandelt wurden. Ich beginne mich nach frischer Luft zu sehnen, doch Sitha hat noch mehr zu bieten, eine Ausstellung mit Bildern, die das Leben im S-21 zeigen. Die Bilder treiben einem Tränen in die Augen – wer mag sie gemalt haben?

»Vann Nath«, antwortet Sitha. »Er ist einer der wenigen Überlebenden von S-21. Als freier Mann begann er das zu malen, was er erlebt hatte.«

In Block C gibt es einen Dokumentarfilm über das brutale Vorgehen der Roten Khmer zu sehen, doch ich kann nicht mehr. Und das unmittelbar vor den Toren der Stadt gelegene Choeung Ek zu besuchen, verlockt ebenso wenig. Dorthin wurden die Gefangenen transportiert, um brutal ermordet und in ein Massengrab geworfen zu werden. Noch immer liegen dort ihre Knochen und Schädel. Auch dies ist heute ein Museum.

Wer war nur in der Lage, all diese Grausamkeiten zu begehen, an 1364 Tagen nacheinander?

»Kinder und Jugendliche«, antwortet Sitha.

Wie in China, so in Kambodscha. Auch Mao sah in Kindern ein großes Potenzial. Sie waren wie unbeschriebene Blätter, leicht zu formen, problemlos zu steuern. So entstanden die Rotgardisten, eine Armee der Gewalt, die Millionen und Abermillionen Rebellen in sich vereinigte. In Kambodscha schlossen sich Tausende armer Jungen den Roten Khmer an, noch ehe sie in die Pubertät kamen. Nhem En war erst zehn Jahre alt, als man ihm ein Holzgewehr in die Hand drückte. Als Sechzehnjähriger wurde er zum Fotografen des S-21 befördert. David Chandler formuliert es folgendermaßen: »Die Organisation war für sie Mutter und Vater.« Viele Jahre später, in Ruanda, waren es wieder die Kinder, die unfassbare Gewalttaten verübten. Der Psychiater Richard Mollica, der die Hutukrieger aus nächster Nähe studieren konnte, stellt fest: »Junge Männer sind am gefährlichsten, weil sie am ehesten für Autoritäten empfänglich sind und sich nach Anerkennung sehnen.«

Wir sind am Ende unseres Rundgangs angelangt. Ich bedanke mich und frage Sitha, wie sie das Wüten der Roten Khmer erlebt hat.

Sie versucht zu antworten, bringt jedoch kaum ein Wort über die Lippen.

»Entschuldigung«, flüstert sie, »ich habe meinen Mann verloren.«

»Ihren Mann?«

»Das Bild von ihm hängt dort drinnen an der Wand.«

Junge Mörder. Doch es waren Erwachsene, die sie dirigierten und überwachten. Kang Khek Leu war 34 Jahre alt, als er 1976 zum Gefängnisdirektor ernannt wurde. Er entstammte einer armen Familie, doch schon in der Schule war der Junge durch seine besondere Begabung aufgefallen. Seine Nase steckte immer in irgendeinem Buch, erzählte die Mutter der *Phnom Penh Post*. Vor allem in Mathematik stach er heraus, und sein Abschlusszeugnis 1959 war das zweitbeste im ganzen Land.

Einige Jahre arbeitete er als Lehrer, bevor er im Herbst 1968 spurlos verschwand. Kang war nun verantwortlich für die Sicherheit in einer »befreiten Zone« außerhalb von Phnom Penh und hatte sich den Namen Duch zugelegt. Als die Roten Khmer die Macht ergriffen, war Pol Pot längst auf ihn aufmerksam geworden. Als Gefängnisdirektor gab er sein Bestes. Im Lauf weniger Monate stieg die Anzahl der Gefangenen von 300 auf 1500, und die von ihm erdachten Regeln sind nach wie vor an der Wand zu lesen. Regel Nummer eins: »Du sollst meine Fragen klar beantworten. Keine Ausreden!« Regel Nummer zehn: »Wer die Regeln missachtet, bekommt zehn Hiebe oder fünf Behandlungen mit Elektroschock.«

Die Zeit ist wie ein Rad. Es dreht sich unaufhörlich, bis man am Ende so müde ist, dass man nicht einmal mehr die Schreie der Sterbenden wahrnimmt. Doch am 7. Januar 1979 erwacht Duch durch ein ungewöhnliches Dröhnen und Krachen. Helle Lichter zucken im Norden und Osten über den Himmel. Vietnamesische Truppen nehmen bereits die Stadt ein. Die Schlacht ist verloren. Er ruft nach den Gefängniswärtern, aber die sind schon über alle Berge. Im S-21 ist es stiller als je zuvor, nur einige halb erstickte Schreie sind zu hören.

Während die Sonne über dem Mekong aufgeht, eilt er durch die Korridore, findet einen Benzinkanister und lässt das Archiv in Flammen aufgehen, doch damit ist seine Arbeit noch nicht beendet.

Er läuft in das Gebäude von Block B. Dort liegen die letzten Gefangenen und jammern vor sich hin, im Widerspruch zu Angkars Regeln und Gesetzen. Erneut macht er Gebrauch von seinem Benzinkanister und steckt alles in Brand. Danach ist es still. Duch hat sein Werk vollendet.

Zwei Monate später schlägt er sein Lager in den südwestlich gelegenen Kardamombergen auf. In den nächsten siebzehn Jahren lebt er ein einsames Leben unter Malariamücken und einigen desperaten Brüdern im Geiste. Erst 1995, nachdem seine Frau durch eine interne Rote-Khmer-Fehde getötet worden war, gibt er sein Versteck in den Bergen auf. Er würde gern unterrichten und bewirbt sich in Samlot, einer nahe gelegenen Kleinstadt.

»Wie heißen Sie?«, fragt der Leiter der regionalen Schulbehörde.

»Ich heiße Hong Pin. Bevor die Roten Khmer an die Macht kamen, war ich Lehrer. Mein größter Wunsch ist es, wieder in meinen alten Beruf zurückzukehren.«

Hong Pin bekommt einen Job und lernt kurz darauf Daniel Walter kennen, einen amerikanischen Missionar der Adventisten. Der ehemalige Folterer lässt sich bekehren und noch vor Jahresfrist taufen. »Jesus hat mich gerettet«, sagt er, und Daniel Walter ist froh, einen neuen Soldaten für Gottes Heer rekrutiert zu haben. In seiner Freizeit beginnt Hong Pin, die frohe Botschaft zu verbreiten. Er tut es mit Engagement und großer Überzeugungskraft. Doch dann druckt eine Lokalzeitung ein altes Foto von Duch ab und enttarnt ihn als einen der Massenmörder des alten Regimes. »Ist das nicht Hong Pin?«, fragt überrascht ein Angestellter der Schulbehörde. Die Kollegen strömen zusammen und sind sich einig: Kein Zweifel, das muss Hong Pin sein!

Nur wenige Tage später stattet ihm Nate Thayer, ein Journalist der *Far Eastern Economic Review*, einen Besuch ab.

»Entschuldigung, aber sind Sie Duch?«

»Ja, ich bin Duch.«

Thayer hat einen ganzen Stoß von Papieren mitgebracht. Es sind Todesurteile, unterschrieben vom Direktor des S-21.

»Ist das Ihre Unterschrift?«

»Ja.«

Wo ist Duch heute?

Nicht im Himmel, sondern im Gefängnis von Phnom Penh. Unmittelbar nach Thayers Besuch wurde er inhaftiert. Die Gefangennahme geschah völlig undramatisch. Duch leistete keinen Widerstand, bat jedoch darum, seine Bibel mitnehmen zu dürfen. Inzwischen sitzt er das fünfte Jahr hinter Schloss und Riegel. Niemand darf ihn besuchen, nicht einmal seine Eltern, und als seine Schwester kürzlich im Gefängnis vorstellig wurde, bemühte sie sich drei Tage lang vergeblich um eine Besuchserlaubnis. Doch wann wird das Urteil gesprochen werden?

Duch ist der Verbrechen gegen die Menschlichkeit angeklagt, aber das Tribunal, das ihn verurteilen soll, existiert nur auf dem Papier. Es ist unfassbar. 30 Jahre nach dem riesigen Blutbad befinden sich viele der Mörder auf freiem Fuß und erfreuen sich angenehmster Lebensumstände. Manche wohnen in vornehmen Villen, umrahmt von Palmen und Bougainvillea. »Ich habe niemals auch nur eine Träne vergossen oder eine Nacht schlecht geschlafen«, sagt Nuon Chea, einer von Pol Pots Handlangern. Khieu Samphan, der allzeit lächelnde Staatspräsident des Terrorregimes, hat versucht, sich in Buchform reinzuwaschen. Beide genießen ihren Lebensabend in Pailin, einer Kleinstadt nahe der thailändischen Grenze, während Ieng Sary, der frühere Außenminister, sich abwechselnd in seinen beiden Prunkvillen aufhält, die in Pnom Penh und Bangkok stehen.

Als das Dritte Reich 1945 unterging, wurden seine Verbrecher vor Gericht gestellt und manche von ihnen zum Tode verurteilt. Die Nürnberger Prozesse begannen am 20. November 1945 und endeten am 1. Oktober 1946. Die Mörder auf dem Balkan müssen sich vor dem Kriegsverbrechertribunal in Den Haag verantworten. Doch das kambodschanische Volk, eines der ärmsten Asiens, wartet weiterhin auf Gerechtigkeit, während immer mehr Hauptverantwortliche der Roten Khmer sich ihrem Urteil auf natürliche Weise entziehen.

Pol Pot, der allmächtige Bruder Nummer eins, starb 1998. »Lasst uns ein großes Loch ausheben und die Vergangenheit begraben«, sagte Ministerpräsident Hun Sen, als er die Todesnachricht erhielt.

Und dennoch: 2001 erließen die Volksvertreter Kambodschas ein Gesetz, auf dessen Grundlage die Hauptakteure der Roten Khmer vor Gericht gestellt werden sollten. Die Gesetzgeber baten die internationale Gemeinschaft um Hilfe, und 2003 nahm die UN-Vollversammlung eine Resolution an, die die Prinzipien für eine gerichtliche Verfolgung festlegte. Dem Gericht sollten sowohl kambodschanische als auch ausländische Mitglieder angehören. Als Höchststrafe wurde eine lebenslängliche Haft festgelegt. Nach spätestens drei Jahren sollten alle Prozesse beendet sein. Doch nach wie vor steht die Umsetzung dieser Resolution in den Sternen. Nichts geschieht.

Youk Chhang hingegen fühlt sich alles andere als frei.

Wir treffen uns in seinem Büro. Der Leiter des kambodschanischen Dokumentationszentrums sitzt hinter Bergen von Papier: 200 000 Seiten, die Übergriffe, Folter und Mord dokumentieren. »Solange die Mörder auf freiem Fuß sind, fühle ich mich eingesperrt und bedrückt. Nur wenn wir sie rechtskräftig verurteilen und ihrer gerechten Strafe zuführen, können wir einen Schlussstrich unter die Vergangenheit ziehen und neu beginnen.«

Wohl kaum jemand hat sich intensiver um eine juristische Aufarbeitung bemüht als Youk Chhang. Wie so viele andere hat er durch die Roten Khmer mehrere nahe Familienmitglieder verloren.

»Es ist unerträglich. Überall begegnen wir Verbrechern, die nach wie vor auf freiem Fuß sind.«

»Warum geschieht nichts?«

»Weil etwas mit uns nicht stimmt. Mit den Politikern, den religiösen Führern, unserer Kultur, ja mit dem ganzen Land. Wir lassen das meiste einfach treiben.«

Es ist ein Tabu, aber auch eine Tatsache, dass viele, die in Kambodscha heute das Sagen haben, einst Mitglieder der Roten Khmer waren. Ministerpräsident Hun Sen ist nur ein Beispiel. Drei Jahre lang, ehe er desertierte, war er Militärkommandant im Osten des Landes. Ein Kapitel, über das er sich verständlicherweise in Schweigen hüllt. Doch was sagen die religiösen Führer zu dieser schreienden Ungerechtigkeit?

In Wat Lanka sitzt der ehrwürdige Yos Hut Khemacaro im ovalen Tempelgarten hinter einem steinernen Tisch.

»Natürlich ...«, sagt er und zieht das Wort in die Länge, »müssen wir dieses dunkle Kapitel auf eine würdige Art und Weise abschließen. Aber wie? Wir müssen das Geschehene ergründen, doch geht es mir nicht so sehr darum, jemanden zu bestrafen. Als Buddhist bin ich ein Gegner der bösen Tat, nicht der Person, die sie begeht. Menschen, die Fehler machen, werden im nächsten Leben dafür bestraft werden. Sie wissen vielleicht, dass viele ehemalige Mitglieder der Roten Khmer in Pailin wohnen. Doch mental gesehen leben sie in der Hölle und werden als geringe Wesen wiedergeboren werden. Ist das nicht Strafe genug?«

Die kambodschanischen Buddhisten teilen sich in zwei Hauptrichtungen. Als Führer des Dhammaduta-Ordens ist Yos Hut Khemacaro eine der wichtigsten religiösen Persönlichkeiten des Landes. Millionen von Gläubigen lauschen seinem Wort. Vielleicht habe ich ihn nur missverstanden, doch während ich hier unter dem großen Orangenbaum sitze, denke ich mir, dass er es mit der Vergebung ein wenig übertreibt.

Im Buddhismus spielt der Begriff des *khanti*, den man mit »Geduld« übersetzen kann, eine wichtige Rolle. Böses wird nicht mit Bösem vergolten, sondern gleichmütig hingenommen. So kann *kanthi*, praktiziert in seiner reinsten Form, dazu führen, dass offenkundige Gegensätze unter den Teppich gekehrt werden. Doch auch in Kambodscha kommt es manchmal zum eruptiven Ausbruch aufgestauter Gefühle. In der Geschichte des Landes finden sich lange Perioden, die anscheinend von großer Harmonie geprägt wurden. Die besten Jahre unter Sihanouk werden als solch eine Periode betrachtet. Aber dann kam es zur Explosion.

»Doch, wir brauchen eine gerichtliche Verfolgung der Straftaten«, sagt Chim Sotheara, den ich am Ende eines Krankenhauskorridors aufspüre. Als Psychiater weiß er, wovon ich rede. Hunderttausende, wenn nicht Millionen von Kambodschanern müssen mit einer traumatischen Vergangenheit fertig werden; eine gerichtliche Aufarbeitung würde vielen von ihnen helfen. Die Zahlen im Aktenordner können nicht lügen: Mindestens drei Viertel derer, die das Terrorregime der Roten Khmer selbst erlebt haben, leiden noch heute unter psychischen Problemen. Dasselbe gilt für ihre Nachkommen, ihre Kinder und Kindeskinder, die ohne ein funktionierendes soziales Netz aufwuchsen und weitgehend auf Sicherheit, Liebe und Förderung verzichten mussten.

»Dennoch gibt es im ganzen Land keine einzige psychiatrische Klinik«, klagt Sotheara. »Und fast keine Psychiater!«

Als Kind träumte er davon, Architekt oder Bauingenieur zu werden. Doch dann kamen die Roten Khmer. Als der Albtraum vorbei war, konnte er kaum noch laufen vor Erschöpfung. 1993 bekam er einen Job als Hilfspfleger in einer Klinik nahe der thailändischen Grenze. Eine der Patientinnen folgte ihm dort auf Schritt und Tritt. Sie lächelte verloren und gab hin und wieder merkwürdige Laute von sich. Am liebsten hätte er ihr gesagt, sie solle ihn in Ruhe lassen. Doch wusste er, dass sie krank war und Hilfe brauchte. »Da begriff ich, dass es mir an Kenntnissen mangelte. Keiner von uns wusste, was zu tun war.«

Im Jahr darauf bekam er einen Job an einem anderen Krankenhaus. Dort wurde er Zeuge, wie sich ein Patient das Leben nahm. Andere Patienten waren drauf und dran, es ihm gleichzutun. »Da sagte ich zu mir selbst: Chim, du musst dich zum Psychiater ausbilden lassen.«

Inzwischen leitet er das landesweit tätige Community Mental Health Program of Cambodia, das 1995 in bescheidenem Maßstab gegründet wurde. Seitdem haben Chim Sotheara und seine Kollegen vielen Menschen zu einem besseren Leben verholfen.

»Aber die meisten entscheiden sich dafür, ihre Probleme für sich zu behalten. Auf dem Land herrscht immer noch die weit verbreitete Auffassung, dass psychisch Kranke von bösen Geistern besessen oder von ihren Vorfahren verflucht seien. Darum werden sie im Haus gehalten. Selbst hier in der Großstadt stößt man auf solche Vorstellungen. Doch immer wieder wird einem bewusst, dass die Menschen traumatische Erfahrungen gemacht haben. Es passiert, dass man mitten in der Nacht von einem Schrei geweckt wird und seinen verrückten Nachbarn nackt über die Straße laufen sieht. Man beobachtet, wie jemand aus dem vierten Stock springt und auf dem Asphalt aufschlägt oder sich vor ein Auto oder einen Zug wirft. Man liest von verzweifelten Menschen, die sich mit Tabletten oder tödlichen Pflanzen das Leben nehmen. Die Leute halten es einfach nicht mehr aus.«

»Könnten sie gerettet werden?«

»Ja«, antwortet er. »Doch in Kambodscha fehlt es an Psychiatern.«

»Wie viele gibt es?«

»Nur 26.«

Ich finde keinen Schlaf. Im dunklen Hinterhof des Hotels läuft die kranke Frau immer noch hin und her. Manchmal stößt sie merkwürdige erstickte Laute aus, als würde sie jemand würgen.

Ich versuche mich in die Lektüre eines Buchs zu flüchten, das ich gestern gekauft habe. »Dieses Buch ist all jenen gewidmet, die ihr Leben im S-21 verloren haben«, schreibt der Autor. Er selbst ist einer der Überlebenden. Vann Nath, der dem Tod von der Schippe sprang, treibt mich von einem Kapitel zum nächsten, ehe ich mich bei Tagesanbruch frage, ob er wohl noch am Leben sein mag. Jagt vielleicht auch er ziellos durch irgendeinen Hinterhof und stößt gequälte Laute aus, oder ist er womöglich in so guter Verfassung, um einen reisenden Autor zu empfangen?

Wenige Tage später habe ich seine Spur aufgenommen. »Er scheint zwar krank zu sein«, meint Keo, mein Dolmetscher, »doch nicht so krank, dass er keinen Besuch empfangen könnte.« Keo holt mich in seinem hellgrauen Peugeot, Baujahr '88, ab. Unterwegs erzählt er mir, dass auch er unter den Roten Khmer gelitten habe. Als Kambodscha 1970 im Bürgerkrieg versank, war er sieben Jahre alt; als sie die Macht ergriffen, zwölf; und 1979, als der Albtraum ein Ende fand, war er sechzehn.

»Erst mit achtzehn konnte ich in die erste Klasse gehen«, sagt er traurig.

Dennoch spricht er heute Englisch und Französisch.

Am Bahnhof biegt Keo scharf ab und folgt einer breiten Straße in südliche Richtung. Ein paar Minuten später halten wir vor dem Orchidee Restaurant. Es wirkt geschlossen, und auch das eiserne Tor nebenan ist von innen verriegelt. Als Keo vorsichtig daran rüttelt, beginnen zwei Hunde zu bellen. Eine junge Frau eilt herbei und sperrt auf. Wir werden in einen dunklen Raum geführt, in dem ein Säugling in einer Hängematte schläft. In einer Ecke stehen mehrere Staffeleien mit Gemälden. Die fertigen tragen den Schriftzug des Malers: Vann Nath. Vor einem der Bilder, das offenbar eines der schwimmenden Dörfer auf dem Tonle Sap darstellt, steht ein Teebecher voller Pinsel. In der Mitte des Zimmers befinden sich ein Tisch und vier Stühle.

»Setzen Sie sich«, sagt die Frau. »Vann Nath kommt gleich.«

Im nächsten Augenblick tritt er lautlos durch einen Vorhang. Für einen Kambodschaner ist Vann Nath ziemlich groß gewachsen. Doch sein Körper ist mager und sein Haar schneeweiß. Der Maler, der den Tod besiegte, bleibt stehen und hebt die aneinandergelegten Hände zum Gruß. Sein vages Lächeln scheint einem erschöpften Mann zu gehören. »Entschuldigen Sie«, flüstert er, »aber ich bin nicht ganz auf der Höhe.«

Im Schatten der überdachten Terrasse nehmen wir Platz, während die Frau unsere Tassen mit Tee füllt. Vann Nath hat ein großes und ebenmäßiges Gesicht; er ist ein gut aussehender Mann. Doch sein Blick ist von Melancholie getrübt, und seine buschigen Augenbrauen stehen wie graue Dächer über seinen Lidern.

»Was fehlt Ihnen?«, erkundigt sich Keo.

»Mein Blutdruck ist zu hoch, und die eine Niere will auch nicht mehr. Vor einem halben Jahr habe ich noch 75 Kilo gewogen, jetzt wiege ich 61. Ich habe keinen Hunger mehr und döse die meiste Zeit vor mich hin.«

»Nehmen Sie Medikamente?«

»Ja, morgens und abends.«

»Wie alt sind Sie jetzt?«, fragt Keo weiter.

»58. Und Sie?«, fragt er, an mich gewandt.

»56.«

»Nur zwei Jahre Unterschied, aber ich bin alt und Sie sind jung.«

Er lächelt resigniert. Langsam beginnt er zu erzählen.

»Als ich sieben oder acht Jahre alt war, fasste ich den Entschluss, Maler zu werden. Auf dem Schulweg in meiner Heimatstadt Battambang blieb ich oft vor einem Atelier stehen und betrachtete die schweigenden Männer, die die schönsten Bilder malten. Manchmal kam ich zu spät zur ersten Stunde, weil ich mich vollkommen in Gedanken verloren hatte. Doch nach der Schule bin ich dann erst mal Mönch geworden.«

»Warum?«, frage ich.

»Weil das alle von mir erwartet haben. Und stellen Sie sich vor – es hat mir so gut gefallen, dass ich drei Jahre im Kloster geblieben bin.«

Danach hat er sich dann aber doch zum Maler ausbilden lassen und 1969, gemeinsam mit einigen Kollegen, eine Werkstatt eröffnet.

»Was haben Sie gemalt?«

»Kinoplakate, Privatporträts und riesige Bilder von König Sihanouk.«

Vann Nath reckt lächelnd die Arme in die Luft. »Die Porträts waren sechs Meter hoch und vier Meter breit, und als das königliche Gefolge in Battambang Einzug hielt, standen die Bilder an jeder Straßenkreuzung.«

1970 wurde der König abgesetzt. General Lon Nol ergriff die Macht, und die Roten Khmer mobilisierten die Bauern für den »totalen Krieg«. Fünf Jahre später hatte die Guerilla gesiegt. In Battambang, so wie in anderen Städten, wurde das Volk auf die Dörfer gejagt. In all dem Chaos wurde Vann Nath von seinen Nächsten getrennt, von seiner Frau, seinen Söhnen im Alter von einem und fünf Jahren, seinen Eltern, Schwiegereltern, Tanten und Onkeln – von seiner gesamten Familie. Als die Dämmerung einsetzte, lag die Stadt einsam und verlassen da. Ihre Einwohner waren wie aufgeschreckte Hühner in alle Richtungen geflohen.

»In den nächsten Tagen irrte ich orientierungslos umher«, berichtet er.

In einem der Dörfer wurde er gezwungen, der Kooperative Nummer fünf beizutreten.

»Am Anfang standen wir wie Sardinen in der Büchse auf dem großen Versammlungsplatz. Zwei Jahre später war Platz genug, und wir Überlebenden sahen aus wie lebendige Leichen. Die Beerdigung der Toten war unsagbar traurig! Keine Särge, keine Mönche, keine Gebete – gar nichts. Die meisten wurden in alte Reissäcke gesteckt und in die Grube geworfen wie tote Hunde. Die hingerichtet wurden, landeten in einem Massengrab, das ein Stück entfernt im Wald lag.«

»Und dann wurden Sie festgenommen?«

»Ja, am 29. Dezember 1977. Ein alter Bekannter kam zu mir und sagte: ›Hände hoch!‹ – ›Warum?‹, fragte ich. ›Ich weiß es nicht‹, antwortete er. ›Ich führe nur einen Befehl aus.‹ Am nächsten Tag stand ich Angkars Ankläger gegenüber. ›Warum bist du hier?‹, fragte er. Ich antwortete, dass ich keine Ahnung hätte. ›Angkar ist nicht dumm!‹, fuhr er mich an. ›Angkar irrt sich niemals. Also gibt es auch einen Grund, warum du hier bist. Gestehe deine Verbrechen!‹ Erneut beteuerte ich meine Unschuld, aber es nutzte nichts. Meine Schuld stand zweifelsfrei fest.«

Ein Woche später wurde Vann Nath auf einem Lastwagen durch das halbe Land gekarrt, bis sie das S-21 erreicht hatten.

»Als wir schließlich am Ziel waren, bekam ich Fußfesseln angelegt und wurde mit etwa 50 anderen Gefangenen in einen kahlen, engen Raum gepfercht. Das Essen war ungenießbar. Jedes Mal, wenn ein Grashüpfer von den Glühbirnen an der Decke herabfiel, schlugen wir uns um ihn. Nach kurzer Zeit konnten wir uns kaum noch bewegen. Apathisch lagen wir auf dem Boden, hungrig, durstig und abgemagert, mit spitzen, hervorstehenden Rippen.«

»Was hatten Sie nur getan?«

»Ich habe keine Ahnung. Doch nach ungefähr vier Wochen forderte mich ein Wärter auf, ihm zu folgen. Ich war sicher, dass ich jetzt hingerichtet werden würde. Doch stattdessen brachte er mich zu Duch, dem Gefängnisdirektor. Der hatte gehört, dass ich Porträtmaler war, und fragte mich, ob ich mir vorstellen könne, Angkars wichtigste Männer zu porträtieren. Ein gefährliches, aber auch verlockendes Angebot. Tausende Gedanken schossen mir durch den Kopf, doch wusste ich, dass mir keine Wahl blieb. Ich musste Ja sagen, wenn ich überleben wollte.«

Doch es dauerte noch ein wenig, bis Vann Nath mit dem Malen beginnen konnte. Anfangs hatte er Schwierigkeiten, sich aufrecht zu halten, doch nun, da er wieder besseres Essen und Pflege bekam, kehrten seine Kräfte zurück. In der Malerwerkstatt wohnte er mit einigen anderen zusammen. Nachts schliefen sie auf dünnen Bastmatten, tagsüber arbeiteten sie. Vann Nath wurde beauftragt, ein Porträt von Pol Pot zu malen. Es sollte drei Meter hoch und anderthalb Meter breit sein.

»Wussten Sie, wen Sie da malten?«

»Nein, überhaupt nicht. Doch ich begriff, dass es ein mächtiger Mann sein musste, weil Duch sich ständig nach dem Stand der Arbeit erkundigte.«

»Was hat er gesagt?«

»Er nickte anerkennend und sagte, ich würde Fortschritte machen.«

Nach einem halben Jahr hatte Vann Nath acht große Porträts des Herrn und Meisters der Revolution fertig gestellt. Statt inspirierender Musik hörte er bei der Arbeit die angstvollen Schreie der Gefangenen, und wenn er aus dem Fenster schaute, sah er manchmal, wie Gefangene zum Richtplatz geführt wurden.

»Nachdem ich mein achtzehntes Porträt von Pol Pot gemalt hatte, kam Duch zu mir und sagte: ›Du hast gute Arbeit geleistet. Doch von jetzt ab sollst du mit Stein arbeiten. Du wirst eine Statue von Pol Pot anfertigen, und wenn dir die erste gelingt, werden noch weitere hinzukommen.‹ Ich war außer mir vor Angst. Ich war doch kein Steinmetz, hatte überhaupt keine Erfahrung mit Stein. Würde ich dazu in der Lage sein?«

Während Vann Nath versuchte, einen neuen Beruf zu erlernen, platzte das S-21 allmählich aus allen Nähten. Zu allen Tages- und Nachtzeiten fuhren Lastwagen vor und luden neue Gefangene wie Abfall vor dem Gefängnistor ab. Nur mit Unterhosen bekleidet und mit Binden vor den Augen wurden sie aneinandergekettet und ins Gebäude getrieben.

»Einer der Wärter erzählte mir, dass es im östlichen Landesteil einen Aufstand gegen die Revolution gegeben habe. Doch nun seien die Verräter hier, um zu gestehen und zu sterben.«

Eines Morgens erfuhren Vann Nath und die anderen Künstler, dass die geplanten Statuen nicht mehr aus Stein, sondern aus Silber angefertigt werden sollten. In Kambodscha, so hörte er, gebe es Silber genug. Duch sagte, dass Angkar die Silbervorkommen auf »wissenschaftlicher Grundlage« ergründet habe und loyale Männer bereits dabei seien, das Silber nach Phnom Penh zu schaffen.

In der Zwischenzeit fuhren Vann Nath und die anderen Künstler damit fort, Modelle für künftige Statuen zu entwerfen. Pol Pot musste jede einzelne von ihnen genehmigen. Die Positur, Rücken, Arme, Kopf, Profil, Nase, Augen – jede einzelne Falte sollte vor revolutionärer Entschlossenheit, grenzenlosem Optimismus und Unbezwingbarkeit strotzen.

»Eines Tages erhielten wir einen neuen Auftrag: Diesmal sollten wir eine acht Meter hohe Zementstatue von Pol Pot anfertigen, umgeben von glücklichen, athletischen Bauern mit wehenden Fahnen. Die Statue sollte auf dem Wat Phnom errichtet werden, dem heiligen Berg in der Mitte der Stadt, und die buddhistischen Heiligtümer ersetzen, die sich dort seit Hunderten von Jahren befanden.«

Diese Auftragswut habe etwas Verzweifeltes an sich gehabt, meint Vann Nath. Und allmählich, fast unmerklich, sei im Ton der Wärter eine gewisse Unsicherheit spürbar geworden. Im Herbst 1978 hätten sie immer öfter angstvoll in den Himmel geblickt. Dann machten sie sich einer nach dem anderen aus dem Staub.

Am 30. September hielt Angkar sein erstes großes Fest ab. Die allmächtige Organisation hatte sich als Kambodschas Kommunistische Partei zu erkennen gegeben, die nun die »revolutionären Massen« einlud, an den dreitägigen Feierlichkeiten in Phnom Penh teilzunehmen. Unmittelbar darauf begannen Wärter und Arbeiter, die kleinen Zellen im S-21 einzureißen und den Stacheldraht zu entfernen, der drei der Gebäude umgab. Weitere Wachen setzten sich ab. Vann Nath schwitzte weiter über seinen Statuen von Pol Pot, doch schien sich niemand mehr dafür zu interessieren. Die verbliebenen Wärter hielten sich im Hintergrund, und auch Duch hatte sich seit einiger Zeit nicht mehr blicken lassen.

Der Dezember begann mit trockenen Tagen und milden Winden aus Südost, doch Essen gab es keines. Die Gefängnisküche blieb geschlossen, die Köche waren spurlos verschwunden.

»Einer der Wärter steckte den Kopf herein und sagte: ›Von jetzt ab müsst ihr euer Essen selber kochen.‹ Mit diesen Worten warf er uns einen Sack Reis und etwas Gemüse zu. Damals gab es nur noch zwanzig Gefangene. Wir, die in der Werkstatt arbeiteten, durften unser Essen draußen zubereiten, damit die Statuen durch den Rauch der Kohleöfen keinen Schaden nahmen.«

Tage vergingen. In der Ferne hörte Vann Nath das Dröhnen schwerer Artillerie, das ständig näher kam.

»Am 7. Januar 1979, ich arbeitete gerade am Mund einer Statue, wurde die Stadt von mehreren Explosionen erschüttert. Gegen zwölf Uhr lief einer der Wärter zu uns herein und rief: ›Alle raus hier! Schnell!‹ Auf dem Hofplatz standen einige der letzten Gefangenen in einer Reihe. Wir schlossen uns ihnen an und bekamen sofort den Befehl, aus dem Tor hinauszumarschieren. Wir fürchteten um unser Leben, und die Angst wurde nicht geringer, als wir Duch sahen, der bereits den Finger am Abzug hatte. Doch statt uns zu erschießen, sperrte er uns in ein kleines Gebäude, das sich in der Nähe befand. Die Wachen befahlen uns, mucksmäuschenstill zu sein und weitere Befehle abzuwarten.«

Vann Nath macht eine lange Pause.

»Und dann?«

»Zwei Stunden später kamen die Wachen zurück. Erneut mussten wir uns in einer Reihe aufstellen. Schließlich waren wir 200 Personen, unter ihnen Duch und seine Familie. Wie Diebe schlichen wir uns aus der Stadt und verbrachten die Nacht in einem Wäldchen. Aus Phnom Penh waren ständig Schüsse und Explosionen zu hören; Flammen erleuchteten den Himmel. Geschlafen haben wir in dieser Nacht so gut wie gar nicht.«

Zwei Jahre Gefangenschaft waren vorüber. Nur sieben von 15000 Gefangenen hatten überlebt. Er war einer von ihnen.

In den nächsten Monaten irrte er ziellos umher, auf der Suche nach seiner Familie. Schließlich gelang es ihm, seine Frau aufzuspüren. Doch sein Sohn war tot. Seit 25 Jahren wohnen Vann Nath und seine Frau nun in Phnom Penh. Gemeinsam haben sie drei neue Kinder, zwei Töchter und einen Sohn, bekommen.

Seit dem Sturz von Pol Pot ist Vann Nath in der Lage gewesen, von seiner künstlerischen Arbeit zu leben. Als die neuen Machthaber das ehemalige Gefängnis in ein Museum umfunktionieren wollten, erhielt er den Auftrag, das Gefängnisleben so zu malen, wie es sich wirklich abgespielt hat. Natürlich nahm er den Auftrag an. Er war der Einzige, der ihn hätte ausführen können, und er wollte seinen Beitrag dazu leisten, dass die schreckliche Vergangenheit nicht in Vergessenheit geriet. Er malte eine Reihe schonungsloser Gemälde, die das Leid und die Folterungen der Gefangenen in ihrem ganzen Grauen schildern.

»Ich habe nicht übertrieben«, sagt er. »Ich kann nur das malen, was ich sehe, und das habe ich gesehen.«

Die Bilder, die heute an den Wänden des ehemaligen S-21 hängen, haben ihn über die Grenzen Kambodschas hinaus bekannt gemacht. 2002 wurde er in die USA eingeladen, um an einer Ausstellung auf Rhode Island teilzunehmen. Im Jahr darauf reiste er nach Schweden. »Doch wer möchte auf lange Sicht schon solche Bilder malen? Ich jedenfalls nicht, deswegen beschäftige ich mich heute lieber mit der Natur. Das Bild da drüben zeigt ein Fischerdorf am Tonle Sap, das andere die Stadt Kampot. Doch ich weiß nicht, wie lange ich noch die Kraft dazu haben werde. Manchmal würde ich am liebsten davonlaufen, aber die Schatten der Vergangenheit folgen mir auf Schritt und Tritt.«

Mehrmals hat er seine Heimatstadt Battambang besucht, entdeckte jedoch keine bekannten Gesichter mehr. Die Roten Khmer hatten alle Einwohner davongejagt, und nur die wenigsten waren nach Hause zurückgekehrt. Dennoch träumt er davon, etwas für seine Heimatstadt zu tun. Dort, wie im Rest des Landes, sind es die Alten, die am meisten leiden. Ihre Söhne fielen im Krieg, die Töchter ebenso. Nun sind sie einsam und verlassen, und nicht wenige von ihnen müssen betteln, um zu überleben. Darum möchte Vann Nath gern ein Altersheim für sie bauen lassen, einen sicheren Ort, an dem sie genug zu essen, medizinische Betreuung, Fürsorge und Liebe bekommen.

Er steht auf und öffnet eine Schublade.

»Schauen Sie«, sagt er, und zum erstem Mal sehe ich einen Anflug von Begeisterung unter den schweren Augenlidern. Vann Nath zeigt uns die Skizze eines geplanten Altersheims, die er gezeichnet hat.

»Es wird 50 Personen Platz bieten, und alle werden ein eigenes Zimmer bekommen. Da aber nichts umsonst ist, bitte ich jeden, der ein wenig Geld übrig hat, um eine kleine Spende.«

Wir sitzen seit drei Stunden zusammen. Noch eine letzte Frage:

»Vann Nath, was macht Sie glücklich?«

»Für mich allein zu sein, einen Spaziergang im Park zu unternehmen und so wenig Lärm wie möglich ertragen zu müssen. Ich hasse Lärm. Deswegen wohne ich auch hier oben im ersten Stock, während meine Frau und die Kinder sich unten aufhalten. In den Nächten, wenn ich nicht schlafen kann, gehe ich manchmal aufs Dach, um mir die Sterne anzusehen. Oft frage ich mich, ob es wohl Leben da oben gibt, ob dort Menschen wohnen und ob sie genauso grausam zueinander sind wie wir hier unten. Tja, ich weiß nicht. Doch wenn ich so dasitze und alles still ist um mich, dann ist mir leichter ums Herz.«

»Werden Sie sich jemals wirklich frei fühlen?«

»Nein, niemals! Aber eine gerichtliche Aufarbeitung würde helfen. Ich glaube wie die meisten Leute hier an Buddha, verstehe jedoch die Auffassung nicht, dass die Schuldigen ihre Strafe im nächsten Leben schon bekommen werden. Nun ja, vielleicht ist das so, aber eine moderne Gesellschaft kann doch nicht ohne Gerichte auskommen. Ohne Recht und Gesetz, ohne Verurteilung und Strafe. Die Anführer der Roten Khmer mögen ihre Taten vergessen haben, doch ich werde sie niemals vergessen können, und ich weiß, dass es Tausenden so geht wie mir. Außerdem sind wir es auch unseren Nachkommen schuldig, dass die Täter vor Gericht gestellt werden. Wir müssen aus dem Geschehenen unsere Lehren ziehen und diese an zukünftige Generationen weitergeben.«

Keo hat ein paar Geldscheine aus der Hosentasche gezogen.

»Vann Nath«, sagt er. »Vieles hatte ich schon von Ihnen gehört. Doch jetzt habe ich das Gefühl, Sie zu kennen. Nehmen Sie dies als Spende für Ihr Altersheim in Battambang entgegen.«

Ich folge Keos Beispiel, und der Mann, der nicht vergessen kann, nimmt unsere Gabe mit einer tiefen Verneigung entgegen.

Ja, es ist schön, die Sterne zu betrachten. Am Sisowath Quay liegt der Foreign Correspondents Club, und nachdem sich die Dunkelheit wie eine samtweiche Decke über das Land gelegt hat, können die Gäste auf der im zweiten Stock gelegenen Terrasse sowohl ihren Longdrink als auch den Mond und die Sterne genießen. Mehrere Deckenventilatoren beleben die tropische Nacht, während aus den Lautsprechern amerikanischer Jazz dringt. Ist das nicht Oscar Peterson, dessen Läufe über die Tasten perlen?

An den niedrigen Tischen diskutieren Kambodschaner und Ausländer über die Zukunft des Landes. Vieles ist in Bewegung geraten. Kambodscha hat eine Art Demokratie bekommen, doch das Rechtswesen funktioniert nicht. Die allgegenwärtige Korruption ist ein schweres Joch, und die Opposition hat keinen leichten Stand. Sam Rainsy, der Freimütigste unter den Oppositionsführern, hat sogar fluchtartig das Land verlassen. Aus seinem Pariser Exil erklärt er, er habe Morddrohungen erhalten.

Unter den Gästen kursieren die jüngsten Gerüchte. Wird Rainsy zurückkommen, und wenn ja, wann? Außerdem wird über die brutalen Überfälle gesprochen, die sich in der letzten Woche auf der Nationalstraße 6 ereignet haben. Mehrere Japaner wurden dort von Unbekannten angehalten, bedroht und ausgeraubt.

»Was haben die Japaner denn getan?«, fragt ein Kambodschaner hinter einem der Gläser.

»Es waren Journalisten. Sie wollten den Bruder von Pol Pot besuchen.«

Den Bruder von Pol Pot? Drei Tage später befinde ich mich auf der Nationalstraße 6.

...doch alle, die mich kennen,
wissen, dass ich ein Opfer war.
SALOTH NHEP

Pol Pot war mein Bruder

Keo und ich verlassen die Großstadt bei Anbruch der Dämmerung. Sein alter Peugeot hat wirklich schon bessere Tage gesehen. Das Armaturenbrett sieht aus wie ein Bombenkrater, und aus dem Handschuhfach hängen abgeschnittene Kabel wie Spaghetti. Wir schlängeln uns durch den alten französischen Stadtteil, während sich eine schläfrige Menschenmenge von Bauern und Kleinhändlern auf dem Weg zum Markt befindet. Ochsen ziehen voll beladene Karren mit trockenem Holz. Wir überqueren eine Brücke, die in den siebziger Jahren von den Amerikanern bombardiert, doch später mit japanischen Yen wiedererrichtet wurde.

Auf der anderen Seite des Flusses biegen wir auf die Nationalstraße 6 ab, die uns durch eine leblose Landschaft mit vereinzelten Palmen führt. Mit jedem Kilometer bekommen wir weniger Menschen zu Gesicht, und bald haben wir den grauschwarzen Asphalt ganz für uns allein. Während der Regenzeit tritt der Tonle Sap über die Ufer und setzt diese Gegend vollkommen unter Wasser. Doch nun hat sich die Feuchtigkeit in die Tiefe verzogen. Staubige kleine Kinder sitzen am Wegesrand und spielen mit Steinen, während in der Ferne die Tempel funkeln wie Sterne.

»All das ist von den hier lebenden Menschen geschaffen worden«, sagt Keo, indem er auf eines der Heiligtümer deutet. »Die Regierung hat nicht einen Riel dazu beigesteuert. Die Menschen haben alles mit ihren eigenen Händen erbaut, vom Grundstein bis zum Dach.«

Keo war zwölf Jahre alt, als die Roten Khmer die Macht ergriffen. In seiner Heimatstadt Prey Veng wohnte er Wand an Wand mit dem lokalen Tempel. Wie so viele andere wurde er aufs Land beordert, um dort ein neues Leben zu beginnen. Als er vier Jahre später nach Hause zurückkehrte, war der Tempel verschwunden. »Zuerst haben wir den Tempel wiederaufgebaut, dann unsere Häuser.«

Nach zwei Stunden auf der Landstraße halten wir in Skuon an, einer Kleinstadt, die vor allem für ihre großen, delikaten Spinnen bekannt ist. Keo hat schon seit Ewigkeiten keine Spinnen mehr gegessen, doch jetzt ist er hungrig. Für arme Kambodschaner sind Insekten eine wichtige Nahrungsquelle, und die Spinnen in dieser Gegend sind ungewöhnlich groß und fett. Besonders Schwangere täten gut daran, sie zu essen, behauptet Keo, was selbstverständlich auch für Bauern und andere hart arbeitende Bevölkerungsgruppen gelte. *»A-ping! A-ping!«*, rufen die Frauen auf dem Markt in Skuon. Kurzatmig und barfüßig laufen sie in ihren knöchellangen Sarongs hinter uns her. Die Körbe, die sie auf dem Kopf tragen, sind voller schwarzer, knuspriger, frisch gebratener Spinnen. *»A-ping! A-ping!«* Die schrillen Stimmen haben einen eindringlichen Klang. Keo bittet mich, ein paar zu kaufen, schon allein, um die Armen Kambodschas zu unterstützen. Er selbst kauft etwa zwanzig Stück. Die eine Hälfte ist für ihn, die andere Hälfte für Pol Pots Bruder.

»Ich bin mir sicher, dass sie ihm schmecken werden. Schau dir die an, die muss mindestens zehn Zentimeter lang sein!«

Unter einer blauen Plastikplane lassen wir uns nieder, und Keo isst nach Herzenslust. Die ekelhaften Kriechtiere erzeugen beim Kauen ein knirschendes Geräusch. Als ein zirka fünfjähriger Cola-Verkäufer vorbeikommt, kaufen wir jeder eine Dose.

»Cola und Spinnen schmecken hervorragend zusammen. Willst du nicht mal probieren?«

Um uns hat sich ein Halbkreis von Neugierigen geschart.

»Probier doch mal!«, wiederholt Keo. »Die Spinnen sind mit Knoblauch und Pfeffer gewürzt.«

Immer enger drängen sich die Leute um uns herum. Sie murmeln und zeigen mit den Fingern auf uns, neugierig darauf, wie ich mich verhalten werde. Ich kann sie unmöglich enttäuschen. Entschlossen hebe ich eine *a-ping* aus der Tüte und lasse sie in meinem Mund verschwinden. Nach dreißig Sekunden harter Arbeit für meinen Kiefer habe ich die Probe bestanden.

»Hat's dir geschmeckt?«

»Absolut. Sehr knusprig und gut gewürzt.«

»Es hat ihm geschmeckt!«, verkündet Keo der neugierigen Menge. »Er sagt, sie seien knusprig und gut gewürzt.«

Ich ernte ein einhelliges Lächeln.

»Noch eine?«

»Ach, lass nur.«

Die Umstehenden wirken zufrieden und laufen auseinander.

»Die könnte eine Reinkarnation von Pol Pot sein, aber was soll's«, sagt Keo und lässt sich Spinne Nummer fünf schmecken. Die übrigen verschwinden wieder in der Tüte. »Lass uns weiterfahren.«

Am Wegesrand klärt uns ein Grenzstein darüber auf, dass wir uns nun in Kompong Thom befinden, der größten Provinz des Landes mit gut einer Million Einwohnern. Keo sagt, die Bauern in dieser Gegend seien noch ärmer als im Rest des Landes. Während des Bürgerkriegs in den siebziger Jahren war diese Provinz massiven Luftangriffen der Amerikaner ausgesetzt. Angeblich waren die Roten Khmer hier besonders stark vertreten. Zahllose Dörfer wurden dem Erdboden gleichgemacht; Hunderttausende flüchteten in alle Richtungen. Noch heute leben viele davon, dass sie Bomben und Eisenschrott aus der Zeit des Krieges verkaufen. Das Einzige, wovon Kompong Thom genug hat, sind Tempel, daher gilt sie auch als die »Provinz der tausend Tempel«. An einem von ihnen halten wir an, entzünden Räucherstäbchen und knien nieder.

Keo spricht ungewöhnlich laut zu der Buddhastatue.

»Jedes Mal, wenn ich in den Tempel gehe, bitte ich Buddha, mich zu beschützen.«

»Aber Buddha ist doch kein Gott.«

»Das weiß ich. Aber ich tue es trotzdem. Und diesmal habe ich ihn um eine sichere Rückkehr nach Phnom Penh gebeten. Bei Tageslicht zu fahren, ist kein Problem. Doch sobald es dunkel wird, kann alles Mögliche passieren.«

»Was meinst du?«

»Wir könnten überfallen, bedroht, erstochen werden. So was passiert. Erst letzte Woche sind zwei Japaner auf dieser Straße überfallen und ausgeraubt worden.«

Da die Landstraßen in dieser Gegend wirklich nicht sicher zu sein scheinen und die Dunkelheit unvermittelt einsetzt, beschließen wir, in der nahegelegenen Hauptstadt der Provinz zu übernachten.

Nur wenig später rollen wir in die sonnendurchglühte Stadt mit ihren 75000 Einwohnern, die denselben Namen trägt, wie die gesamte Provinz: Kompong Thom. Die Nationalstraße 6 läuft in gerader Linie durch die niedrige Bebauung. Durstig, wie wir sind, machen wir eine Teepause am Fluss, der die Stadt in zwei Hälften teilt. Der Stung Sen ist ein grauer Fluss, ein Resultat von Sand und Erde auf ihrer ewigen Reise, doch gibt es auch blinde Passagiere wie Flaschen, Plastiktüten und -becher, Konservendosen und zähe Ansammlungen von Gemüseabfall – mit schönen Grüßen vom *Homo sapiens*. Plötzlich steht Keo auf und sagt: »Weißt du was, wir sollten einen Kuchen für den Bruder von Pol Pot kaufen.«

Wir bezahlen unseren Tee und setzen unseren Weg fort. Keo ist fest entschlossen, eine Konditorei aufzutreiben, denn die soll es in dieser Gegend tatsächlich geben. »Die meisten Bauern in Kambodscha haben noch nie einen richtigen Kuchen gesehen. Darum kaufen wir jetzt einen, der groß und lecker ist.«

Die Konditorei hinter dem Neak Meas Hotel & Restaurant ist klein, aber appetitanregend. Im Schaufenster stehen die Kuchen in einer Reihe. Genau in der Mitte befindet sich ein Prachtexemplar in Gestalt einer fünfstöckigen Pagode. Nur äußert geschickte Hände sind in der Lage, so etwas herzustellen.

»Sollen wir den kaufen?«, fragt Keo.

»Der ist doch viel zu groß. Ich kann mir nicht vorstellen, dass Pol Pots Bruder so viel essen kann.«

»Aber er hat eine große Familie und sicher auch viele Nachbarn.«

Ich selbst habe eine mit roten Beeren verzierte Torte ins Visier genommen. Doch Keo schüttelt den Kopf und erinnert mich daran, dass wir noch einen weiten Weg vor uns haben. Die Sahne würde die lange Fahrt nicht überstehen.

Wir wenden uns der Verkäuferin zu, müssen jedoch erfahren, dass die Kuchen in der Auslage allesamt Attrappen sind.

»Aber wir wollten doch unbedingt einen Kuchen für den Bruder von Pol Pot kaufen!«, jammert Keo.

»Für wen?«, fragt die Frau hinter der Theke.

»Für den Bruder von Pol Pot.«

Sie wirkt ein wenig überrascht, will uns jedoch gern behilflich sein. Nach längeren Verhandlungen verspricht sie uns, einen echten Pagodenkuchen zu beschaffen. »Der kommt aber erst morgen«, sagt Keo. »Wir müssen also hier übernachten.«

»In Ordnung«, entgegne ich.

Am nächsten Morgen steht ein echter Pagodenkuchen im Schaufenster. Die Verkäuferin versichert, er hielte sich mehrere Tage. Keo leckt sich die Lippen, und auch mir läuft das Wasser im Mund zusammen. Bleibt nur zu hoffen, dass Pol Pots Bruder ein, zwei Stücke für uns übrig lässt.

Von der Konditorei in Kompong Thom aus finden wir die Straße nach Prek Sbauv. Besser gesagt, handelt es sich um einen holprigen Weg aus feinem rotem Sand, doch Keos Peugeot ist einiges gewohnt. Die Staubwolke, die wir hinter uns herziehen, zwingt Fußgänger und Fahrradfahrer in die Knie. Manche von ihnen flüchten Hals über Kopf in die Büsche. Als wir in ein besonders tiefes Schlagloch hineinfahren, springt knarrend die Kühlerhaube auf. Wir müssen aussteigen und sie mit Draht festbinden. Als wir wieder weiterfahren, bittet mich Keo, den wertvollen Pagodenkuchen gut festzuhalten.

Der miserable Schotterweg führt am Südufer des Stung Sen entlang. Keo deutet an, dass wir noch 30 bis 40 Kilometer vor uns haben. Glücklicherweise irrt er sich. Nach sieben, acht Kilometern glaubt er zu wissen, wo wir uns befinden. Dieses Dorf, eine Reihe von Pfahlbauten, müsste eigentlich Prek Sbauv sein.

Keo hält an und erkundigt sich – tatsächlich, wir sind am Ziel. Wir sind sogar schon etwas zu weit gefahren, vorbei an der bischöflichen Kirche und der Schule aus grauem Beton.

»Saloth Neph wohnt da drüben«, sagt ein älterer Mann, der vorbeischlurft. Er zeigt auf ein ärmliches Haus auf Pfählen, das teils hinter Palmblättern und Gestrüpp verborgen liegt.

Pol Pots Bruder heißt Saloth Nhep.

»Ich stelle dich vor, und du gibst ihm den Kuchen«, sagt Keo. »Du brauchst ihm nicht die Hand zu geben, eine tiefe Verbeugung reicht.«

Als wir die Autotüren zuschlagen, fängt ein Hund an zu bellen. Die Hühner auf dem Hofplatz laufen panisch auseinander. Aus dem Haus dringt eine trockene Männerstimme, die vergeblich versucht, den Hund zu beruhigen. Der Vierbeiner kläfft immer weiter, bis ihn ein scharfes Kommando verstummen lässt.

Ein alter, etwas verwirrt wirkender Mann tritt aus der Tür. Seine Ähnlichkeit mit einem der größten Massenmörder der Menschheitsgeschichte ist frappant. Er kratzt sich am Kopf und schwankt leicht hin und her. Vielleicht haben wir ihn bei seinem Vormittagsnickerchen gestört. »Entschuldigung«, sagt er. »Ich glaube, ich habe geschlafen.«

Sein nackter Oberkörper ist eingesunken. Saloth Nhep trägt nichts anderes als einen langen, karierten Sarong, die übliche Männerbekleidung auf dem Land. Sein Rücken ist stark nach vorne gekrümmt, vermutlich die Bandscheiben. Dennoch ist er gut zu Fuß und kommt, nachdem er sich besonnen hat, rasch die breite Treppe hinunter.

Keo und ich begrüßen ihn, wie es sich schickt, und Saloth Nhep erwidert unseren Gruß in gleicher Weise.

»Ich habe Sie früher schon einmal besucht, Saloth Nhep, erinnern Sie sich an dieses Foto?«, fragt Keo.

Saloth Nhep betrachtet das Farbfoto von 1998 und lächelt verlegen.

»Das bin ja ich!«

»Ja, das sind wir beide. Erinnern Sie sich jetzt?«

»Nein, aber das Foto kann ja nicht lügen.«

»Ich habe einen Freund aus Europa mitgebracht. Er hat einen großen Kuchen für Sie gekauft.«

»Einen Kuchen?«

»Wie Sie sehen, ist er wie eine Pagode geformt.«

»Dann kann ich ihn ja nicht essen.«

Keo lacht.

»Natürlich können Sie ihn essen.«

»Wie soll ich das anstellen?«

»Indem Sie oben anfangen und sich dann weiter nach unten arbeiten.«

In respektvollem Abstand betrachtet Saloth Neph andächtig den schönen Kuchen.

»Er gehört Ihnen, Saloth Neph. Teilen Sie ihn mit Ihrer Familie und den Nachbarn.«

Schließlich nimmt er das kleine Wunderwerk mit leicht zitternden Händen entgegen und reicht es seiner Tochter, die ebenfalls aus der Tür getreten ist. Mit schwacher Stimme bittet er uns, unter dem Strohdach in der Mitte des Hofes Platz zu nehmen. Er zieht drei schwere Holzstühle heran. Ein langer, massiver Tisch steht bereits da.

Saloth Neph hat auf seine alten Tage graue Haare bekommen, genau wie sein Bruder. Doch seine Mähne ist immer noch dicht und schön und seine Haut erstaunlich glatt. Die schmale Nase gleicht exakt der seines Bruders, dasselbe gilt für Kinn, Mund, Wangenknochen und Augen. Die ungeheure Ähnlichkeit fällt mir noch mehr auf, als ich ihn im Profil betrachte.

Keo erzählt, dass ich aus Norwegen komme.

»Von dem Land habe ich schon gehört. War da nicht auch mal Krieg?«

»Ja, vor über 60 Jahren.«

»Wurden Sie angegriffen?«

»Ja, von den Deutschen.«

»Wer hat gewonnen?«

»Wir! Wir und die anderen Länder, die gegen die Deutschen gekämpft haben.«

Saloth Nhep nickt und scheint zufrieden mit meiner Antwort.

Eines seiner Enkelkinder, ein dreizehnjähriges Mädchen, kommt mit dem Fahrrad und begrüßt uns in aller Form, ehe sie wieder in der tropischen Wildnis verschwindet. Saloth Nhep streicht mit der Hand über sein Gesicht und massiert sich mit langsamen Bewegungen die Augenlider. Er scheint immer noch müde zu sein und erzählt, dass es mit seiner Gesundheit in den letzten Jahren spürbar bergab gegangen sei. Neben seinem krummen Rücken hat er mit hohem Blutdruck zu kämpfen. Der Bruder von Bruder Nummer eins ist inzwischen 77 Jahre alt. Vielleicht sogar 78, er ist sich nicht sicher, meint jedoch zu wissen, dass er im Jahr des Hasen geboren worden sei, das sich alle zwölf Jahre ereignet. 1927 war so ein Jahr. Wie auch immer – er fühlt sich alt und verbringt an seinem Lebensabend viele Stunden damit, buddhistische Schriften zu lesen.

»Es ist viel Weisheit in ihnen, nur sind sie manchmal schwer zu verstehen. Doch wenn ich die Augen schließe und über jedes einzelne Wort nachdenke, verstehe ich mehr.«

»Nhep«, sagt Keo. »Dieser Mann hier würde gern mehr über Ihre Familie, über Pol Pot und Ihre persönlichen Erfahrungen wissen.«

»Das ist völlig in Ordnung.«

Langsam beginnt Saloth Neph zu erzählen. Seine Stimme ist leise, monoton und sanft. Keo muss sich weit vorbeugen, um sie zu verstehen.

»In letzter Zeit ist so viel geschehen. Meine Frau starb vor vier Jahren. Auch Chhay, mein ältester Bruder, ist nicht mehr am Leben, und letztes Jahr starb einer meiner Söhne an Leberkrebs. Ich fühle mich einsam, obwohl ich eine Schwester hier in der Stadt habe.«

»Besuchen Sie sie oft?«

»Nein, nur selten. Sie hat Besuch nicht so gern.«

Nhep erzählt, dass seine Familie schon sei Generationen in Prek Sbauv lebt. Seine Eltern setzten neun Kinder in die Welt, deren jüngstes er war. Sein Vater, er hieß Loth, war einer der vermögendsten Bauern im ganzen Ort. Es besaß zwanzig Ochsen und mehr als 20 Hektar Grund. Das war damals ungeheuer viel, und selbst wenn die Ernten bescheiden ausfielen, litt die Familie niemals Not.

Nhep hat den Vater und seine Mutter Nem als freundliche und bescheidene Menschen in Erinnerung.

»Sie haben selten gestritten und uns, im Gegensatz zu den Nachbareltern, nie geschlagen. Wir hatten es gut.«

Wie alle anderen suchten die Eltern oft Trost im nahe gelegenen Tempel. Er war ein kleiner, intimer Zufluchtsort, und Nhep erzählt, er und Sar seien ständig dort gewesen, weil sie den schweren Geruch des Weihrauchs so gern gehabt hätten.

»Steht der Tempel immer noch?«

»Nein, er ist weg. Die Roten Khmer haben ihn 1975 zerstört.«

Er schließt die Augen und holt tief Luft. Zum ersten Mal hebt er die Stimme. »Ich kann nicht verstehen, was geschehen ist, denn Sar war ein netter Junge. Dass er als Erwachsener so brutal wurde, ist mir ein völliges Rätsel!«

Sar, der spätere Pol Pot, ging mit neun Jahren von zu Hause fort. Eine Tante lebte bereits seit Jahren als Konkubine im königlichen Palast von Phnom Penh. Später wurde sie zur Aufseherin über das königliche Schlafgemach befördert und war nun verantwortlich für die Konkubinen. Dank dieser Tante bekam auch Nheps ältester Bruder eine Anstellung in der Nähe. Ein Jahr später, 1931, begann seine sechzehnjährige Schwester Roeung als Konkubine im Königspalast.

»Ich erinnere mich noch so gut an Sars Abreise«, sagt Nhep lächelnd. »Wir standen am Wegesrand und winkten, als die Ochsen davontrotteten. Auf dem Karren, hinter den Ochsen, saß Sar. Heute reisen wir in wenigen Stunden nach Phnom Penh, doch damals brauchte man dafür drei Tage.«

Nach einem kurzen Aufenthalt bei seiner Tante wurde Sar als Mönch im Wat Botum Vaddei aufgenommen, das nur einen Steinwurf vom Palast entfernt liegt. Währenddessen fuhr Neph fort, unter den Palmen in Prek Sbauv zu spielen. Nur selten kam Sar, der nun einen kahlrasierten Schädel hatte und ein orangefarbenes Gewand trug, zu Besuch nach Hause. Doch wenn er es tat, zog er aus seiner kleinen Kleidertasche stets einige buddhistische Texte hervor.

»Sar hat sie mir laut vorgelesen, doch ich habe schon damals nicht viel verstanden. Dennoch bin ich von ihrer Weisheit überzeugt, besonders wenn ich den richtigen Leserhythmus finde. Dann verstehe ich, dass sie heilig sind. Meinen Sie nicht auch?«

»Bring uns doch bitte ein wenig Tee!«, ruft er seiner Tochter zu. »Eine Tasse für unseren Gast aus Europa, eine für seinen Dolmetscher und eine für mich.«

Wenige Minuten später steht der duftende Tee auf dem Tisch. Nheps Tochter ist eine hübsche Frau Mitte vierzig, die beim Lächeln eine makellose Reihe blendend weißer Zähne enthüllt. Sie ist verheiratet und hat vier Kinder, zwei Jungen und zwei Mädchen zwischen drei und dreizehn Jahren. In den letzten Jahren hat ihr Mann die bescheidene Landwirtschaft betrieben, nimmt aber auch Gelegenheitsjobs an, um sich etwas dazuzuverdienen.

»Wo waren wir stehen geblieben?«, fragt Nhep und hebt seine Tasse. »Stimmt, im Jahr 1930. Vier Jahre später fuhr auch ich nach Phnom Penh und wurde wie Sar als Mönch im Wat Botum Vaddei aufgenommen. Doch gefiel es mir in der Großstadt nicht, also kehrte ich drei, vier Jahre später nach Hause zurück.«

»Im Gegensatz zu Sar?«

»Nach dem Klosteraufenthalt besuchte er eine katholische Schule in Phnom Penh; soweit ich weiß, studierte er auch an der Technischen Hochschule. Später ist er dann Lehrer geworden, aber an die Jahreszahlen kann ich mich nicht genau erinnern. Mein Gedächtnis lässt sowieso ziemlich zu wünschen übrig, das alles ist ja auch schon 60, 70 Jahre her. Außerdem hatten wir uns aus den Augen verloren. Er war mit seinen Dingen beschäftigt, ich mit meinen.«

Als ich Nhep frage, inwieweit der Aufenthalt in Phnom Penh seinen Bruder beeinflusst habe, zögert er mit einer Antwort. »Ich weiß es nicht«, sagt er.

Andere, wie der Pol-Pot-Biograf David Chandler, meinen, dass in Phnom Penh sein politisches Bewusstsein erwacht sei. In den dreißiger Jahren begann es unter den Studenten und Intellektuellen Phnom Penhs zu gären. Man traf sich in den Teehäusern, um über Politik zu diskutieren. Die Krise der westlichen Welt, die Russische Revolution und das Aufbegehren ehemaliger Kolonialmächte waren Zündstoff genug.

Dann brach der Krieg aus. Die Deutschen führten ihn in Europa, die Japaner in Asien. Ein Land nach dem anderen, darunter Kambodscha, wurde von japanischen Truppen besetzt. Nach Kriegsende 1945 wurde Kambodscha eine formelle Unabhängigkeit innerhalb der Französischen Union gewährt. Doch das reichte den Studenten in Phnom Penh nicht, die alle Verbindungen zum sterbenden französischen Kolonialreich kappen wollten. Eine Demonstration folgte der nächsten. Die Zeit des Stillhaltens war definitiv vorbei.

»Ich weiß nicht, was Sar in dieser Zeit getrieben hat«, sagt Nhep. »Doch 1949 ist er nach Frankreich gezogen, um dort zu studieren.«

Bis zu diesem Zeitpunkt hatten sich erst 250 Kambodschaner in Frankreich ausbilden lassen. Doch nun hatte der höfliche Junge aus Prek Sbauv plötzlich die Chance, Karriere zu machen. Vor ihrer Abreise wurde Sar und den anderen Stipendiaten eine Audienz bei König Sihanouk gewährt. »Der König war nur zwei Jahre älter, dennoch hatte er vier Frauen und acht Kinder«, schreibt Philip Short, ein weiterer Pol-Pot-Biograf. Während einer feierlichen Zeremonie erhielten Sar und die anderen Studenten ein königliches Konvolut, in dem sich 250 Piaster befanden – genug, um einen Monat davon zu leben.

Einer von Sars besten Freunden in dieser Zeit hieß Mey Mann. Auch er hatte an der Zeremonie im Königspalast teilgenommen. Später erzählte er Philip Short, wie stolz er und Sar gewesen seien. Sar war im Allgemeinen sehr schweigsam, trug jedoch stets ein Lächeln auf den Lippen und war sehr gebildet. Später hatte Mann oft darüber nachgedacht, was sich hinter diesem unergründlichen Lächeln verborgen haben musste. Auch andere – Parteigenossen, Offiziere, Sekretäre, Telegrafisten, Boten, Fahrer und Köche –

berichten, dass sie ihn niemals zornig erlebt hätten. Das ständige sanfte Lächeln begleitete ihn bis ins hohe Alter.

Viel beschäftigt, wie er war, schaffte es Sar nicht mehr, seiner Familie einen Besuch abzustatten, ehe er nach Frankreich aufbrach. »Alles ging so schnell«, sagt Nhep, der damals mit seinen Eltern zusammenwohnte.

Die Schiffsreise nach Frankreich dauerte vier Wochen. Die Ankunft in Marseille fiel auf den 1. Oktober 1949, die Geburtsstunde der Volksrepublik China. Nur wenige Stunden zuvor hatte der Vorsitzende der Kommunistischen Partei Chinas, Mao Zedong, auf dem Platz des Himmlischen Friedens in Peking verkündet: »Das chinesische Volk hat sich erhoben. Ich erkläre hiermit die Gründung der Volksrepublik China!«

Die Studenten erfuhren am nächsten Tag von dieser Neuigkeit. Von Marseille aus nahmen sie den Bus nach Paris, wo sie sich zunächst auf ihr anstrengendes Studium konzentrieren mussten. Sar gab später zu, dass er die französische Sprache niemals richtig in den Griff bekommen hat. Er begann an der Hochschule für Radioelektronik und bestand nach einem Jahr das erste Examen. Doch schon im nächsten Jahr fiel er durch, und diejenigen, die damals mit ihm Kontakt hatten, berichten einhellig, dass sich der zukünftige Pol Pot weder an der Hochschule noch im Studentenleben sonderlich hervorgetan habe. Nachdem er durch die Zweijahresprüfung gefallen war, stürzte er sich in die Politik. In den Zeitungen gab es ständig neue Nachrichten aus dem französisch besetzten Indochina, aus Vietnam, Kambodscha und Laos. Die Vietnamesen wollten ihr Land zurückhaben. An der Spitze des Kampfes standen Ho Chi Minh, ein junger Mann mit Spitzbart, sowie sein wachsendes Heer von Nationalisten. Auch in Laos und Kambodscha hatten junge Männer begonnen, die Fäuste zu ballen. In den Pariser Cafés redeten sich die kambodschanischen Studenten die Köpfe heiß, und der Bauernsohn aus Prek Sbauv gelangte immer mehr zu der Überzeugung, dass die Franzosen aus dem Land gejagt werden mussten.

Sar wurde Mitglied eines marxistischen Studentenzirkels und vergrub sich in den politischen Texten von Marx, Lenin, Stalin und Mao. Obwohl er nicht alles verstand, sprachen sie ihn unmittelbar an, und so trat er der französischen Kommunistischen Partei bei. »Plötzlich hatte das Leben für ihn wieder einen Sinn«, schreibt Philip Short in seiner Biografie. »Und der Sinn lag darin, eine Revolution anzuzetteln.« Von früh bis spät gab sich Sar der politischen Arbeit hin. Oder wie einer seiner Weggefährten es formulierte: »Selbst wenn er schlief, dachte er an die Revolution.« Das kambodschanische Volk musste befreit werden, nicht nur von der französischen Herrschaft, sondern auch von seinen heimlichen Unterdrückern, dem

König, der Monarchie, den Offizieren, reichen Kaufleuten und Großgrundbesitzern.

Zu Hause in Prek Sbauv wartete seine Familie vergeblich auf ein Lebenszeichen von ihm. Nicht ein einziger Brief kam aus Paris. »Wir haben oft über ihn gesprochen, doch solange wir nichts hörten, gingen wir davon aus, dass er noch am Leben war. Es waren ja so viele andere Kambodschaner in Paris, die sich sicherlich gegenseitig unterstützten.«

Im Herbst 1952 entschied sich Sar, in seine Heimat zurückzukehren. Er ging an Bord der *SS Jamaïque*, und auch ihm war das gespannte Verhältnis zwischen den Franzosen und den Passagieren aus Indochina nur allzu bewusst. Die entscheidende Schlacht von Dien Bien Phu lag erst anderthalb Jahre zurück.

Auch aus Kambodscha wurden immer mehr Unruhen gemeldet. Schließlich war König Sihanouk es leid, sich mit der vom Volk gewählten Nationalversammlung herumzuschlagen. Er löste sie kurzerhand auf und wollte die Geschicke des Landes fortan allein lenken. Wer protestierte, selbst wenn es sich um Mönche handelte, wurde zum Schweigen gebracht. Als Saloth Sar 1953 in seine Heimat zurückkehrte, kam er in ein Land, das in Angst lebte und am Rande eines Aufruhrs stand.

»Ich kann mich so gut daran erinnern, als wäre es gestern gewesen«, erzählt Nhep. »Sar kam nach Hause, und wir haben das beste Huhn im ganzen Dorf geschlachtet.«

Doch wenige Tage später war er wieder verschwunden. Nhep weiß nicht, warum. »Er war einfach weg.« Drei Jahre später tauchte er plötzlich wieder auf, diesmal, um in seinem Heimatort zu heiraten.

»Er hatte eine Frau gefunden, die fünf Jahre älter war als er. Er war 31, sie 36. Wäre sie wenigstens hübsch gewesen, hätten wir diese Entscheidung ja noch verstehen können. Doch sie war missmutig und unbeholfen, und als Sar sie bat, vor unserem Vater zu knien, tat sie es mit widerwilliger Miene. Ich glaube nicht, dass Vater sie sonderlich mochte. Später hörte ich ihn von der ›alten Jungfer‹ reden.«

»Doch zur Hochzeit ist es gekommen?«

»Ja, und sie dauerte drei Tage lang. Es war ein großes Fest mit über 100 Gästen. Manche von ihnen hatten wir nie zuvor gesehen, doch verstanden wir, dass Sar sie während seiner Studienzeit in Paris kennen gelernt hatte.«

»Wer war sie, diese ›Jungfer‹?«

»Selbst heute wissen wir nicht viel über sie. Sie hieß Khieu Ponnary und kam aus gutem Hause. Sar erzählte uns, sie sei die erste Frau im ganzen Land gewesen, die ihr Examen am Lycée Sisowath, einer angesehenen

Schule in Phnom Penh, abgelegt hätte. Später ging sie nach Paris, wo sie sich vermutlich begegnet sind. Doch, es war eine schöne Hochzeit. Zwei Jahre später kamen sie zurück, um an Vaters Begräbnis teilzunehmen. 1960 haben sie sich dann noch einmal hier blicken lassen, blieben aber nur für eine Nacht. Ich kann mich noch an den Stoßseufzer meiner Mutter erinnern: ›Sar hat es immer so eilig!‹«

In den nächsten Jahren wohnte das Ehepaar in Phnom Penh, wo beide an verschiedenen Schulen unterrichteten. In ihrer Freizeit agitierten sie in kleinen kommunistischen Zellen. Die Roten Khmer, der Vortrupp der Revolution, begannen in Paris unter der Leitung von Exstudenten Form anzunehmen. Sihanouk mobilisierte im Gegenzug seine Geheimpolizei, und die Kommunisten sahen keinen anderen Ausweg, als in die Wälder zu flüchten. Für Saloth Sar und Khieu Ponnary begann eine neue Phase ihres Lebens und für Kambodscha eine neue Phase in seiner Geschichte.

»Das Wenige, das ich von ihnen weiß, nachdem sie geflüchtet sind, habe ich von anderen gehört«, sagt Nhep.

»Was haben Sie gehört?«

»Dass Ponnary verrückt wurde.«

»Warum das?«

»Keine Ahnung. Vielleicht hat sie das Leben im Dschungel nicht ausgehalten. Vielleicht hat ihr die Rohheit und Gewalt, die sie erleben musste, so zugesetzt. Jedenfalls wurde sie krank. Sie wollte weder sprechen noch essen oder schlafen. Sie kapselte sich völlig von der Außenwelt ab. Jahre später wurde sie in ein Krankenhaus eingeliefert, ich glaube, es war in China, doch gelang es den Ärzten nicht, dass sie wieder gesund wurde.«[4]

Erst 1985 wurden die beiden geschieden. Sar lebte inzwischen mit einer weitaus jüngeren Frau zusammen, die ihm eine Tochter namens Sitha schenkte.

Während die Kommunisten in den Wäldern als vogelfrei betrachtet wurden, kümmerte sich Nhep weiter um den heimischen Hof. So vieles musste getan werden; an Politik war da nicht zu denken.

»Wir auf den Dörfern hatten keine Ahnung von Politik. Meine Nachbarn konnten nicht lesen, und wenn wir die Radionachrichten hörten, verstanden wir auch nicht viel. Das Einzige, was uns interessierte, war, den Reis zum richtigen Zeitpunkt auszusäen und eine gute Ernte einzubringen. Wenn wir unsere täglichen Aufgaben vernachlässigten, würden wir ein paar Monate später hungern. So einfach war das.«

Von Sar kam niemals ein Lebenszeichen, keine Briefe, keine Grüße, gar nichts. 1969, nachdem er sechs Jahre im Dschungel verbracht hatte, änderte er seinen Namen in Pol Pot. Die Namensänderung geschah natürlich im Geheimen. Von nun an würde es unmöglich sein, ihn aufzuspüren. Nhep fand sich mit der Ungewissheit über das Schicksal seines Bruders ab.

1969 wurde ein kritisches Jahr für Kambodscha. In Vietnam war der Krieg in vollem Gange. Die Amerikaner verdächtigten Nordvietnam, geheime Stützpunkte auf kambodschanischem Boden zu unterhalten. Präsident Nixon und sein Sicherheitsberater Henry Kissinger waren sich darin einig, dass diese Stützpunkte bombardiert werden mussten. So wurde der Luftkrieg auf den östlichen Teil Kambodschas ausgedehnt. Tausende wurden verstümmelt und getötet. Je zahlreicher die Roten Khmer wurden, desto größere Landesteile wurden von amerikanischen Bombern verwüstet.

»Ich glaube, es war 1971«, sagt Nhep. »Bis dahin waren wir uns sicher, dass die amerikanischen Bomber für uns keine Bedrohung darstellten. Da hörten wir plötzlich mehrere laute Explosionen, und im nächsten Augenblick stand das ganze Dorf in Flammen. Die Kinder heulten und schrien. Wir ließen alles stehen und liegen und rannten auf den Markplatz.«

Viele wurden an diesem Tag getötet, und gegen Abend war aus dem Marktplatz ein Lazarett geworden.

»Oh, ich werde das nie vergessen! In den nächsten Jahren lebten wir unter erbärmlichen Zuständen und hatten stets Angst, erneut bombardiert zu werden.«

Zu diesem Zeitpunkt hatte keiner der Roten Khmer seinen Fuß nach Prek Sbauv gesetzt, behauptet Nhep. Die Leute redeten zwar von ihnen, doch nur wenige, wenn überhaupt jemand, hatten einmal Mitglieder der Roten Khmer zu Gesicht bekommen. Gerüchten zufolge waren sie äußerst brutal und töteten Zivilisten, ohne mit der Wimper zu zucken. Andere betonten, sie würden die Bauern vor ihren Unterdrückern – Offizieren, Beamten und Geldverleihern – beschützen. Außerdem seien sie Patrioten, und Kambodscha sollte doch den Kambodschanern gehören. Nhep ist der Meinung, dass die maßlosen Bombardierungen der Amerikaner Tausende zweifelnder Kambodschaner in die Arme von Pol Pot und seinen Leuten getrieben hat.

Am Ende hatten die Amerikaner mehr Bomben über Kambodscha abgeworfen als über Japan in der Endphase des Zweiten Weltkriegs. Kein Winkel wurde verschont, und der Begriff der Flächenbombardierung bekam eine neue Dimension. Der furchtbare Höhepunkt war erreicht, als ein Bomber irrtümlich das südwestlich von Phnom Penh gelegene Dorf Neak Luong auslöschte und 173 Einwohner tötete. Der Pilot wurde zu einer Geldstrafe von 700 Dollar verurteilt.

Nachdem die Roten Khmer 1975 gesiegt hatten, atmeten viele erleichtert auf, auch Nhep.

»Das Einzige, wonach wir uns sehnten, war Frieden. Wir träumten davon, Prek Sbauv wiederaufzubauen, unsere Kinder zur Schule zu schicken und ein normales Leben zu führen.«

Doch die Roten Khmer wollten es anders. Durch die Evakuierung Phnom Penhs gab es auf einmal drei Millionen Obdachlose, und Prek Sbauv quoll nur so über von Flüchtlingen. Saloth Chhay jedoch, Nheps ältester Bruder, überlebte die Vertreibung aus Phnom Penh nicht.

Nheps Stimme wird schwach und zitternd.

»Chhay war mein großes Vorbild. Als kleiner Bruder habe ich stets zu ihm aufgeblickt. Dass er jämmerlich am Wegesrand verreckte, einsam und verlassen, habe ich nie verwinden können.«

Für Nhep wie für die meisten anderen waren die folgenden vier Jahre ein einziger Albtraum. Nachdem die Roten Khmer vollends das Kommando übernommen hatten, wurde der geringste Verdacht des Widerstands mit dem Tode bestraft. Die Menschen waren starr vor Angst und hörten auf, miteinander zu reden.

»Lassen wir es dabei bewenden ... Ich bin ein alter Mann und habe nicht mehr genug Kraft, um in der Vergangenheit zu graben. Wenn ich noch ein paar Jahre weiterleben will, muss ich den Blick nach vorn richten.«

Es entsteht eine kleine Pause, bevor Nhep von allein fortfährt:

»Es waren grausame Zeiten. Alle haben gelitten, aber vielleicht bin ich doch etwas billiger davongekommen als viele andere.«

»Wie meinen Sie das?«

»Hin und wieder musste ich Reis, Kartoffeln oder Gemüse mit dem Ochsenkarren befördern, und wenn niemand hinschaute, habe ich mich einfach daran bedient. Ansonsten hatten wir ja nur sehr wenig zu essen.«

»Hatten Sie selbst irgendeine Verbindung zu den Roten Khmer?«

»Niemals! Die Soldaten der Roten Khmer waren ja sehr jung, oft erst vierzehn oder fünfzehn Jahre alt, die Offiziere so um die zwanzig. Ich selbst war schon fast 50. Eigentlich hat mich Politik nie interessiert. Manchmal mache ich das Radio an, aber nur um Musik zu hören.«

Die Revolution hielt schon drei Jahre lang an, als die Einwohner von Prek Sbauv zu einer Versammlung einberufen wurden. Ein junger Mann ging mit einem Megafon von Haus zu Haus und forderte die Leute auf, sich an der Gemeinschaftsküche des Dorfes einzufinden.

»Dort erfuhren wir dann zum ersten Mal, dass unser Land von der Kambodschanischen Kommunistischen Partei regiert werde. Diese Partei sagte uns gar nichts, und auch den Namen des Parteichefs, Pol Pot, hatten wir noch nie gehört. Dann wurde ein großes Bild in die Höhe gehalten. Ich erkannte ihn sofort wieder. Es war ein Bild von Sar.«

»Wie haben Sie reagiert?«

»Natürlich war das ein Schock, doch ich ließ mir nichts anmerken. Die im Kollektiv wohnten, kamen aus allen Landesteilen und sprachen verschiedenste Dialekte. Niemand von ihnen wusste, dass Pol Pot aus Prek Sbauv stammte und im Haus hinter der Gemeinschaftsküche geboren worden war.«

»Was geschah dann?«

»In der folgenden Zeit trafen wir uns zweimal täglich in der Gemeinschaftsküche, um zu essen, politischen Reden zu lauschen und Pol Pot zu huldigen. Wir ballten die Fäuste und riefen Schlagworte. Doch im Lauf des Herbstes ließ die Disziplin merklich nach, und da die politischen Führer der Reihe nach verschwanden, begriffen wir, dass etwas faul war.«

»Dass das Regime sich auflöste?«

»Genau. Plötzlich waren wir wieder uns selbst überlassen.«

Für den Bruder Pol Pots wie für die meisten anderen war der Sturz des Regimes eine Befreiung. Allmählich kehrte das Leben in seine alten Bahnen zurück. Die Fremden machten sich davon, während die Überlebenden in ihre Dörfer zurückkehrten. Es war ein trauriger Anblick. Die dreieinhalb Jahre der Revolution hatten sie völlig ausgezehrt. Manche starben nur wenige Tage nach ihrer Heimkehr an Krankheit, Hunger und Erschöpfung. Die Kinder wirkten völlig apathisch. Dennoch mussten sie wieder zur Schule geschickt werden.

So machte man sich als Erstes daran, die alte Schule wieder aufzubauen. Saloth Neph leitete die Bauarbeiten zwanzig Jahre lang, dann war er der örtliche Schuldirektor. Inzwischen ist er in Pension gegangen, bezieht jedoch keine Rente. »Für so etwas haben wir kein Geld. Die alten Leute müssen eben zusehen, dass sie irgendwie klarkommen, ganz unabhängig davon, was sie früher getan haben. Aber ich will nicht klagen, ich bekomme ja genug zu essen.«

Die Dämmerung hat bereits eingesetzt, als Nhep mit Tochter, Schwiegersohn und Enkelin zu Abend essen will. Aus dem Suppentopf steigt Dampf auf, und zum Nachtisch wird sicher jeder von ihnen ein Stück Pagodenkuchen bekommen.

»Danke, dass Sie gekommen sind«, sagt Nhep bescheiden.

»Du solltest ihm ein paar Dollar geben, bevor wir fahren«, flüstert mir Keo zu. »Er hat doch immerhin ein paar Stunden für uns geopfert.«

Ich krame ein wenig in meiner Hosentasche und ziehe schließlich einen Zwanzigdollarschein heraus. Nhep bedankt sich erneut und nimmt ihn freundlich lächelnd entgegen.

»Was tun Sie, wenn der Abend kommt?«, fragt Keo.

»Dann lese ich buddhistische Texte, bis ich müde werde.«

Die Mehrzahl der Einwohner in Prek Sbauv sind Buddhisten, so wie Nhep. Doch manche besuchen auch die Bischofskirche oder das katholische Gotteshaus, die sich heute im Dorf befinden. Beide machen gute Arbeit, sagt Nhep, vor allem die Bischofskirche, die Reis und andere Nahrungsmittel an die Armen verteilt und Kranke umsonst zum Arzt bringen lässt. Zwar sind nicht alle im Dorf so begeistert vom Engagement der Fremden, doch Nhep meint, in seinem Alter sei es beruhigend, so barmherzige Menschen um sich zu wissen.

»Ich kann mich nicht beklagen«, fügt er hinzu und steht auf.

»Wirklich nicht?«

»Ich bin Pol Pots Bruder, das ist eine Tatsache. Doch alle, die mich kennen, wissen, dass ich ein Opfer war. Ich habe genauso gelitten wie alle anderen, deshalb komme ich auch gut mit den Nachbarn aus.«

Unser Tanz ist die Seele der Nation.
Ohne ihn kommt Kambodscha zum Stillstand.

PRINZESSIN BOPHA DEVI

Die Prinzessin und ich

Es ist schon spät, doch der Mann an der Rezeption des Star Hotel ist hellwach.

»*You have mail!*«, sagt er mit bedeutungsvoller Stimme. »*And it's very important!*«

Er schließt eine Schublade auf und überreicht mir einen Brief. Seine Hände zittern ein wenig. Auf dem Umschlag steht: *Her Royal Highness Princess Bopha Devi of Cambodia*. Die zierlichen goldenen Buchstaben erinnern mich an die Apsara-Tänzerinnen, die den kambodschanischen Hof jahrhundertelang mit Leben und Schönheit erfüllt haben.

Die Prinzessin hat meiner Bitte entsprochen und mich zum Tee eingeladen – nicht in den königlichen Palast, sondern in ihr Büro im Senat. Vor ein paar Jahren ist die ehemalige Primaballerina des königlichen Balletts Senatorin geworden. Vorher amtierte sie als Kulturministerin. Die historische Khmerkultur, vor allem deren klassischen Tanz, wiederzubeleben, ist ihr eine Herzensangelegenheit. »Unser Tanz ist die Seele der Nation«, hat sie in einem Zeitungsinterview gesagt, das ich ausgeschnitten habe. »Ohne ihn kommt Kambodscha zum Stillstand.«

Über ein Jahrtausend lang waren tanzende Frauen ein fester Bestandteil im Königshaus des Khmer-Reichs. Auf den Steinreliefs in Angkor Wat tanzen sie buchstäblich mehrere hundert Meter weit. Die Könige wollten es so, aber natürlich nicht nur in Stein. So entstand das königliche Ballett – der konzentrierte Ausdruck für die Schönheit und Grazie der Khmerfrauen.

Eine Kostprobe davon erhielt der Schriftsteller William Somerset Maugham 1929, als er dem sagenumwobenen Angkor, der alten Königsresidenz westlich des Tonle Sap, einen Besuch abstattete. Angesichts der Vielzahl verlassener Tempel fühlte er sich wie in einer anderen Welt und wurde an seinem letzten Besuchstag von Melancholie ergriffen:

»Zu diesem Zeitpunkt wurde ich gewahr, wie schwer es mir fallen würde, diesen Ort wieder zu verlassen, unabhängig davon, wann das sein würde. Die stummen Ruinen schienen ein Rätsel zu bergen, das mich zum Bleiben veranlasste. Mir war, als sei ich einem eigentümlichen und diffusen Geheimnis auf der Spur. Eine Melodie schien die Luft zu erfüllen, doch so leise, dass meine Ohren nicht in der Lage waren, sie zu vernehmen.«

Doch dann, im letzten Moment, erlebte er den Höhepunkt seiner Reise.

»An diesem Abend trat eine Gruppe kambodschanischer Tänzerinnen auf der Terrasse vor dem Tempel auf. Wir wurden von jungen Männern über die Brücke geleitet, die Hunderte brennender Fackeln trugen. Das Harz, aus dem die Fackeln bestanden, erfüllte die Luft mit einem strengen, doch angenehmen Duft. Die jungen Männer bildeten einen flackernden Feuerkreis auf der Terrasse, und inmitten dieses Kreises schwebten die Tänzerinnen. Die Musiker, die von der Dunkelheit verborgen wurden, bliesen in Flöten, schlugen auf Trommeln und Becken. Es war eine sanfte, rhythmische Musik, die meine Nerven in Schwingungen versetzte. [...] Die Tänzer – vornehmlich Frauen, doch auch einige Männer befanden sich darunter –, trugen eng anliegende Kleider und auf ihren Köpfen große, vergoldete Kronen. Die ausdruckslosen Gesichter waren so weiß gepudert, dass sie wie Masken wirkten. Keinerlei Regungen durften ihren erstarrten Ausdruck beeinträchtigen. Ihre Hände waren schön, mit feinen, spitzen Fingern, die sorgsam einstudierte, filigrane Gesten vollführten – es waren die gleichen Bewegungen, die vor langer Zeit in Angkors Tempelsteine geritzt worden waren. Als der Tanz beendet war, wurden die Fackeln gelöscht. Die kleine Zuschauerschar verschwand in der Nacht, doch ich selbst blieb noch eine Zeit lang sitzen, um Angkors fünf Türme zu betrachten.«

Ich treffe die letzten Vorbereitungen. Meine dunkle Hose ist in der Wäsche gewesen. In einem benachbarten Viertel, unweit des New World Beauty Hair Saloon, habe ich mir ein blendend weißes Hemd und eine modern gemusterte Seidenkrawatte gekauft. Meine schwarzen Schuhe sind auf Hochglanz poliert.

»Ein Jackett erübrigt sich, das wird zu warm«, sagt Bunly, mein Dolmetscher.

»Französisches Rasierwasser?«

Bunly nickt. Kurz darauf steigen wir in den wartenden Wagen. »Du riechst wirklich gut«, sagt Bunly vom Rücksitz aus. »Und eines musst du wissen: Ihre Königliche Hoheit liebt alles Französische.«

»Bist du sicher?«

»Natürlich. Sie hat in Frankreich studiert und fliegt so oft, wie es ihre Termine zulassen, nach Paris.«

»Da könnte man neidisch werden.«

»Und nach Versailles ...«

Bunly hat recht, denn in meinen Unterlagen lese ich, dass Ihre Königliche Hoheit gemeinsam mit dem königlichen Ballett vor Jahren eine Reise nach Versailles unternommen hat. Die Aufführung unter den Kronleuchtern Ludwigs des XIV. muss einen ganz und gar unwirklichen Eindruck gemacht haben, denn als die Töne der feinen Xylofone verstummt waren, blieb das Publikum schweigend und regungslos sitzen, als sei es in Trance gefallen.

Uniformierte Wachen winken uns durch das große Einfahrtstor des Senats in einen Innenhof, der mit leuchtend roten Rosen dekoriert ist. Eine Frau steht auf der Treppe und nimmt uns in Empfang. Sie ist die Sekretärin der Prinzessin. Im Vorzimmer nasche ich von den Trauben, die vor mir auf dem Tisch stehen. »Einen Augenblick«, sagt die Sekretärin. »Die Prinzessin kommt gleich.«

Und schon trippelt sie lächelnd auf uns zu, klein und zierlich, in einem blauen Seidenkostüm. Ihre Königliche Hoheit ist 62 Jahre alt, hat aber vermutlich kein Gramm zugelegt, seit sie einst ihre Ballettkarriere beendete. »Willkommen in Kambodscha«, sagt sie, reicht mir graziös die Hand und bittet mich in ihr Büro. Während ich ihr folge, kommen mir Zweifel, ob es mein französisches Rasierwasser mit ihrem betörenden französischen Parfum aufnehmen kann.

Sie macht einen stolzen und glücklichen Eindruck und hat auch allen Grund dazu. Denn 1000 Jahre, nachdem der spezifische kambodschanische Tanz geschaffen wurde, hat ihn die UNESCO zum Weltkulturerbe erklärt. »Diese Ernennung ist ein Meilenstein in der langen Geschichte unseres Landes«, sagt sie strahlend.

Auf ihrem spiegelblanken Schreibtisch stehen ein Blumenarrangement sowie zwei gerahmte Schwarzweißfotos ihrer Eltern. Prinzessin Bopha Devi wurde im Januar 1943 als Tochter von König Sihanouk und Königin Neak geboren. Als Fünfjährige machte sie die ersten Tanzschritte und wurde zehn Jahre später in das königliche Ballett aufgenommen. Nach nur drei Jahren wurde sie dessen Primaballerina. Zahlreiche Auszeichnungen und Ehrungen hat sie seitdem in Empfang nehmen dürfen. Stellvertretend sei der königliche Orden aus dem Jahr 2001 genannt, dessen vollständigen Namen Sie als Sprechübung betrachten sollten: Samdech Preah Moha Ksat Trei Yani Preah Sisowath Monivong Kossomak Nearyrath Class Moha Sereivadh.

»Ich habe ein erfülltes Leben gehabt«, sagt sie bescheiden.

Doch hinter ihrem untadeligen Äußeren ahnt man leise die Entbehrungen und Tragödien, die eng mit der blutigen Geschichte ihres Landes verbunden sind.

Königin Kossomak, ihre willensstarke Großmutter, wollte sie zur größten Tänzerin unter dem Himmel machen. Ein Großteil ihrer Kindheit bestand also aus hartem, unerbittlichem Training unter dem strengen Regiment dieser Großmutter. Als sie sechzehn Jahre alt wurde, läuteten die Hochzeitsglocken. In den folgenden Jahren erblickten fünf Kinder, drei Prinzessinnen und zwei Prinzen, das Licht der Welt. Erstaunlicherweise fand sie zwischen den Geburten die Kraft, ihre Ballettkarriere fortzusetzen. So tanzte sie weiter für die Königsfamilie und deren Gäste: für Zhou Enlai, Charles de Gaulle, Richard Nixon und viele andere, ja selbst für den Kaiser von Äthiopien, Haile Selassie.

Als König Sihanouk 1970 abgesetzt wurde, zog es Bopha Devi nach Frankreich. Fünf Jahre später fielen die Roten Khmer in Phnom Penh ein.

»Sofort fragte ich mich, was ich tun könnte, um den Tanz und all das zu retten, was unsere Kultur in 1000 Jahren entwickelt und veredelt hatte.«

Die Antwort fand sie in kambodschanischen Flüchtlingslagern in Thailand. Sie fuhr von Lager zu Lager und animierte viele Kinder zu Musik und Tanz – ein Funken der Hoffnung in dunklen Zeiten. Selbst nachdem viele Flüchtlinge Asyl im Ausland, häufig in den USA oder Frankreich, erhalten hatten, reiste Bopha Devi ihnen nach, um ihre Verbindung zum Tanz und zur Khmerkultur am Leben zu erhalten. Die Terrorherrschaft der Roten Khmer, so sagte sie sich, würde sicher nur wenige Jahre anhalten.

Sie behielt recht. »Es war so schön, nach Hause zu kommen«, sagt sie leise, »aber auch furchtbar.«

Zahlreiche Tragödien hatten sich abgespielt, und so viele ihrer Freunde und Verwandten, die sie hatte wiedersehen wollen, waren von den Roten Khmer getötet worden. Vom königlichen Ballett hatten nur wenige Tänzerinnen überlebt. Der einzige Ballettprofessor des Landes, Chheng Phon, hatte sein Leben gerettet, indem er sich in den Wäldern nahe der laotischen Grenze versteckte. Die berühmte Tänzerin Chea Samy hielt sich in einem armen Dorf versteckt, das von verschiedenen ethnischen Minderheiten bewohnt wurde. Dort wusste niemand, wer sie war. Die meisten Tänzer, die zu fliehen versucht hatten, verrieten sich durch ihre Bewegungen und ihre gesamte Erscheinung. Als Künstler und Intellektuelle zählten sie zur alten feudalen Klasse und wurden als Volksfeinde betrachtet. Alles, was mit ihrem Beruf in Verbindung stand, ihre Kleider und Instrumente, galten als Relikte der Vergangenheit und wurden zerstört.

»Als wir das Ballett wiederaufbauen wollten, mussten wir bei Null anfangen. Wir hatten nichts als unseren Willen und unsere Träume.«

Die Neugründung des Balletts begann mit einem schweren Unglück. 1995 brannte das prächtige Bassac-Theater, in dem die Vorführungen des Balletts stattfanden, vollkommen ab, und zwei Jahre später entschied sich Bopha Devi, abermals das Land zu verlassen. Die innenpolitische Situation war immer noch labil, geprägt von Unruhen und plötzlichen Racheakten. Als die Lage sich beruhigt hatte, kehrte sie das zweite Mal in ihre Heimat zurück und wurde Kulturministerin. Vier Jahre lang hatte sie nun die Möglichkeit, die alte Khmerkultur wiederzubeleben. »Vieles ist damals erreicht worden«, sagt sie heute, wenngleich die finanziellen Mittel äußerst bescheiden waren.

»Nehmen Sie nur das königliche Ballett als Beispiel. Heute tanzt es wieder, doch sind die Gagen so gering, dass Tänzer und Lehrer sich gerade mal über Wasser halten können.«

»Was verdient ein Mitglied des königlichen Ensembles?«

»Ungefähr zwanzig Dollar im Monat. Und trotzdem tanzen sie. Wir Kambodschaner sind zwar arm, doch haben wir nie den Sinn für unsere kulturelle Vergangenheit verloren.«

Die Apsaras, Kambodschas klassische Tänzerinnen, wurden ursprünglich als göttliche Boten betrachtet. Auf Java und in Indien gab es bereits Vorbilder, und ein Teil der Inspiration geht zweifellos auf das farbenprächtigste Epos des Hinduismus, das *Ramayana*, zurück. Als im neunten Jahrhundert das mächtige Khmer-Reich von Angkor entstand, wurde dieser Tanz am Königshof eingeführt. Im Lauf der Zeit wurden Bewegungen und Inhalt den Traditionen des Khmervolkes angepasst. Die Anzahl der Tänzerinnen nahm ständig zu und soll unter dem mächtigen König Jayavarman VII., der im zwöften Jahrhundert regierte, bis auf 3000 gestiegen sein!

»Damals war offenbar mehr Geld in der Kasse«, sagt die Prinzessin lächelnd.

Doch auch damals gab es ein tragisches Ende. Als die Thais das Reich überfielen und der letzte König von Angkor starb, wurden die Tänzerinnen gefangen genommen und nach Thailand verschleppt.

Im neuen Jahrtausend will Bopha Devi alles dafür tun, um das königliche Ballett am Leben zu erhalten. Wann immer es ihr Terminplan zulässt, steht sie frühmorgens auf, um die auserwählten Tänzerinnen anzuleiten. Die jüngsten von ihnen sind erst sechs Jahre alt, denn wer eine geschmeidige Apsara werden will, der muss rechtzeitig damit anfangen, Sehnen und Gelenke – vor allem der Hände – zu dehnen und zu strecken. Die Apsaras vermitteln ihre Botschaften und Gefühle vor allem durch ihre grazilen Handbewegungen. Trauer und Glück, Liebe, Hass und Eifersucht – für jede Regung gibt es in der eigentümlichen Welt der Apsaras eine bestimmte Geste.

Bopha Devi wirft einen verstohlenen Blick auf die Uhr. Vielleicht muss sie einen politischen Termin wahrnehmen. Doch merkwürdigerweise kann ich sie mir kaum als Politikerin vorstellen. Immer noch sehe ich die Tänzerin in ihr, die zierliche klassische Schönheit, deren Teint ein wenig dunkler ist als bei den meisten Kambodschanerinnen. Der stilisierte Ausdruck, den sie auf alten Apsara-Bildern und offiziellen Porträts hat, stimmt nicht mit der Wirklichkeit überein. Nein, hinter der starren Maske verbirgt sich eine lebendige, warmherzige Persönlichkeit mit viel Charme.

Ich frage sie, ob sie dem König Grüße bestellen könne.

»Ich sehe ihn nur selten. Als König hat er einfach so schrecklich viel um die Ohren!«

Sie streckt lachend die Arme in die Luft.

Zehn Jahre trennen die beiden voneinander. Den Vater haben sie gemeinsam, doch nicht die Mutter. Als Kinder spielten sie nicht eine Sekunde miteinander, doch als Erwachsene haben sie den Tanz als Gemeinsamkeit gefunden. Unberechenbare Kräfte – nennen wir sie »Schicksal« – haben sie hierhin und dorthin getrieben, doch nun, da Kambodscha zur Ruhe kommt, können sie in Frieden leben. Endlich.

»So habe ich sie noch nie erlebt«, sagt Bunly, als wir wieder ins Auto steigen. »Sie ist viel sanfter, als ich gedacht habe. Auch warmherziger.« Nach einer kurzen Pause fragt er mich, ob ich wisse, was Devi bedeutet.

»Ja – Göttin!«

»Genau. Doch jetzt habe ich sie als Mensch erlebt.«

Etwas fehlt. Noch immer habe ich die himmlischen Apsaras nicht tanzen sehen. Hin und wieder treten sie in Phnom Penh auf, an der Royal University of Fine Arts und in einigen großen Hotels. Doch Bunly muss mich enttäuschen. In der nächsten Woche ist keine Vorstellung angekündigt, und in der übernächsten auch nicht. Angeblich befinden sie sich in einer intensiven Probenphase. »Dann siehst du sie dir eben in Angkor Wat an«, meint er.

Ich werde nach Angkor fahren, der ersten Tempelstadt auf Erden! Vor mir liegen ein Streifen Wasser, der Fluss Tonle Sap, sowie der See gleichen Namens. Wo das Wasser endet, werde ich sowohl die Apsaras als auch die Tempel und die fünf Türme kennen lernen.

Auf der ganzen Welt gibt es kein Monument, das diesem gleichkommt. Es ist unbeschreiblich. Der Besucher begnügt sich damit, es stumm zu bewundern.

ROBERT J. CASEY

Etwas Vergleichbares gibt es nicht

Ein blutroter Sonnenaufgang, doch habe ich keine Zeit, um ihn zu genießen, denn das Schiff nach Angkor wird gleich ablegen. Wenn ich den Hals recke, sehe ich das schmale Fahrzeug von meinem Hotelfenster aus. Die Reise wird fünf, vielleicht sechs Stunden dauern. Das hänge vor allem vom Wasserstand ab, sagt der Piccolo. Wir laufen zur Landungsbrücke, wo die Passagiere von fliegenden Händlern umringt werden. »Frisches Baguette!«, ruft einer von ihnen, der den Schoß voller länglicher, goldgelber Brote hat. Sie duften so verführerisch, dass ich nicht widerstehen kann und gleich zwei von ihnen kaufe. »Käse!«, höre ich hinter mir, »Bananen, Pfirsiche, Aprikosen! Warmer Kaffee!«

Leb wohl, Phnom Penh. So arm du auch bist, ich habe dich richtig gern, bin fast ein wenig verliebt in dich. Mit Wat Phnom, dem kleinen Tempelberg, als stillem Zuschauer, legen wir ab und bahnen uns den Weg durch das rötlich schimmernde Wasser. Von hier aus bis zum Tonle-Sap-See sind es angeblich 140 Kilometer. Ich habe also genug Zeit, mich Baguette und Kaffee zu widmen und vielleicht noch ein kleines Schläfchen zu halten.

Während ich es mir unter dem Dach des schlanken Wasserfahrzeugs gemütlich mache, ziehen die letzten Häuser an mir vorüber, und das Wasser wechselt allmählich seine Farbe: von Rosa zu Gelb und Ocker, bis es schließlich schmutzig braun aussieht. Ich mache mich über Baguette und Käse her und spüle alles mit dem warmen Kaffee hinunter. Was ist Glück?, haben sich die Menschen seit Anbeginn der Zeiten gefragt. Das hier – das ist Glück.

Wie eine träge Schlange windet sich der Fluss gen Westen. Es ist Trockenzeit, doch schmaler sei er noch nie gewesen, sagt einer der Passagiere, ein älterer Mann, der kalten Reis aus einem rechteckigen Blechbehälter isst. Ein

Kahn voller orangefarben gekleideter Mönche kommt uns entgegen. Als uns immer mehr Fischer, Kinder und Wasserbüffel in die Quere kommen, drosseln wir die Geschwindigkeit. Zu beiden Seiten des Flusses drängen sich baufällige Häuser unter hohen Palmen und Banyanbäumen mit ihren charakteristischen Luftwurzeln. Goldene Tempel blinken in der Sonne. Einige Frauen sind in den Fluss hinausgewatet, um sich die Haare zu waschen; andere spülen ihre Kleider, doch niemand nimmt von uns Notiz, denn die Boote gehören zum Fluss dazu. Am Ufer hocken ein paar Kinder und starren in den feuchten Sand, vermutlich beobachten sie irgendwelche Kriechtiere.

Ich frage mich, wie diese Landschaft im Herbst aussehen mag, wenn die Regenzeit vorbei ist und das Königreich Kambodscha unter Wasser steht. Die ersten Regenschauer kommen für gewöhnlich im Mai, und in den folgenden Monaten, bis in den Oktober hinein, ist der Regengott fast täglich zu Gast. Gleichzeitig lässt das Schmelzwasser aus Tibet den Mekong anschwellen. Das überschüssige Wasser zwingt den Tonle-Sap-Fluss zu einem Richtungswechsel, ein seltenes hydrologisches Phänomen. Das Wasser fließt zurück in den See, aus dem es kommt, und während Donnerschläge das Land erzittern lassen, steigt das Wasser des Sees von anderthalb auf vierzehn Meter. Er vergrößert sich um das Sechsfache und zwingt die Anwohner zum Rückzug. So geschieht es seit Tausenden von Jahren, in einem genau berechneten Rhythmus, unter der unerbittlichen Regentschaft des Regengotts.

Die Bewegungen des Wassers haben den Tonle Sap zu einem Eldorado für Fischer gemacht. Wenn das Ende der Regenzeit den Beginn der Fangsaison einläutet, begeht Kambodscha ein dreitägiges Wasserfest – ein Dank an die Götter. Der genaue Zeitpunkt hängt vom Stand des Monds ab, denn wenn das Wasser die Richtung ändert und das große Fischen beginnt, soll Vollmond sein. In Phnom Penh stehen eine Million Schaulustige an den Ufern, um der jährlichen Regatta beizuwohnen. Mehrere hundert Boote, bemannt mit bis zu 40 Ruderern, konkurrieren darum, als Erstes die Ziellinie zu passieren. Den Gewinnern wird die große Ehre zuteil, vor dem König knien zu dürfen. Es wird gesungen und getanzt, während das chinesische Feuerwerk in den blauschwarzen Nachthimmel steigt. Der Fisch aus dem Tonle Sap ist Kambodschas Proteinquelle Nummer eins – ja, es gibt viel zu feiern.

»Wachen Sie auf!«, sagt eines der Besatzungsmitglieder. »Wir müssen das Boot wechseln.«

Backbord legt der Kapitän an einer gebrechlichen Landungsbrücke an. Den Fluss haben wir hinter uns gelassen, jetzt geht es weiter zum See, und dazu müssen wir in ein flaches Boot umsteigen.

Wie merkwürdig. Der weitere Weg ist buchstäblich abgesteckt, und so folgt unser Boot den im Grund verankerten Bambusstangen, die in regelmäßigen Abständen aus dem Wasser ragen. Während der Schlamm aufspritzt, nehmen wir Kurs auf das heilige Angkor. Zu dieser Jahreszeit ist der See zirka 3000 Quadratkilometer groß. Alles ist geschrumpft. Ein Mann mit Strohhut watet gemächlich durch den Fluss. Das Wasser reicht ihm bis zur Brust. Wo kommt er her, wo will er hin? Und direkt vor uns schaukelt ein schwimmendes Dorf vor sich hin, eines von vielen.

»Wir brauchen Benzin«, sagt der Steuermann.

Glücklicherweise gibt es hier schwimmende Tankstellen. Wir legen an einer an und werden mit Benzin aus Plastikkanistern versorgt. Wer hungrig ist, lässt sich in schwimmenden Restaurants nieder, in denen es verführerisch nach Zwiebeln und Koriander duftet. Wer keinen Reis mehr hat, füllt seine Bestände beim schwimmenden Reishändler auf. Aus einer schwimmenden Schule dringt leiser Kindergesang, und die schwimmende Hebamme tut alles, um den Schwangeren zur Hilfe zu eilen. Wer etwas auf dem Kerbholz hat, wird auf dem schwimmenden Polizeirevier in Gewahrsam genommen. Wessen Schuhe aus dem Leim gehen, der wendet sich an den schwimmenden Schuster, und wen Kopfschmerzen plagen, dem verkauft das schwimmende Krankenhaus Tabletten in allerlei Farben. Und selbst an schwimmender Seelsorge mangelt es nicht, denn ein gottesfürchtiger Vietnamese ist von Sonnenaufgang bis Sonnenuntergang ganz Ohr.

Alles fließt. Auf dem großen See ruhen Hunderte von Dörfern auf leeren Benzinfässern und hohlen Bambusstangen. Die Hütten bestehen aus Pappen, Planken und geflochtenen Strohdächern, manchmal ein wenig Wellblech. Unzählige Fernsehantennen ragen in den blauen Himmel. Wasserstraßen als Handelsstraßen, angefüllt von Menschen in farbenprächtigen Kleidern. Sie tragen *kramas*, die traditionellen dünnen Baumwollschals, und Strohhüte zum Schutz gegen die Sonne. Ihre Boote liegen durch den Kohl, die Früchte und Kokosnüsse, die sie geladen haben, tief im Wasser.

Exotisch, gewiss, doch auch hier ist die Versorgung mit einigen wenigen Lebensmitteln eine schweißtreibende Angelegenheit. »Das Einzige, was wir haben, ist Fisch«, sagt ein Einheimischer. »Alles andere müssen wir kaufen. Und jetzt, gegen Ende der Trockenzeit, ist es verboten, im Tonle Sap zu fischen. Die Fischer blicken bereits erwartungsvoll in den Himmel, denn der Tagesfang kann groß werden, wenn der Regen den See erst einmal bis zum Rand gefüllt hat – im besten Fall 200 Kilo pro Familie.«

Rund um mich her wird vietnamesisch gesprochen, denn viele der Fischer sind vietnamesischer Abstammung. Als kambodschanische Bürger fischen sie bereits seit Generationen im Tonle Sap. Doch Pol Pot hasste sie. »Jagt sie davon, oder tötet sie, wenn es sein muss!« Die Soldaten gehorchten, und schon bald färbte sich das Wasser rot vom Blut der vietnamesischen Opfer. Doch jetzt ist Frieden, und der vietnamesische Priester auf seinem Boot sagt: »Jeden Morgen bete ich dafür, dass wir, die auf dem großen See wohnen, weiter in Frieden zusammenleben.«

»Alles einsteigen!«

Das Wort der Mannschaft ist Gesetz, und so setzen wir unsere Fahrt fort. Von nun an sind nur noch wenige Boote zu sehen. Die Welt wird schläfrig und grau. Da war die Überfahrt des Franzosen P. Jeannerat de Berski im Oktober 1920 schon weitaus spannender. Die Regenzeit war vorbei, und der See schien vor Fischen nur so zu brodeln. Die Reise begann im goldenen Mondlicht, doch der Gestank war nahezu unerträglich. »... nicht der Geruch, der die Sommernächte parfümiert, nein, es war eher der Geruch, den der Wind von einem blutigen Schlachtfeld herüberträgt, ein Geruch, der einem Kopfschmerzen bereitet, nach verfaultem Fleisch und geronnenem Blut [...] An einem fernen Strand bellt ein Hund den Mond an, während man von einer Angst übermannt wird, die stärker als Todesangst ist. Völlig erschöpft schläft man ein, und wenn man am Morgen erwacht, weiß man plötzlich, warum man solch eine Angst hatte: Die Sonne hat einen fieberkrank gemacht, und in der Nacht segelte man durch verfaulte Fischabfälle, denn dies ist die Jahreszeit, in der die Fische zu Tausenden gefangen und ihre Abfälle in den See geworfen werden.«

Doch jetzt haben wir April. Niemand braucht Todesangst zu haben, und der Geruch ist erträglich. Wenige Stunden später legen wir an und springen auf eine Brücke, die aus brüchigen Streichhölzern zu bestehen scheint. Ein Wegweiser zeigt in Richtung eines schlammigen Ufers, an dem nicht die geringste Bebauung zu sehen ist. Ein Hund trottet gleichgültig vorüber. Auf einem Müllhaufen hinter einem verrotteten Kahn haben sich die Ratten zu einem Festschmaus versammelt. Soll das etwas das sagenumwobene Angkor sein, eines der mächtigsten Reiche in der asiatischen Geschichte?

Ehe wir auch nur die Andeutung eines Wegs erkennen, müssen wir uns ein Stück weit ins bleiche Dickicht vorkämpfen, wo ein paar Autos auf uns warten. Eine halbe Stunde später haben wir Siem Reap erreicht, eine rasch wachsende Stadt in Angkors unmittelbarer Nachbarschaft. Überall schießen Hotels aus dem Boden, denn im Zeitalter des Tourismus wollen alle, die ein wenig Sinn für die Aura von Geschichte haben, die Tempelstadt im Dschungel besuchen.

Deren Tore öffnen sich jeden Morgen um fünf Uhr. Noch ist es dunkel, doch der Lichtkegel meines Leihfahrrads lässt mich einiges erkennen. Am Wegesrand sitzen die Baguetteverkäufer mit ihren Bambuskörben. Eine Münze wechselt ihren Besitzer, und ein Brot gehört mir. Ich bin einer von vielen mit demselben Ziel. Aus dem Urwald dringen die merkwürdigsten Geräusche, doch gemeinsam sind wir stark. Strampelnd und essend folge ich der langen, stummen Fahrradschlange.

Lange vor dem Ziel warten die ersten Geldeintreiber auf uns. Ein Dreitagespass für die Tempelstadt kostet 40 Dollar, ein Wochenpass 60 Dollar. Die Übersichtskarte, die ich bekommen habe, könnte einen mutlos machen. Auf dem riesigen, 323 Quadratkilometer großen Areal gibt es Hunderte von Tempeln. Doch Angkor Wat, der Mittelpunkt des Imperiums, liegt nur drei Kilometer entfernt. Niemand, der in Kambodscha ist, kann sich seinem Bild entziehen. Es findet sich überall: auf Briefmarken, Banknoten, Servietten, Tischdecken, Teppichen und Gemälden, ja selbst die Nationalflagge wird von dem Tempel mit den stolzen Türmen geschmückt.

Obwohl der Weg flach ist, bin ich ziemlich aus der Puste geraten. Ich biege noch einmal links ab, die Landschaft öffnet sich – dann türmt sich mit einem Mal ein wundersames Bauwerk vor mir auf. »Auf der ganzen Welt gibt es kein Monument, das diesem gleichkommt«, schrieb der Brite Robert J. Casey 1929. »Es ist unbeschreiblich. Der Besucher begnügt sich damit, es stumm zu bewundern.« An diesem Eindruck hat sich nichts geändert. Wie paralysiert bleibt man stehen; um ein Haar wäre ich vom Fahrrad gefallen. Ein Papayaverkäufer, auch er ein Frühaufsteher, eilt herbei und bietet mir an, für drei Dollar für den Rest des Tages auf mein Fahrrad aufzupassen. Ich nicke – abgemacht.

Die Türme erstrahlen in rostrotem Glanz und versetzen mich plötzlich so in Hochstimmung, dass ich ihnen entgegenlaufe. Ich eile über eine lange Sandsteinbrücke, nehme eine Treppe wie im Flug, haste durch ein Tor und überquere einen offenen Platz. Das nächste Tor saugt mich in das Innere des Tempels. Wenn ich mit den Fingern über die Wände streiche, spüre ich, wie Apsaras und göttliche Wesen tanzen. Krieger marschieren mit erhobenen Lanzen. Und was ist das? Ein zorniger Löwe, eine listige Schlange und tatsächlich: ein Garuda im eleganten Gleitflug. Für die Hindus ist der Garuda ein göttlicher Vogel. In Angkor Wat tun wir es ihm gleich, wir steigen und steigen, denn der Tempel hat gewissermaßen drei Etagen, und über allem thronen die fünf Türme, deren höchster 65 Meter emporragt. Ich schnappe nach Luft und haste weiter, lasse den Hindugott Vishnu und die Galerie mit den 1000 Buddhas links liegen und hetze achtlos an den Tausenden in Sandstein gemeißelten Tänzerinnen vorbei, denn ich habe keine Zeit, um bei ihnen zu verweilen – nicht jetzt. Ich bin wie besessen von dem Gedanken, den höchsten zugänglichen Punkt des Tempels zu erreichen.

Noch mehr Tore und weitere Treppen gilt es zu überwinden, bis ich endlich die oberste Stufe erreicht habe. Dort will ich lange sitzen bleiben, stumm und andächtig, während der größte Steintempel der Welt zu einem neuen Tag erwacht.

Wie hatte dieses riesige Imperium entstehen können?

Lassen Sie uns 1200 Jahre in die Vergangenheit reisen. Zu dieser Zeit betritt ein großer Organisator namens Jayavarman II. die Bühne. Als junger Mann hatte er das hinduistische Java besucht. Wieder zu Hause, führte er Kriege in alle Richtungen und rief sich im Jahr 802 selbst als *devaraja* oder Gottkönig aus – der erste kambodschanische Nationalstaat war geboren.

Jayavarman II. regierte sein Reich von einer nahe Angkor gelegenen Tempelstadt aus. In seiner Nachfolge standen 30 weitere Könige des Khmer-Reiches von Angkor. Jeder von ihnen sah es als seine Lebensaufgabe an, die Grenzen des Khmer-Reiches zu sichern und nach Möglichkeit auszuweiten. Schon unter Jayavarman II. soll es sich vom Meer im Osten bis nach China im Norden erstreckt haben. Im Westen drang man bis auf thailändisches Gebiet vor, im Süden verleibte man sich Teile des heutigen Laos ein.

Lange Zeit war der Hinduismus die wichtigste Religion des Khmervolkes gewesen. Allmählich gewann auch der Buddhismus an Einfluss, doch anstatt sich in die Haare zu kriegen, gelang es Buddhisten und Hindus, weitgehend friedlich miteinander zu leben. In vielen der neuen Tempel, die damals gebaut wurden, war sowohl für Buddha als auch für die zahlreichen Götter des Hinduismus Platz. Vielleicht ist das auch nicht verwunderlich, denn trotz der bestehenden Unterschiede hatten beide Religionen doch viele Gemeinsamkeiten. Der Buddhismus war auf hinduistischem Boden entstanden, und nicht wenige sahen in ihm eine Weiterentwicklung des Hinduismus.

Die Errichtung von Angkor Wat begann unter König Suryavarman II., der im zwölften Jahrhundert lebte. Der König sandte Boten zu den besten Architekten, Steinmetzen und Handwerkern aus. Zahllose Sklaven mussten das Gestein aus dem Fels schlagen und zum Bauplatz transportieren. Dazu benutzten sie den 50 Kilometer nördlich gelegenen heiligen Berg Kulen. Der Transport geschah mit Hilfe von Elefanten und stabilen Flößen.

38 Jahre später, wenige Jahre nach dem Tod des Königs, war der Bau vollendet. Der Tempelbereich wurde 1500 Meter lang und 1300 Meter breit, umgeben von vier dicken Verteidigungsmauern und einem breiten Befesti-

gungsgraben. Das Bauwerk wurde dem Gott Vishnu geweiht – Angkor Wat ist also ein hinduistisches Monument. Für die Hindus ist Vishnu der größte und wichtigste aller Götter. Ihm ist es zu verdanken, dass das Universum immer noch Bestand hat, und im Gegensatz zu Shiva, der sich zum Meditieren öfter in den Wald zurückzieht, greift Vishnu ständig in die Geschehnisse auf Erden ein. Ohne seine Hilfe geht alles schief.

Der mittlere Turm von Angkor Wat symbolisiert Meru, den mystischen Berg der hinduistischen Kosmologie, auch als Wohnsitz der Götter bekannt. Die äußeren Mauern sollen die Berge darstellen, die die Welt umschließen, während der Befestigungsgraben ein Symbol für das unendliche Weltmeer ist. Die ästhetische Balance ist vollkommen, und dem aufmerksamen Besucher entgeht nicht, dass hier bis ins Detail großartige handwerkliche Arbeit geleistet wurde.

König Suryavarman II. starb 1149. Vieles spricht dafür, dass er während der Invasion Vietnams im Kampf gegen das Volk der Champa sein Leben ließ. Neue Herrscher folgten, weitere Tempel wurden errichtet, dann natürlich wollte jeder König ein bleibendes architektonisches Zeugnis hinterlassen. Schließlich befanden sich nahezu 1000 Tempel von unermesslicher Schönheit auf dem Gebiet von Angkor.

Wie schön es doch ist, ein König zu sein. Hier sitze ich also, im höchsten Turm von Angkor Wat, und niemand kann mir etwas anhaben – bis auf Weiteres. Doch viele sind auf dem Weg zu mir, bald werde ich Gesellschaft bekommen. Ein sehniger Alter muss von seinem Sohn förmlich hinaufgeschoben werden. Der Mount Everest kann nicht steiler sein, und selbst von meiner obersten blankgeputzten Stufe aus meine ich das Knirschen seiner verschlissenen Knie zu hören.

Alle paar Stufen muss sich der Alte ausruhen. Ich verstehe zwar kein Khmer, doch kann ich mir denken, was sein Sohn zu ihm sagt: »Du schaffst das schon, Papa. Stück für Stück werden wir nach oben kommen.«

Eine Minute später sind Vater und Sohn wieder auf den Beinen, um die nächste Etappe in Angriff zu nehmen. Und so setzen sie beharrlich ihre Eroberung fort, bis sie schließlich am Ziel sind.

Seite an Seite sitzen wir schweigend da und lassen den Blick über die Tempelanlage und den Dschungel schweifen. Die *krama*, die sich der Vater um den Hals geschlungen hat, riecht nach altem Schweiß. Über seine Wange verläuft eine längliche Narbe, wie von einem Messerstich. Alles hat er überstanden, Dürre und Überschwemmungen, Menschen und Malaria, gierige Großgrundbesitzer und Pol Pot, und jetzt sitzt er hier – wie ein König.

Bald sieht die breite Treppe so aus wie ein Vogelfelsen. Viele sind wir geworden, und wer den Drang verspürt, etwas zu sagen, der tut es im Flüsterton.

Ich frage, ob ich ein Foto von Vater und Sohn machen dürfe. Der Sohn nickt.

»Lächle mal, Papa. Er macht ein Foto von uns.«

Der Alte strahlt von einem Ohr zum andern, ein breites zahnloses Grinsen. Nachdem ich einige Bilder gemacht habe, zeige ich ihnen das Ergebnis auf dem Display. Plötzlich erstarrt das Lächeln, und er beginnt zu reden. Ich verstehe nicht, was er sagt, aber dafür der Fremdenführer, der eine Stufe unter uns sitzt.

»Er bittet darum, die Fotos zu bekommen, die Sie gemacht haben.«

»Das geht leider nicht. Die sind nur gespeichert.«

Der Fremdenführer wendet sich an den Alten, um die Sache zu klären.

»Das akzeptiere ich nicht!«, entgegnet er mit entschiedener Stimme. »Ich verlange, dass die Bilder aus der Kamera herauskommen!«

»Aber Sie können doch nicht verlangen, dass sie *herauskommen*.«

»Warum nicht?«

»Weil das eine Digitalkamera ist. Sie können sich die Fotos auf dem Display anschauen, aber die Bilder können die Kamera nicht verlassen.«

»Das glaube ich nicht. Ich habe schon gesehen, wie solche Bilder an der Wand hängen. Ich will mich wiederhaben.«

»Sie wollen sich wiederhaben? Aber Sie sind immer noch Sie selbst. Nur Ihr Foto ist in der Kamera gespeichert.«

Doch der Alte lässt sich nicht beirren und will den Weg wissen, den er auf das Foto genommen hat. Geht das nicht über die Rückseite? Doch, in der Tat. Ich öffne einen kleinen Deckel und zeige ihm den Memorystick, der nicht größer ist als ein Karamellbonbon. »In diesem Karamellbonbon ist Platz für 1000 Bilder«, sage ich. »Ist das nicht fantastisch?«

»Aber wie bekomme ich mich jetzt wieder?«, beharrt er auf seiner Frage und scheint ziemlich ungeduldig zu sein.

»Ich kann die Bilder wieder löschen.«

Also einigen wir uns darauf. Ich lösche die Bilder und lasse den Alten jeden einzelnen Knopfdruck kontrollieren. Schließlich ist er weg. Spurlos verschwunden.

»Jetzt habe ich mich wiederbekommen«, sagt er lächelnd.

Am nächsten Morgen schwinge ich mich erneut aufs Fahrrad, um Angkor Thom zu erreichen, die letzte Hauptstadt des Khmer-Imperiums von Angkor, die wenige Kilometer nördlich von Angkor Wat liegt. Erneut führt mich der Weg durch dichten Dschungel, während kleine Affen mit Fahrradfahrern und Fußgängern ihre Späße treiben. Einige schneiden Grimassen, andere drehen mir eine lange Nase. Ein Akrobat mit hellrotem Hintern springt kurz auf meinen Gepäckträger, bevor er den nächsten Baum hinaufrast und im nächsten Moment mit geschlossenen Augen und offenem Mund an einem Ast baumelt.

Im Gegensatz zu Angkor Wat, einem Ort der Anbetung, war Angkor Thom eine lebendige Stadt. Im Befestigungsgraben, der sie umgab, tummelten sich Krokodile. Die Stadtmauer dahinter war zwölf Kilometer lang und acht Kilometer breit. In ihrer Blütezeit im dreizehnten Jahrhundert soll Angkor Thom eine Million Einwohner gehabt haben. Neben den steinernen Tempeln bestand die Stadt aus edelsten Teakbauten, prachtvollen Parkanlagen und idyllischen Lotosteichen. Und heute?

Vom Südtor aus steuere ich das Zentrum an, wo sich der vielleicht seltsamste Tempel der Welt befindet. Von Weitem sieht er wie ein unförmiger Steinhaufen aus. Doch je näher man herankommt, desto deutlicher treten gigantische, in Stein gemeißelte Gesichter hervor. Der Tempel trägt den Namen Bayon. Ursprünglich bestand er aus 54 Türmen, von denen heute »nur« noch 37 erhalten sind. Die meisten werden von jeweils vier Gesichtern geschmückt, die verschiedenen Richtungen zugewandt sind. Doch gibt es auch Türme mit drei oder zwei Gesichtern. Wohin ich auch blicke, begegne ich ihrem kühlen Lächeln. Ihre Lippen sind voll, die Nasen breit, und erst wenn man genau hinsieht, entdeckt man, dass kein Gesicht dem anderen gleicht. Auch ihre Größe variiert, und die Steinblöcke, in die sie gemeißelt wurden, sind auf ganz unterschiedliche Art geteilt und wieder zusammengesetzt worden. Doch alle strahlen eine vollkommene Ruhe aus. Sollen sie Buddha darstellen? Nein, meinen die Experten, aber vielleicht Avalokiteshvara, den Gott des Mitgefühls.

Eine andere Theorie besagt, dass die vielen Gesichter Bayons Erbauer darstellen, Jayavarman VII., der von 1181 bis 1219 regierte. Wie ein Big Brother früherer Tage strebte er eine vollständige Kontrolle über sein Herrschaftsgebiet an. Während seiner Regentschaft war das Khmer-Reich in 54 Provinzen aufgeteilt. Ob die 54 Türme diese Provinzen repräsentierten?

Bayon ist und bleibt ein Mysterium. Im Dickicht des Dschungels erblicke ich vereinzelte Steinblöcke, die geborstenen Fragmente einer entschwundenen Zeit. Und wer ruht unter dem Grabstein da drüben? Als ich nahe genug herangekommen bin, kann ich die Buchstaben lesen. Richtig, es handelt sich um den Franzosen Jean Commaille.

Zu Beginn des zwanzigsten Jahrhunderts erhielt Commaille den Auftrag, Ordnung in dieses Chaos zu bringen und von Bayon zu retten, was noch zu retten war. Mit seinen Gehilfen machte er sich an diese Sisyphusarbeit, denn nach jeder Regenperiode hatte sich der Dschungel das zurückerobert, was sie zuvor freigelegt hatten. Sein Ende war tragisch. Während er seinen kambodschanischen Mitarbeitern den Lohn auszahlte, kam es zu einem wilden Handgemenge, in dessen Verlauf Commaille getötet wurde. Seitdem ruht er an dieser Stelle, unter einem moosbewachsenen Grabstein, von Menschen verlassen, doch umso mehr geliebt von Vögeln und Kriechtieren.

Nur wenige hundert Meter von Bayon entfernt stoße ich auf die 350 Meter lange Elefantenterrasse, von der aus der König samt seinem Hofstaat die großen Paraden betrachtete. Die Wände der Terrasse sind der Länge nach mit Elefanten dekoriert, daher der Name. Ich setze mich auf den Platz des Königs, nur sein Thron fehlt, und lasse im Geiste eine dieser Paraden an mir vorüberziehen. Meine Gedanken wandern zurück in das Jahr 1276, als der chinesische Botschafter Zhou Daguan Angkor Thom einen Besuch abstattete. Der lange Festzug war von Gesang und Tanz erfüllt, es gab Banner- und Fahnenträger, Elefanten und Pferde, prunkvolle Wagen und rote Sonnenschirme, Minister, Beamte und Adelige. An der Spitze des Zugs thronte der König selbst, auf seinem weißen Elefanten *stehend* und mit einem blinkenden goldenen Schwert bewaffnet.

Von den tanzenden Frauen war Zhou regelrecht hingerissen: Laut seinen Schilderungen glänzten ihre nackten Oberkörper von Salben und glitzerndem Schmuck, waren ihre Haare von funkelnden Tiaren bedeckt, und hielten sie Spiegel oder Fächer in den Händen. Dem Chinesen zufolge hatten die Khmerkönige nur eine einzige »private« Frau. Zu dieser gesellten sich jedoch vier weitere Frauen, eine für jede Himmelsrichtung, 4000 Konkubinen und Tänzerinnen sowie 2000 Dienerinnen.

Dem Chinesen war nicht entgangen, dass der Monsun und die Mondphasen das Leben des Khmervolks diktierten. Im April durfte er am größten aller Feste teilnehmen. Die Trockenzeit war vorbei – willkommen Regen! Um die Götter zu besänftigen und böse Geister zu vertreiben, beging das Khmervolk die Feierlichkeiten mit Opfergaben und einem Feuerwerk. Die größten Abschussrampen waren bis zu 40 Metern hoch. Die Raketen waren noch aus drei Kilometern Entfernung zu sehen. Die ganze Stadt, so schreibt Zhou, wurde von Explosionen erschüttert.

Alle ausländischen Botschafter waren zu dem Spektakel eingeladen, das sich vierzehn Tage lang Abend für Abend wiederholte. Und dann kam der Regen.

Bevor der Reis ausgesät wurde, bat man in einer feierlichen Zeremonie um eine gute Ernte. Der genaue Zeitpunkt wurde von den Astrologen bestimmt. Sämtliche Pflüge des Landes wurden mit frischen Blumen geschmückt, und als die Zeit reif war, bekamen die Wasserbüffel den obligatorischen Stockschlag als Zeichen, dass die größte aller Mühen begonnen hatte.

Doch im Lauf der Jahre schien der Unmut der Bevölkerung zuzunehmen. Es kam zu Missernten und mehreren kleinen Revolten. Der eigentliche Todesstoß jedoch kam aus Richtung Westen. Im Jahr 1431 stürmte ein thailändisches Heer über die Grenze, plünderte und brandschatzte. Tausende von Gefangenen wurden nach Thailand verschleppt.

Jahrhunderte vergingen, und Angkor, nun mehr oder minder verlassen, wurde allmählich von einem neuen Feind erobert – dem Dschungel. Ohne Vorwarnung erklomm er die höchsten Mauern, hob sie an, warf sie um und spielte mit ihnen, vor allem in der Regenzeit, wenn alles Lebendige förmlich explodierte. Die Menschen, die immer noch hier lebten, fühlten sich machtlos. Gegen die Natur konnten sie nichts ausrichten. Nachdem Phnom Penh zur neuen Hauptstadt ernannt worden war, geriet Angkor in Vergessenheit. In gewisser Weise geriet das ganze Land im nun anbrechenden Zeitalter der Entdeckungen in Vergessenheit. Andere Länder wurden als wichtiger erachtet. Doch dann erschien der sagenumwobene Henri Mouhot.

1858 nahm der junge Franzose Abschied von Frau und Kindern und stieg an Bord eines Segelschiffs, das ihn nach Asien brachte. Mouhot war Botaniker und hatte es sich zum Ziel gesetzt, eines der fruchtbarsten Gebiete dieses Planeten zu erforschen: »Siam und die angrenzenden Länder, so wahr mir Gott helfe.«

Zu Beginn des Jahres 1860 überquerte er die Grenze zu Kambodscha und gelangte nach Siem Reap, wo man ihm von einem großartigen Tempel im Dschungel erzählte. Als Mouhot ihn das erste Mal zu Gesicht bekam, war er wie vom Donner gerührt: »Der Anblick, der sich dem Reisenden bietet, lässt ihn alle Strapazen vergessen und erfüllt ihn mit entrückter Verwunderung, als stieße man unvermutet auf eine Oase in der Wüste. Wie mit einem Zauberschlag wird man von der Barbarei in die Zivilisation geführt, vom Dunkel ins Licht.«

Mouhot verbrachte mehrere Tage im Tempelgebiet.

»Einer dieser Tempel, der mit dem Tempel Salomos konkurrieren könnte und von einem Michelangelo ferner Zeiten erbaut wurde, muss als eines der schönsten Bauwerke der Erde angesehen werden. Er übertrifft alles, was Griechen und Römer uns hinterlassen haben.« Doch wenn Mouhot die Einheimischen nach dem Erbauer des Tempels fragte, erhielt er nur seltsame

Antworten. Pra-Eun, der König der Engel, habe ihn geschaffen, bekam er zu hören. Andere behaupteten, er sei das Werk von Giganten oder habe sich selbst erschaffen. Niemand konnte sich vorstellen, dass er durch Menschenhand entstanden sei.

Der Franzose kletterte, maß und zeichnete und veranschlagte das Alter des Tempels schließlich auf mindestens 2000 Jahre. 1862 präsentierte er einen Teil seiner Forschungsergebnisse der Royal Geographical Society in London, und sechs Jahre später erschienen die Reiseschilderungen, die ihn berühmt machten: *Voyage dans les royaumes de Siam, de Cambodge et de Laos*. In den folgenden Jahren wurde er oft als »Entdecker Angkors« bezeichnet. In Wahrheit hatte er ein ganzes vergessenes Reich wiederentdeckt.

Doch wie endet die persönliche Geschichte von Henri Mouhot?

Folgen Sie mir, denn das letzte Wort ist noch nicht geschrieben.

Vier Tage und vierzehn Tempel später kehre ich zu Angkor Wats höchstem Turm zurück.

Der Abend bricht an. In der Ferne, jenseits des Dschungels, hat sich der Himmel tiefrot verfärbt. Selbst die Vegetation hat sich anstecken lassen und ist in violettes Licht getaucht. Viele haben vor mir auf diesen Stufen gesessen, darunter Abenteurer, Entdecker und Dichter. In meinem kleinen Buch, *Angkor Observed*, lese ich über einige von ihnen. Auch William Somerset Maugham war natürlich hier, und zwar 1929:

»Nie zuvor habe ich etwas Schöneres gesehen als Angkors Tempel. Doch weiß ich nicht im Geringsten, wie ich sie beschreiben soll. [...] Dem Sprachvirtuosen eröffnet Angkor natürlich die einmalige Gelegenheit, gewaltige und sinnliche Prosa zu schreiben. Welche Freude muss er empfinden, die langen Linien des Tempels mit den längsten Sätzen und die reichhaltigen Verzierungen mit einem ebenso reichhaltigen Vokabular zu beschreiben! Welche Verzauberung muss von einer Sprache ausgehen, die das richtige Wort an die richtige Stelle setzt und den Sätzen einen Rhythmus verleiht, der demjenigen der grauen Steine entspricht. Die treffenden, ungewöhnlichen und enthüllenden Worte zu finden, wäre ein wirklicher Triumph.«

»Doch leider«, fuhr der große Autor fort, »verfüge ich nicht über das geringste Talent für dergleichen.«

Seit Jahrhunderten haben Kunstdiebe in Angkors Tempeln gewütet. Keinem Besucher können die zerstörten Statuen, die kopflosen Götter und beschädigten Steinreliefs entgehen. Die Plünderung begann vor 600 Jahren, doch als die Franzosen ins Land kamen, war immer noch genug übrig, um sich nach Herzenslust zu bedienen. Einer der Diebe hieß André Malraux.

1922 ging der 21-Jährige an Bord des Dampfschiffs *Angkor*, das Kurs auf Indochina nahm. Seine junge Frau begleitete ihn. Die französischen Behörden hatten ihm die Erlaubnis erteilt, Angkors Geheimnisse auf eigene Faust zu erkunden. Im Voraus hatte er sich vergewissert, dass kein Gesetz existierte, das die alten Kulturschätze unter Schutz stellte.

Nach seiner Ankunft ließ er sich von einem Ochsenkarren durch den Dschungel zu einem der Tempel fahren. Gemeinsam mit einem Freund nutzte er die Gelegenheit, mehrere Statuen an sich zu bringen. Doch als sie das Land wieder verlassen wollten, wurden sie festgenommen, des Diebstahls angeklagt und schließlich zu einer sechsmonatigen Gefängnisstrafe verurteilt. Nach kurzer Zeit wurden beide aus der Haft entlassen und nach Hause geschickt – ohne Statue, doch nicht ohne Scham.

André Malraux wurde später einer der großen französischen Schriftsteller und sogar Kulturminister. Doch die Kambodschaner taten sich schwer, ihm zu vergeben. Als ein Schweizer 1966 auf dem Landweg von Thailand nach Angkor reiste, entdeckte er in einem kambodschanischen Dorf folgendes Schild: »Kein Zugang für Malraux nach Kambodscha!«

Zu Malraux' Zeit konnte man Angkor immer noch mit dem Auto erreichen, und viele ließen sich dazu verleiten, »ein Andenken« an diese strapaziöse Reise zu stehlen. Andere erbeuteten Kunstgegenstände im großen Stil und ließen ihr Diebesgut von Auktionshäusern in London, Paris und New York versteigern. Bei den Antiquitätenhändlern Bangkoks konnte man die hübschsten Statuen oft für wenig Geld erwerben.

Auch nachdem die Kambodschaner ab 1953 wieder Herr im eigenen Haus waren, wurden die Plünderungen fortgesetzt. Es erwies sich als unmöglich, das gesamte Gebiet von Angkor zu kontrollieren. Solange die Roten Khmer an der Macht waren, wurden die alten Schatzkammern weitgehend in Ruhe gelassen, doch mit der vietnamesischen Okkupation setzte eine weitere zehnjährige Periode ein, in der Angkor hemmungslos ausgeraubt wurde. Auf großen Anhängern wurden tonnenweise Kunstgegenstände nach Vietnam verfrachtet. Den Vietnamesen folgten dann die Langfinger aus aller Herren Länder.

»In den letzten Tagen bin ich zwischen Angkors Tempeln spazieren gegangen, ohne einen einzigen Wächter gesehen zu haben«, schrieb ein Journalist der *Bangkok Post* am 22. November 1992. »Hier braucht man bloß zuzugreifen.«

Auch heute noch kommt es hin und wieder zu Diebstählen. Doch glücklicherweise werden die wertvollsten Schätze inzwischen in den großen Lagerhallen der Conservation d'Angkor verwahrt, die unweit von Angkor

Wat entfernt liegt. Doch auch hier gilt es, auf der Hut zu sein. »In diesen Hallen muss man in erster Linie ein Kunstliebhaber sein. Das Zweitwichtigste ist, dass man mit einem AK-47-Gewehr umgehen kann«, sagt Uong Von, ein junger Konservator, in einem Zeitungsinterview. Um ihn herum stehen, wie ein dunkler Wald, 6000 Statuen verschiedener Größe.

Der brutalste Angriff auf die Conservation d'Angkor fand 1993 statt, als 300 Soldaten die Anlage mit Panzerfäusten und AK-47 angriffen. Der Überfall geschah mitten in der Nacht. Noch ehe sich die Wächter den Schlaf aus den Augen gerieben hatten, waren die Soldaten mit zehn großen Statuen verschwunden. Am nächsten Tag griffen sie erneut an und erbeuteten 21 Statuen. Als sie es das dritte Mal versuchten, gingen die Wächter zum Gegenangriff über und schlugen die Soldaten in die Flucht.

Auch außerhalb des Angkor-Gebiets finden sich wertvolle Schätze aus der Vergangenheit. 1999 wurde ein ganzer Tempel demontiert und über die Grenze nach Thailand geschafft. In Phnom Penh sitzt Michel Trenet, einer der Berater der Regierung. »Im Grunde sind alle alten kambodschanischen Tempel bereits geplündert worden«, sagt er. »Heute konzentrieren wir uns darauf, so viel wie möglich von Angkor zu retten. Wir haben nicht genug Personal, um alle Monumente bewachen zu lassen, und die meisten Leute hätten auch gar kein Interesse daran. Gegen ein wenig Bezahlung sind sie den Dieben sogar behilflich. Kambodscha wird mehr und mehr zu einer kulturellen Wüste.«

Im gesamten Gebiet von Angkor besteht die Wachmannschaft aus lediglich 400 Männern und Frauen. Und der letzte Schatz ist noch längst nicht gestohlen.

Während die Dämmerung hereinbricht, werden die Nachzügler nach Hause geschickt. Manchmal haben es die Wächter nicht leicht, die letzten von ihnen aufzutreiben. Widerwillig verlasse ich Angkor Wat. Behutsam streiche ich einer Apsara-Tänzerin über den Kopf. Ist sie echt oder falsch? Schwer zu sagen, denn die Conservation d'Angkor hat viele Originale durch Kopien ersetzt. Oder wie es einer der Konservatoren formulierte: »Ihr in Europa lasst ja auch nicht einfach einen van Gogh im Wald hängen!«

Ein letztes Mal drehe ich mich um. So wie jetzt stehen die fünf Türme bereits seit 800 Jahren, und dem Dschungel zum Trotz könnten sie noch noch einmal so lange hier stehen – wenn die Menschen es nur wollen.

Als ich wieder nach Siem Reap komme, mache ich noch einen Abstecher zum Grand Hôtel d'Angkor, anno 1929, das nach wie vor durch die Palmen schimmert. In einem Buch, das ich gekauft habe, wird der blasse Palast als

»Königin aller Hotels« bezeichnet. Monarchen, Präsidenten und Filmstars sind von jeher hier abgestiegen.

Hinter der Schwingtür stehen junge Frauen in roten Seidenkleidern. Eine von ihnen reicht mir ein parfümiertes feuchtes Tuch, damit ich mir den salzigen Dschungelschweiß abwischen kann. Was nun? Ein Drink an der Bar natürlich. Wie erholsam, es sich in einem geflochtenen Korbstuhl mit zugehörigem Fußschemel bequem zu machen. Vor mir hängt ein gemaltes Bild, das ein altmodisches Auto von hinten zeigt, das dem hohen Südtor von Angkor Thom entgegenfährt. *La Ville au Bois Dormant, de Saigon en Angkor* steht auf dem Bild geschrieben – »Die Stadt im schlafenden Wald, von Saigon nach Angkor«.

Ja, so war das damals. In Citroëns oder Peugeots schaukelten sie ihrem Ziel entgegen, und nicht selten hatten sie einen Platten. Doch sie kamen voran.

Im Restaurant, zwischen hohen Kandelabern und flackerndem Kerzenschein, essen die Gäste zu Abend. Auch ich ergattere einen Platz. Als ich fast fertig bin, kommt eine Hotelangestellte an meinen Tisch und fragt: »Entschuldigung, aber haben Sie schon eine Eintrittskarte gekauft?«

»Eine Eintrittskarte? Wofür?«

»Für die Vorstellung auf der Apsara-Terrasse. Sie fängt gleich an, aber wir haben noch ein paar Plätze frei. Nehmen Sie Kaffee und Kognak ruhig mit, wenn Sie wollen.«

Der Abend ist weich wie Samt. Über uns funkeln die Sterne. Das kleine Orchester, vier Männer und eine Frau in einem knöchellangen Seidenkleid, haben sich schon im Halbkreis um die großen Steinfliesen platziert. Die Instrumente bestehen aus einem Paar Fingercymbeln, einem Xylofon, einer Oboe, einer Trommel und zwei kreisrunden Gongs unterschiedlicher Größe. Das helle Xylofon bricht die Stille, worauf die Apsaras langsam hereingleiten, geschmückt und gekleidet, wie schon die Angkor-Könige ferner Zeiten sie gesehen haben. Nur ihre einst nackten Oberkörper, die »glänzten von Salben und glitzerndem Schmuck«, sind heute bekleidet – versteht sich.

Die Frau mit den Fingercymbeln fängt an zu singen. Wie so oft sind auch die Motive dieser Vorstellung dem Hinduepos *Ramayana* entnommen. Die Kambodschaner bezeichnen es als *Reamker*. Die Musik hat angeblich eine doppelte Funktion; sie ist sowohl rituell als auch unterhaltend. Ihre rituelle Funktion kommt durch ständige Wiederholungen zum Tragen, die das Medium in Trance versetzen und den Göttern behagen sollen. Mit sanftem Lächeln, doch ansonsten starren Gesichtern bewegen sich die jungen Apsaras im Takt der Musik. Die Botschaften werden durch zierliche Handbewegungen vermittelt, einstudiert bis ins letzte Detail. Ihre Kopfbedeckungen erinnern an goldene Pagoden, ihre schimmernden Gewänder sind aus Seide und Brokat.

Kurz darauf halten die Dämonen Einzug, worauf ein nicht enden wollender Kampf zwischen den guten und den bösen Mächten entspringt. Ein Affe taucht auf, eine Menschenfresserin ebenso. Doch bevor der Abend ein Ende nimmt, hat das Gute gesiegt, und die Apsaras entschwinden genauso lautlos in der Dunkelheit, wie sie gekommen sind.

Ich fühle mich elend. Mein Gehirn
bekommt nicht genug Blut, und
die Schmerzen sind unerträglich.

POL POT AUF DEM TOTENBETT

»Bruder, bist du tot?«

Nationalstraße 67 heißt dieser Weg, der uns zum Grab von Pol Pot führen soll, doch er hat nichts anderes als Spurrillen und Schlaglöcher zu bieten. Manche könnte man auch als Krater bezeichnen. 150 Kilometer liegen noch vor uns.

Es ist sechs Uhr, wir sind früh aufgebrochen. Kulen, den heiligen Berg, haben wir bereits hinter uns gelassen und steuern in nördliche Richtung. Sambath, mein Dolmetscher, ist ein klein gewachsener Mann in den Vierzigern. Sein Lächeln ist warmherzig und sein schwarzes Haar so dick wie die Borsten einer Schuhbürste. Er erzählt mir, dass er verheiratet ist und zwei Kinder hat, beides Mädchen.

»Bist du zufrieden damit?«

»Mehr als zufrieden! Solange ich keine Jungs erziehen muss, bin ich glücklich.«

»Warum?«

»Weil Jungs eines Tages zu Gangstern werden.«

Sambath beginnt alle Übel aufzuzählen, unter denen Kambodscha zu leiden hat: Alkohol, Glücksspiel, Prostitution, Korruption, Gewalt in der Familie, Menschenhandel ... All dies hätten böse Männer zu verantworten, und die fingen früh an, meist schon als Jugendliche, meint Sambath. Also lieber Mädchen.

Pol Pot tat seinen letzten Atemzug im Dangrek-Gebirge, einsam und verlassen, umgeben von besonders bösartigen Malariamücken. Doch bevor wir uns in die Berge aufmachen, haben wir in der Kleinstadt Anlong Veng noch etwas vor. Der Weg ist nur mehr eine einzige Abfolge von Schlaglöchern – mit schönem Gruß an die Bandscheiben. Und der Wald ist kein Wald mehr, sondern eine Ansammlung von Stümpfen. Hier müssen viele Motorsägen am Werk gewesen sein. »Böse Männer«, erklärt Sambath. Man findet sie bis hinein in Regierungs- und Generalstabskreise, diese Gierhälse, die sich in den letzten 30 Jahren über Kambodschas fruchtbare Wälder hergemacht haben. Aus purem Egoismus haben sie das geschlagene Holz nach Thailand und Vietnam verkauft – und sind dadurch steinreich geworden. Zurückgebliebenen sind nur die Stümpfe.

Ab und zu begegnen wir einem Holztransporter. Das Fällen der Bäume hat noch kein Ende gefunden. Doch in erster Linie ist der Weg zu Pol Pots Grab ein öder, rotbrauner Sandstreifen. Als wir nach vier Stunden die Kleinstadt Anlong Veng erreichen, ist das wie eine Befreiung. In einem Verkehrskreisel drehen wir eine Ehrenrunde und halten vor einem luftigen Holzhaus. »*Lunchtime!*«, verkündet Sambath. Es gilt sich für die Begegnung mit Pol Pot zu stärken.

Wenig später sind wir wieder unterwegs und sehen in der Ferne bereits das Dangrek-Gebirge schimmern, doch zunächst wollen wir das verlassene Haus von Ta Mok, einem von Pol Pots Generälen, besuchen. Als wir in eine Seitenstraße einbiegen, werden wir einen sanften Hügel hinaufgewinkt. Vor dem Haus aus grauem Beton steht ein junger Mann in weißem Hemd, blauer Hose und Joggingschuhen. An seinem Gürtel baumelt ein Handy. »Willkommen«, sagt er und reicht mir die Hand. Oum Khemara ist 27 Jahre alt. Vor dem Haus steht sein ganzer Stolz, ein nagelneues rotes Motorrad von Suzuki.

»Wie war die Fahrt?«

»Anstrengend, aber der Wagen hat gehalten.«

Oum wurde 1978 in Anlong Veng geboren. Seine Eltern waren Ärzte, der Vater ein Spezialist für Minenverletzungen. Als Ta Mok 1991 auf der Flucht vor den Regierungstruppen hierher kam, brauchte er medizinische Hilfe. »Während einer seiner Behandlungen sah er mich und sagte zu meinem Vater: ›Ihr Sohn ist ein guter Junge und ich brauche Gesellschaft. Kann er nicht bei mir einziehen?‹ Meine Eltern wollten mich natürlich nicht verlieren, aber was hätten sie denn tun sollen? Ta Mok war der viertmächtigste Mann nach Pol Pot. Man konnte ihm nicht widersprechen, und so bin ich in sein Haus gezogen.«

»Als eine Art Adoptivsohn?«

»Genau.«

»Wie hat er Sie behandelt?«

»Ta Mok war ein netter Mann. Viele, die hierher kommen, sagen, er sei ein Massenmörder gewesen und habe nicht die geringsten Skrupel gekannt. Doch ich persönlich kann nichts Negatives über ihn sagen.«

In den berühmten 36 Straßen der Altstadt von Hanoi herrscht heute geschäftiges Treiben. Man sagt, Vietnams Hauptstadt sei mehr als tausend Jahre alt.

Zwei Rentner genießen die friedvolle Morgenstimmung am Ufer des Hoan Kiem in Hanoi, in dessen Mitte die Schildkrötenpagode emporragt.

Während Pol Pots Herrschaft war in Kambodscha jedes religiöses Leben verboten. Nun sind wieder Mönche in die Tempel und Klöster des Landes zurückgekehrt.

Angkor Wat mit seinen fünf Türmen gilt als der größte aus Stein errichtete Tempel der Welt.

»Bitte, machen Sie ein Foto von mir!« Irgendwo mitten in Kambodscha posiert ein kleiner Junge für den Touristen.

Saloth Nhep, Pol Pots jüngerer Bruder, ist achtzig Jahre alt. »Ich habe gelitten wie all die anderen«, sagt er im Rückblick auf die Schreckensherrschaft.

Lachende alte Frauen im Goldenen Dreieck. Die große Zeit des Opiums ist nun vorüber – und das Leben sicherer.

Einst lebten in Thailands Wäldern hunderttausend Elefanten in freier Wildbahn, heute sind es nur mehr wenige tausend.

Birmanische Mönche beten in einem Tempel in Mandalay. Das ganze Land ist mit buddhistischen Tempeln und Klöstern überzogen.

Ruhig liegen leere Boote am Ufer des Irrawaddy, dem längsten und wichtigsten Fluss im »Land der Flüsse« – Birma.

Lebhafte birmanische Kinder wetteifern um Aufmerksamkeit. Das gelbliche Puder in ihren Gesichtern soll sie vor der brennenden Sonne schützen.

Die beeindruckende Shwedagon-Pagode in Rangun ragt 98 Meter in den Himmel.
Die Gläubigen kommen aus allen Teilen des Landes, um hier zu beten.

»Aber warum wollte er gerade Ihre Gesellschaft?«

»Ich weiß es nicht. Er hatte vier Töchter, aber keinen Sohn. Vielleicht ist das die Antwort.«

»Wie oft durften Sie nach Hause zu Ihren Eltern fahren?«

»Nur sehr selten.«

»Haben Sie sich wie ein Gefangener gefühlt?«

»Nein, wie ein Gefangener eigentlich nicht. Doch obwohl Ta Mok sehr nett war, hatte ich natürlich Sehnsucht nach meinen Eltern.«

Die Führung beginnt. Wir gehen von Zimmer zu Zimmer, und selbst die Toilette im Souterrain wird von uns in Augenschein genommen. Mit seinen dicken Wänden erinnert das Haus an einen Bunker. In einem großen Raum im ersten Stock hielten die Führer der Roten Khmer regelmäßig ihre strategischen Treffen ab. Oum kann sich an jeden von ihnen genau erinnern. Wenn sie zu Tisch saßen, lief er mit den Schüsseln die Treppen hinauf und hinab. Doch während der Besprechungen durfte niemand das Zimmer betreten.

»Ich hätte sowieso nichts von dem verstanden, was sie da besprochen haben. Ich war ja noch sehr jung damals.«

Im Nachhinein wurde ihm klar, dass er doch einiges mitbekommen hatte. Die Stellung von Pol Pot innerhalb der Führungsriege wurde immer schwächer. Er hatte Herzprobleme und ständige Malariaanfälle. Schließlich bat er Ta Mok, der nun der starke Mann war, einen Arzt in Thailand aufsuchen zu dürfen. Er bekam die Erlaubnis, doch es war zu spät.

Nächste Station Dangrek-Gebirge. Oum Khemara fährt auf seiner roten Suzuki voraus. Allmählich wird der Weg so steil, dass wir das Auto wechseln müssen, und zwei Stunden später – 900 Meter über dem Meeresspiegel und von nach Regen dürstendem Dickicht umgeben – stehen wir vor dem Grab von Bruder Nummer eins, einem kleinen, von einem niedrigen Zaun umgebenen Flecken Erde. In der Mitte sitzt eine kleine Buddhafigur. Davor liegen eine flachgepresste Coladose, ein Apfelgerippe, ein Schlüsselring sowie ein paar abgebrannte Räucherstäbchen. Über dem Grab haben unbekannte Gefolgsleute ein Dach aus Wellblech errichtet. Auf einem kleinen Schild ist in Khmer zu lesen: »Hier ruht die Asche von Pol Pot.« Im Gestrüpp hinter dem Zaun liegt eine zerbrochene Toilettenschüssel. Pol Pots.

»Nachdem er gestorben war, sind die Einwohner von Anlong Veng noch mehrere Jahre hierher gepilgert«, erzählt Oum. »Sie haben Räucherstäbchen angezündet und für seine Seele gebetet.«

»Und jetzt?«

»Sehen Sie jemanden außer uns?«

25. Juli 1997. Die Regenzeit hatte begonnen. Die Mücken waren außer Rand und Band. Das Leben in den Bergen war unerträglich geworden. Pol Pot, der entthronte erste Bruder, lag zitternd in seiner Strohhütte.

»Steh auf! Du sollst vor Gericht gestellt werden!«

Mehrere Soldaten der Roten Khmer waren zu einem unangemeldeten Besuch erschienen. Pol Pot döste vor sich hin und wusste kaum, wo er war.

»Auf mit dir! Das Volk wartet auf dich! Du wirst verurteilt und für deine Verbrechen bestraft werden.«

Die Soldaten stellten ihn auf die Füße, gaben ihm seine Krücken und führten ihn mit sich fort.

Nur wenige Kilometer entfernt kämpften sich zwei mutige Männer, der freie amerikanische Journalist Nate Thayer und der Fotograf David McKaige, den steilen Berg hinauf. Thayer war 38 Jahre alt. Seit Jahren war er in Kambodscha und den angrenzenden Ländern unterwegs gewesen und hatte beste Verbindungen bis hinein in die ehemaligen Kader der Roten Khmer. Seine Bemühungen, ein Interview mit Pol Pot zustande zu bringen, waren bis jetzt stets gescheitert, doch nun war der Augenblick nah. Thayer und McKaige wurden über enge Pfade und durch malariaverseuchte Sümpfe gelotst. In der Ferne meinten sie so etwas wie Schlachtrufe zu hören. Erregte Stimmen schwollen an, übertönt von einem Megafon.

Auf einer Lichtung im Dschungel saßen mehrere hundert Menschen, Soldaten in weiten khakigrünen Uniformen und ernste Zivilisten in heruntergekommenen schwarzen Kleidern. Eine junge Frau stillte erschöpft ihr kleines Kind, während sie sich an einen verrotteten Baumstamm lehnte.

Thayer und McKaige waren irritiert. Sie waren gekommen, um Pol Pot zu interviewen, und jetzt befanden sie sich mitten im Dschungel, umgeben von aufgebrachten, lautstarken Kambodschanern.

»›Nieder mit Pol Pot!‹, riefen mehrere hundert Stimmen auf Kommando und reckten die Fäuste in die Luft, während uns ein lächelnder Rote-Khmer-Offizier mittleren Alters zur großen, luftigen Versammlungshalle führte. Dort saß ein alter Mann auf einem einfachen Holzstuhl. In der einen Hand hielt er einen Bambusstab, in der anderen einen Bambusfächer.«

Thayer und McKaige warfen sich einen Blick zu. War das nicht ...?

»Die Atmosphäre war irreal und schockierend. [...] Da saß er, nur wenige Meter von mir entfernt, der Mann, den seit achtzehn Jahren niemand gesehen hatte, der so viele ungeheuerliche Verbrechen begangen und Millionen von Menschen in tiefes Leid gestürzt hatte, dort saß er auf einem Hocker und wurde verurteilt ... oh ... es war ein unvergleichlicher, hoch emotionaler und historischer Augenblick.«

Auf einem Podest standen ein Mikrofon, zwei Lautsprecher und ein Verstärker, der mit einer Autobatterie betrieben wurde. Die beiden Ausländer setzten sich und ließen den Blick über die Versammlung schweifen. Schockiert nahm Thayer zur Kenntnis, wie viele der Menschen verstümmelt waren. Einige saßen in primitiven Rollstühlen, andere bewegten sich mühsam auf ihren Holzprothesen. Manchen fehlten Arme, Augen, Ohren und Nasen. Jahrelang hatten sie für Pol Pot gekämpft. Fast alles hatten sie verloren, nur nicht ihre Wut.

Die »Verhandlung« wurde eröffnet. Ta Neou, einer der hiesigen Wortführer, sagte: »Mit diesem Prozess wollen wir der Welt zeigen, dass wir uns von Pol Pot losgesagt haben!« Neue Schlachtrufe ertönten, dirigiert von dem Mann hinter dem Megafon, während Pol Pot unbewegt auf die rötliche, lehmige Erde starrte. Thayer fühlte sich an die Schauprozesse während der chinesischen Kulturrevolution erinnert. »Lang lebe die neue Demokratie!«, rief Ta Neou. Die Menge stimmte sklavisch mit ein, gefolgt von rhythmischem Klatschen und weiteren Schlachtrufen. »Nieder mit Pol Pot! Nieder mit seiner mörderischen Clique!«

»Wir haben der Bewegung alles geopfert«, fuhr Ta Neou fort. »Wir glaubten an ein besseres Leben. Doch im Grunde haben wir nichts anderes getan, als uns gegenseitig getötet.«

Pol Pot, weißhaarig und blass, schien den Tränen nahe. Weiter hinten saßen drei Mitläufer in Handschellen. Auch sie sollten verurteilt werden, doch im Gegensatz zu ihrem Herrn und Meister zeigten sie keine Anzeichen der Reue, eher im Gegenteil. Ihr Mienenspiel war arrogant, geradezu provozierend.

In den nächsten beiden Stunden ergriffen verschiedene Personen das Wort, ein Bauer, ein Intellektueller, ein Soldat und eine Frau. Ein General der Roten Khmer beugte sich zu Thayer hinüber und erzählte, dass niemand, nicht einmal die Soldaten, während des Prozesses Waffen tragen durften. Sonst hätten sie ihr Leben riskiert. Der General konnte auch berichten, dass Pol Pot im Vorfeld über die Anwesenheit der beiden Ausländer informiert worden und nach der Verhandlung zu einem Interview bereit sei.

Als der letzte Redner geendet hatte, wurde das Urteil verkündet. Der Angeklagte wurde für schuldig befunden, Son Sen, einen anderen hochstehenden »Bruder«, sowie dessen Familie, insgesamt vierzehn Personen, getötet zu haben. Außerdem habe er die Ermordung der beiden »Brüder« Ta Mok und Nuon Chea geplant gehabt. Diese wurden ebenfalls für schuldig erklärt, die Versuche der Roten Khmer, eine nationale Versöhnung herbeizuführen, zu sabotieren – wohl ein Hinweis auf die geheimen Friedensverhandlungen mit der Regierung.

»In Anbetracht dieser kriminellen Handlungen werdet ihr zu einer lebenslänglichen Gefängnisstrafe verurteilt!«

Unmittelbar nach der Verkündung des Urteils wurde die Versammlung aufgelöst, und die Soldaten zogen Pol Pot aus seinem Stuhl. Ein uniformierter Soldat stützte ihn, während er langsam davonwankte, ein erbärmlicher Anblick. Manche der Zuschauer verneigten sich vor dem Massenmörder, als sei er königlicher Abstammung. Dann verfrachtete man ihn in einen Toyota-Geländewagen mit geschwärzten Fenstern, der offenbar der UN-Friedenstruppe gestohlen worden war, die sich vor ein paar Jahren aus dem Land zurückgezogen hatte.

Nate Thayer musste also weiterhin auf sein Interview warten. Doch drei Monate später, im Oktober, kehrte er zurück, diesmal mit der Versicherung, dass der Massenmörder zu einem ausführlichen Gespräch bereit sein würde. Pol Pot stand am Ende eines schmalen Pfads, schwach lächelnd und mit erhobenen Händen. Eine davon legte er Thayer auf die Schulter und sagte: »Ich kenne Ihren Namen seit langer, langer Zeit.«

Thayer stützte ihn, während sie zu einer baufälligen Hütte im Wald gingen. Dort setzten sie sich an einen kleinen Holztisch. Der 72-jährige atmete schwer, und Thayer notierte: »Pol Pot ist ein sterbender Mann.« Ein junger Soldat kam herein, gab ihm eine Plastikflasche mit Wasser und ein Schälchen mit Salz. Pol Pot nestelte an seinem langen Schal und hob den Blick, der ungeheuer traurig war. »Sehen Sie mich an«, flüsterte er. »Sehe ich aus wie ein Barbar? Mein Gewissen ist rein.«

Das Interview dauerte zwei Stunden. Thayer kam direkt zur Sache und stellte seine Fragen. Er brachte den Fanatismus, die Morde und die hungernde Bevölkerung zur Sprache, doch Pol Pot schien von alldem nichts wissen zu wollen. Auch weigerte er sich zu glauben, dass eine Million Kambodschaner auf dem Altar der Revolution geopfert worden waren. Natürlich hätten die Roten Khmer Fehler gemacht, räumte er ein – welche politische Bewegung täte das nicht? Manche Führungskräfte seien zu unerfahren gewesen, und die Soldaten hätten nicht immer gewusst, wie sie vorgehen sollten. Doch wären sie gezwungen gewesen, die Macht an sich zu reißen, um das Land vor dem Untergang zu bewahren. Auch die Folterungen und Morde in Tuol Sleng (S-21) in Phnom Penh wies Pol Pot weit von sich. Das, was man heute im Museum sehen könne, sei nichts weiter als eine »vietnamesische Ausstellung«. Das meiste, das in Kambodscha schiefgelaufen sei, hätten die Vietnamesen und ihre Kollaborateure zu verantworten.

Auf die Frage, warum er die Ermordung von Son Sen und seiner Familie angeordnet habe, antwortete Pol Pot: »Weil ich Beweise hatte, dass sie gegen mich konspirierten.«

»Was für Beweise?«, wollte Thayer wissen.

Der Bruder Son Sens hatte seine Tochter einen Mann heiraten lassen, der für Hun Sen, den damaligen Ministerpräsidenten, arbeitete. »Deshalb musste es eine Verbindung geben.«

Pol Pot wusste zu diesem Zeitpunkt, dass er nicht mehr lange zu leben hatte. Er atmete schwer, jedes Wort bereitete ihm Mühe, und manchmal konnte ihn selbst der Dolmetscher kaum verstehen. Seit dem Prozess hatte er, von Soldaten bewacht, in der jämmerlichen Waldhütte gewohnt. Wenn er einigermaßen auf der Höhe war, hörte er Radiosendungen aus Phnom Penh oder lauschte *Voice of America*. Doch oft döste er tagelang vor sich hin. Ein Sauerstoffgerät half ihm beim Atmen.

»Darf ich Ihnen von meinen Gesundheitsproblemen berichten?«, fragte er.

Thayer nickte, und Pol Pot erzählte ihm von dem Schlaganfall, den er vor zwei Jahren erlitten hatte. Er sei mitten in der Nacht aufgewacht und habe auf die Toilette gehen wollen. Doch sein Körper gehorchte ihm nicht, und ein Auge ließ sich nicht öffnen. Seitdem sei seine linke Körperhälfte teilweise gelähmt. Seine Bücher seien konfisziert worden, und er fühle sich zu schwach, um mit seiner zwölfjährigen Tochter zu spielen.

»Wird sie einmal stolz auf Sie sein, wenn sie erwachsen ist?«, fragte Thayer.

»Ich weiß es nicht«, antwortete Pol Pot und senkte den Blick. »Das hängt vom Urteil der Geschichte ab.«

Bisher versuchte Mien Som, seine um 23 Jahre jüngere Frau, das Beste aus der Situation zu machen. Sie stand früh auf, kümmerte sich um die Hausarbeit und betätigte sich ein wenig in dem winzigen Garten hinter dem Haus. Seine Tochter half ihr, so gut sie konnte. Wenn sie von der Schule kam, sammelte sie auf dem Heimweg ein bisschen Holz im Wald. Am Abend, wenn sich die Dunkelheit über den Dschungel senkte, aßen sie gemeinsam die letzte Mahlzeit des Tages.

»Aber das schaffe ich jetzt nicht mehr«, sagte der Alte zu Thayer. »Ich muss nach Hause und mich ausruhen.« Ein Wächter eilte herbei, um ihm aufzuhelfen. »Ich fühle mich schrecklich müde«, fügte er entschuldigend hinzu. Er wurde den Dschungelpfad wieder hinaufgeführt, wo ein schmutzig grauer Lastwagen auf ihn wartete. Doch bevor man ihn in den Wagen hob, drehte er sich zu einem der Wächter um und sagte: »Sie sollen wissen, dass ich alles nur für mein Vaterland getan habe.«

Der letzte Journalist, der ihn zu Gesicht bekam, war sein Landsmann Samkhon Pin. »Ich fühle mich schrecklich elend«, klagte er. »Mein Gehirn bekommt nicht genug Blut, und die Schmerzen sind unerträglich.«

Am 12. April 1998 legte er sich früh ins Bett. Um Mitternacht ging seine Frau noch mal zu ihm hinein, weil sie vergessen hatte, das Moskitonetz zu befestigen. Atmete er nicht? Sie beugte sich zu ihm hinunter und wusste in diesem Moment, dass er tot war. Weinend lief sie auf den Hof, um den schlafenden Wächter zu verständigen.

Der junge Nou Non sprang auf und lief die Treppe hinauf.

»Bruder, bist du tot?«

Nou Non schüttelte den leblosen Körper.

»BRUDER, BIST DU TOT?«

Keine Antwort.

Am nächsten Tag verbreitete sich das Gerücht über die Grenze nach Thailand und von dort aus in die ganze Welt. Viele betrachteten diese Nachricht als zu schön, um wahr zu sein. Wo waren die Beweise? Man forderte ein Foto von der Leiche. Drei Tage später luden die Roten Khmer die ersten Journalisten zur »Pressekonferenz« in den Urwald. Die Journalisten wurden zu Pol Pots Hütte geführt, wo die jugendlichen Soldaten mit ihren AK-47 immer noch Haltung annahmen. In der Hütte stank es nach Formalin. Unter einem feinmaschigen Netz lag Pol Pot, mit offenem Mund, in kurzärmeligem Hemd und grauer Hose. In die Nasenlöcher waren Wattebausche geschoben. Neben dem Kopf des Massenmörders lag ein Bukett aus rosa und weißen Blumen.

»Das ist mein Mann«, sagte Mien Som mit belegter Stimme. Nou Non erklärte, Pol Pot sei an einem Herzschlag gestorben, etwa eine Stunde bevor seine Frau ihn gefunden hatte.

Eine Journalistin wollte wissen, warum er dunkle Haare habe. Als Thayer mit ihm sprach, seien sie grau gewesen.

»Weil er sich die Haare vor zwei Tagen gefärbt hat«, antwortete seine Frau. »Er fürchtete, dass die Regierungstruppen ihn ausfindig machen und nach Phnom Penh schleppen würden.«

Politische Kommentatoren wollten die Möglichkeit eines Selbstmords nicht ausschließen. Andere hielten es für möglich, dass er von seinen Nächsten getötet worden sei. Doch wies die Leiche keine Zeichen von äußerer Gewalteinwirkung auf, und die Erklärungen, die man den Journalisten gab, wirkten im Großen und Ganzen glaubwürdig.

Kein Staatsoberhaupt ließ sich bei seinem Begräbnis blicken, weder Ministerpräsidenten noch Prinzen oder Prinzessinnen waren zugegen. Nur die engsten Familienangehörigen, die Leibwächter, knapp 100 Soldaten und eine Handvoll Journalisten hatten sich bei Pol Pots leerer Hütte versammelt, in der ein großer Haufen aus ausrangierten Autoreifen und Holzmöbeln aufgeschichtet worden war. Ganz oben lag der Stuhl, auf dem der Tote meist gesessen hatte, wenn er interviewt wurde. Dann legte man die Leiche auf das Gerümpel und zündete es an.

»Es brannte acht Stunden lang«, erzählte ein Zuschauer, der vom Anfang bis zum Ende dabei war. Nach etwa einer Stunde wurde der Dschungel von einem unerwarteten Knall aufgeschreckt. Alle zuckten zusammen. Ein Angriff aus dem Hinterhalt? Feindliche Sabotage? Vietnamesische Agenten? Nein, es war der Schädel Pol Pots, der gerade geborsten war.

Oum Khemara führt mich denselben Weg zurück, den wir gekommen waren. Bevor wir uns voneinander verabschieden, erzählt er noch, dass viele »wichtige Personen« lange davon geträumt hatten, aus Pol Pots Grab eine Touristenattraktion zu machen. Doch inzwischen hätten auch sie die Realität zur Kenntnis nehmen müssen. 2004 hat es angeblich nur 140 ausländische Besucher gegeben. So vergeht die Zeit, und in Anlong Veng kommen Pol Pots Anhänger in die Jahre.

»Ich bin hungrig«, sagt Sambath, als wir in die Kleinstadt kommen. Erneut halten wir an, um etwas zu essen. Als gerade der Reis auf den Tisch gestellt wird, kommt ein Mann mit leuchtenden Augen ins Lokal gelaufen.

»Ach, da sind Sie ja! Nach Ihnen habe ich schon die ganze Zeit gesucht. Jemand hat mir erzählt, dass Sie in der Stadt sind.«

Er gibt mir die Hand und lächelt mich so strahlend an, als seien wir alte Jugendfreunde.

»Ich heiße Ung Khorn«, stellt er sich vor. »Ich bin es, der hier die Taufen vornimmt.«

»Die Taufen?«

»Ja, da drüben im See, unterhalb des Hauses von Ta Mok. Wie lange bleiben Sie hier? Wir taufen die Leute jeden Sonntag, vor allem frühere Rote-Khmer-Soldaten, die um Vergebung ihrer Sünden bitten. Sie haben eine schöne Kamera. Wollen Sie nächsten Sonntag nicht auch kommen?«

Jahrelang, erfahre ich, hat Ung Khorn mit Leib und Seele für Pol Pot gekämpft. Wie viele andere hat auch er skrupellos gemordet. Doch an einem Frühlingstag 1999 stellte er plötzlich Gott in den Mittelpunkt seines Lebens. Amerikanische Missionare hatten den Weg nach Anlong Veng gefunden und stießen auf eine desillusionierte Bevölkerung. Hier brauchten sie nur ihr Netze auszuwerfen, um einen reichen Fang zu machen.

Jetzt wird in Anlong Veng die erste Kirche gebaut, groß genug, um 400 Menschen Platz zu bieten. Freudige Spender aus den USA steuern frische Dollar bei, doch bis auf Weiteres müssen die Taufen im See stattfinden. Er erzählt mir vom letzten Sonntag. Zwei Täuflinge, beides frühere Soldaten, waren nicht in der Lage, sich selbst ins Wasser zu begeben. Auf ihren Krücken humpelnd, mussten sie gestützt werden, bis sie bis zum Bauch im Wasser standen. Ein Dritter wurde auf seinem selbstgebauten Rollstuhl in den See geschoben, der Vierte war blind, dem Fünften fehlte die Nase. »Doch im Himmel ist Platz für alle, auch für frühere Rote-Khmer-Soldaten ohne Nase.«

Ung Khorn strahlt. »Doch sagen Sie mir, wie lange Sie denn hier bleiben werden.«

»Leider muss ich heute schon weiter.«

»Macht nichts, dann kommen Sie eben wieder, wenn die Kirche fertig ist.«

Lächelnd und uns verneigend nehmen wir mit dem vagen Versprechen voneinander Abschied, uns »ein anderes Mal« wiederzusehen.

Auf der Heimfahrt spricht Sambath lange kein Wort. Seine Miene signalisiert mir, dass ihn irgendetwas beschäftigt. Nach einer Stunde beginnt er, sich mit dem Fahrer zu streiten. Beide gestikulieren wild, scheinen sich aber nicht einig zu werden.

»*I don't believe it!*«, sagt er plötzlich und dreht sich zum Rücksitz um.

»Was?«

»Dass Pol Pot tot ist.«

»Bitte...?«

»Er lebt, da bin ich ganz sicher. Was sie uns in den Bergen gezeigt haben, war alles inszeniert.«

Der Fahrer schüttelt lachend den Kopf, doch Sambath lässt sich nicht beirren.

»Entweder wohnt er in Thailand oder in China, wahrscheinlich in Peking.«

Sambaths Unsicherheit und Besorgnis hat tiefe Wurzeln. Stotternd, als müsse er um Fassung ringen, erzählt er seine eigene Geschichte: Als die Roten Khmer 1975 die Macht an sich rissen, war er zehn Jahre alt. Hilflos musste er mit ansehen, wie seine Eltern an zwei Palmen gebunden und erschlagen wurden. Den Grund dafür hat er bis heute nicht erfahren. Es waren doch ganz normale Menschen, wie die meisten anderen auch. Dann wurde er von Pol Pots Armee zwangsrekrutiert. Als Träger war er in den nächsten vier Jahren für die Beförderung von Reis und Munition zuständig.

Der jüngste der Träger war erst acht Jahre alt, viele von ihnen starben an Krankheit und Erschöpfung.

»Die Grausamkeiten, die ich erlebt habe, sind unbeschreiblich. Deshalb werde ich auch nie Ruhe finden. Pol Pot kann jederzeit wiederkehren. Davon bin ich zutiefst überzeugt.«

Auf dem Rest der Heimfahrt hält Sambath die Augen geschlossen.

Der Weg nach Thailand führt über den Grenzort Poipet. Die Landschaft ist verdorrt. Knochige Kühe und Ochsen stehen auf der kargen Erde und kauen an vereinzelten Grasbüscheln. Dürre, ausgetrocknete Zuckerpalmen strecken sich vergeblich in den Himmel, als flehten sie um Wasser.

Poipet hat noch mehr Staub und Wärme zu bieten sowie ungezählte Bordelle und ein blinkendes Kasino. Manche von ihnen kommen aus Thailand, wo Kasinos verboten sind. Die Adresse lässt mich stutzen: Mao Zedong Boulevard, Poipet, The Kingdom of Cambodia. Doch ich will in das »freie Land«. Noch ein paar Schritte, dann ist es geschafft. Ich zücke meinen Pass, übertrete die Grenzlinie und – sofort fällt mein Blick auf die klotzigen Buchstaben von *The Nation*, einer Zeitung aus Bangkok: SEINE KÖNIGLICHE MAJESTÄT BITTET UM REGEN!

I did it! I actually did it!

MÖNCH PETER

Im Bett mit Mönch Peter

Wie viel so eine dünne Linie bedeuten kann, eine Grenze, die eine flache Landschaft durchschneidet.

Die Trockenheit scheint plötzlich verflogen. Die Felder sind grün, und mitten durch all dieses Grün verläuft – wie ein Gruß der Zivilisation – eine asphaltierte Straße. Die erste Verkehrsinsel, der ich begegne, ist mit einem üppigen Blumenarrangement geschmückt, und das huldvolle Lächeln Seiner Majestät und der Königin begleiten mich. Die gigantischen Farbporträts am Straßenrand müssen ungefähr acht mal sechs Meter groß sein; ihre Rahmen glänzen, als wären sie aus purem Gold. Selbst die Flaggen haben leuchtende Farben. Thailands Nationalfahne besteht aus fünf horizontalen Streifen, zwei roten, zwei weißen und einem blauen. Der blaue in der Mitte steht für die Monarchie, die weißen symbolisieren den Buddhismus, die roten die Nation. Die Harmonie, die zwischen ihnen herrscht, gilt vielen als die Essenz des Landes.

Das ist es, was ich jetzt brauche, Harmonie – und ein erfrischendes Schwimmbecken. Darum befinde ich mich auch auf dem Weg zum Hotel Indochina. Ein neuer Verkehrskreisel, ein weiteres Blumenarrangement, und schon rollt mein Taxi in die von vielen vergessene Grenzstadt Aranyaprathet.

Ich bin schon früher hier gewesen, im Jahr 1980. Damals lebten in dieser Gegend mehrere hunderttausend Flüchtlinge aus Kambodscha. Als das Regime der Roten Khmer sich auflöste, schwappten weitere Menschen wie eine riesige Welle über die Grenze. Ein Dorf wie Khao I Dang verwandelte sich unversehens in eine Kleinstadt mit 58 000 Einwohnern. Die Flüchtlinge wohnten in Zelten, besser gesagt, in einer Zeltstadt, die sich scheinbar bis zum Horizont erstreckte. Unter Planen und Plastikdecken vegetierten die Opfer von Pol Pots Terrorregime. Manche waren so traumatisiert, dass sie völlig verstummt waren. Andere hingegen redeten umso mehr. Die Worte brachen nur so aus ihnen heraus, ohne erkennbaren Zusammenhang.

Vor allem kann ich mich an einen älteren, halb nackten Mann erinnern. Stundenlang lag er auf dem Bauch und redete mit dem rötlichen Sand. Hin und wieder schlug er mit den Fäusten auf den Boden. Einige versuchten ihn aufzurichten, aber er wollte unbedingt so liegen bleiben, bis er schließlich einschlief. Bei Sonnenuntergang trugen sie ihn in ein Zelt und legten ihn unter ein Moskitonetz. Doch am nächsten Tag lag er wieder draußen an derselben Stelle und hielt Zwiegespräche mit der sonnendurchtränkten Erde.

Medizinisches Personal aus vielen Ländern strömte nach Khao I Dang. In den Zeltöffnungen hockten Mitarbeiter des Roten Kreuzes und taten, was sie konnten. In provisorischen Feldküchen wurde Suppe und Reis gekocht; die Schlangen vor den Töpfen waren manchmal mehrere hundert Meter lang. Allmählich kamen auch die Kinder wieder auf die Beine, manche mit vorstehenden Rippen, andere mit aufgedunsenen Bäuchen.

Khao I Dang stand unter der Kontrolle des thailändischen Heeres, die Einwohner hatten einen legalen Flüchtlingsstatus. Damit erhielten sie die Möglichkeit weiterzureisen und in einem fremden Land ein neues Leben zu beginnen. Die Flüchtlinge in den acht anderen Lagern hatten weniger Glück. Die meisten von ihnen wurden von kambodschanischen Widerstandsgruppen organisiert, die in Opposition zu den Roten Khmer standen. Auch die Roten Khmer hatten ihr eigenes Lager mit 30 000 Bewohnern. Unter den Augen der Thais sowie der gesamten Weltöffentlichkeit wurde es Pol Pots Männern gestattet, sich auf fremdem Territorium neu zu organisieren, weitere Verbrechen zu planen und den Krieg auf eigenem Grund und Boden zu verlängern. Und um dem Ganzen die Krone aufzusetzen, erkannten mehrere Mitgliedsstaaten der UNO die Roten Khmer als Kambodschas rechtmäßige Regierung an.

Mehr als 600 0000 Kambodschaner flüchteten über die Grenze. Ein Drittel zog weiter, während sich die Heimkehr der Lagerbewohner durch den verzweifelten Todeskampf der Roten Khmer verzögerte. Erst 1992 wurde Khao I Dang geschlossen, und 1999, wenige Tage vor der Jahrtausendwende, der letzte Flüchtling über die Grenze befördert.

Über viele Jahre war das Hotel Indochina gut besucht. Und heute?

Die alte Dame an der Rezeption scheint überglücklich zu sein. Ein Gast!

»*You are most welcome*«, sagt sie strahlend.

Frau Lamai spricht amerikanisch mit Florida-Akzent. Sie hat lange in Fort Lauderdale gelebt, doch nun ist sie zurückgekehrt, als Witwe. Es gefällt ihr, in »Aran« zu wohnen, denn hier sei es – »*praise the Lord!*« – genauso warm wie in Florida. Als sie mir das leuchtend blaue Schwimmbecken zeigt, bin auch ich überzeugt. Kein Zweifel, hier will ich wohnen.

Stunden später ist es Zeit für das Abendessen. Die Speisekarte, von Frau Lamai selbst zusammengestellt, ist so lang wie ein orientalisches Heldenepos. Aus der Küche dampfen betörende Duftschwaden. Die thailändische Küche ist bekannt für ihre Currys, ihren Chili, Pfeffer und Knoblauch, ja für alles, was den Körper richtig in Wallung bringt. Die Spezialität des Tages, erklärt Frau Lamai, sei *plaamuk tawt kratiem phrik tai*, gebratener Tintenfisch mit Knoblauch und Pfeffer. Sechs Mal pro Woche wird Aranyaprathet vom Fischhändler aus Rayong, einer Hafenstadt im Süden, besucht. Doch mich verlockt vor allem eine *tom yang kung*, eine süß-saure Suppe mit großen Garnelen. Die Suppe wird in einer schön geformten Metallterrine serviert, die auf einer Warmhalteplatte steht.

Bedächtig füllt Frau Lamai meine Suppenschale mit einer großen Kelle.

»Darf ich mich kurz zu Ihnen setzen?«, fragt sie vorsichtig.

Natürlich darf sie. Durch den Dampf erahne ich ihre warmherzige und würdevolle Miene. Sie mag in den Siebzigern sein, mit üppigen Formen und glatter Gesichtshaut. Ihre Haare sind dunkel, und ihr taubenblauer Anzug mit den goldenen Knöpfen sitzt perfekt.

»Sie waren ja in Vietnam und Kambodscha«, sagt sie, »doch Thailand ist anders!«

»In welcher Hinsicht?«

»In jeder Hinsicht. Denken Sie daran, dass Thailand niemals Kolonie war. Auch haben wir uns nie gegenseitig bekämpft!«

Letzteres mag übertrieben sein, aber was macht das schon. Sie steht auf, um eine Schachtel mit Streichhölzern zu holen, und im nächsten Moment wird unser Tisch in romantisches Kerzenlicht getaucht.

»Außerdem lieben wir das Königshaus! Sie haben doch sicher die Porträts der Regenten an der Straße gesehen.«

In der nächsten halben Stunde bekomme ich einen Crashkurs in thailändischen Sitten und Gebräuchen. Wer neu sei in diesem Land, tue gut daran, gewisse Regeln zu befolgen, erklärt Frau Lamai mit unergründlichem Lächeln. Zum Beispiel sollte man *niemals* den Kopf oder das Haar eines Menschen berühren. Der Kopf ist heilig. Keine Zärtlichkeiten in der Öffentlichkeit, das sei im sündigen Florida *»okay«*, aber nicht in Thailand. Die Tempel besucht man nur in angemessener Kleidung, weder in Shorts noch mit nacktem Bauch. In Privaträumen zieht man als Gast die Schuhe aus. Doch vor allem: Sprich niemals geringschätzig über das Königshaus; etwas, was mit sieben Jahren Gefängnis bestraft werden kann.

Thailand war lange Zeit eine absolute Monarchie, bis es 1932 zum gewaltlosen Putsch kam und die Politiker die Macht übernahmen. Das Land sollte sich zu einer lebendigen Demokratie entwickeln. Seitdem hat es siebzehn – mal mehr, mal minder erfolgreiche – Umsturzversuche gegeben, die nicht immer gewaltlos verliefen. 1992 kam es zu einem blutigen Militärputsch, in dessen Folge General Suchinda zum Ministerpräsidenten ernannt wurde. In Bangkok reagierten vor allem die Studenten mit wütenden Demonstrationen, die vom Militär brutal niedergeschlagen wurden.

In den letzten Jahren durften dann wieder die Politiker die erste Geige spielen, und alle vier Jahre wird das Volk an die Urnen gerufen. Bei den Parlamentswahlen 2001 sammelten sich die Thais hinter der neu gegründeten Partei Thai Rak Thai (»Thais lieben Thais«) des Multimilliardärs Thaksin Shinawatra. Es kam zu einem Erdrutschsieg, mit dem Thaksins Partei auf Anhieb mehr als die Hälfte aller Parlamentssitze eroberte. Im Wahlkampf hatte Thaksin abenteuerliche Versprechen abgegeben: Zuhältern, Drogendealern und skrupellosen Geldverleihern sollte ein für alle Mal das Handwerk gelegt werden, die verschuldeten Kleinbauern einen angemessenen Lohn erhalten, die Zinssätze auf niedrigem Niveau eingefroren werden. Arztbesuche würden in Zukunft fast gratis sein, und jedes einzelne Dorf des Landes sollte von der Regierung 22 000 Euro geschenkt bekommen. Binnen acht Jahren sollte sich Thailand in ein »IT-Thailand« verwandeln, deren Einwohner flächendeckend mit Computern und Internetanschlüssen versorgt würden.

»Woher wollen Sie all das Geld nehmen?«, fragten Thaksins Konkurrenten skeptisch.

»Geld nimmt man sich nicht, Geld schafft man. Und *ich* weiß, wie man das macht!«

Inzwischen vergeht kein Tag, an dem die großen englischsprachigen Zeitungen des Landes, *Bangkok Post* und *The Nation*, nicht hart mit Thaksin Shinawatra ins Gericht gehen.[5]

Frau Lamai begnügt sich mit der Feststellung, dass es den Thais besser ginge als den meisten Asiaten. Das Land könne sich nicht mit den »kleinen Tigern« Japan, Südkorea, Taiwan und Singapur vergleichen. Doch habe es gegenüber den meisten asiatischen Ländern einen soliden Vorsprung. Thailand gehöre zu Asiens Mittelklasse, und obwohl viele Thais Schwierigkeiten hätten, ihren Lebensunterhalt zu bestreiten, befinde sich das Land in einem starken Aufschwung.

»Ist das nicht genug?«, fragt sie.

Dann wenden wir uns dem Dessert zu. Ich lasse mir *taeng thai nam kati* schmecken, kleine Melonenstücke, die mit süßem Reis und gewürzter Kokoscreme vermischt sind. Auf der kleinen Bühne des Restaurants beginnt eine ältere Frau in einem knöchellangen Kleid, langsame Liebeslieder zu singen. Die Musik dazu liefert ein mitgebrachter Kassettennrekorder. Manchmal, wenn sich ein Lied seinem Höhepunkt nähert, gleitet sie von der Bühne, um über meiner leeren Dessertschale weiterzusingen. Auf diese Art, entspannt zurückgelehnt und ohne jeden Mangel an weiblicher Fürsorge, endet mein erster Abend auf fruchtbarem thailändischen Boden.

Früh am Morgen, ein prasselndes Megafon. Thailand bedeutet »freies Land«, und jeden Morgen erwacht ein ganzes Volk zu den Klängen der Nationalhymne, deren Text folgendermaßen beginnt: »Thailand umarmt alle, die thailändischen Blutes sind. Jeder Zoll dieses Landes gehört den Thais.« Da überrascht es auch nicht, dass die Hymne mit diesem Versprechen endet: »Alle Thais sind bereit, ihren letzten Tropfen Blut zu opfern – für die Sicherheit, die Freiheit und den Forschritt der Nation.«

Vor mir liegen 514000 Quadratkilometer, deren Form an einen Elefantenkopf mit Rüssel erinnert. Den Kopf bilden sozusagen der zentrale, nördliche und nordöstliche Teil. Der Rüssel, der sich gen Süden erstreckt, ist von beiden Seiten vom Meer umgeben. Wo er endet, fängt Malaysia an. Im Westen grenzt das Land an Birma, im Norden und Nordosten an Laos und im Osten an Kambodscha – drei der ärmsten Länder dieser Erde. Dass bettelarme Nachbarn eine wahre Plage sein können, haben die Thais in ihrer Geschichte mehr als einmal zu spüren bekommen. In schwierigen Zeiten haben Laoten und Kambodschaner seit jeher Zuflucht in Thailand gesucht, und die Birmanen tun es noch heute. Viele haben Asyl erhalten, doch noch mehr leben mehr oder minder versteckt unter den 65 Millionen Einwohnern Thailands.

Von hier aus sind es 300 Kilometer bis nach Bangkok, 450 Kilometer bis nach Pattaya und 1000 Kilometer bis nach Phuket. Wofür soll ich mich entscheiden?

Faule Tage. Ein blaues Schwimmbecken und ein gelber Sonnenschirm mit Tausenden grüner Punkte. Warum überhaupt weiterreisen? Frau Lamai und ihre Angestellten sind stets für mich da, und jeden Morgen kommt der Zeitungstransporter aus Bangkok. Doch – vieles hat sich zum Positiven verändert seit meinem ersten Besuch 1978. Aber die Tageszeitungen vermitteln mir auch den Eindruck, dass manche Probleme unverändert Bestand haben. Weiterhin sind Millionen von Kleinbauern tief verschuldet, der Kampf gegen die Drogenmafia ist längst nicht gewonnen, die allgegenwärtige Korruption nicht eingedämmt. Eine halbe Million Thais sind von HIV und Aids betroffen und ebenso viele schon gestorben. Die Zeitungen halten sich auch nicht zurück, wenn es darum geht, mit makabren Farbfotos von Opfern, Tätern und Verdächtigen aufzuwarten.

Die blutigsten Bilder der heutigen Ausgabe stammen aus dem malaiischen Grenzgebiet, wo die Bevölkerung mehrheitlich aus Muslimen besteht. Mit Gewehren, Granaten und Messern bewaffnet, sind einige von ihnen Amok gelaufen. Ein Klassenzimmer wurde von Molotow-Cocktails verwüstet, in den Trümmern liegen elf tote Schüler. Aus den Überresten eines abgebrannten Polizeireviers steigt schwarzer Rauch auf. Und selbst vor den Mönchen macht man nicht Halt. *The Nation* berichtet, dass drei Mönche – der jüngste von ihnen erst achtzehn Jahre alt – bei helllichtem Tag geköpft worden seien. Die Täter waren während des Morgengebets in den Tempel gestürmt. Gott sei Dank gibt es kein Foto zu dieser Nachricht.

Die ethnischen Konflikte in dieser Gegend reichen weit in die Geschichte zurück. Lange gehörten die Muslime im Süden dem halbautonomen Königreich Pattani an. 1909 wurden sie dem buddhistischen Thailand angegliedert, doch unternahm die Regierung in Bangkok wenig, um ihren neuen Untergebenen zur Seite zu stehen. In den siebziger Jahren wurde aus dem schwelenden Konflikt ein offener Aufruhr. Die Muslime fühlten sich in vieler Hinsicht diskriminiert, und nur mit Versprechungen und finanziellen Soforthilfen gelang es der Regierung, die Gemüter einigermaßen zu beruhigen. 2004 kam es erneut zu blutigen Unruhen. Unter dem Schatten spendenden Sonnenschirm von Frau Lamai lese ich, dass der Gewalt bislang fast 1000 Menschen zum Opfer fielen. Ministerpräsident Thaksin hat um Erweiterung seiner Vollmachten gebeten, um die Aufständischen – die er des Kontakts zu Osama bin Laden und anderen bösen Mächten verdächtigt – wirksamer bekämpfen zu können. Doch das Königspaar in Bangkok setzt auf Dialog und Versöhnung.

Die Muslime des Südens sprechen einen malaiischen Dialekt. Viele von ihnen haben Verwandte jenseits der Grenze. Vielleicht sollten die südlichsten Provinzen in der Tat zum mehrheitlich muslimischen Malaysia gehören, doch im neuen Jahrtausend gibt es keinen Weg zurück. »Die Grenzen sind heilig, und Gewalt wird mit Gewalt beantwortet werden«, stellt ein thailändischer General fest. In der Zeitung ist er auf Seite 2 abgebildet, mit geradem Rücken und entschlossenem Blick, den Finger am Abzug. Vom Abt, der erleben musste, wie drei seiner Mönche geköpft wurden, kommt indes eine inständige Bitte: »Lasst uns so leben, wie es Buddha gelehrt hat.«

In Thailand, wie in Kambodscha, ist der Buddhismus Staatsreligion. 95 Prozent der Thais sind Buddhisten, und fast alle jungen Männer verbringen ein paar Wochen oder Monate im Tempel. Vom Goldenen Dreieck im Norden bis nach Malaysia im Süden leuchten Tausende von Tempeln. Ja, sie leuchten und strahlen tatsächlich, denn niemand pflegt seine Heiligtümer so hingebungsvoll wie die Thais.

Auch Buddhisten aus westlichen Ländern begeben sich nach Thailand, um dort als Mönch zu leben. Vor drei Tagen habe ich Bekanntschaft mit Mönch Peter gemacht. Ich sah ihn in einer Buchhandlung, auf einem weißen Buchumschlag: Ein magerer Mann mit glatt rasiertem Kopf und einer viel zu großen Brille. *Phra Farang. An English Monk in Thailand* heißt das Buch. »Phra« bedeutet klug oder weise, während »Farang« die Bezeichnung für einen Ausländer, vorzugsweise aus dem Westen, ist. Dieser ausländische Mönch heißt also Peter, doch wo kommt er nur her?

Inzwischen weiß ich es, denn in den letzten drei Nächten habe ich ihn mit ins Bett genommen. Er stammt aus dem Londoner Eastend und hat, soweit ich verstehe, nicht vor, sein Leben wieder zu ändern. Denn im tropischen Thailand hat er endlich die Ruhe gefunden, nach der er sich so lange gesehnt hatte. Er lebt in einem nicht näher benannten Kloster im Landesinneren. Stets barfüßig und glatt rasiert, zieht er bei Wind und Wetter in aller Frühe mit seiner Almosenschale los, in der Hoffnung, von den Menschen in seiner Umgebung etwas Essbares zu erhalten.

Den Rest des Tages verbringt er mit Studien und Meditation. Seine Nahrungsaufnahme hält sich in Grenzen. Die erste Mahlzeit nimmt er nach der Almosenrunde zu sich, die zweite und letzte des Tages um zwölf Uhr mittags. Alkohol ist natürlich verboten. Wenn die Dämmerung hereinbricht und Thailand ein wenig *sanuk* (Spaß) haben will, zieht sich Peter in sein *kuti* zurück, eine winzige Kammer, in der sich so gut wie nichts befindet. Ein Mönch soll so wenig wie möglich besitzen. Nur das Moskitonetz ist hier, wie auch in anderen südostasiatischen Ländern, unentbehrlich.

Was verleitet einen Londoner, ans andere Ende des Planeten zu ziehen, um Mönch zu werden?

»Ich gelangte an einen Punkt in meinem Leben, an dem ich es objektiv betrachten und mich einer neuen Lebensweise öffnen konnte.«

Peter kam aus einem christlichen Elternhaus, konnte sich aber schon bald nicht mehr mit dem allmächtigen Gott des Christentums identifizieren. Gegen Ende der sechziger Jahre war ein klassischer Hippie aus ihm geworden, der nach Marrakesch reiste und von früh bis spät Haschisch und Marihuana rauchte.

Zurück im Eastend eröffnete er seinen eigenen Souvenirladen, der so erfolgreich war, dass er sich viele materielle Wünsche erfüllen konnte. Doch kurz nach seinem 40. Geburtstag starb sein zwei Jahre älterer Bruder, der ein regelrechtes Luxusleben in Paris geführt hatte. Dieser Tod verstörte ihn zutiefst und ließ ihn erneut über den Sinn des Lebens nachdenken. Als er kurz darauf das erste Mal nach Thailand reiste, waren es weder Bangkok oder Chiang Mai noch die weißen Badestrände des Südens, die ihn beeindruckten. In den Tempeln hingegen fand er die Ruhe, die er brauchte. Die Mönche, denen er begegnete, besaßen nichts, strahlten jedoch eine tiefe Ruhe und Zufriedenheit aus. Wie war das möglich?

Peter wusste bis dahin nur wenig über den Buddhismus, doch in London gab es mehrere buddhistische Tempel, und von Sehnsucht getrieben, suchte er einen von ihnen – den im Wimbledon – auf. Dort begegnete ihm gewissermaßen sein Schicksal. Dennoch vergingen fünf weitere Jahre, ehe er den entscheidenden Schritt wagte, seine Wohnung verkaufte und in den Tempel zog. Ein halbes Jahr lang lebte er dort als *upasaka*, als Laienanhänger, bevor er nach Thailand flog, um sich ordinieren zu lassen. Der Abschied in Heathrow fiel ihm leichter als erwartet. »Zu meiner Überraschung verspürte ich keine Trauer, keinen Verlust und kein Bedauern – nur Erleichterung.«

Dann kam der große Tag. In einem Tempel in Bangkok sollte Peter in die *sangha*, die buddhistische Klostergemeinschaft, aufgenommen werden. Am Tag zuvor hatte einer der Mönche Peters Schädel kahl geschoren, sogar die Augenbrauen mussten dran glauben. Die Tradition der Rasur des Kopfes ist ebenso alt wie der Buddhismus selbst. Als Prinz Siddharta sich seiner Haare entledigte, wollte er damit signalisieren, dass er sich von Egoismus und Eitelkeit der Menschen lossagte. Die Entfernung der Augenbrauen hingegen ist keine buddhistische Forderung, sondern eine alte Sitte der thailändischen Mönche.

Mit 45 Jahren stand Peter an der Schwelle zu einem neuen Leben, und der Abt entschied, dass er fortan Phra Peter Pannapadipo heißen solle – der kluge Mönch Peter.

In Gegenwart des Abts und einiger anderer Mönche begann die feierliche Zeremonie. Peter, bekleidet mit einem weißen Sarong, kniete vor dem Abt, verneigte sich drei Mal, hob die Hände, presste sie zusammen, holte tief Luft und sagte: »*Esaham Bhante Suciraparinibbutampi*...«, was so viel heißt wie: »Du Ehrwürdiger, ich suche Zuflucht im Herrn.«

Der Tradition gemäß ging die Zeremonie in Pali vor sich, einer Sprache, die Peter nicht beherrschte. Vor über 2000 Jahren wurde die Lehre des Theravada-Buddhismus in dieser klassischen indischen Sprache niedergeschrieben, die eng mit dem Sanskrit verwandt ist. Peter hatte schreckliche Angst, die Wörter falsch auszusprechen. In diesem Fall konnten sie ihre

Bedeutung verändern, schlimmstenfalls würde die ganze Ordination scheitern. Darum büffelte er zuvor jedes einzelne Wort, rekapitulierte immer wieder die obligatorischen Fragen und Antworten, und das waren nicht wenige.

Während der Zeremonie bittet der Kandidat mit größter Demut, als Mönch aufgenommen zu werden. Er tut dies drei Mal, damit niemand daran zweifelt, dass er es ernst meint. Außerdem muss er mehrere Fragen des Abts oder Zeremonienmeisters beantworten. Zum Beispiel: »Bist du ein Mensch?« Die Frage mag seltsam klingen, doch Peter erklärt sie, indem er auf eine buddhistische Legende verweist: Vor langer, langer Zeit hatte eine Schlange versucht, sich als Mensch verkleidet unter die Mönche zu mischen. Glücklicherweise wurde sie erkannt, doch von nun an musste jeder Kandidat versichern, dass er ein Mensch und keine Schlange sei. Des Weiteren wurde der Mönch nach seinem Gesundheitszustand gefragt – ob er ein Magengeschwür habe, an Borkenflechte, Epilepsie oder anderen Krankheiten leide. Ob er mindestens zwanzig Jahre alt sei, die Erlaubnis seiner Eltern besitze, und vor allem: ob er keine Schulden habe! Viele Kriminelle haben bereits versucht, vor der Steuerbehörde oder der Polizei in den nächsten Tempel zu fliehen.

Peter bestand die Prüfung mit Bravour. Die Zeremonie hatte 50 Minuten gedauert, und da stand er nun, der Exhippie aus London, in einem safrangelben Gewand und dem gelben *bisutthi* in den Händen – dem kleinen Buch, das bestätigte, dass er jetzt ein Mönch war.

»*I did it! I actually did it!*«, jubelte er im Stillen, glücklicher als je zuvor in seinem Leben. Doch als er sich am Abend zur Ruhe legte, war ihm auch etwas beklommen zumute. Würde er es auf Dauer im Tempel aushalten? Ein Mönch war einem einfachen Leben und überdies 227 Verhaltensregeln verpflichtet. Einige hatte Buddha selbst festgelegt, andere waren später hinzugekommen. Kein Alkohol, kein Tanz, kein Glücksspiel und schon gar keine Frauen. Dafür viel Meditation.

Seine Ordination fand vor fünfzehn Jahren statt. Wie geht es Peter heute?

Der kluge Mönch hält mich bis spät in die Nacht wach. Er schreibt anschaulich und mit der Selbstironie, die ich sehr schätze. Fünf Jahre lang blieb er in Bangkok, bevor er sich auf den Weg machte. Nicht nach London, sondern nach Nakhon Sawan, einer kleinen Stadt, die 180 Kilometer nördlich von Bangkok liegt. Es verlangte Peter nach noch mehr Ruhe und Frieden. Diese Stadt, schreibt er, sei von nichts als leuchtend grünen Reisfeldern umgeben, und wenn er aus seiner Kammer blicke, sehe er in der Ferne ein wunderschönes Kalksteingebirge aufragen.

Ob er dort immer noch wohnt? In der Hoffnung, ihn aufzuspüren, rufe ich seinen Verleger in Bangkok an. Mit der Ruhe des alten Hippies soll es bald vorbei sein. Doch die Frau am Telefon versteht kein Englisch, und auch weitere Versuche bringen nichts ein.

»Was haben Sie als Nächstes vor?«, fragt Frau Lamai, als sie an meinem gelben Sonnenschirm mit den Tausenden grüner Punkte vorbeikommt.

»Ich will nach Nakhon Sawan.«

»Bevor Sie dorthin fahren, müssen Sie aber unbedingt noch einen Abstecher in den Isaan machen.« Sie zieht das »a-a-a-a« von Isaan hingebungsvoll in die Länge, als handle es sich um eine Liebeserklärung.

Gegen Abend begleitet mich Frau Lamai zur Bushaltestelle, um sich zu vergewissern, dass ich wohlbehalten auf den Weg komme. Der Isaan, sagt sie, sei das eigentliche Thailand, das von den Touristen noch gar nicht entdeckt worden sei. Im letzten Jahr seien vierzehn Millionen Touristen nach Thailand gekommen. Doch wie viele von ihnen hätten sich die Mühe gemacht, den nordöstlichen Teil des Landes zu besuchen?

»Weniger als ein Prozent«, meint Frau Lamai und neigt nachdenklich den Kopf zur Seite.

Der Isaan macht ein Drittel der Gesamtfläche Thailands aus und hat 22 Millionen Einwohner. Da es nur selten regnet, sind die Menschen in dieser Gegend ärmer als in anderen Landesteilen. Wichtigster Exportartikel des Isaan waren von jeher junge, arbeitsfähige Menschen. Fragt man die jungen Frauen in den Bars und Frisiersalons in Bangkok, woher sie kämen, antworten die meisten: »I-s-a-a-a-n.« Erkundigt man sich bei Taxifahrern, Hafen- und Bauarbeitern nach ihrer Herkunft, hört man dieselbe Antwort. Und was antworten die Thais, die unter der Wüstensonne Saudi-Arabiens ihrer schweißtreibenden Tätigkeit nachgehen? »I-s-a-a-a-n!« Das Geld, das sie nach Hause schicken, sichert Millionen von Familienangehörigen das Überleben.

Unser rollendes Zuhause verlässt Aranyaprathet um neun Uhr abends. Auf der Karte habe ich Mukdahan, eine der mittelgroßen Städte im Isaan, rot eingekreist. Eigentlich weiß ich nur wenig über diesen Ort, bis auf die Tatsache, dass seine Bewohner jeden Morgen zum Rauschen des Mekong wach werden. Heiliger Mekong, seit vier Wochen habe ich dich nicht mehr gesehen! Nicht ein Regentropfen ist seitdem gefallen. Lebst du immer noch, oder bist du inzwischen vertrocknet und zu einer grauen Sandbahn geworden? Ein amerikanischer Tourist, langbeinig wie nur wenige, hat mir erzählt, man könne von Sandbank zu Sandbank springen, wenn Gott wieder mal besonders lange mit dem Regen gegeizt hätte. Dann verfällt der Fluss in

Agonie, wie ein Sterbender auf dem Totenlager, während sich die Fische in die letzten Tiefen des Flussbetts zurückziehen. Wer weit genug springt, befindet sich plötzlich am gegenüberliegenden Ufer, in Laos.

An Bord des Busses Nummer 166 schaukle ich in die pechschwarze Nacht. Außer dem Fahrer und mir scheint niemand in den Nordosten zu wollen. Bald schnarche ich auf dem Rücksitz, die Nase in der Luft, vor mich hin. Eine Decke ist überflüssig, denn die Nacht ist warm, und durch das halb geöffnete Fenster dringt der süßliche Duft des I-s-a-a-a-n zu mir.

Unser Dasein ist den Launen der
Natur preisgegeben. Träge, wie
wir sind, betrachten wir unser
Schicksal als unausweichlich.

PIRA SUDHAM, SCHRIFTSTELLER

Komm, Regen, komm!

Thailand wird für gewöhnlich in fünf Regionen aufgeteilt, eine südliche, zentrale, nördliche, nordöstliche und östliche. Alle haben einen eigenen Charakter. Der zentrale Teil, der Bangkok mit einschließt, wird gern als Reisschüssel des Landes bezeichnet. Thailand ist der größte Reisexporteur der Welt, und auf dem Chao Phraya, dem breiten Fluss, der durch Bangkok fließt, pendeln die Reisboote ohne Unterlass. Der südliche Teil des Landes ist vor allem für seine weißen Badestrände berühmt, während im sogenannten Goldenen Dreieck des Nordens verschiedenste Ethnien anzutreffen sind. Als Goldenes Dreieck gilt das große Opiumanbaugebiet im gemeinsamen Grenzgebiet der Länder Thailand, Laos und Birma, das manche auf 350 000 Quadratkilometer veranschlagen – eine Fläche, die ungefähr derjenigen der Bundesrepublik Deutschland entspricht. Die östliche Region, die an Kambodscha grenzt, hat sowohl Landwirtschaft als auch Fischerei und Badeorte wie Pattaya zu bieten.

Doch was findet man im Nordosten?

Ein Lichtstrahl. Ein neuer Tag bricht an im Isaan, und als ich schläfrig meine Nase gegen die Scheibe drücke, erblicke ich einen alten Bekannten. Weder Sandbänke noch Dreispringer, sondern Wasser, nichts als Wasser, wie fließendes Gold. Der Mekong muss fast 1000 Meter breit sein, und die zahllosen Fischer haben längst ihre Netze ausgeworfen. Der Mekong ist einer der fischreichsten Flüsse der Welt. Unter den Fischarten findet sich vor allem der Wels, der mit Hilfe seiner Flossen auch kurze Distanzen über Land zurücklegen kann. Von Januar bis Mai werden hier jedes Jahr Millionen von Welsen gefangen und teils in den Westen verkauft. 2004 zogen thailändische Fischer den größten Wels der Welt aus dem braunen Wasser des Mekong. Er wog 293 Kilo! Danach veranstalteten die Dorfbewohner in Chiang Khong ein großes Festessen.

Ob ich auch so einen Riesenwels zu Gesicht bekommen werde?

Nein, keinen Wels, doch nachdem ich bereits ein feines Tempelglöckchen gehört habe, sehe ich plötzlich nicht nur den Tempel, sondern ein ganzes Meer von Mönchen. Es müssen Hunderte sein, und auch andere Menschen sind zahlreich erschienen. Von einem großen Behälter auf dem Tempelplatz steigt graublauer Rauch auf, und an der weißen Mauer, die den Tempel umgibt, hängt ein gelbes Banner, dessen Beschriftung ich nicht lesen kann. Ein Gebet? Eine Losung? Eine Revolte? Es sind zwar noch ein paar Kilometer bis nach Mukdahan, doch jetzt muss ich sofort aussteigen.

Fast unbemerkt mische ich mich unter die wogenden safrangelben Gewänder. Einer der Mönche, ein junger Mann, lotst mich um einen alten Baum herum und zieht mich in eine Ecke, wo ein großer Topf mit klebrigem Reis steht. Bald schon stehe ich mitten im Gewimmel und esse mein kleines, in ein Bananenblatt eingeschlagenes Frühstück. Ein englischsprachiger Mönch schließt sich mir an, dann ein weiterer.

»Was geht hier vor?«, frage ich. »Was machen all die Leute hier?«

»Wir wollen Khun Uthai helfen«, antwortet der eine.

»Khun Uthai?«

»Er ist zum Tode verurteilt worden. In Saudi-Arabien. Wenn das Urteil aufrechterhalten wird, dann werden sie ihn morgen, nach dem Freitagsgebet, hinrichten.«

»Stammt er von hier?«

»Aus dem Isaan. Aus Khon Kaen.«

»Was wird ihm vorgeworfen?«

»Es soll Marihuana nach Saudi-Arabien geschmuggelt haben. Gar nicht viel, nur 200 Gramm, aber das Gericht in Dschidda hat ihn zum Tode verurteilt.«

»Und jetzt bleibt ihm nicht mehr viel Zeit«, fährt der andere Mönchen fort, indem er auf die Uhr zeigt. »Nur noch 32 Stunden.«

Ein zum Tode Verurteilter in Saudi-Arabien. Niemand weiß viel über ihn zu berichten, doch soll ich wissen, dass er einer von ihnen ist, ein Sohn des Isaan. Aus dem Innern des Tempels tritt der Abt, ein kleiner Mann mit länglichem Gesicht und abstehenden Ohren. Er lächelt verhalten und hebt die Hände zum Gruß. Hat er nähere Informationen? Ja, antwortet er, Khun Uthai käme aus derselben Provinz im Isaan wie er selbst. Sie seien einander zwar nie begegnet, doch gebe es das Gerücht, dass er bereits vor zehn Jahren aus finanzieller Not nach Saudi-Arabien gegangen sei.

»Mag sein, dass er etwas Unrechtes getan hat«, fügt er leise hinzu, »doch niemand hat das Recht, einen Menschen zu töten.«

Der Abt lädt mich ein, zwei Räucherstäbchen anzuzünden und in den Messingbehälter zu stellen, der sich in der Mitte des Platzes befindet. Ich reihe mich also in die Schlange ein, denn es sind viele, die Khun Uthai ein Gebet widmen wollen. Der schmächtige Abt sieht mir dabei zu, und nachdem ich meine kleine Aufgabe erfüllt habe, zieht er sich diskret zurück. Gebeugten Haupts und mit schlurfenden Schritten verschwindet er zwischen den Teaksäulen – ein trauriger Anblick. Die beiden englischsprachigen Mönche bitten mich, in zwei Tagen wiederzukommen, wenn sich noch mehr Menschen beim Tempel am Fluss versammelt haben werden, um des Toten zu gedenken.

»Ist es denn für eine Rettung zu spät?«

»Die Regierung hat Protest eingelegt, doch ohne Erfolg.«

Schweigend schauen wir uns an. Es gibt nichts mehr zu sagen.

Mukdahan hat angeblich 100 000 Einwohner, wirkt aber kleiner. Die Stadt zieht sich auf einer Länge von zwei Kilometern am Mekong entlang. Niedrige Häuser wechseln mit hohen Palmen und trockenen Gärten. In den staubigen Gassen hocken die Händler und verkaufen blaue und rote Plastiksandalen, geflochtene Bambushüte, Erfrischungsgetränke, Spielzeug, Batterien und Ersatzteile für Motorräder von Honda und Suzuki. Der Verkehr ist nicht der Rede wert, doch wenn ich den Blick hebe, sehe ich, dass etwas geschieht: Quer über dem Mekong beginnt eine Brücke Gestalt anzunehmen, eine sogenannte Freundschaftsbrücke, die den armen Isaan bald mit dem noch ärmeren Laos verbinden wird. Bessere Verbindungen kommen dem Handel zugute, und mehr Handel schafft Wohlstand, beteuern die Politiker auf beiden Seiten des Flusses.

Ich setze mich für eine Weile ins Riverside Restaurant und betrachte den behutsamen Tanz der Kräne. Ein Betonelement nach dem anderen wird an seinen Platz gehoben. Die Betonfüße der 1200 Meter langen Brücke sollen fest im Flussbett verankert werden. Doch vor zwei Monaten habe es einen Zwischenfall gegeben, erzählt mir ein Kellner und verdreht die Augen. Der Mittelteil des Bauwerks, 80 Meter reiner Beton, krachte zusammen und stürzte in den Fluss – ein ohrenbetäubender Vorgang. Nun starten die Ingenieure einen neuen Versuch, und wenn alles gut geht, werden sich die Ministerpräsidenten beider Länder bald auf der Mitte der Brücke treffen, sich tief verneigen und ein seidenes Band zerschneiden. Die thailändisch-laotische Grenze ist 1810 Kilometer lang, der Mekong nimmt davon zwei

Drittel in Anspruch. Die Brücke in Mukdahan ist die zweite, die beide Länder miteinander verbindet.

»Alles wird besser werden«, sagt der Kellner, indem er ein Licht auf dem Geländer anzündet. »Mehr Gäste, höhere Einnahmen.«

Erneut bin ich erstaunt darüber, wie viel Wasser der Fluss mit sich führt – nach sechs Monaten Trockenzeit. Die klugen Männer in Mukdahan, Fischer und Fährleute, zeigen in Richtung Norden, wo sich hohe Berge befinden, die von hier aus nicht zu sehen sind. Es geht dem Sommer entgegen, und die kompakten Eismassen auf dem Dach der Welt beginnen zu schmelzen. Millionen und abermillionen Tonnen kapitulieren vor der Wärme, stürzen in den Fluss und beginnen ihre Reise gen Süden. Unterwegs verwandelt sich das kalte Eis in warmes, behagliches Wasser, und wenn der Mekong Mukdahan passiert, zeigt der Strom sich von seiner mächtigen, milden Seite. Doch wie lange noch wird das Wasser vom größten aller Dächer den weiten Weg bis ins Meer zurücklegen?

China, das bevölkerungsreichste Land der Erde, hat einen akuten Energiebedarf. 70 Prozent der Energieversorgung kommt durch die verdammte Kohle – eine Pest für Land und Leute. Darum will die Regierung die Energiegewinnung durch Wasserkraft im Lauf der nächsten fünfzehn Jahre verdreifachen. Weitere Flüsse sollen gestaut werden, auch der Mekong. »Stehlen« die Chinesen noch mehr Wasser, sehen Bauern und Fischer in Laos, Thailand, Kambodscha und Vietnam womöglich harten Zeiten entgegen. Was tun? Alle reden über den Kampf ums Öl. Doch den Kampf ums Wasser sollte man nicht vergessen.

Das Hotel der Familie Wattapongsiri liegt am Stadtrand, nahe des Fähranlegers. Vier der zwölf Stützen, auf denen es ruht, sind im Flussbett verankert. Es tut gut, hier zu schlafen, ein Stück über dem Wasser, während die Brise des Flusses über Haut und Haare streicht. Wenn ich die Bambusjalousie ein wenig anhebe, sehe ich, dass sich die Fischer zur Ruhe begeben haben. Nur die roten Lichter ihrer farbenfrohen Boote zeugen von Leben. Auf dem Wasser tanzt ihr zitterndes Spiegelbild. Eine surrende Mückenfamilie kommt zu Besuch, doch mein Insektenöl jagt sie durch die Bambuslamellen in die schwarze Nacht hinaus.

Weder Frau Wattapongsiri noch ihr Mann, ihre Tochter oder ihr Schwager haben von Khun Uthai gehört. Während des Frühstücks am nächsten Morgen erzähle ich ihnen vom unglücklichen Sohn des Isaan, doch keiner von ihnen scheint an Dingen interessiert zu sein, die sich außerhalb von Mukdahan abspielen, obwohl ihnen der Name Saudi-Arabien natürlich etwas sagt. Das sei ein weit entferntes Land, noch trockener als Isaan, in dem viele Thailänder arbeiten, die mit ihrem Verdienst manches heimische Dorf am Leben erhalten, erklärt der Schwager, ein Mann mit nacktem Oberkörper und großen, blauschwarzen Tätowierungen.

»Liegt die Schweiz in Saudi-Arabien?«, fragt er plötzlich.

»Nein«, antworte ich. »In Europa.«

Er schweigt eine Weile, ehe er erneut das Wort ergreift.

»Im Isaan gibt es viele Schweizer Dörfer.«

»Schweizer Dörfer?«

»Das habe ich in der Zeitung gelesen. Viele Mädchen heiraten Schweizer Männer. Dann ziehen sie in die Schweiz und beginnen nach einiger Zeit, Geld nach Hause zu schicken. Ihre Dörfer sind die schönsten im ganzen Isaan.«

Die Familie Wattapongsiri hat acht Gästebetten, von denen momentan nur drei belegt sind. Pierre und Jeanette sind den weiten Weg von Toulouse gekommen. Seit Wochen schon halten sie das Leben am Mekong fest. Pierre zeichnet, Jeanette fotografiert. »Der Mekong ist anders als die meisten Flüsse«, sagt Pierre und verschränkt die Arme hinter dem Kopf. »Obwohl er fünf Länder durchfließt, gibt es an seinen Ufern keine großen Städte und, von Tibet abgesehen, auch keine hohen Berge, wichtigen Monumente oder eindrucksvollen Pagoden. Alles ist sehr unspektakulär, doch lassen sich trotzdem viele Details entdecken.«

Pierre zeigt mir ein paar von seinen Zeichnungen: ein schlankes Boot, das sich im stillen Wasser spiegelt, ein zum Trocknen aufgehängtes Fischernetz, ein Dorf auf tausend Pfählen, ein schlafender Fischer, eine badende Frau und ein paradiesisch anmutender Palmenhain bei Sonnenuntergang.

Es ist Freitag. In Saudi-Arabien ist es drei Stunden früher als in Thailand. Was geschieht mit Khun Uthai? Wir gehen zum Tempel, Pierre, Jeanette und ich, doch die Menschenmenge von gestern ist verschwunden. Auch die Mönche haben sich nach drinnen verzogen, nichts geschieht. »Wir können nichts mehr tun«, flüstert der Abt. Verzagt, fast verloren, steht er dort im Schatten des geschwungenen Tempeldachs.

In Saudi-Arabien geht es auf ein Uhr zu. Noch fünf Minuten. Eine Hinrichtung auf dem Marktplatz von Dschidda ist wie ein Volksfest. Die Männer strömen von der Moschee zum Richtplatz, um sich mit eigenen Augen davon zu überzeugen, dass die Gerechtigkeit ihren Lauf nimmt. Allahs Strafe. Oft erfahren die Verurteilten erst Minuten vor der Hinrichtung von ihrem Schicksal, und von der Geistlichkeit ist kein Trost zu erwarten. In Saudi-Arabien ist es außerdem verboten, andere Religionen zu praktizieren als den Islam. Mit verbundenen Augen muss der Delinquent knien. Der

Henker hebt sein Schwert und senkt es wieder – dann folgt der kraftvolle Todesschlag, der normalerweise ausreicht, um den Kopf vom Körper zu trennen. Danach bestätigt ein Arzt den Tod des Opfers, worauf man die Leiche fortträgt.

Unschlüssig bleiben wir stehen und lauschen der vollkommenen Stille des Tempels. Auch der Abt ist jetzt verschwunden. Als wir am nächsten Morgen zurückkehren, brennt in dem großen Messingbehälter in der Mitte des Platzes ein einsames Räucherstäbchen. Das gelbe Banner, das an der Mauer hing, ist entfernt worden. Es gibt nichts mehr zu sagen. Der Abt und die beiden englischsprachigen Mönche bestätigen, dass die Hinrichtung vollstreckt wurde. Khun Uthai ist tot. Die Morgennachrichten im Radio haben es vermeldet, doch der einfühlsame Pierre hat ein Wort des Trostes für den bedrückten Abt parat: »Seine Seele wird weiterleben.«

Wird sie das wirklich? Buddha zufolge hat der Mensch keine Seele. Etwas Unvergängliches gibt es nicht, weder im noch außerhalb des Menschen. Alles ist Veränderung, und wenn der Mensch »wiedergeboren« wird, dann als neues und anderes Wesen. Die neue Existenz wird von seinem Karma bestimmt, also von der Balance zwischen den guten und schlechten Taten im früheren Leben.

Der Abt nickt seufzend. Als wir uns endgültig voneinander verabschieden, wiederholt er seine frühere Äußerung: »Niemand hat das Recht zu töten.«

Darin bin ich vollkommen einig, und niemand hat dies klarer zum Ausdruck gebracht als Buddha. Doch ist es nicht leicht, sich nach seiner Lehre zu richten, auch nicht in Thailand, wo die Todesstrafe praktiziert wird. Seit 1935 sind in Thailand mehr als 300 Menschen hingerichtet worden. Vor allem auf schwere Verbrechen wie Mord oder Drogenschmuggel steht die Todesstrafe, die zwischen 1986 und 1994 ausgesetzt war. Doch dann wurde der staatliche Henker wieder in sein Amt eingesetzt, und während ich dies schreibe, warten 68 Verurteilte auf ihre Hinrichtung. Alle sitzen sie im berüchtigten Bangkwang-Gefängnis nördlich von Bangkok.

Früher wurden die Delinquenten geköpft. Später wurde das Beil durch das Gewehr ersetzt, und im dritten Jahrtausend ist man zur Giftspritze übergegangen. Die Statistik aller thailändischen Hinrichtungen seit 1935 ist eine aufschlussreiche Lektüre. Vier Thais wurden wegen Majestätsbeleidigung hingerichtet. Zwar ist das schon länger her, aber trotzdem …

Genug vom Tod. Pierre, Jeanette und ich setzen uns mit unseren Wasserflaschen unter den Tempelbaum. Zu unseren Füßen, wie ein Frühlingsgruß vom Dach der Welt, der mächtige Mekong.

An der thailändischen Infrastruktur ist nichts auszusetzen. Busse bringen den Reisenden in jeden Winkel des Landes. Die moderneren von ihnen verfügen über eine Klimaanlage, Trinkwasser und eine Toilette – und im besten Fall über einen Bediensteten, der unablässig Snacks, Erfrischungsgetränke und parfümierte feuchte Tücher aus dem schwarzen Kasten hinter dem Fahrersitz hervorzaubert. Darüber hinaus existieren lange Zugverbindungen. Von Hualampong, Bangkoks großem Bahnhof, gehen täglich mehrere Züge in den Isaan. Wer es eilig hat, nimmt das Flugzeug.

Vor 100 Jahren war eine Reise durch den Isaan mit großen Strapazen verbunden. Die Menschen waren auf ihre Beine, auf Ochsengespanne und Elefanten angewiesen. In vielen Gegenden riskierten sie, Wegelagerern oder wilden Tieren zum Opfer zu fallen.

Und heute? Weder Tiger noch Geier in Sicht, auch keine Banditen, doch die Trockenheit zieht eine braune Spur durch die Landschaft. In vielen Dörfern haben die Bauern damit begonnen, selbst nach Wasser zu bohren. In keiner Region des Landes sind die Niederschlagsmengen so gering wie im Isaan. So ist es immer gewesen, doch die Abholzung der Wälder hat hier – wie im übrigen Land – alles noch schlimmer gemacht. Wo der Wald früher die Feuchtigkeit bewahrt hat, ist die Erde heute schutzlos der sengenden Sonne ausgeliefert.

Doch was soll man tun, wenn die Sonne sich endlich zur Ruhe begeben und auch der Busfahrer seinen Dienst eingestellt hat? Wenn man einsam an einer Kreuzung in Maha Sarakham, einer kleinen Stadt im Herzen des Isaan, steht und nichts mit sich anzufangen weiß?

Man lässt sich einfach mit dem Menschenstrom treiben, und ehe man sich's versieht, sitzt man unmittelbar am Ring und fiebert dem ersten Kampf des Abends entgegen. Angekündigt ist die regionale Meisterschaft im Kickboxen. Die Scheinwerfer sind auf ein nacktes, von blauen Tauen umspanntes Viereck gerichtet. Kickboxen, auch *muay thai* genannt, ist ein beliebter Sport in Thailand. Der Veranstalter ist so überwältigt, einen Ausländer unter den Zuschauern zu haben, dass ich einen Platz neben dem Bürgermeister bekomme. Ein Dolmetscher, der sofort herbeieilt, klärt mich auf, dass der Bürgermeister der Regierungspartei Thais lieben Thais angehört. Doch von Liebe wird im Ring wohl nicht viel zu spüren sein. Die trockene Luft ist von Spannung und Schweiß gesättigt, von Tigerbalsam ganz zu schweigen.

»Das wird *sanuk*!«, versichert der Bürgermeister, ein kleiner Mann mit rundem, freundlichem Gesicht. Wir begrüßen einander in aller Form, ehe wir auf unseren Klappstühlen Platz nehmen. *Sanuk* ist eines der wichtigsten Thai-Wörter. Alles, was Erleichterung und Freude beschert, ist *sanuk*.

Mein Dolmetscher heißt Pravat. Der Name bedeutet »Geschichte«, und während das kleine aus Oboen, Flöten und Trommeln bestehende Orchester die Stimmung anheizt, bekomme ich Pravats Geschichte zu hören. Vier Jahre lang war er die unumstrittene Nummer eins im Kickboxen. Mittlerweile hat er die vierzig überschritten, und sein Körper macht schon lange nicht mehr mit.

Wenn ich den Blick hebe, sehe ich tausend gelblich braune Gesichter, weitgehend Männer. Über uns ruht ein Blechdach auf schlanken Eisensäulen. Sonst gibt es, abgesehen von der Sichel des Mondes, nichts zu sehen.

Ein guter Kickboxer braucht viele Fähigkeiten: Muskelkraft, Geschmeidigkeit, Präzision, Schnelligkeit, ja sogar Intelligenz, meint der Bürgermeister. Außerdem muss er sich zu benehmen wissen. Denn kein Kickboxer betritt den Ring, ohne sich in alle Richtungen – dem Gegner, den Kampfrichtern, dem Publikum und den unsichtbaren Geistern gegenüber – zu verneigen. Ein paar tänzelnde Schritte, *raam muay*, gehören auch dazu, vermutlich früheren und zukünftigen Meistern zu Ehren. »Eine solche Verbindung von Bildung und Gewalt ist typisch für die Thais und ihre Kultur«, schreibt der Dichter Montri Umavijani. »Jederzeit musste man zum Kampf bereit sein. Alle männlichen Bürger, selbst die Kinder, haben in den Tempelschulen eine militärische Ausbildung erhalten, und die größte Rolle wurde stets den Fertigkeiten im Boxen beigemessen.«

Während die Musik ihrem Höhepunkt zustrebt, klettern die beiden Kämpfer in den Ring. Beide tragen kurze Hosen verschiedener Farbe sowie unter dem Bauch geknotete Stoffgürtel. Hände, Ellbogen und Knöchel sind gepolstert. Ein weißes Stirnband mit »Schwanz« ist ebenfalls obligatorisch, es wird *mongkon* genannt. Von meinem privilegierten Sitzplatz aus bemerke ich auch die dekorativen Bänder, die sich die Boxer um den Bizeps gebunden haben.

Dann beginnt der Kampf. Fünf Runden à drei Minuten, mit zwei Minuten Pause zwischen jeder Runde. Zwei leichtfüßige Athleten gehen mit Schlägen und Tritten aufeinander los. Beim *muay thai* scheint das meiste erlaubt zu sein; die Angriffe werden in unglaublichem Tempo ausgeführt. Selbst Kopf und Knie dürfen benutzt werden, um den Kontrahenten auf die Bretter zu schicken. Während das Orchester die Kämpfer antreibt, brüllt mir Pravat ins Ohr, dass schon mancher Thaiboxer im Ring gestorben sei. Ein Kampf folgt dem nächsten, und genau in dem Moment, als der Mond hinter dem Blechdach verschwindet, ist die Veranstaltung vorbei. Keiner ist zu Schaden gekommen, keiner zu Tode. Pravat scheint zufrieden und meint, er habe mehrere vielversprechende Talente entdeckt. Wenn sie gut genug sind, können sie später in Bangkok berühmt werden und viele Baht verdienen. Dort, im Herzen der Stadt, liegt das Lumpini-Stadion, in dem die Kämpfe im Thaiboxen ausgetragen werden. Ein Sieg in dieser Arena kann dem Gewinner 100 000 Baht einbringen, was 2300 Euro entspricht. Auf den Dörfern seien mit einem Kampf maximal 5000 Baht zu gewinnen, meint Pravat, bevor er die Hände hebt, um die letzten Athleten mit einem Applaus zu verabschieden.

»War das nicht *sanuk*?«, fragt der Bürgermeister und steht auf.

»Absolut!«, antworte ich und verneige mich. »Wirklich *sanuk*.«

In den nächsten Tagen sind Pravat und ich viel gemeinsam unterwegs. Er braucht Baht, ich einen Fremdenführer. Denn der Isaan ist nur so übersät von Tempeln, die oftmals aus der Blütezeit der Khmerkultur stammen. Das Reich von Angkor umfasste auch Isaan samt der angrenzenden Gebiete. Aber auch die laotische Kultur hat ihre Spuren hinterlassen, und die Mehrheit der Bevölkerung Isaans spricht Lao. Glücklicherweise haben Thai und Lao einen großen gemeinsamen Wortschatz, doch vor allem der Tonfall kann sich unterscheiden.

Pravat möchte mir seinen Heimatort zeigen, der ganz in der Nähe liegt.

»Meine Mutter ist tot, aber mein Vater lebt noch«, sagt er.

Während wir unserem Ziel entgegenrattern, erklärt er mir, dass sein Vater schon immer ein überzeugter Kommunist gewesen sei. So etwas ist selten heutzutage, aber so hat der Isaan zumindest ein Exemplar dieser Gattung zu bieten. Jahrelang wurde auch Thailand von militanten Kommunisten heimgesucht. Mit der Waffe in der Hand wollten sie die alte Ordnung zerschlagen und das Land zu einer »roten Bastion« machen. Die Ideologie, teilweise auch die Waffen, kamen aus Maos China. Ein Radiosender aus Kunming, einer Stadt im Südwesten Chinas, forderte alle thailändischen Fronarbeiter auf, sich zu erheben.

Als der Aufruhr 1979 seinen Höhepunkt erreichte, wurde die Guerilla im Isaan auf 12 000 Soldaten veranschlagt. Viele von ihnen waren Studenten, die in den Dschungel geflüchtet waren. Doch mit dem neuen Jahrzehnt verebbte die Revolte allmählich. In China übernahm eine neue und modernere Parteiführung das Ruder. Die Waffenlieferungen nahmen ein Ende, der Radiosender in Kunming wurde geschlossen. Aus Vietnam und Kambodscha kamen viele abschreckende Nachrichten über die Misswirtschaft der Kommunisten. Die Studenten im Dschungel, ausgelaugt und krank, begannen sich nach dem Leben in der Stadt zurückzusehnen.

Ich frage Pravat, ob sein Vater ebenfalls ein Guerillasoldat gewesen sei.

»Nein«, antwortet er. »Papa ist Kommunist, aber nur im Kopf.«

Der alte Mann sitzt in einer Ecke und isst, als wir eintreffen. Mühselig kämpft er sich mit bloßen Fingern bis auf den Grund seiner Reisschale vor. Zunächst wirkt er ein wenig abweisend. Sein Sohn muss ihn bitten, sich zu erheben. Sein faltiges Gesicht ist ausgezehrt. 70 Jahre unter der brennenden Sonne des Isaan haben ihre Spuren hinterlassen. Pravat hat etwas zu trinken mitgebracht, Cha Yen Thai, kalten Tee in der Dose, und schon bald sitzen wir hinter dem Hühnerstall und erfrischen unsere Kehlen. Währenddessen beginnt der Vater vom Leben auf dem Dorf zu sprechen, von der Wahl vor zwei Monaten und der anhaltenden Dürre.

Wir lauschen andächtig, und Pravat gibt sich alle Mühe mit dem Übersetzen.

»Ich habe diesem Mann erzählt, dass du Kommunist bist, Papa.«

»Was heißt schon Kommunist? Nenn mich lieber einen Aufrührer. Die Leute im Dorf wissen, dass mir alles missfällt in diesem Land.«

»Was zum Beispiel?«, frage ich.

»Zum Beispiel der König.«

»Der König?«

»Der König sagt doch, dass er Regen machen kann. Warum tut er es dann nicht? Wir haben gelesen, dass der König ein Patent auf ein bestimmtes chemisches Mittel besitzt, das Regen erzeugt, wenn man es in die Wolken sprüht. Für diese Erfindung hat er sogar einen Preis bekommen. Ja, dann soll er es doch endlich regnen lassen!«

»Ach, Papa …«

»Seit sechs Monaten nicht ein Tropfen …«

»Ohne Wolken kann es nicht regnen, Papa.«

»In den letzten Wochen waren genug Wolken da.«

»Papa, bitte!« Pravats Tonfall ist jetzt flehentlich.

»Sind Sie noch mit anderen Dingen unzufrieden?«, hake ich nach.

»Ich habe doch gesagt, dass ich mit allem unzufrieden bin. Mit den Halsabschneidern, die von Dorf zu Dorf fahren, den Wucherzinsen, den Politikern, den Soldaten und der Polizei. Und die Leute lassen sich das auch noch gefallen. Statt auf die Barrikaden zu gehen, strömen sie in die Tempel, um dort ihre letzten Baht zu opfern. Wenn sie genug opfern, glauben sie, dass ihr nächstes Leben besser wird als dieses. Schauen Sie sich nur die Tempel im Isaan an! Während die Dörfer verkommen, erstrahlen diese in reinem Gold. Die Leute klagen, dass sie Hunger haben. Doch warum opfern sie Reis, Kuchen und Obst im Tempel, statt es selbst zu essen? Buddha kann doch sowieso nichts mehr damit anfangen.«

»Lass doch, Papa.«

»Warum geben die Leute ihr Geld nicht selber aus? Warum kommt es nicht den Schulen zugute, die zu wenig Tische und Stühle haben? Im Wahlkampf vor fünf Jahren hat Thaksin jedem thailändischen Dorf eine Million Baht versprochen. Nicht einen einzigen Baht haben wir bekommen, doch jetzt verspricht er uns schon die nächste Million. Da kann doch was nicht stimmen.«

Während wir langsam der Dorfschule entgegenschlendern, fährt er mit seiner Suada fort. Die Schule ist aus, die Schüler sind nach Hause gegangen. Doch einer der Lehrer, der seinen rechten Arm in einer Schlinge trägt, ist immer noch da und führt uns herum. Die Schule ist ein luftiges Gebäude mit Betonboden und einem baufälligen Dach aus rostrotem Wellblech. In den Klassenzimmern sind zwar genügend Tische und Stühle vorhanden, doch der Lehrer klagt über das ramponierte Dach. In der Regenzeit tropft es durch, sodass sich die Schüler an bestimmten Stellen zusammendrängen müssen, um nicht nass zu werden. Der alte Pravat deutet auf die Löcher an der Decke und grummelt vor sich hin.

Von der Schule aus folgen wir einem ausgetrockneten Kanal, bis wir den 8000 Quadratmeter großen Grund der Familie Pravat erreichen. Er ist zu klein, um davon zu leben, doch mit der Unterstützung seines Sohns und seiner drei Töchter kann sich der Vater über Wasser halten. Ein Bauer im Isaan verdient durchschnittlich unter 120 Euro im Monat, das ist nur die Hälfte dessen, was einem Thai durchschnittlich zur Verfügung steht. Der Boden ist zu schlecht, das Wetter zu extrem.

»Entweder es ist zu trocken oder es ist zu feucht!«, schimpft der alte Pravat und tritt missmutig gegen einen roten Sandklumpen. Im gesamten Dorf bekommen wir kaum einen Jugendlichen zu Gesicht. In der Trockenzeit fahren die Töchter und Söhne des Isaan nach Bangkok und Pattaya, um ein wenig für die Familie hinzuzuverdienen. Oft sind sie gezwungen, kümmerlich bezahlte Jobs anzunehmen. Doch wenn sich Gewitterwolken am Himmel zeigen, kehren viele nach Hause zurück. Der Reis muss gepflanzt werden. Wenn diese Kraftanstrengung vorbei ist, füllen sich erneut die Busse und befördern die jungen Leute in Richtung Süden.

Bei Sonnenuntergang verlassen wir das Dorf. Stramm wie ein Zinnsoldat steht der alte Pravat unter den Palmen und blickt uns hinterher.

»Tja«, sagt der junge Pravat, als wir auf die Landstraße einschwenken. »Papa ist Kommunist geworden – und ich Kickboxer.«

Komm, Regen, komm! Dass König Bhumibol einst versuchte, Regen zu erzeugen, ist tatsächlich wahr, zumindest wenn man den Experten des Königlichen Regenforschungsprojekts sowie dem Vizelandwirtschaftsminister Newin Chidchob Glauben schenkt. »Niemand auf der Welt ist eher in der Lage, Regen zu erzeugen, als Seine Majestät«, sagt er. »Einen solchen König zu haben, ist ein Geschenk Gottes.«

Es geschah im Jahr 1969 nach intensiver Forschungsarbeit. Der Wolkendecke über dem Pak-Chong-Distrikt im Isaan wurde eine chemische Substanz zugesetzt, die offenbar teilweise aus Jod bestand, und schon öffnete der Himmel seine Schleusen. Die Bauern jubelten. Dieser Durchbruch war der »Weisheit und grenzenlosen Liebe des Königs zu seinem Volk« zu verdanken. Doch damit nicht genug. Der König war auch in der Lage, die Regentropfen zu dirigieren, damit sie zuerst dort niedergingen, wo die Trockenheit am größten war. Seit diesem Tag soll der Monarch unzählige Wolkenbrüche verursacht haben, was zu einer merklichen Steigerung der Ernten beitrug.

Das Königliche Regenforschungsinstitut in Bangkok hat unter Bhumibols Mitarbeit angeblich vierzehn Regen erzeugende Substanzen entwickelt, die den unterschiedlichen geografischen und topografischen Gegebenheiten des Isaan angepasst wurden. 2002 hat er sich diese Erfindung patentieren lassen, was ihm mehrere wissenschaftliche Auszeichnungen einbrachte.

Derzeit befindet sich der König in Hua Hin, einem beliebten Badeort, 190 Kilometer südwestlich von Bangkok. Dort hat er seine Kommandozentrale errichtet, um die Regen erzeugenden Operationen persönlich leiten zu können, schreibt *The Nation*. »Er ist äußerst betrübt«, unterstreicht ein Pressesprecher und fügt hinzu, dass der König voll und ganz damit beschäftigt sei, ein neues Regen erzeugendes Produkt zu entwickeln. Nähere Angaben macht er nicht.

Mit allem Respekt vor Seiner Majestät, aber es gelang amerikanischen Forschern schon 1949, künstlichen Regen herzustellen. Ein chemisches Spray, für gewöhnlich Silberjod und Trockeneis, wird in die Wolken »geschossen« und führt zu Kondensation. Die Tropfen gefrieren zu Schnee, der schmilzt, wenn er fällt. Die Wärme, die freigesetzt wird, wenn die Tropfen gefrieren, reichert die Wolken mit noch mehr Feuchtigkeit an, und so wird eine Kettenreaktion zum Besten von Volk und Vieh in Gang gesetzt.

Doch wenn gar keine Wolken da sind, was dann?

Dann bleibt es trocken. Nicht einmal der König von Thailand kann es aus einem strahlend blauen Himmel regnen lassen. Und strahlend blau ist der Himmel auch jetzt, Ende April. Die Regenzeit beginnt nicht vor Mitte Mai. Falls es in den nächsten zehn Tagen nicht regnet, werden 12 000 Dörfer ohne Wasser sein. Die Bauern bohren verzweifelt tiefere Löcher, doch ohne Erfolg. »Selbst in einer Tiefe von 150 Metern haben wir nicht einen Tropfen gefunden«, seufzt einer von ihnen. Währenddessen nehmen die Waldbrände kein Ende, und in mehreren Dörfern werden die Wassertürme von Polizeikräften und Soldaten bewacht, um verzweifelte Bauern daran zu hindern, sich selbst zu bedienen.

Auf Flughäfen im Norden und Nordosten stehen 45 Flugzeuge, voll beladen mit Chemikalien und bereit zum Start. Die Besatzungen schlafen abwechselnd, und diejenigen, die wach sind, beobachten sorgfältig den Himmel. Vor zwei Tagen entdeckten sie in nördlicher Richtung einen Streifen am Himmel, der wie eine Wolke aussah. Die anderen wurden geweckt. Doch der Streifen war nicht »trächtig«, und so legten sie sich enttäuscht wieder hin. Doch gibt es in anderer Hinsicht einen Silberstreif am Himmel: Thailand, einst ein reines Agrarland ohne Industrie, wird immer weniger abhängig von seinen Bauern. Nur neun Prozent des Bruttosozialprodukts stammen noch aus der Landwirtschaft.

»Fürchtet euch nicht!«, sagt der Mann, der in diesem Augenblick zum Volk spricht. Millionen von Thais sitzen vor den Fernsehapparaten. »Weil wir keine Nation von Bauern mehr sind, rechnen wir auch in diesem Jahr mit einem Wirtschaftswachstum von fünf bis sechs Prozent.«

Der Mann, der dies sagt, ist Ministerpräsident Thaksin.

Pravat ist ein netter Mann. Äußerlich gleicht er seinem Vater, doch im Gegensatz zu diesem ist er freundlich und warmherzig. Jedes Mal, wenn er vor einer Buddhastatue kniet, habe ich Schwierigkeiten, ihn mir als Kickboxer vorzustellen. Doch die schiefe Nase verrät ihn. Ein gezielter Tritt, schnell wie ein Projektil, schickte ihn auf die Bretter. Die Ärzte waren stundenlang damit beschäftigt, die zertrümmerte Nase wieder zusammenzuflicken. »Hat nicht besonders geklappt«, räumt Pravat lachend ein und streicht sich mit dem Zeigefinger über seinen unebenen Nasenrücken.

Mit nur 28 Jahren hängte er seine Karriere an den Nagel. Seitdem hat er als Bauarbeiter seinen Lebensunterhalt verdient. Manchmal, so wie im Moment, gibt es nur wenige Aufträge, doch in der nächsten Woche wird wieder in die Hände gespuckt.

»Da bauen wir eine richtige Villa, ich hasse das.«

»Du hasst es, weil die Leute so reich sind?«

»Nein, weil alles aus Teak sein soll. Alle lieben Teak, aber ich nicht.«

»Warum nicht?«

»Weil die Wälder verschwinden! Vor 50 oder 100 Jahren war der Isaan größtenteils von Wald bedeckt. Mein Vater weiß alles darüber. Als Kind war er überall von Wald umgeben. Der Wald speicherte die Feuchtigkeit und linderte den Unterschied zwischen Trocken- und Regenzeit. Doch jetzt wird ein Wald nach dem anderen abgeholzt.«

Der frühere Kickboxer lässt den Blick über die verdorrte, offene Landschaft schweifen. In weiter Ferne ist ein spärlicher Waldsaum zu erkennen.

»Wäre ich jünger, würde ich ein Waldmönch werden.«

»Ein Waldmönch?«

»Ja, ein Mönch, der im Wald lebt.«

Waldmönche haben in Thailand eine lange Tradition. Ein Zehntel aller 300 000 Mönche des Landes lebt in den Wäldern. Die meisten, weil sie die Abgeschiedenheit suchen, doch einige von ihnen haben ein starkes Engagement für den Wald entwickelt und wollen ihn vor Eindringlingen und skrupellosen Geschäftemachern schützen.

In jeder Schilderung über das alte Siam werden die riesigen Wälder mit Pathos und Ehrfurcht beschrieben. Noch 1950 waren 70 Prozent des Landes von Wald bedeckt, heute sind es gerade mal zwanzig. Die Abholzung im großen Stil begann in den sechziger Jahren. Die Bevölkerung wuchs und benötigte mehr Wohnraum. Doch vor allem war in dieser Branche viel Geld zu verdienen, und so machte sich eine unheilvolle Allianz aus Offizieren, Politikern und Holzgroßhändlern ans Werk. Zu Beginn der achtziger Jahre rückte die Regierung mit ihrem Plan heraus, sieben Millionen Menschen umzusiedeln, die in unmittelbarer Nähe der großen Waldgebiete lebten. Der ursprüngliche Teakbestand sollte durch schnell wachsenden Eukalyptus und Bambus ersetzt werden. Schnelleres Wachstum – höhere Profite.

1988 erließ die Regierung ein vorübergehendes Fällverbot, weil es infolge von radikalem Kahlschlag und nachfolgenden Erosionen zu einigen dramatischen Erdrutschen gekommen war. Einer Erdlawine fielen über 100 Menschen zum Opfer. Doch die Verabschiedung eines Gesetzes ist das eine, seine Durchsetzung etwas ganz anderes, und so wurde vielerorts weiter abgeholzt.

Phra Prajak, ein Mönch, der jahrelang im Dong-Yai-Wald im Isaan lebte, ist immer noch in aller Munde. Um die Bäume zu retten, versuchte er eine unmittelbare Verbindung zum Buddhismus herzustellen. »Der Wald ist die Quelle des Lebens«, sagte er. »Buddha hatte seine erste Offenbarung in einem Wald, und auch die ersten Mönche lebten im Wald. Man kann den Wald nicht vom Buddhismus trennen.«

Prajak wurde in einem Dorf nördlich von Bangkok geboren. Die Einwohner lebten von dem, was die Natur hergab. Das Einzige, was sie kaufen mussten, war Salz. Lange Zeit lebte er ein bescheidenes Leben, bestellte die Felder, heiratete und wurde Vater von fünf Kindern. Nach einer Weile zog die Familie in den Badeort Pattaya, wo Prajak eine Anstellung als Koch fand.

Doch das Leben im Paradies hatte seine Schattenseiten. Er begann zu trinken und gab sich dem Glücksspiel hin. Eines Morgens, als er Spielschulden eintreiben wollte, wurde er in den Kiefer geschossen. Im Krankenhaus entschied er sich, Mönch zu werden, doch nur für zwei Wochen. Als die beiden Wochen um waren, beschloss er, sein Leben lang Mönch zu bleiben.

Die Familie flehte ihn an zu bleiben, doch ohne Erfolg. Prajak ließ sich ordinieren und begann in seinem neuen Gewand durch ganz Thailand zu wandern. Ein Waldmönch wollte er werden. Unterwegs musste er sich vor wilden Tieren in Acht nehmen, kleinen wie großen: »Ich schlief unter Baumkronen, in Höhlen und Felsspalten, und manche Waldratte hat in meine Reisschale gepinkelt.« Es war ein freies Leben, während dem er eine starke Liebe zur Natur entwickelte. Doch welchen Weg er auch einschlug, überall bemerkte er, dass die Wälder abgeholzt wurden. Immer wieder wurde er durch Bulldozer und riesige, mit Mahagoni- und Teakholzstämmen beladene Holztransporter aufgehalten. Selbsternannte Aufpasser und Profiteure jagten ihn davon, weil sie meinten, der Wald gehöre ihnen.

Als er nach Isaan kam, war er geschockt. Überall sah er weite kahle Flächen. Ein ganzes Dorf lag in Trümmern, weil es den Bulldozern im Weg gestanden hatte. Selbst den Tempel hatten sie dem Erdboden gleichgemacht. Die Vandalen, wichtige Männer in Militäruniform, erzählten ihm, dass ein ausgewachsener Teakbaum 6000 Euro einbringe. Da könne man keine kleinlichen Rücksichten nehmen! In diesem Moment begriff Prajak, dass etwas geschehen musste.

Die »Ordination« begann 1987. Prajak erklärte riesige Teakwälder für heilig. Die Bäume seien »Buddhas Kinder«. Um die größten von ihnen knotete er orangefarbene Mönchsgewänder. Gemeinsam mit Bauern und anderen Mönchen spannte er am Waldrand weiße Seidenbänder auf. Bis hierher und nicht weiter!

Prajaks Aktion erregte natürlich großes Aufsehen. Zeitungsjournalisten und Fernsehteams strömten nach Dong Yai, wo sie der stattliche Mönch mit offnen Armen empfing. Er erzählte ihnen, dass Buddha alles Lebendige schützen wolle, und machte sich geschickt die animistische Tradition der Thais zunutze. Die Natur sei schließlich von Geistern bevölkert. In jedem einzelnen Baum wohne ein Geist, und die Geister herauszufordern, sei ein großes Wagnis.

Zu dieser Zeit wollte die Regierung Tausende von Menschen im Norden und Nordosten umsiedeln, damit die Holzindustrie freies Spiel habe. In Dong Yai verbündete sich Prajak mit den Dorfbürgermeistern und organisierte ehrenamtliche Patrouillen, die, ausgestattet mit Walkie-Talkies, fortan die Wälder kontrollierten und nachts unter feinmaschigen Moskitonetzen schliefen. Wenn sie Anzeichen einer illegalen Tätigkeit bemerkten, versuchten sie zunächst, die Geschäftemacher zur Vernunft zu bringen. Wenn das nichts nützte, legten sie sich direkt vor die Bulldozer. Phra Prajak wurde festgenommen und 1993 zu einer Gefängnisstrafe verurteilt.

Die Geschichte endete tragisch. Nachdem er aus der Haft entlassen worden war, wurde er schikaniert und gedemütigt. Sogar sein kleiner Waldtempel wurde unter Beschuss genommen. Wie durch ein Wunder überlebte er. Doch hatte er keine Kraft mehr, sich gegen die geballte Übermacht zu behaupten. Im Juli 1994 gab er sein Mönchsdasein auf und fing wieder zu trinken an. Die anderen Aktivisten des Dong-Yai-Walds wurden festgenommen oder vertrieben.

»Ich bewundere Phra Prajak«, sagt Pravat. »Er war ein guter Mensch.«

»Wo hält er sich heute auf?«

»Ich habe keine Ahnung. Die Zeitungen haben aufgehört, über ihn zu berichten.«

Die Tradition der Waldmönche ist im Nordosten stets am stärksten gewesen, und noch immer leben sie dort, die Mönche, zwischen Mahagoni- und Teakbäumen. Doch wo finden wir sie nur? Wohl kaum in Dong Yai, aber Pravat weiß, dass es im Isaan noch viele andere Waldtempel gibt. Einer von ihnen liege gar nicht weit von hier, nur fünfzehn Kilometer in nördlicher Richtung. In aller Herrgottsfrühe rumpeln wir in Pravats verstaubtem Pickup davon, lassen die Landstraße hinter uns, passieren ein Wasserreservoir mit bedenklich niedrigem Wasserstand, durchqueren ein paar Dörfer und fahren dann mitten in den Wald hinein.

»Balsam für die Seele!«, jubelt Pravat.

Nach einem knappen Kilometer halten wir an. Von hier aus müssen wir zu Fuß gehen. Pravat ist schon früher hier gewesen und erzählt mir von einem Jugendfreund, der zwei Jahre als Mönch in diesem Wald gelebt hat. »Als Kind war er ein richtiger Hitzkopf. Aber als Waldmönch? Du hättest erleben sollen, wie sanftmütig er wurde. Der Wald hat ihn verändert.«

Minuten später, nahe einem Bach, der zu einem Rinnsal geworden ist, stehen wir vor dem kleinen Kloster in Gestalt einer Holzhütte auf Pfählen mit braunem Strohdach und halb offenen Wänden. Im Hintergrund stehen die kleineren Hütten der Mönche in einer Reihe. Pravat kann zunächst keinerlei Lebenszeichen entdecken, bis ein älterer Mönch in einem schmutzigbraunen Umhang aus der Türöffnung tritt. Es ist Ajahn Maha. Pravat und ich begrüßen ihn so, wie es sich schickt, und der Mönch erwidert unseren Gruß in gleicher Weise.

»Dürfen wir näher kommen?«, fragt Pravat. Der Alte nickt.

»Der gute Mann kommt aus Norwegen«, fährt Pravat fort.

»Aus Norwegen? Das ist ein Nachbarland von Finnland. Ein finnischer *thudong* [Waldmönch] wohnte vor ein paar Jahren bei uns.«

»Ein Finne?«

»Ja, aber der blieb nicht lange. Er hat die Regenzeit nicht ausgehalten.«

Wir setzen uns auf die Stufen des Tempels. Pravat fragt Ajahn Maha, ob er alles habe, was er brauche.

»Absolut alles. Ich habe Buddha und ich habe den Wald.«

»Wo sind denn die anderen Waldmönche?«

»Die sind auf einer Meditationswanderung, aber sie werden zurück sein, ehe die Regenzeit einsetzt.«

Ajahn Maha erklärt, dass Waldmönche selten das ganze Jahr hindurch an ein und demselben Ort blieben. In der trockenen Jahreszeit, von Oktober bis Mai, wandern sie oft von Kloster zu Kloster, bleiben aber immer im Wald. Manchmal begnügen sie sich damit, in Höhlen oder Grotten zu wohnen. Solche Wanderungen werden Meditationswanderungen genannt, weil Meditation und Versenkung zentrale Begriffe in Buddhas Lehre sind. Doch dann kommt der Regen, und wenn es in diesem Teil Asiens regnet, dann *regnet* es. Der Himmel explodiert förmlich, und die Mönche werden vorübergehend sesshaft.

Ajahn Maha bedeutet »Lehrer Maha«. Diesen Titel darf nur tragen, wer mindestens zehn Jahre als Mönch auf dem Buckel hat, und bei Ajahn Maha sind inzwischen 44 Jahre zusammengekommen, von denen er die halbe Zeit als Waldmönch verbracht hat. Mehrere Jahre lang lebte er in einem anderen Waldkloster weiter im Süden, das wunderschön gelegen war, direkt am Waldrand, mit Blick auf eine weite Ebene. Doch Ajahn Maha hatte das Gefühl, dass sich dort allmählich zu viele Mönche versammelten. Nach mehreren Zwischenstationen landete er hier, fast allein, zwischen 200-jährigen Teakstämmen. Ein Teakbaum kann in dieser Gegend bis zu 40 Meter hoch werden. Kunstwerke von vergleichbarer Schlankheit und Anmut gibt es im ganzen Isaan nicht.

»Sie sehen ja selbst, wie friedlich es hier ist. Ich habe seit Jahren kein Auto und kein Geld mehr gesehen, und ich esse nur einmal täglich.«

»Wie viele Mönche leben hier?«

»Achtzehn.«

»Warum nehmen Sie nicht an der Meditationswanderung teil?«

»Weil ich nicht mehr besonders gut sehe. Und meine Knie sind auch alt geworden.«

Ajahn Mahas kleine Hütte, sein *kuti*, ist ein acht Quadratmeter kleiner Raum, in dem sich fast keine Gegenstände befinden. Nun, ein paar sind es doch: eine Almosenschale, ein Moskitonetz, eine Matte, eine dünne Decke, ein paar Bücher, eine leere Plastikflasche, eine Pillendose, Kleider zum Wechseln, ein Regenschirm, ein Bambusstock – und ein Kassettenrekorder von Sanyo. Warum dieses elektronische Gerät aus der jüngeren Vergangenheit? Sein Zeigefinger gleitet über die Tasten und drückt schließlich auf Start. Darauf meldet sich eine knarrende Stimme. »Hier ist Ajahn Chah, der Lehrmeister aller Waldmönche!« Ajahn Chah starb 1992, wie ich erfahre. Eine Million Menschen nahmen an seinem Begräbnis teil. Selbst die Königsfamilie war anwesend. Bevor er für immer einschlief, gründete er zahlreiche Waldklöster in Thailand und anderen Ländern. Da er stets sehr beschäftigt war, hat er nur wenige schriftliche Zeugnisse hinterlassen, doch mehrere seiner Reden sind mitgeschnitten worden.

Ajahn Maha stellt lauter und schließt die Augen.

»Wenn ich allein bin, lausche ich oft Ajahn Chah.«

Ajahn Maha nimmt es mit Jahreszahlen nicht allzu genau. Da er aber sagt, er sei in demselben Jahr geboren, »in dem der König abgesetzt wurde« – also 1932, als die absolute Monarchie in Thailand zu Ende ging –, muss er heute 73 Jahre alt sein. Nun will er bis zum Ende seiner Tage im Wald bleiben. Wenn ihn jemand hier weghaben wolle, sagt er, müssten sie ihn schon wegtragen. Aber er fühle sich nicht unsicher. Niemand habe ihn bis jetzt bedroht, und die Tiere hielten auch genug Abstand.

»Früher wurden Waldmönche öfter von wilden Tieren angegriffen. Tiger lauerten überall, nirgends war man wirklich geschützt. Deshalb war es so wichtig, im Frieden mit sich selbst zu leben. Das ist es natürlich immer noch …«

Um zu erläutern, was er meint, beginnt er von einem gewissen Ajahn Phu zu erzählen, einem Waldmönch, der »vor langer Zeit« lebte. Auf einer seiner Wanderungen gelangte er an einen Weiher und bekam Lust zu baden. Während er ins Wasser hineinwatete, hörte er einen Dorfbewohner rufen: »Halt! Da sind Krokodile im Wasser!« Doch Ajahn Phu ließ sich nicht beirren und ging tiefer ins Wasser hinein. Plötzlich sah er wenige Meter von sich entfernt ein paar Luftblasen aufsteigen, und noch ehe er reagieren konnte, starrte er in den grauenerregenden Schlund eines Krokodils.

»Doch Ajahn Phu wusste Rat. Weil er gelernt hatte, seine Furcht zu besiegen, entschloss er sich, reglos stehen zu bleiben. Ohne auch nur einen einzigen Finger zu rühren, begann er ein altes Mantra zu murmeln: ›*Araham, araham, araham.*‹ Das Krokodil kam näher, doch Ajahn Phu sprach weiter:

›*Araham, araham, araham.*‹ Während er so dastand, spürte er, wie das Krokodil bereits an seinen Beinen leckte. Ha!«

Ajahn Maha hebt die Hände in die Luft und lässt sie demonstrativ zittern, ehe er sie wieder auf seine Oberschenkel legt und die Augen schließt.

»Und dann?«

»Das Krokodil hat noch ein wenig an ihm geschnuppert und ist davongeschwommen! Es war nicht an ihm interessiert, und wissen Sie auch, warum? Weil es das heilige Mantra gehört hatte!«

Der Dorfbewohner verfolgte die Szene mit großen Augen. Gemächlich und würdevoll, als wäre nichts geschehen, stapfte Ajahn Phu an Land. Schon bald strömten weitere Dorfbewohner zum Weiher, um vor dem unbekannten Mönch niederzuknien. Ajahn Phu bat sie, sich zu setzen. Dann erklärte er ihnen – während das Krokodil friedlich durch den Teich schwamm –, wie sie ihre Furcht überwinden und alle lebenden Geschöpfe, selbst Krokodile, als ihre Freunde betrachten konnten.

Zweifellos eine hübsche Geschichte, und Ajahn Maha fügt demütig hinzu: »Ich wünschte, ich wäre wie Ahjan Phu! Jetzt lebe ich seit 22 Jahren im Wald, doch ich kann nicht einmal eine Mücke besänftigen. Dennoch fühle ich mich sicher.« Er blickt nach oben, wo ein dunkelblauer Himmel durch die Baumkronen schimmert. Bald werden der Regen und mit ihm die Mücken kommen.

Als wir uns verabschieden wollen, erscheinen zwei Mönche auf dem schmalen Pfad, der zum Kloster führt. Beide scheinen in den Dreißigern zu sein. Gemeinsam tragen sie einen Sack Reis und andere Kleinigkeiten. Glücklicherweise ist Ajahn Maha nicht ganz sich selbst überlassen. Die Mönche haben im nächsten Dorf ein Begräbnis abgehalten, der Reis ist ein Geschenk der Hinterbliebenen. Bei Bedarf wenden sich die Thais an die Mönche, auch an diejenigen, die im Wald leben.

»Wir haben alle Hände voll zu tun«, sagt einer der beiden. »Wir arbeiten, so wie alle anderen.«

Eine neue Landstraße. Die Khorat-Hochebene erinnert an eine afrikanische Savanne, sparsam geschmückt mit Büschen und Bäumen. Die Erde ist rissig und braun, doch die Frangipani-Bäume folgen ihrem eigenen Rhythmus und beginnen mehrere Wochen, bevor der erste Regen fällt, zu blühen. Großzügig dekorieren sie die Landschaft mit gelben und weißen Blüten. Es duftet betörend, und ich richte einen stummen Dank an Frau Lamai, die mir empfahl, in den I-s-a-a-a-n zu reisen. Ich kurble das Fenster ganz herunter, um den Duft des Isaan tief in mich aufzunehmen. In der Ferne, jenseits der Frangipanis, dösen die Dörfer bei fast 40 Grad im Schatten vor sich hin.

Der Isaan, so heißt es, sei mehr als eine geografische Bestimmung. Es ist eine bestimmte Art zu sprechen, zu denken und zu leben – ein Zustand. Der Schriftsteller Pira Sudham, der selbst aus dem Isaan stammt, hat es folgendermaßen ausgedrückt: »Unser Dasein ist den Launen der Natur – Überschwemmung, Dürre, Kargheit und Krankheit – preisgegeben. Träge, wie wir sind, betrachten wir unser Schicksal als unausweichlich.«

Pira wurde 1942 als Sohn einer armen Bauernfamilie geboren. Oft ging er hungrig zu Bett. Als Vierzehnjähriger nahm er den Bus nach Bangkok, um dort als Tempeldiener zu arbeiten. Er war ein aufgeweckter Junge, den alle Arten von Büchern magisch anzogen. Mit achtzehn begann er zu studieren. Nach Beendigung seines Studiums trat er eine »Weltreise« an und war in den nächsten zwölf Jahren ständig auf Achse. Doch seine Kindheit im Isaan ließ ihn nicht los. Seine Erinnerungen daran schienen sogar Jahr für Jahr stärker zu werden – so stark, dass er schließlich Schriftsteller wurde, um darüber zu schreiben. 1990 wurde er als erster thailändischer Autor für den Literaturnobelpreis nominiert.

In Büchern wie *Monsoon Country*, *Shadowed Country* und *The Force of Karma* schreibt er von den Menschen, mit denen er aufwuchs, vom Gehorsamkeitsdenken, das ihm zu Hause, in der Schule, ja in nahezu jedem sozialen Zusammenhang förmlich eingebrannt wurde. Von den wechselnden Militärregimen, die ebenfalls unbedingten Gehorsam forderten. Aus knisternden Megafonen erhielt die Landbevölkerung stets die neusten Anweisungen aus Bangkok, und zwar nicht auf Lao, ihrer eigenen Sprache, sondern auf Thai. Der Lärm ist unbeschreiblich, und noch heute, im dritten Jahrtausend, kommen hin und wieder Megafone zum Einsatz.

Inzwischen ist Pira sesshaft geworden und arbeitet in seinem Heimatort als Lehrer – eine neue Art Lehrer, sollte man meinen. »Ich kann nicht die Augen davor verschließen, dass die Landbevölkerung immer noch still vor sich hin leidet. Die Einwohner des Isaan sind es ja nicht gewohnt zu klagen. Schließlich ist ihr Karma für ihre Lebensumstände verantwortlich, nicht wahr? Erst wenn ihnen keine andere Wahl mehr bleibt, machen sie sich auf nach Bangkok in der Hoffnung, die Regierung möge ihnen irgendwie helfen. Wie friedlich ihre Demonstrationen sind! Jedes Mal wird ihnen versichert, dass sich die Regierung ihrer Probleme bald annehmen werde, doch bleibt es stets bei leeren Versprechungen. Es ist eine ironische Pointe, dass sich die Regierungen nie lange halten; deshalb fahren die leidgeprüften Menschen aus dem Isaan stets aufs Neue nach Bangkok, Sommer für Sommer. Doch nach so vielen missglückten Versuchen, so fürchte ich, werden sie eines Tages nach Bangkok marschieren, und sie werden es nicht mit leeren Händen tun. Wie sollen wir uns dann verhalten?«

Pira will weiterhin an seinem Schreibtisch bleiben. Statt zu marschieren, will er unterrichten, beobachten und schreiben. Dabei birgt das Autorendasein in Thailand erhebliche Risiken. »Im Gegensatz zu Salman Rushdie habe ich keine Leibwächter. Daher muss ich jedes einzelne Wort auf die Goldwaage legen. Schließlich lebe ich in einem Land, in dem Hunderte von Schriftstellern, Journalisten, Gewerkschaftsführern und idealistischen Lehrern bereits von Auftragskillern ermordet wurden.«

Ich hätte Pira so gern besucht, doch der Ort, in dem er lebt, liegt weit ab vom Schuss. Mein Fahrer sitzt mit gestreckten Armen am Steuer und starrt geradeaus. In der Dämmerung rollen wir in die nördlichste Stadt des Isaan, Udon Thani. Der Name klingt wie eine melodiöse Komposition. Unzählige helle Lichter leuchten mir entgegen. Die Stadt hat 100 000 Einwohner, unter denen sich sogar einige Amerikaner befinden sollen. Sitzen sie immer noch in der Boss Bar, umgeben von willigen Frauen und klirrenden Gläsern, und reden vom Krieg? In den sechziger Jahren wurden mehrere tausend Amerikaner nach Thailand entsandt, um am Vietnamkrieg teilzunehmen. Im Jahr 1969 waren es insgesamt 46 000. Von ihren Militärbasen im Isaan stiegen sie in die Luft, um, wie so gern gesagt wurde, »Vietnam in die Steinzeit zurückzubomben«. Die Bombardierungen zogen sich über Jahre hin, und auch Laos und Kambodscha bekamen den Zorn der Amerikaner zu spüren. Der Feind war schließlich überall. Doch zwischen den Angriffen brauchten die Soldaten Ruhe – und Frauen.

Der Krieg nahm ein Ende, aber die Liebe nicht. Daher blieben viele Soldaten in Udon Thani. Die Vietnam Veterans Association, deren Hauptquartier in Washington DC ist, bekam sogar eine eigene Udon-Thani-Abteilung. Doch in der Boss Bar findet heute kein Veteranentreffen statt, das sehe ich auf den ersten Blick. Nur eine aufgedunsene Frau mittleren Alters mit blauschwarzen Tränensäcken hängt über der knallrosa Theke. Zwischen Zapfhähnen und Spülbecken hat der Barkeeper seinen Kopf auf die Arme gelegt, und am Ende des Tresens, unter einer Dartscheibe, schlummert ein goldbrauner Pudel in seinem Bambuskörbchen. Was für ein friedlicher Anblick.

Die Amerikaner haben im Lauf der Jahre Millionen von Dollar in den verarmten Isaan gepumpt. Straßen wurden ausgebaut und asphaltiert, Eisenbahnlinien verlängert und mindestens ein Dutzend Flugplätze mit Blasmusik und Militärparaden feierlich eröffnet. Edle Spender aus Kalifornien schickten tonnenweise Kleider und Trockenmilch, und um auf

Nummer sicher zu gehen, richtete *Voice of America*, oft als »Stimme der Freiheit« bezeichnet, auf einem braunen Hügel südlich von Udon Thani eine leistungsstarke Sendestation ein. Vergebliche Liebesmüh? Nicht ganz, denn der Vietnamkrieg ging zwar verloren, doch im vergessenen Nordosten Thailands wehte niemals die rote Fahne.

Was mag die Zukunft bringen? Schwer zu sagen, doch Herr Prasong, ein untadelig gekleideter Mann um die vierzig, sprüht nur so vor Enthusiasmus. Letzte Woche hat er ein weiteres Internetcafé eröffnet, schon das achtzehnte, nur einen Steinwurf vom größten Shoppingcenter der Stadt entfernt. Über seinem Schreibtisch tanzt ein Buchstabe im Luftstrom des Deckenventilators. Er besteht aus Styropor und ist in Businessblau angemalt.

»Sehen Sie sich diesen Buchstaben an!«, ruft er mir zu. »Der wird die Welt verändern, sogar im Isaan.«

»Wie meinen Sie das?«

»Das ist ein E, und E steht für ELECTRONIC.«

Er hebt die Hand und hält den tanzenden Buchstaben fest.

»Früher konnten wir nicht miteinander kommunizieren, weil die Entfernungen zu groß waren. Die wenigen Menschen, die in den Isaan kamen, mussten zu Fuß gehen oder reiten. Wenn sie in der Nähe von Bangkok waren, konnten sie natürlich ein Boot nehmen, aber auch das war nicht ungefährlich. Früher gab es ein Sprichwort: ›Wer über Land reist, begegnet Tigern. Wer sich aufs Wasser begibt, begegnet Krokodilen.‹ In den letzten Jahren haben wir Autos, Züge und Flugzeuge bekommen, und jetzt, in Zeiten des Internet, können wir wahre Wunder vollbringen. Wir können mit Britney Spears chatten, E-Mails an Könige und Präsidenten schicken, eine eigene Homepage entwerfen und am Computer ein Unternehmen gründen. Ob das in Bangkok oder im Isaan liegt, spielt keine Rolle, man braucht nur eine gute Geschäftsidee!«

»Zum Beispiel?«

Prasong steht auf und zeigt aus dem Fenster.

»Sehen Sie das Schild auf der anderen Straßenseite? Der Text ist in Thai, deshalb können Sie ihn nicht lesen. Es ist ein Ehebüro. Die Frau, die es betreibt, ist halbe Chinesin. Früher musste sie ständig zur Post, um ihre Broschüren und sonstigen Briefe zu verschicken. Das hat viel Geld und Zeit gekostet. Doch heute kann jeder interessierte Mann ihre Homepage anklicken und sich die Mädchen im Internet ansehen. Wenn Sie wollen, gehen wir gleich mal rüber und statten ihr einen Besuch ab.«

Gesagt, getan. In einem kleinen Büro sitzt eine etwa 60-jährige Frau vor ihrem neuen PC. Herr Prasong stellt uns einander vor, und wir begrüßen uns. Frau Lawan ist eine stattliche Frau, ein wenig korpulent, doch mit ihrem schwarzen Rock und der jadegrünen Seidenbluse äußerst geschmackvoll gekleidet. Ihr großes Gesicht ist erstaunlich faltenfrei, ihr hoher Haaransatz lässt mich an Imelda Marcos denken. Rasch dreht sie sich um und scheucht ihren Mann von einer Holzpritsche auf, die am Ende des Raumes steht. Er scheint peinlich berührt zu sein, rappelt sich auf und verschwindet hinter einem schlaffen Vorhang.

»Lange war ich drauf und dran aufzugeben. Doch inzwischen ist alles wie ein Spiel. Außerdem habe ich mir einen Scanner angeschafft. Wissen Sie, was ein Scanner macht? Ich lege ein Bild auf die Glasplatte, und schon habe ich es im PC. Aber das hier ist noch besser.« Sie öffnet eine Schublade und holt eine Digitalkamera heraus. »Oft mache ich die Fotos selbst, und mit Hilfe dieses Kabels hier kann ich sie direkt auf meinen Computer übertragen.«

»Wie viele Frauen kann man sich auf Ihrer Homepage angucken?«

»315! Aber es werden immer mehr.«

Mit Hilfe der Maus blättern wir von einer Frau zur nächsten. Die meisten scheinen zwischen 25 und 35 Jahren alt zu sein, da wird die Zeit langsam knapp. Manche sind wahre Schönheiten, andere weniger. Kandidatin Nummer 21, eine Frau mit großen Narben und struppigen Haaren, ist besonders unattraktiv, worauf Frau Lawan ausruft: »Die Arme, schauen Sie sie nur an. Sie ist seit Jahren dabei, ohne jemals ein Angebot zu bekommen. Eigentlich könnte ich ihr Bild auch entfernen, aber schließlich hat sie dafür bezahlt.«

Frau Lawan präsentiert die Frauen in verschiedenen Sprachen, sogar auf chinesisch. Männer aus zahlreichen Ländern gehen regelmäßig die Anzeigen durch, in Europa sind es vor allem Deutsche, Österreicher und Schweizer. Wenn die Chemie stimmt, nehmen sie die Frauen mit nach Hause, heiraten sie und gründen eine Familie. Das Geld, das aus Europa in den Isaan fließt, hat Frau Lawan zufolge schon manchem Dorf »ein neues Gesicht« verschafft. Namentlich erwähnt sie Baan Jarn. In diesem Dorf gibt es 500 Familien, und mindestens 100 von ihnen haben inzwischen eine Tochter in der Schweiz wohnen.

»Sie sollten sich Baan Jarn mal ansehen! Dann wissen Sie, was ich meine. Die Schweizer Häuser sind groß, weiß und geräumig, mit hübschen Gärten und hohen Zäunen. Außerdem haben alle eine Satellitenschüssel.«

Tausende von Frauen aus dem Isaan sind verheiratet und leben im Ausland. Die Thais nennen sie *mia farang*, die Frauen der Fremden. Frau Lawan räumt ein, dass es manche, vor allem ältere Leute gebe, die auf diese Frauen hinabblickten, aber das hinge vor allem mit der alten Vorstellung zusammen, dass es unpatriotisch sei, einen Ausländer zu heiraten. Außerdem herrsche bei vielen immer noch das Vorurteil, dass es sich bei diesen Frauen ausschließlich um Barmädchen und Prostituierte handelte. Doch im Grunde würden sie zunehmend respektiert, außerdem seien die Millionen, die sie nach Hause schickten, für die heimische Ökonomie von großer Bedeutung.

Bisher war Europa der wichtigste Markt für Frau Lawans kleines Ehebüro. Doch Japan holt auf, und was ist eigentlich mit China? Frau Lawans Blick geht in die Ferne, ihre schmalen Augen haben einen träumerischen Ausdruck angenommen. In beiden Ländern, meint sie, gebe es doch allzu viele einsame Bauernsöhne, besonders in China, »*and some of them are quite desperate, I think.*« China leidet unter einem enormen und weiter wachsenden Männerüberschuss. Millionen von Frauen werden gar nicht erst geboren, weil die Eltern sich einen Sohn wünschen. Andere sterben viel zu früh. Heute ziehen viele Bauernmädchen in die Stadt, während die Jungen zu Hause bleiben, um den Hof zu bewirtschaften. Zwar hätten sie gern eine Frau, doch nur die wenigsten chinesischen Bauern besitzen einen Computer, geschweige denn einen Internetanschluss. Und ins Ausland zu reisen, nur um auf Brautschau zu gehen, kommt erst recht nicht in Frage.

Japanische Männer hingegen haben Geld und Pass.

»Wenn Ihnen ein Gesicht gefällt, dann sagen sie mir Bescheid.«

»Und dann?«

»Dann kommen sie zu Besuch. Schließlich müssen sie sich treffen, bevor sie heiraten.«

»Aber es kommt doch sicher vor, dass sie sich nicht sympathisch sind ...«

»Ja, natürlich! Aber wie Sie sehen, habe ich eine große Auswahl an Kandidatinnen.«

»Japaner«, fährt Frau Lawan fort, »reisen nicht gern allein. Darum arbeite ich mit einem japanischen Agenten zusammen, damit mehrere Männer gemeinsam fliegen können. Im März hatte ich achtzehn japanische Männer zu Besuch. Mehrere Tage lang hatten sie Gelegenheit, die Frauen kennen zu lernen. Sie waren in Restaurants, sangen Karaoke, gingen einkaufen und besuchten eine archäologische Grabungsstätte, die außerhalb der Stadt liegt.«

»Aber sie sprechen doch völlig unterschiedliche Sprachen.«

»Ich habe ihnen einen Dolmetscher besorgt, und die Sprache bedeutet ja nicht alles. Menschen sind einfühlsame Wesen, und oft können wir einander ganz gut anhand des Aussehens und Benehmens beurteilen.«

Heute, zwei Monate später, sieht es so aus, als hätten Amors Pfeile sechs Mal ins Schwarze getroffen. Eine Trefferquote von 33,33 Prozent, mit der Frau Lawan mehr als zufrieden ist.

Ich finde keinen Schlaf. Mein Körper kribbelt vor Sehnsucht – nicht nach einer Frau, sondern nach einem Berg. Es ist ein Berg, den ich jetzt brauche, ein kühler Berg, hoch über der brütenden thailändischen Hitze. Gestern stieg die Quecksilbersäule auf 42 Grad Celsius. In dieser Nacht werfen sich Millionen schwitzender Isaaner schlaflos hin und her. Mit Laken und Handtüchern versuchen sie, ihren Schweiß zu trocknen, und wer eine Dusche hat, steht mitten in der Nacht auf, um seinen Körper mit lauwarmem Wasser zu kühlen. Man hört das Winseln der Hunde und das Stöhnen der Alten. Ich stecke meinen Kopf aus dem Bambusvorhang und spähe zur Boss Bar hinüber. Alles dunkel, kein Mensch auf der Straße, selbst das Neonlicht flackert, als seien das seine letzten Todeszuckungen.

Träume können manchmal wahr werden. Aber ein Berg in Thailand?

Ja, wir werden nach den Sternen greifen.
Aber nicht mit Hilfe von Pillen und Drogen.

THAKSIN SHINAWATRA

Und jenseits singen die Wälder

Wie schön es doch ist, auf einem Berg zu erwachen. Der Doi Inthanon, Thailands höchster Berg, erhebt sich 2575 Meter über dem Meeresspiegel. Im weißen Nebel, der den Berg einhüllt, sehe ich nichts außer einem Vogel. Einsam und lautlos gleitet er durch den kühlen Dunst und ist wieder verschwunden. Wenn ich die Hand an die Stirn lege, spüre ich tausend feuchte Perlen, keine Schweißperlen, sondern reines, befreiendes Wasser aus der großen Nebelmasse. All meine Habe ist feucht geworden, selbst die Bücher. Die Seiten von Pira Sudhams Buch über das Monsunland kleben aneinander. Um sie wieder voneinander zu trennen, muss ich das Plastikmesser benutzen, das ich auf dem Frankfurter Flughafen geklaut habe.

Ein Mönch trottet heran.

»Es liegt was in der Luft«, murmelt er, während er seinen Blick ahnungsvoll nach oben richtet.

»Was sollte das sein?«

»Der Monsun.«

Von Udon Thani bin ich 500 Kilometer in nordwestliche Richtung gereist. Um den Doi Inthanon zu erobern, bedarf es keiner Vorbereitungen, auch keiner Kletterschuhe. Der Eroberer fährt bequem nach oben, an Reisterrassen, unansehnlichen Dörfern und den kleinen Wachstuben der Parkranger vorbei, und stellt sein Auto ab, nachdem er die letzte Kurve bezwungen hat, auf dem »Dach Thailands«. Der Doi Inthanon gehört zum gleichnamigen Nationalpark, 482 Quadratkilometer nahezu unberührte Natur. Endlich spüre ich den Atem des Landes und höre aus der diesigen Tiefe das Rauschen eines Wasserfalls. Während der Nebel sich langsam lichtet, blicken wir gen Norden, der Mönch und ich, wo sich Asiens größtes und fruchtbarstes Gebiet befindet, das sogenannte Goldene Dreieck. Ob der Monsun wirklich schon im Anmarsch ist?

Der Mönch, ein alter und folglich erfahrener Mann, geht drei Schritte nach vorn, bis er direkt am Abgrund steht, und streckt seine Hände dem Horizont entgegen.

»Doch«, sagt er. »Es liegt was in der Luft. Ich spüre es an den Fingern.«

An keinem Ort im ganzen Land fällt so viel Regen wie auf diesem Berg – 2500 Millimeter im Jahr. Und selbst in der Trockenzeit lässt sich der Regengott manchmal blicken, der hier Phiphannam – »Geist, der Wasser verteilt« – genannt wird. Vor über 100 Jahren hat einer der Könige in Nordthailand die Bedeutung des Doi Inthanon für das Land klar herausgestrichen. Er befahl seinen Untertanen, den Berg für alle Zeit zu beschützen, die Abholzung seiner Bäume zu verhindern und alles Lebendige in seinem Umfeld zu bewahren. Nach seinem Tod wurde er, seinem eigenen Wunsch gemäß, auf dem Gipfel des Berges bestattet, doch erst 1954 erhielt der Berg mitsamt seiner Umgebung den Status eines Nationalparks.

Der Mönch und ich. Andächtig stehen wir da und beobachten schweigend, wie die Natur die Farbe wechselt. Grau verwandelt sich langsam in grün, in Eiche und Kiefer, Rhododendron und Lorbeer, wird zu Moosen und Farnen und wilden Orchideen und 600 anderen Pflanzenarten.

Der Wohltäter des Berges ruht in einem Stupa, der sich hinter uns befindet. Das ganze Jahr hindurch kommen Tausende von Thais hierher, um ihren verstorbenen König zu ehren und die frischeste Luft in Thailand zu genießen. Diejenigen, die zu dünn gekleidet sind, machen sich rasch wieder davon. Der alte Mönch, mein neuer Freund, zeigt zähneklappernd auf das Thermometer – nur acht Grad plus. »*Velly, velly cold!*«, sagt er bibbernd, während er sein Gewand unterm Kinn zusammenzieht. »*Almost fleezing point.*«

Auf einem Berg wie diesem stellt sich automatisch die Frage: Woher stammen die Thais eigentlich?

Richtige Antwort: Aus China. In grauer Vorzeit begann das Volk der Thai, das im nordwestlichen Winkel Chinas lebte, seine lange Wanderung in südliche und südöstliche Gefilde. Viele fanden den Weg in die fruchtbaren Ebenen des heutigen Thailand, wo sie die ursprünglichen Einwohner, die Mon, entweder vertrieben oder sich mit ihnen vermischten. In den dunklen Wäldern, die sie durchquerten, müssen vielerlei – teils sehr lebendige Gefahren – gelauert haben. Wer überlebte, muss unglaublich zäh gewesen sein.

Auf ihrer Wanderung gen Süden gründeten die Thais verschiedene Königtümer. In der Ferne erahne ich die Silhouette einer Stadt. Es muss sich um Chiang Mai handeln, die Hauptstadt des früheren Thai-Königtums

Lanna. 700 Jahre lang ruhte das mächtige Reich am Fuße der grasgrünen Grenzregion zwischen Thailand, Birma und Laos, die heute als Goldenes Dreieck bekannt ist. Seine Blütezeit erlebte es im fünfzehnten Jahrhundert. Um die Macht des Lanna-Königs zu dokumentieren, wurde das achte buddhistische Konzil 1477 in Chiang Mai abgehalten. Der Ort des Konzils, Wat Chedi Yot, existiert bis auf den heutigen Tag. Wie gern wäre ich die berühmte Fliege an der Wand gewesen, obwohl mir das Treffen, das ein ganzes Jahr andauerte, womöglich ein wenig lang geworden wäre.

In den folgenden Jahrhunderten zerfiel das Lanna-Reich Stück für Stück, bis es 1775 von einem rivalisierenden Thai-Heer, das aus dem Süden kam, erobert wurde. Doch sein Erbe ist immer noch lebendig. Allein in Chiang Mai finden sich über 300 Tempel, die teilweise noch aus der Lanna-Epoche stammen. Lange Zeit dem Verfall preisgegeben, erstrahlen sie heute in frischem Glanz, was nicht zuletzt der Großzügigkeit der UNESCO zu verdanken ist. Besucher mit einem Sinn für Schönheit und Symmetrie verharren immer noch in stummer Ergriffenheit vor ihnen. Einige der schönsten Tempel entdecke ich in der Altstadt. Der älteste von ihnen, Wat Chiang Man, wurde gegen Ende des dreizehnten Jahrhunderts errichtet. Falls die Legende der Wahrheit entspricht, wohnte der König in diesem Tempel, während die Stadt erbaut wurde. In diesem Fall konnte er 90 000 Arbeiter dabei beobachten, wie sie mit bloßen Händen die Stadtmauer schufen.

Wat Chiang Man ist für seine zahlreichen seltenen Buddhastatuen bekannt. Eine von ihnen soll fast 2000 Jahre alt sein. Wird sie lange genug angebetet, bringt sie Regen, erzählt der Abt sehr ernst. Dieser kostbare Schatz wird in seiner Privatwohnung aufbewahrt, die sich unmittelbar hinter dem Haupttempel befindet. Am 1. April jedes Jahres wird sie in einer Prozession durch die Stadt getragen – ein großes Spektakel, dem mehrere tausend Menschen beiwohnen. »Und dann dauert es nie lange, bis tatsächlich Regen fällt«, versichert er. »Dieses Jahr kam der Regen tags darauf!«

Die elegante Lanna-Architektur ist durch ihre weitgehende Verwendung von Holz, hauptsächlich Teak, gekennzeichnet. Aber die Zeiten ändern sich, und außerhalb der Stadtmauern wächst das neue Chiang Mai aus grauem Beton empor. Der Gestank der Abgase hängt in der Luft. Die »Rose des Nordens«, wie die Stadt genannt wird, hat viel von ihrem Charme verloren. Was einst eine Idylle für Fußgänger und Fahrradfahrer war, ist ein motorisiertes Inferno für fast eine Million Menschen geworden. Ein Freund von mir, der vor fünfzehn Jahren hierher zog, packt seine Koffer. An manchen Tagen, sagt er, seien die grünen Hügel, die die Stadt umgeben, gar nicht mehr zu erkennen. Was sollte ihn da noch hier halten?

Verlorene Idyllen gibt es viele in Asien. Wir, die in den siebziger Jahren nach Kathmandu kamen, fanden eine nahezu abgasfreie, von majestätischen Bergen umgebene Stadt vor. Nun scheinen die Berge verschwunden zu sein. Und wie jungfräulich erschienen uns Shimla, Darjeeling, Lhasa, Lijiang und Dali! Die Luft war so rein, dass man an ihr zu gesunden meinte. Wenn wir morgens das Fenster öffneten, stieg uns sogleich der Duft von Jasmin in die Nase, und den einzigen Lärm machten die Hummeln sowie die knirschenden Räder der nächsten Rikscha. Langsam ließen wir die Tage an uns vorüberziehen, und wenn eine Verabredung nicht zustande kam, würden wir sie eben irgendwann in der Zukunft nachholen – oder auch nicht.

Wie mag das Leben in Chiang Rai aussehen?

Die Stadt liegt 90 Kilometer nördlich von Chiang Mai, fast 600 Meter über dem Meeresspiegel. Ich sehe, dass es geregnet hat. Die Wälder haben etwas von ihrer alten Frische wiedergewonnen, die Blätter glitzern vor Feuchtigkeit. Oft wird Chiang Rai als Einfallstor zum Goldenen Dreieck beschrieben, und hier, wie in Chiang Mai, wird die Nähe auf dem geschäftigen Nachtmarkt ersichtlich. Viele Händler sind aus den Bergen gekommen, ihre Körbe mit Stickereien, Schmuck und anderen Waren gefüllt. Manche verkaufen Cannabis unter dem Tisch. Eine Familie vom Volk der Hmong, zwei Erwachsene und fünf Kinder, schlurft langsam vorüber, kleinwüchsig und o-beinig allesamt, doch wunderschön gekleidet in ihren rot, blau und grün bestickten schwarzen Gewändern. Das Klirren des schweren Silberschmucks, den die Mutter und ihre drei Töchter tragen, hört sich in meinen Ohren melancholisch an. Sie gehören nicht hierher, die Hmong, doch das Leben in den Wäldern ist auch nicht leicht.

Nahe dem Nachtmarkt liegt eine abgelegene rosafarbene Gasse. Hinter halb offenen Türen sitzen die Mädchen und warten auf ihre Kunden. Einige von ihnen haben sich ganz auf die Straße gewagt. Sie kommen aus den Bergen und entstammen verschiedenen Volksstämmen: den Hmong, Lisu, Akha, Yao und Karen. Der Absatz der Stickereien auf dem Markt ließ zu wünschen übrig, doch jetzt haben sie hauchdünne, geschlitzte Seidenkleider angezogen, und die neuen Schuhe, die sie tragen, dürften für Gebirgswanderungen kaum geeignet sein. Endlich steigen die Umsätze, doch was handeln sie sich dabei ein? Vielleicht HIV.

Ich bin nicht zum ersten Mal in Chiang Rai und muss an Sakop denken. Vor zehn Jahren bin ich ihm begegnet. Krank und abgemagert saß er im Bett und stocherte in seinem Essen. Er hatte sich mit dem HI-Virus infiziert, und nun waren sich die Ärzte sicher, dass er an Aids erkrankt war – es gab kein Zurück mehr.

Ich lernte ihn in Chiang Rais einziger Aidsklinik kennen. Somthong, die Frau, die mich herumführte, erzählte, dass es momentan 28 Patienten gäbe. Handwerker waren jedoch bereits damit beschäftigt, in unmittelbarer Nähe, zwischen Bananenstauden und Schlingpflanzen, ein weiteres Gebäude zu errichten. Viel gehörte nicht dazu, nur vier dünne Wände und ein Dach. Somthong führte mich in einen Saal, in dem mehrere Patienten hinter grünen Plastikvorhängen vor sich hin dämmerten. Vorsichtig fragte ich sie, ob ich einen der Sterbenden kennen lernen dürfe. Daraufhin zog sie einen Vorhang zur Seite.

»Das ist Sakop«, sagte sie.

»Ja, ich bin Sakop«, bestätigte er. »Der Name bedeutet ›friedlich‹.«

Und friedlich war er in der Tat. Der 50-Jährige konnte kaum noch sprechen, jedes Wort bereitete ihm große Mühe. Die Augen waren groß und leer, sein Gesicht war von einer gelblich grünen Kruste bedeckt. Der um Diskretion bemühte Arzt zog mich beiseite und sagte, dass die Infektion begonnen habe, das Gehirn und die Haut zu befallen. Ich fragte Sakop, ob er Besuch von Familienangehörigen und Freunden bekomme. »Nein«, antwortete er nach einer langen Pause. »Ich glaube nicht.« Aber die Krankenschwester wusste es besser: »Doch, er bekommt jeden Tag Besuch.«

Mit einem freundlichen Klaps auf die Schulter verabschiedete ich mich lächelnd von Sakop, der tapfer zurücklächelte.

Erneut möchte ich dem Krankenhaus einen Besuch abstatten, doch kann ich mich nur schwer orientieren, denn die Bananenstauden sind fort und durch verschiedene Anbauten ersetzt worden. »Das ursprüngliche Gebäude war viel zu klein geworden«, erklärt mir einer der Ärzte, indem er einen Aktenschrank öffnet. Natürlich, Sakop ist tot. In den Unterlagen steht, er sei am 26. Mai 1996 gestorben, nur zwölf Tage nach meinem Besuch. Im Lauf der letzten zehn Jahre hat Somthong mehr als 2000 Patienten leiden und einen qualvollen Tod sterben sehen. Manche wurden nicht einmal 25 Jahre alt. Das jüngste Opfer der Krankheit, ein dreijähriger Junge, starb in der letzten Woche.

Nachdem ich Sakop kennen gelernt hatte, bekam ich die Gelegenheit, einen Klub für HIV-infizierte Jugendliche zu besuchen, der von mehreren freiwilligen Organisationen unterstützt wurde. Jeden Samstagvormittag trafen sich die Jugendlichen in einem leeren Lagerschuppen am Stadtrand. Manche kamen auf ihren eigenen Mopeds und Motorrollern. Den meisten schien es immer noch gut zu gehen. Doch einige der Mädchen schienen psychische Probleme zu haben und ließen hin und wieder ihren Tränen freien Lauf. Die Jungen hingegen wollten sich partout nichts anmerken lassen. Das

Programm bestand aus Spiel und Spaß, Billard und Gesang. Nach dem gemeinsamen Mittagessen sollte jeder einen Witz erzählen. Eine Stunde lang wurde der öde Lagerschuppen von schallendem Gelächter erfüllt. »Was für eine großartige Therapie!«, meinte der Klubvorsitzende begeistert. »Manche von ihnen führen ein sehr trauriges und einsames Leben. Einige fühlen sich von der Gesellschaft ausgestoßen. Umso wichtiger ist es, sich hier zu treffen – und zu lachen.«

Am Ende sangen alle gemeinsam ein Lied, und zwar in Dur, nicht in Moll. Bevor die letzte Strophe vorbei war, flüsterte mir der Klubvorsitzende ins Ohr: »In zehn Jahren werden diese Jugendlichen alle in ihren Gräbern liegen. Ist das nicht ein merkwürdiger Gedanke?«

Der Klub besteht weiter fort, und noch immer treffen sich hier jeden Samstagvormittag Jugendliche. Noch immer spielen sie die gleichen Spiele und erzählen sich nach dem Essen ihre Witze. Alle lachen, dann singen sie miteinander und fahren auf ihren Mopeds und Motorrollern wieder nach Hause.

Der Aids-Virus kam in den achtziger Jahren nach Thailand. Seitdem sind eine halbe Million Thais an Aids erkrankt und gestorben. Eine weitere halbe Million wartet, bis sie an der Reihe ist. Erstaunlicherweise hat sich das Goldene Dreieck, eine der schönsten Landschaften dieser Erde, als idealer Nährboden für das tödliche Virus erwiesen. Wage ich es trotzdem, nach Sop Ruak zu reisen?

Sop Ruak, nur ein kleiner Punkt auf der Karte, ist die selbsternannte Hauptstadt des Goldenen Dreiecks. Ich finde sie in der linken oberen Ecke meiner Landkarte, genau am Dreiländereck. Dorthin will ich.

Das Goldene Dreieck besteht aus sanften Hügeln, schroffen Gebirgsrücken, grünen Wäldern und zahllosen Dörfern, die durch unscheinbare Schmugglerpfade miteinander verbunden sind. Ich sehe sie bereits vor mir, Menschen und Maultiere, wie sie sich, voll beladen mit Schlafmohn – der Vorstufe des Opiums – und anderen Waren, ihren Weg durch die Wälder bahnen. Ich kann förmlich den strengen Geruch der Maultiere riechen und das Rasseln der Patronengurte hören. Wenn die Samenkapseln des Schlafmohns geerntet und transportiert werden, kann es gefährlich sein, sich auf diesen Pfaden aufzuhalten. Aber der Weg nach Sop Ruak?

»Ist völlig ungefährlich!«, versichert mein Fahrer lachend und biegt schwungvoll auf die Route 1016 ab.

Während wir uns in Richtung Norden voranschlängeln, bleiben wir in der Dämmerung vor einem Schild stehen: SOP RUAK – HAUPTSTADT

DES GOLDENEN DREIECKS. Der Name steht in großen goldenen Lettern geschrieben, wie eine demonstrative Verlautbarung gegenüber der zivilisierten Menschheit. Um auf Nummer sicher zu gehen, hat der Bürgermeister der Stadt ferner dafür gesorgt, das Schild mit zwölf 60-Watt-Birnen hell zu erleuchten. Etwas benommen – ich muss eingenickt sein – bewundere ich das einmalige Kunstwerk. Hinter dem Schild begegne ich dem gesenkten Blick eines sitzenden Buddhas, doch was erwartet mich danach? Als ich das leise Rauschen von Wasser höre, eile ich eine Böschung hinunter. Hab ich's doch gewusst, dass ich dich bald wiedersehen würde! Wie eine stille Avenue kommt er von Norden, um genau an dieser Stelle eine scharfe Biegung in östliche Richtung zu machen: der Mekong! Die Familie in ihrem Hausboot versteht gar nicht, warum ich so aufgeregt bin, hektisch hin und her laufe und mich scheinbar grundlos verausgabe.

Sop Ruak ist ein unscheinbarer Ort, im Grunde nur eine Straße am Fluss, von der ein paar Seitenstraßen abbiegen. Kerzen und andere Lichter flackern in der samtigen Abendluft. Hoch oben, auf einem Gebirgsrücken, liegt mein Kasten von einem Bungalow, der mir den Ausblick auf drei verschiedene Länder beschert. Während die Mücken sirren, sitze ich in der Hoffnung, die letzten Stunden vor Mitternacht genießen zu können, auf einer Teakholzbank vor dem Haus. Mein fürsorglicher Vermieter hat eine Fackel entzündet und zwischen zwei spitze Steine gesteckt, worauf die Mücken das Weite suchen. Haben sie hier gesessen, die Entdecker früherer Tage, und sich bei Fackelschein ihre blutigen Wunden geleckt?

Ich hasse nachtaktive Hähne, und dieser Hahn, der in Sop Ruak zu Hause ist, begann schon um Mitternacht zu krähen. Etwas später, so gegen eins, hörte ich, wie jemand mit Steinen nach ihm warf, was dazu führte, dass er ein noch größeres Spektakel veranstaltete. Jetzt sitze ich also wieder hier, auf meiner Teakbank, und warte mit kleinen Augen auf den Anbruch der Morgendämmerung. Die Fackel von gestern Abend ist erloschen, aber das macht nichts, denn in mehr als 147,5 Millionen Kilometern Entfernung existiert die Leben spendende Quelle, die die Griechen Helios nannten. Die Sonne ist angeblich über 4,6 Milliarden Jahre alt, doch immer noch tritt sie jeden Morgen pünktlich und zuverlässig ihren Dienst an, und wenn die Experten recht haben, wird sie dies noch mehrere Milliarden Jahre lang tun.

Der Hahn, der sich nachts verausgabt hat, ist eingeschlafen. Einige der Hühner hingegen sind früh genug aufgestanden, um zu sehen, wie im Osten eine blutige Orange aufsteigt. Langsam kommen die Wälder, Hügel und Bergrücken dreier Länder zum Vorschein. Zu meinen Füßen verwandelt sich der schwarze Mekong in fließendes Gold. Die beweglichen Punkte auf der goldenen Straße müssen Boote sein – Boote aus China? Auch kleine Fahrzeuge können die Strecke von der Provinz Yunnan bis nach Laos und Thailand zurücklegen. Und was leuchtet so stark am anderen Flussufer? Ein Königspalast? Nein, ein Kasino. Ein früherer thailändischer Innenminister wusste nicht, wohin mit seinem vielen Geld. Statt es den Armen zu geben, verbündete er sich lieber mit Gleichgesinnten in Birma, um im Herzen des Goldenen Dreiecks eine Spielbank zu eröffnen.

Jetzt steht es also da, das Golden Triangle Paradise Resort, wie ein einsames Monument der Dummheit im dritten Jahrtausend. Den Fluss für einen Kurzbesuch zu überqueren, ist eine Kleinigkeit, und wer hier übernachten möchte, um mit Blick auf den Mekong und seinen Nebenfluss Ruak zu erwachen, wird von den Angestellten hinter der prunkvollen Hotelrezeption auf das Herzlichste willkommen geheißen. Sollte ich vielleicht auch …? »*Oh no!*«, rät mein Vermieter ab. »*Velly velly mafia, and velly velly expensive!*« Er hält die Rechnung, einen krausen Zettel, in der Hand. Die Nacht im Bungalow auf dem Hügel kostet mich 1,50 Euro.

Glücklicherweise hat Sop Ruak seine eigene Attraktion zu bieten. Die imponierende Hall of Opium wurde 2004 feierlich eingeweiht. Die Idee stammte offenbar von der Mutter des Königs, Prinzessin Srinagarindra, die 1995 starb, nachdem sie sich jahrelang für die Armen im Goldenen Dreieck eingesetzt hatte. Sie wollte ein Museum schaffen, das kommende Generationen über die Geschichte und Gefahren des Opiumanbaus informierte. Bei der Realisierung erhielt sie viel Unterstützung, vor allem aus Japan, und heute thront das stolze Museum am Fuße eines grünen Hügels unmittelbar außerhalb von Sop Ruak.

Ich folge einer Hundertschaft Schüler in Uniform. Eine der Fremdenführer, eine junge Frau, entdeckt mich in der Menschenmenge. »Ich bin eine Akha«, sagt sie bescheiden. Wie hübsch sie ist! Ihr Gewand ist schwarz, wie bei den Akhas üblich. Kopf und Haare sind von schwerem Silberschmuck bedeckt, der mehrere Kilo wiegen muss. Die Halsketten, ebenfalls aus Silber, liegen in mehreren Schichten auf ihrer Brust, fast wie eine Brünne. Und inmitten all dieses Schmucks ein junges Gesicht mit goldener Haut und dunklen Augen.

Sie heißt Mue und erzählt mir, dass sie in Chiang Mai zur Schule gegangen ist. Sie muss zu den wenigen glücklichen Akhas gehören, die Englisch gelernt haben. Gemeinsam nehmen wir die erste Etappe in Angriff, einen 127 Meter langen Tunnel. Mue duftet nach Parfum, doch die Musik, die aus den Lautsprechern dringt, lässt einen schaudern. Plötzlich brechen die

Kinder in einen gewaltigen Lärm aus. Ein batteriebetriebenes Opiumwrack, ein Klappergestell mit schneeweißer Haut und blutunterlaufenen Augen, dreht und windet sich im Zwielicht. Zögernd gehen wir weiter, an weiteren gespenstischen Erscheinungen vorbei, bis wir schließlich eine hell erleuchtete Halle erreichen.

Die Kinder laufen zu einem Schiff, einem Nachbau der Schiffe, mit denen die Engländer das Opium nach China gebracht haben. Wir sind im neunzehnten Jahrhundert. Auch in Bangkoks Chinatown wird Opium geraucht. In einer wiedererstandenen Opiumhöhle liegen die Opfer und fantasieren mit halb geschlossenen Augen. Im Kinosaal werden Filme aus Vergangenheit und Gegenwart gezeigt, und im museumseigenen Treibhaus haben wir Gelegenheit, die hübschen Schlafmohnpflanzen anzusehen und zu berühren. Der Schlafmohn wird bereits in 5000 Jahre alten sumerischen Texten erwähnt. Die Ägypter benutzten ihn als Genussmittel und die schlauen Römer unter anderem dazu, ihre Feinde zu vergiften. Im alten Indien wurden Kriegselefanten mit einer Dosis Opium beruhigt, und im frühen zwanzigsten Jahrhundert empfahlen amerikanische Zeitungen die Droge Kindern und Erwachsenen bei Rheumatismus, Kopf- oder Zahnschmerzen.

Mit Feuer und Schwert gelang es den Briten, China das gefährliche Gift aufzuzwingen. Millionen von Chinesen wurden zu Opiumsklaven. Schon bald entdeckten skrupellose Geschäftemacher, dass das Grenzgebiet zwischen Laos, Birma und Thailand hervorragend für den Anbau von Schlafmohn geeignet war. *Papaver somniferum*, so der lateinische Pflanzenname, gedeiht am besten bei warmen Temperaturen, am liebsten in höheren Lagen. Er braucht nur wenig Erde, und die geernteten Samenkapseln lassen sich gut über weite Entfernungen transportieren, besser als Reis und Gemüse.

Opium versprach das große Geschäft der Zukunft zu werden, und so färbten sich zu Beginn des zwanzigsten Jahrhunderts die grünen Felder im Goldenen Dreieck langsam rot.

Wer kam eigentlich darauf, dieses Gebiet als »Goldenes Dreieck« zu bezeichnen? Die Antwort erhalte ich in der Hall of Opium. Der Name tauchte erstmals 1971 auf, und zwar in einem Artikel des in Hongkong erscheinenden Magazins *Far Eastern Economic Review*. Der stellvertretende Außenminister der USA, Marshall Green, hatte ihn erfunden, und die Bezeichnung kam so gut an, dass sie fortan nur noch mit Großbuchstaben verwendet wurde. »The Golden Triangle« wurde zum Synonym für Opium, Profitgier und Gesetzlosigkeit. Allmählich wurden auch die Opiumbauern abhängig, und von zahlreichen Vorposten wie Sop Ruak aus fand das Gift seinen Weg in die ganze Welt.

Mue folgt mir von Saal zu Saal, sagt aber nur wenig, da die meisten Ausstellungstücke einen englischen Begleittext haben. Die Opiumsaison, erfahre ich, beginnt im September, wenn die Bauern die Mohnsamen aussähen. Drei Monate später, wenn die Felder verblüht sind, beginnt die Ernte. Zu diesem Zeitpunkt können die Pflanzen bereits anderthalb Meter hoch sein. Mit ihrem krummen Messern ritzen die Bauern die ausgewachsenen Samenkapseln an, sodass der Milchsaft austritt. Noch vor Ende des Tages ist der Saft getrocknet und fast schwarz geworden. Für ein Kilo Rohopium wird der Saft von 17000 bis 18000 Samenkapseln benötigt – eine Geduldsprobe.

Nach und nach entdeckten die Profiteure, dass sich das Opium veredeln ließ. Ein Kilo Opium ergab 100 Gramm Heroin, ein feines Pulver, perfekt, um damit Geschäfte zu machen.

In einem der Säle, der Gallery of Victims, singt Louis Armstrong »What a Wonderful Word«. An den Wänden hängen gerahmte Fotos von Elvis Presley, Diego Maradona, Billie Holiday und Charlie Parker. Doch wer ist die asiatische Schönheit mit der Pfirsichhaut und dem seidigen Haar? »Das ist Ju Jia«, erklärt Mue. Vor einem Jahr noch lag ihr das Kinopublikum in ganz Asien zu Füßen. Das nächste Foto, das ich von ihr sehe, zeigt ein gepeinigtes Gesicht. »Heroin«, flüstert Mue. »Sie starb mit 28 an Heroin.«

Der letzte Saal, die Hall of Reflection, ist groß, hell und freundlich. Zitate historischer Persönlichkeiten wie Buddha, Jesus und Mahatma Gandhi schmücken die Wände. »Jetzt sind wir aus der Dunkelheit ins Licht gegangen«, sagt Mue mit monotoner Stimme. »Niemand ist dazu bestimmt, im Dunkeln zu leben. Doch der Weg ins Licht ist oft lang.«

Die Schulkinder haben sich in einem großen Kreis auf den Boden gesetzt. Die beiden Lehrer, ein Mann und eine Frau, halten einen flammenden Vortrag und ermahnen die Kinder, sich für alle Zeit von Opium und anderen Giften fernzuhalten. Am Ende bitten sie die Kinder, sich zu erheben. Feierlich, mit der rechten Hand auf der Brust, schwören sie, niemals narkotische Stoffe zu nehmen. Danach laufen sie ins Tageslicht.

Lange Zeit war das Goldene Dreieck das größte Opiumanbaugebiet der Welt. Doch in den letzten Jahren ist die Produktion zurückgegangen. Im thailändischen Teil des Dreiecks sind die Mohngewächse quasi ausgestorben und durch nützlichere Pflanzen ersetzt worden. Auch in Birma und Laos fallen die Ernten geringer aus als früher. Außerdem bemüht sich das Antidrogenprogramm der UNO intensiv darum, den Opiumbauern einen neuen Weg in die Zukunft zu zeigen. In den Wäldern Birmas hat das Volk der Wa lange eine entscheidende Rolle im Opiumhandel gespielt. »Doch damit ist jetzt

Schluss!«, verkündet ihr starker Mann, Bao You Xiang. »Jahrelang habe ich zugesehen, wie das Opium mein Volk zerstört hat, und darum sage ich jetzt: Noch ehe das Jahr 2005 vorbei ist, wird die letzte Opiumpflanze verschwunden sein. Das ist ein Versprechen. Wenn ich es nicht einhalte, könnt ihr mir den Kopf abschlagen!«

Ich frage mich, ob Bao inzwischen tatsächlich einen Kopf kürzer ist.

Zwei Millionen Menschen in Birma leben vom Opiumanbau, und die Schlauesten von ihnen sind steinreich geworden. Manche halten sich im engsten Zirkel der Macht in Rangun auf. Daher kann es gefährlich sein, sich zu ehrgeizige Ziele zu setzen.

Während das Rot der Mohnblüte im Goldenen Dreieck auf dem Rückzug ist, verhält es sich im Gebiet des Goldenen Halbmonds – Iran, Pakistan und Afghanistan – genau umgekehrt. Vor allem in Afghanistan hat der Opiumanbau im Zuge der allgemeinen politischen Instabilität spürbar zugenommen. Im Goldenen Dreieck haben zynische Geschäftemacher auf die neue Herausforderung reagiert, indem sie eine synthetische Pille entwickelt haben, die in dieser Gegend *yaa baa* heißt. Andernorts wird sie auch Ice, Tweak, Tina, Crank, Fire, Glass, Crystal oder Meth genannt, während Fachleute sie bei ihrem richtigen Namen nennen: Methamphetamin.

Thailands Krieg gegen *yaa baa* begann am 1. Februar 2003. Ministerpräsident Thaksin schlug während einer Pressekonferenz in Bangkok mit der Faust auf den Tisch und rief: »Ich erkläre dem Bösen den Krieg! Wir haben bereits eine Million Landsleute verloren, das ist eine Million zu viel.« Als Element der Kriegführung gab der Ministerpräsident bekannt, Polizei und Militär mit erweiterten Vollmachten ausstatten zu wollen. Gleichzeitig wurden die grenznahen Dörfer angewiesen, eigene Milizen zu gründen, um den Schmugglern Einhalt zu gebieten. »Drogenproduzenten und Drogenschmuggler sind böse Menschen, und ich verspreche, jeden Einzelnen von ihnen zur Hölle zu jagen.«

Der Statistik zufolge waren fünf Prozent der thailändischen Bevölkerung, gut drei Millionen Menschen, methamphetaminabhängig. Der Markt wurde von den Pillen regelrecht überschwemmt. Der Großteil von ihnen kam aus Birma. Kaufen konnte man sie überall, bei Friseuren und Taxifahrern, in Restaurants und Diskotheken, ja sogar in Tempeln und auf Schulhöfen. Pillen, die nur wenige Baht kosteten, verhalfen dem Körper angeblich zu »einem neuen Leben«. Faulheit und Lethargie sollten der Vergangenheit angehören. »Jeder, der *yaa baa* nimmt, spürt die Kraft in sich, Wunder zu vollbringen und nach den Sternen zu greifen«, erzählte ein Konsument der *Bangkok Post*.

»Ja, wir werden nach den Sternen greifen«, sagte Taksin in seiner Kriegserklärung. »Aber nicht mit Hilfe von Pillen und Drogen!«

Dann begann der Krieg. Schüsse fielen. In finsteren Wäldern und dunklen Hinterhöfen lagen unbekannte Männer in ihrem eigenen Blut. Nach nur einem Monat waren 1128 verdächtige Drogenhändler getötet worden, nach zehn Monaten waren es 2625. Weitere 91000 Männer waren festgenommen worden. 40 Millionen Pillen wurden sichergestellt. Die Zeitungen berichteten in fetten Schlagzeilen, und Meinungsumfragen ergaben, dass der Ministerpräsident von einem Großteil der Bevölkerung unterstützt wurde. Doch gab es auch andere Stimmen. »Haben wir vergessen, was Buddha uns gelehrt hat?«, fragte ein Kritiker. »Für Buddha war jedes Leben heilig, doch heute, 2500 Jahre nach seiner Geburt, erschießen wir Menschen auf reinen Verdacht hin. Von außen betrachtet mag die thailändische Gesellschaft harmonisch und friedlich wirken. Doch wer in ihr lebt, kann vor Gewalt, Gleichgültigkeit und Menschenverachtung nicht die Augen verschließen.«

Schließlich erklärte ein rundum zufriedener Ministerpräsident Thaksin, dass der Krieg gewonnen sei. »In nur drei Tagen hat seine Majestät König Bhumibol Adulyadej Geburtstag, und dies ist unser Geschenk an ihn – der Sieg über die Seuche des Drogenhandels.«

Der königliche Geburtstag jährte sich am 5. Dezember. Der Ministerpräsident senkte demütig sein Haupt, doch vom König kam kein Wort des Dankes, sondern eine Zurechtweisung. Auch die USA zeigten sich empört, ebenso wie viele Kritiker von nah und fern. Glücklicherweise ist der »Krieg« inzwischen in eine zivilisiertere Phase übergegangen. Doch von einem Waffenstillstand kann nicht die Rede sein, und die Pillenproduktion hält unvermindert an. Die Hersteller der Droge sind beweglich und nur schwer aufzuspüren. Und wer sollte dies tun, wenn nicht die Birmanen selbst? Die Thais müssen sich damit begnügen, die Grenzen zu überwachen. Von unzähligen Hügeln aus blicken sie nach Birma hinein und rücken sofort aus, wenn sie mutmaßliche Schmuggler entdecken. Doch den gesamten Grenzverlauf – 1800 Kilometer unwegsames Gelände – zu überblicken, scheint ein Ding der Unmöglichkeit.

Auch China ist ein Großproduzent von *yaa baa* und anderen Drogen geworden. Der Norden und Nordosten Birmas grenzt an die chinesische Provinz Yunnan, die eine lange Tradition im Drogenschmuggel hat. Ein Großteil der chinesischen Drogenproduktion findet seinen Weg in andere Länder über die Hafenstädte entlang der Küste. Doch manches wird auch durch die Wälder des Goldenen Dreiecks transportiert und gelangt nach Thailand. In der Zeitung habe ich von einem elfjährigen Zwillingsbrüderpaar gelesen, das den spannenden Pillen nicht widerstehen konnte. Am nächsten Tag waren sie beide tot.

»Thailand ist nie erobert worden!«, sagte Ministerpräsident Thaksin. »Lasst euch jetzt nicht von einer Pille erobern!«

Heute Nacht ist Vollmond. Mein Fahrer, der mich hinter der Buddhastatue in Sop Ruak wieder aufliest, meint, er leuchte so hell, dass es überflüssig sei, die Scheinwerfer einzuschalten. Wir fahren in einem *songthaew*, einem überdachten Pickup mit sich gegenüberliegenden Sitzbänken. Von Sop Ruak folgen wir der Straße nach Mae Sai. Die Fahrt in nordwestliche Richtung dauert ungefähr eine Stunde. Unterwegs halten wir an, um Tee zu trinken. Unter einem großen Baum am Straßenrand sitzt ein älteres Ehepaar auf zwei Bambushockern. Zwischen ihnen steht eine große Thermoskanne, und um die Thermoskanne herum sind vier weitere Bambushocker platziert. Ein improvisiertes Teehaus.

»Manche fragen, ob wir auch *yaa baa* verkaufen«, erzählt die Frau. »Aber wir haben nichts anderes als Tee.«

Mein Fahrer kennt sie gut. Solange er denken kann, haben die beiden schon auf ihren Bambushockern gesessen. Ein eintöniges Leben, das aber auch seine Höhepunkte hatte. Wie an jenem warmen Januartag des Jahres 1964, als der König und die Königin vorbeifuhren. Das heißt, sie fuhren gar nicht vorbei, sondern der König befahl seinem Chauffeur anzuhalten. Obwohl die Frau diese Geschichte sicher schon 1000 Mal erzählt hat, steigen ihr Tränen in die Augen, als sie es abermals tut. Man stelle sich vor, der König und die Königin von Thailand steigen genau an dieser Stelle – vierzehneinhalb Kilometer nordwestlich von Sop Ruak – aus dem Wagen, um zwei arme Teeverkäufer kennen zu lernen.

»Was geschah dann?«

»Nicht besonders viel. Sie sagten, es war schön, unsere Bekanntschaft zu machen. Dann sind sie weitergefahren.«

Der Vollmond sieht zu, wie wir unseren warmen Abendtee genießen. Dann machen wir es wie das Königspaar und fahren weiter.

Mae Sai gilt als Thailands nördlichster Punkt. Die breiten Straßen der Kleinstadt enden bei der Brücke, die sich über den Grenzfluss spannt. Reisenden, die eine Stippvisite in Birma machen wollen, bietet Mae Sai eine seltene Gelegenheit, die von vielen ergriffen wird. Ein Tagesvisum für Tachilek, eine Kleinstadt auf der anderen Seite, kostet nur 200 Baht. Der Grenzübergang nach Birma hat die Form einer Pagode, was den Ahnungslosen in feierliche Stimmung versetzen könnte. Doch hinter dem geschwungenen Tor in leuchtendem Burgunderrot, Orange und Türkis geht es nicht um Spirituelles, sondern um Bares. Denn unter den Blechdächern Tachileks wird alles angeboten, was nicht niet- und nagelfest ist: Edelsteine, vor allem Jade, doch auch Rubine, Smaragde und Saphire. Ethnisches Kunsthandwerk und »echte« Mingvasen aus China. Potenzmittel und Arzneien für eine ewige Erektion und ein ewiges Leben, seltene Lederwaren von bedrohten Tierarten wie dem Schneeleoparden sowie verzweifelte Orang-Utans in Käfigen.

Auch Frauen gibt es zu kaufen, doch eher in den dunkleren Ecken, und wer genau hinhört, vernimmt flüsternde Stimmen: *»yaa baa.«* Wer klug ist, geht weiter. Die Leichtgläubigen hingegen erliegen der Versuchung und kaufen. Zurück in Thailand riskieren sie, von der Drogenpolizei aufgegriffen zu werden und schlimmstenfalls in Bangkoks größtem Gefängnis zu landen. Während ich dieses schreibe, sitzen Tausende von Ausländern wegen Drogendelikten in thailändischen Gefängnissen.

Yaa baa bedeutet »Medizin des Wahnsinns«, und in Tachilek sieht man viele Menschen, die offenbar den Verstand verloren haben. An den schmalen Pfaden, die sich am Fluss entlangziehen, liegen sie halb im Gebüsch versteckt und vegetieren vor sich hin, die Elenden, umgeben von Spritzen, Pillendosen und Plastikmüll. Manche rappeln sich hin und wieder auf und irren umher, ehe sie erneut zu Boden sinken. Der Dschungel erstreckt sich bis zum Flussufer, und hier, unbemerkt von der Allgemeinheit, scheinen Dealer und Opfer unter sich zu sein. Wer eine Pillenschachtel über den Grenzfluss werfen will, braucht nicht einmal besonders starke Armmuskeln. Ein Zehnmeterwurf genügt.

»Die Aufgabe ist einfach unmöglich«, seufzt der Polizeichef von Mae Sai. »Wir haben nur 200 Leute und nie mehr als 50 gleichzeitig im Einsatz. Jeder von uns hat nur zwei Augen, zwei Hände und eine Pistole.«

Dass die Polizei auf beiden Seiten des Flusses höchst korrupt ist, macht die Sache natürlich nicht einfacher. Man bekriegt sich und arbeitet doch zusammen. Die Allianzen ändern sich von Tag zu Tag.

»Sei ehrlich!«, ermahnt mich meine neue Bekanntschaft, ein älterer Mann mit einem riesigen Goldzahn. »Warum bist du nach Mae Sai gekommen? Was suchst du? *Yaa baa*, Heroin, Schmuck oder Frauen?«

Eigentlich nichts dergleichen. Doch Goldzahn glaubt mir nicht und will mich jetzt, am späten Abend, zu einer Ausschweifung verführen, die ich mein Lebtag nicht vergessen werde. In Mae Hong Son, einem kleinen Bergdorf, soll die schönste Frau des gesamten Goldenen Dreiecks gekürt werden: *Miss Golden Triangle.*

Im Grunde habe ich eine Schwäche für plötzliche Programmänderungen. Der Schönheitswettbewerb soll in drei Tagen stattfinden. Warum also eigentlich nicht? Goldzahn haut mir auf die Schulter und verkündet zufrieden, dass jeden Morgen um sieben Uhr ein Bus nach Mae Hong Son fahre. Der kleine Ort schlummert 400 Meter über dem Meeresspiegel. Goldzahn sagt, dass es in dieser Gegend viel Nebel gebe. Daher sei Mae Hong Son auch als »Stadt der drei Schleier« bekannt. Im Nebel kann vieles geschehen, und die Schmugglerpfade in Birma liegen direkt um die Ecke. Goldzahn behauptet, dass alle Volksvertreter in dieser Gegend Verbrecher seien, das gelte für Mae Sai ebenso wie für Mae Hong Son.

Während der Bus sich im Slalom die Hügel hinaufwindet, spüre ich, dass die Luft immer kühler wird. In der Dämmerung bleiben wir auf einer Kuppe stehen und bewundern den Blick ins Tal, wo sich ein kleiner, von schmalen Häusern umgebener See befindet. Im Hintergrund, auf einem anderen Bergrücken, leuchtet eine vergoldete Pagode, die vor 145 Jahren erbaut wurde.

Das also ist Mae Hong Son.

»Ich heiße Ericsson«, sagt der Kofferträger an der Bushaltestelle. Er ist klein gewachsen und hinkt, dieser Ericsson. Doch seine Aufgabe besteht darin, jeden Bus in Empfang zu nehmen und möglichst viele der Passagiere in *sein* Hotel zu locken. Heute bin ich es, der anbeißt. Doch wie kommt es, dass ein Thai den Namen Ericsson trägt?

Im Mondlicht auf einer Bungalowterrasse beginnt er zu erzählen: In den sechziger Jahren war ein schwedischer Missionar namens Ericsson nach Mae Hong Son gekommen, um die frohe Botschaft zu verbreiten. Da bemerkte er einen kleinen gehbehinderten Jungen, der damals fünf Jahre alt war. Bald schon waren sie wie Vater und Sohn – der große Ericsson und der kleine Ericsson. Einige Jahre später wurde der Missionar so krank, dass er nach Hause fahren musste. Von dort aus schickte er seinem kleinen Freund regelmäßig Geld und Briefe, die stets mit demselben Satz endeten: »Möge Gott dich beschützen, mein Junge!«

Doch auf einmal kamen keine Briefe mehr. Darum schrieb der kleine Ericsson nach Schweden, um herauszufinden, was geschehen war.

»Haben Sie eine Antwort bekommen?«

»Ja, von Frau Ericsson. Sie schrieb, dass ihr Mann gestorben sei.«

Am nächsten Morgen fährt ein blauer Lastwagen durch die Straßen und gibt über Lautsprecher eine wichtige Meldung bekannt: »Heute Abend Kür der *Miss Golden Triangle*!«

Ericsson glaubt nicht, dass es nötig ist, ein Ticket zu kaufen, denn der Marktplatz, auf dem der Schönheitswettbewerb stattfinden soll, ist groß. Heute ist es weniger neblig als gestern, und als der Abend anbricht, tritt der Mond hinter seinem Versteck, dem Doi Pui, hervor. Der hinkende Ericsson und ich beschließen zu Fuß zu gehen, obwohl er nur langsam vorankommt. Er macht kleine, sonderbare Sprünge und vertraut mir unterwegs an, dass er nicht verheiratet ist. »Welche Frau würde schon einen so komischen Vogel wie mich haben wollen?«

Ich mag ihn. Manchmal merkt man jemandem sofort an, dass er ein guter Mensch ist, und bei Ericsson ist das der Fall.

Auf dem Marktplatz ist schon ein ziemliches Gedränge entstanden, doch Ericsson lotst mich zielsicher zu einer langen Bank, die unmittelbar hinter den Punktrichtern steht. Um Schlag neun Uhr wird vor 2000 Zuschauern der Vorhang auf der Bühne zur Seite gezogen. Aus großen Lautsprechern dröhnt die Musik der Einheimischen, worauf die beiden Gastgeber des heutigen Abends, ein Mann und eine Frau, die Bühne betreten. Wenige Minuten später hält die Parade der jungen Schönheiten Einzug. Alle haben sie rechtzeitig hierher gefunden, und Ericsson, so umsichtig wie immer, reicht mir die Teilnehmerliste. Hinter jedem Namen ist die ethnische Zugehörigkeit vermerkt: Karen, Yao, Hmong, Lahu, Lisu, Mien, Akha, Lua, Htin, Khamn etc. In den wunderschönen Trachten ihre Volkes beginnen sie die große Bühne zu umkreisen. Eines der Jurymitglieder, ein älterer Mann mit Strohhut, nimmt sein Fernglas zur Hilfe.

Thailand ist das Land der Schönheitswettbewerbe. Schon 1965 wurde Apasara Hongsakul, ein fast überirdisches Wesen, zur *Miss Universum* gekürt. Seitdem sind die Thais in ihrer Begeisterung nicht zu bremsen und die Schönheitswettbewerbe nicht zu zählen. Auch hier gibt es viel Schönes zu besichtigen, doch Ericsson zufolge könne sich keine thailändische Schönheitskönigin, weder gestern noch heute, mit Pornthip Nakhirunkanok messen. Als sie 1988 zur schönsten Frau der Welt gewählt wurde, war ein ganzes Volk außer Rand und Band. Tausende von Fans belagerten bei ihrer triumphalen Rückkehr den Flughafen von Bangkok.

»Ich habe ein Bild von ihr in meinem Wohnzimmer hängen«, erzählt mir Ericsson in der ersten von mehreren Pausen. »Niemand kann es mit ihr aufnehmen. Sie ist bis heute eine Klasse für sich geblieben.«

Auf dem Marktplatz in Mae Hong Son wird der Abend zur Nacht. Einzeln und in Gruppen kommen die Bewerberinnen in immer neuen Kleidern auf die Bühne, und die Punktrichter machen sich fleißig Notizen. Das einzig vorhandene Fernglas macht die Runde. Die Mädchen scheinen noch im

Teenageralter zu sein. Ihre farbenprächtigen, geschmückten und bestickten Gewänder fordern immer wieder ein Blitzlichtgewitter heraus. Wer aber darauf wartet, dass die Mädchen im Bikini erscheinen, der wartet vergeblich. Die Wahl zur Miss Golden Triangle ist eine ziemlich sittsame Angelegenheit. Um kurz vor Mitternacht kommt der Sprecher der Jury auf die Bühne und verkündet die Siegerin – eine hoch gewachsene Achtzehnjährige vom Volk der Lisu.

Ericsson steht auf und scheint zufrieden.

»Eine gute Entscheidung. Aber Pornthip ist ungleich schöner!«

Der zauberhafte Vollmond scheint mich zu tiefschürfenden Gedanken zu verleiten. Ich frage mich, welche Zukunft die verschiedenen Ethnien im Goldenen Dreieck wohl erwartet? Im thailändischen Teil des Dreiecks machen die Lisu und die übrigen ethnischen Minderheiten zusammen weniger als eine Million Menschen aus. In der vom Massentourismus und der Globalisierung geprägten Gegenwart sind sie noch verletzlicher als zuvor. »Die ethnische Kultur in Thailand ist einer zunehmenden Kommerzialisierung ausgesetzt«, schreibt der Sozialanthropologe Patrick Jory in der *Harvard Asia Pacific Review.* »Während die ethnische Identität lange Zeit als Bedrohung der politischen Stabilität galt, wird sie heute mehr und mehr als Ware betrachtet.«

Jory erinnert daran, dass Thailands offizielle Touristenkampagne namens »Amazing Thailand« die nationalen Minoritäten als Köder benutzt. Unter gewissen Voraussetzungen ist dagegen auch nichts einzuwenden, denn im besten Fall kann der Tourismus die Minoritäten dazu animieren, sich ihrer eigenen Kultur stärker bewusst zu werden. Genau deshalb ist es so wichtig, dass sie sich Gehör verschaffen. Sie müssen die Chance erhalten, sich als gleichwertige Partner am gesellschaftlichen Prozess zu beteiligen und ein Veto einzulegen, wenn ihre Integrität verletzt wird.

Thailand steht mit seinem ethnischen Dilemma nicht allein da. Asien ist ein unüberschaubares Mosaik aus Hunderten von Minoritäten. Allein in China gibt es 55 von ihnen, die den zunehmenden Druck der großen Gesellschaft spüren. Während ich dies schreibe, rollt ein langer Zug durch Tibet – der erste überhaupt. Sein Ziel ist die Hauptstadt Lhasa. Was nun? Viele sind unruhig, nicht zuletzt die Tibeter selbst.

Ericsson löscht die Kerze. Bevor wir uns voneinander verabschieden, spricht er mir seinen Respekt dafür aus, dass ich die Mühe auf mich genommen habe, Mae Hong Son zu besuchen. Das ist in seinen Augen keine Selbstverständlichkeit.

»*You are a real hero*«, sagt er sanft.

Ich, ein Held? Ein wahrer Held hängt gerahmt über meinem Bett. König Chulalongkorn regierte von 1868 bis zu seinem Tod 1910. Die Thais erinnern sich an ihn als einen großen Reformator. Als er den Thron bestieg, waren 30 Prozent der Bevölkerung Sklaven oder Leibeigene. Doch Chulalongkorn entließ sie in die Freiheit. Der unternehmungslustige und wissbegierige Monarch reiste in die entferntesten Winkel dieser Erde, 1907 gar – als Norweger muss ich das erwähnen – ans Nordkap!

Seine erste Europareise trat er 1897 an – und kehrte erst zehn Jahre später zurück. Außer Norwegen besuchte er Italien, Frankreich, Spanien, Deutschland, England und Dänemark. »Wollen wir uns zu großen Höhen erheben, müssen wir bereit sein, von anderen zu lernen«, erklärte er.

König Chulalongkorn ist mein persönlicher Held. Gutaussehend war er auch noch, mit klaren Gesichtszügen und einer hohen Stirn. Mit seinen vielen Frauen zeugte er insgesamt 77 Kinder. Er muss wirklich viel Zeit gehabt haben.

Behutsam, wie ein kleiner Gruß, staube ich das rissige Porträt ab, ehe ich es wieder an seinen Platz hänge.

Der menschliche Geist überrascht immer
wieder durch seine Unbeständigkeit, so
sehr wir auch versuchen, diese zu zügeln.

MÖNCH PETER

Doch wo ist Peter?

Mir geht es nicht gut. Mein Hals ist rot und wund, das Atmen fällt mir schwer. Liegt das am Regen? Denn es regnet tatsächlich – nach Monaten der Dürre. Ein gesegneter feuchter Regenteppich hat sich über das Land gelegt. Die Leute lachen. Vor drei Tagen begann es zu tröpfeln, doch letzte Nacht hat der Regengott dem ganzen Land von Mae Sai im Norden bis Pattani im Süden eine kräftige Dusche verpasst. Die Leitartikel der Tageszeitungen kennen heute nur ein Thema, und im Innenhof des Tempels auf der anderen Straßenseite veranstalten die Mönche eine innigliche Dankeszeremonie. So nass sind sie geworden, dass sich die Wolken auf ihren Glatzen spiegeln.

Leb wohl Goldenes Dreieck, willkommen Flachland! Lampang liegt 600 Kilometer nördlich von Bangkok. Die Stadt hat 50000 Einwohner, und am Rande des Zentrums, zwischen Blumen und Palmen, habe ich die Pension »Der liebliche Garten« entdeckt. Wohin ich auch blicke, geschieht ein Wunder. In unzähligen Krügen und Gefäßen beginnen Stiele und Stängel zu wachsen. Der Regen hat sie zum Leben erweckt.

»Wo ist das Krankenhaus?«, frage ich meine Wirtin, Frau Tasanee.

»Wir haben zwei Krankenhäuser in der Stadt. Eines für Menschen und eines für Elefanten.«

Unglaublich, aber wahr. Denn unmittelbar am Stadtrand liegt das einzige Elefantenkrankenhaus der Welt. Der asiatische Elefant, *Elephas maximus*, oft auch als Indischer Elefant bezeichnet, verrichtet hier seit Tausenden von Jahren seinen Dienst. Er hat Baumstämme geschleppt, Menschen und Gepäck befördert, an Prozessionen teilgenommen und in unzähligen Kriegen mitgewirkt. Doch erst 1994 hat er sein eigenes Krankenhaus bekommen. Dort will ich hin. Doch zuerst muss ich gesund werden. Frau Tasanee, eine fürsorgliche Frau, will mir Antibiotika besorgen.

Blumen machen uns zu besseren Menschen, sie sind Medizin für die Seele, und im Lieblichen Garten bin ich von ihnen umgeben. In dem Winkel, in dem ich sitze, blüht eine üppige Bougainvillea, benannt nach dem französischen Seefahrer Louis de Bougainville, der die Pflanze im achtzehnten Jahrhundert in Brasilien entdeckte. Im Zeitalter der Seefahrt fand sie ihren Weg nach Thailand, in Südostasien blüht sie das ganze Jahr hindurch. Auch die Mondorchidee, die den Gästen mit ihren weißen, gelben und rosa Blüten zunickt, hat sich sichtlich erholt. Thailand ist ein Großproduzent von Orchideen, und nicht wenige Touristen beschließen ihren Besuch, indem sie auf dem Flughafen in Bangkok eine in Klarsichtfolie verpackte Orchidee kaufen. Ein süßlicher Duft liegt in der Luft, und da ich meinen Mark Twain gelesen habe, folge ich seinem Rat: »Wie alt man auch sein mag, so kann man sich verjüngen, indem man eine Blume im Knopfloch trägt.«

Wie merkwürdig. Schon fühle ich mich besser.

Im Lieblichen Garten haben die Geister eine eigene Behausung. Aus der Ferne sieht sie wie ein Vogelbauer auf einem Sockel aus. Doch wohnen keine Vögel unter dem eleganten Teakdach, sondern Geister. Statt lärmend von Raum zu Raum zu fliegen, haben sie eine eigene Wohnstatt bekommen. Auf dem Dach ruhen gelbe und weiße Blumenkränze. Vor dem Eingang liegt frisches Obst, um sie zu besänftigen. Zu beiden Seiten stehen verschiedene Puppen in Seidenkleidern, und in der Mitte des Hauses befindet sich sogar ein eigener Hausmeister, die Thais nennen ihn *jao thi*.

»Während des letzten Monsuns ist das Geisterhaus völlig zerstört worden«, erzählt Frau Tasanee. »Es dauerte drei Tage, bis ich ein neues bekam. In der Wartezeit habe ich mich nie sicher gefühlt.«

Dieses Geisterhaus, das es in Thailand millionenfach gibt, hat nichts mit dem Buddhismus zu tun. Es ist vielmehr das Produkt eines Aberglaubens, der in der alten bäuerlichen Gesellschaft wurzelt und in Stadt und Land gleichermaßen verbreitet ist. Kein Wolkenkratzer wird in Bangkok bezogen, ohne dass die Geister ihren eigenen Wohnsitz erhalten. Dessen feierliche Einweihung geschieht stets unter der Regie eines *phâw khruu* (väterlichen Lehrers) oder einer *mâe khruu* (mütterlichen Lehrerin). Je wertvoller das Gebäude ist, desto schöner muss auch das Geisterhaus sein. Auch seine Platzierung ist von Bedeutung. Das Hauptgebäude darf keinen Schatten darauf werfen, denn welcher Geist fühlt sich wohl, wenn die Sonne nicht scheint?

Die Produktion von Geisterhäusern ist in Thailand ein bedeutender Industriezweig. Heutzutage werden sie gern in Beton gegossen, bevor sie angemalt und geschmückt werden. Doch Frau Tasanee schwört nach wie vor auf das edle Teakholz.

»Dieses Mal haben wir den Sockel besser befestigt«, versichert sie. »Ich hoffe, es wird gut gehen.«

Duftende Blumen, ein neues Geisterhaus und mein Antibiotikum – eine unschlagbare Kombination. Am nächsten Tag fühle ich mich frisch genug, um einen Krankenbesuch zu machen.

Lampangs Elefantenkrankenhaus. Während ich die letzten Stufen nehme, höre ich einen ohrenbetäubenden Trompetenstoß. Es ist JoJo, der sich weigert, sich behandeln zu lassen. Sein Besitzer hat ihn durch halb Thailand transportiert, doch angesichts von Spritzen und Messern sträubt er sich.

Das Krankenhaus erweist sich als überdachte Betonplattform, auf der die Patienten stehen. Manche sind unruhig, doch die massiven Fußketten hindern sie daran, in den Wald zu flüchten. Im benachbarten Gebäude sitzt Dr. Sunam, einer der Tierärzte, und sieht sich ein ungewöhnlich großes Röntgenbild an. Kein Wunder, dass JoJo leidet. Ein Teil seines Ohres ist eingerissen. Dr. Sunam will den Riss nähen.

»Es ist heutzutage nicht leicht, ein Elefant zu sein«, sagt er seufzend. »Ohnehin gibt es immer weniger von ihnen, und viele sind gezwungen, in Städten wie Bangkok oder Chiang Mai durch die Straßen zu laufen. Ihre Besitzer betrachten sie als Attraktion. Manchmal werden sie von Bussen oder Autos angefahren. JoJo fiel auch einem unvorsichtigen Autofahrer zum Opfer.«

Er steht auf und zeigt durch das offene Fenster auf den unglücklichen Dickhäuter. Nur wenige Tiere spielen in der thailändischen Geschichte eine so wichtige Rolle wie die Elefanten. In nahezu jeder Schlacht sind sie zum Einsatz gekommen. Der König, dem das beste Elefantenheer zur Verfügung stand, gewann in der Regel. Im späten achtzehnten Jahrhundert mobilisierte der König von Siam 20 000 Elefanten für den Krieg gegen Birma, verlor aber dennoch. Auf alten Gemälden und Stichen ist zu sehen, wie die Feinde unter furchtbarem Getöse aufeinanderprallten. Die Erde muss gebebt haben, als ein »Streitwagen« nach dem anderen zu Boden ging. Könige, Adelige und Soldaten wurden in die Luft geschleudert, verstümmelt oder zu Tode getrampelt.

Von Natur aus sind die meisten Elefanten grau, doch gibt es unter ihnen auch Albinos. Der König von Siam ritt stets auf einem weißen Elefanten. Sie hatten etwas Himmlisches an sich, als wären sie direkt von Gott gesandt, und noch heute hält sich König Bhumibol einen ganzen Stall weißer Elefanten. Jedes Mal, wenn ein weißer Elefant geboren wird, wird er sofort zum König gebracht, der ihn mit Weihwasser tauft. So wird er zu einem königlichen Elefanten. Zu höheren Ehren kann er nicht gelangen. Die Flagge der Königlichen Thailändischen Marine wird von einem weißen Elefanten geziert, und der vom König verliehene »Orden des Weißen Elefanten« ist eine der höchsten Auszeichnungen des Landes.

Sowohl im Buddhismus als auch im Hinduismus findet sich diese Verehrung der mächtigen Tiere. Im Buddhismus ist der Elefant vor allem ein Symbol für Gutmütigkeit, Langmut und Frieden. Buddha selbst soll in einem seiner früheren Leben – unter dem Namen Phaya Chatthan – ein Elefant gewesen sein. Gutmütig und friedfertig, wie er war, wurde er als Mensch wiedergeboren.

Vor einem Jahrhundert gab es in den thailändischen Wäldern noch mindestens 100 000 freilebende Elefanten. Nun ist ihr Gesamtbestand auf knapp 3000 gesunken, von denen nur noch die Hälfte ein freies Leben führt. Ihr natürlicher Lebensraum, der Wald, ist nahezu verschwunden. Seit 1989 das Fällverbot erlassen wurde, hat auch ihre Bedeutung als Lasttier abgenommen. Mehrere tausend Elefanten wurden auf einen Schlag arbeitslos. Heute findet man nur noch für wenige von ihnen Verwendung, zum Beispiel in der Tourismusbranche. Wenige hundert Meter von hier entfernt, wird die erste Elefantenshow des heutigen Tages veranstaltet. Die Touristen machen große Augen, wenn sie die Elefanten tanzen, Fußball spielen oder Aquarelle malen sehen. *Elephas maximus* – willst du dein Leben auf diese Weise fristen?

»Wäre es überhaupt möglich, dass die Elefanten aussterben?«, frage ich Dr. Sunam.

»Ich kann es mir zwar nicht vorstellen, doch sicherheitshalber haben wir eine Samenbank angelegt.«

Eine Samenbank im Dschungel. So ändern sich die Zeiten.

»Manche behaupten, der Elefant als Nutztier habe ausgedient, weil Lastwagen und Bulldozer bessere Arbeit leisten«, fährt Dr. Sunam fort. »Aber kann ein Bulldozer vor einem Tsunami warnen?«

Das Seebeben vor der indonesischen Küste zeigte einen Wert von 9,0 auf der Richterskala. Fingen etwa die Bulldozer an zu hupen? Keineswegs. Doch die Elefanten gaben Signale von sich. Ihre Ohren fungieren als Verstärker, ihr ganzer Körper ist ein erstklassiges Radargerät. Im Phuket-Gebiet ließen die Elefanten durchdringende Trompetenstöße ertönen. Lange bevor die erste Flutwelle kam, flüchteten sie die Hügel hinauf. Touristen, die auf ihren Rücken saßen, gerieten in Panik. Manche wurden abgeworfen. Doch die meisten von ihnen *überlebten*!

»Jetzt soll ein Frühwarnsystem entwickelt werden«, sagt Dr. Sunam. »Die Zeitungen schreiben, das werde zig Millionen Dollar verschlingen. Rausgeschmissenes Geld! Gott hat den Elefanten große Ohren gegeben. Also sollten wir auf sie hören!«

Draußen, unter dem großen Dach, sind Dr. Sunams Kollegen immer noch mit JoJo beschäftigt. Ab und zu schlägt er mit dem Rüssel. Mit seinen 40 000 Muskeln kann der Rüssel schlagen und liebkosen, atmen und fühlen, tragen und werfen. Er kann sowohl eine Münze als auch einen 600 Kilo schweren Baumstamm vom Boden aufheben. Unter Wasser dient er als Schnorchel, über Wasser als Dusche. Er ist ein erstklassiges Riechorgan und macht zudem Geräusche. Doch im Moment verleiht JoJo seinem Unmut Ausdruck, indem er ihn auf den nackten Beton schlägt.

Dr. Sunam und seine Kollegen beratschlagen, was zu tun sei. Nach vielem Hin und Her einigen sie sich darauf, dass JoJo erst einmal zur Ruhe kommen müsse. Am nächsten Tag wollen sie einen neuen Versuch unternehmen.

Derzeit zählt das Elefantenkrankenhaus von Lampang sechzehn Patienten. Manche haben Risse in Rüssel und Ohren, andere leiden unter entzündeten Wunden an den Beinen. Die meisten lassen sich willig behandeln, aber das erfordert Zeit.

»Elefanten leiden zu sehen, ist das Schlimmste für mich«, sagt Dr. Sunam. »Und jedes Mal, wenn ein Elefant stirbt, fließen bei mir die Tränen.«

Geliebte Kinder haben viele Namen, wenngleich die meisten Patienten im einzigen Elefantenkrankenhaus der Welt nur ein oder zwei tragen. Der längste Elefantenname aller Zeiten wurde einem der Albinos von König Chulalongkorn vor über 100 Jahren gegeben. Holen Sie tief Luft: *Phra Sawet Udomwarn Bavornkachatarn Praserdsak Supanet Nakorawan Lomparn Lueam Prapat Dampakulchorn Dilokchart Pongkamaraj Rungsarid Adullayarid Dechadirek Aek Isarathibodin Paramintara Maharachathiraj Prakard Kaset Sittisathaporn Chalerm Pranakorn Rattanakosinphisarn Maholarnpasakul Viboonyaluck Lerdfa.*

Bitte ausatmen, jetzt reisen wir weiter.

Dieser Peter. Während ich mich im Lieblichen Garten aufhielt, fielen mir zwei weitere Bücher des Exhippies aus London in die Hände. Ich fand sie, als ich in Frau Tasanees chaotischer Bücherkiste kramte. Er schreibt wirklich gut. Auch in diesen Büchern erzählt er von seinen Erfahrungen als Mönch in Thailand, doch konnte ich immer noch nicht herausfinden, ob er weiterhin in Nakhon Sawan lebt. Frau Tasanee sagt, sie kenne die Stadt gut. Sie liegt eine halbe Tagesreise weiter südlich. Da ihre Schwester zwei Jahre lang in Nakhon Sawan lebte, weiß sie auch zu berichten, das es dort zwei große Tempel gibt.

»Nakhon Sawan ist eine hübsche Stadt«, sagt Frau Tasanee, »wenn nur die vielen Chinesen nicht wären. Selbst die Straßenschilder sind chinesisch.«

Die Chinesen sind eine vitale Minderheit in Thailand. Sie zählen mehrere Millionen, und so wie die meisten Chinesen im Ausland, arbeiten sie hart. Auf der Liste der reichsten Männer des Landes sind sie in der Mehrzahl. Drei der letzten vier Ministerpräsidenten hatten chinesisches Blut in den Adern. In Wahlkreisen, in denen viele Menschen chinesischer Abstammung leben, halten die Politiker ihre Reden oft in einem der südchinesischen Dialekte. Als Ausdruck der wachsenden Bedeutung Chinas, wird Hochchinesisch – auch Mandarin genannt – zunehmend als Wahlfach in den Schulen belegt. Vielen Thais ist dieser wachsende Einfluss nicht geheuer, auch wenn sie das nur hinter vorgehaltener Hand zugeben würden. Frau Tasanee hat ihre Meinung allerdings klar zum Ausdruck gebracht.

Eine neue Etappe. Südlich von Lampang weitet die Landschaft sich plötzlich, wird flacher, langweiliger, aber auch fruchtbarer. Vor mir liegt der chaotische Flickenteppich, der Thailand zum größten Reisexporteur der Welt gemacht hat. Im strömenden Regen biegen wir auf die Nationalstraße 1 ab. Der Fahrer stellt die Scheibenwischer auf »High Speed«. Von nun an wird es drei Monate lang regnen, nicht ununterbrochen, aber doch täglich, in der Regel nachmittags oder abends, bestenfalls in der Nacht. Die Reispflanzen, ja alles, was wachsen soll, muss schnellstmöglich in die Erde. Doch das größte Heer der Welt, die asiatischen Reisbauern, waren schon früher im Feld, und es gibt nur wenige Schlachten, die sie nicht gewonnen haben.

Das Prozedere ist immer dasselbe: sorgfältige Planung, gute Organisation und richtiges Timing. Alle müssen bereit sein, wenn es an der Zeit ist. Von nah und fern kehren die Bauernsöhne nach Hause zurück, um beim Pflanzen zu helfen, und auch jede heimkehrende Tochter wird mit offenen Armen empfangen. Zunächst müssen die Pflanzfelder gepflügt und geeggt werden. Angetrieben vom Bauern zieht ein Wasserbüffel sowohl den Pflug als auch das sternförmige Rad, das die Erde ebnet und auflockert. Wenn das Wasser hoch genug steht – am besten direkt über den Fußgelenken –, kann mit der Pflanzung begonnen werden. Während die Bauern eine Vielzahl halbhoher Setzlinge im Armwinkel tragen, stecken sie diese in die feuchte Erde. Dabei geht jeder von ihnen rückwärts und pflanzt vier Reihen gleichzeitig. Nach etwa vier bis sechs Monaten werden die Pflanzen mit Handsicheln geerntet. Der Abschluss der Ernte wird mit Gesang und Tanz gefeiert.

Dieser Peter, macht er es wie die Mönche, die ich in Lampang gesehen habe? Sitzt er im Lotossitz vor dem Tempel, kahl geschoren, zitternd und klitschnass, um ein Dankgebet für den Regen zu sprechen?

Für Thailands zahlreiche Mönche ist die Regenzeit eine ganz besondere Periode. Buddha befahl seinen Jüngern, diese Zeit des Jahres in großer Ruhe zu verbringen. Statt von Ort zu Ort zu wandern und die jungen Pflanzentriebe niederzutrampeln, sollten sie diese Zeit für Meditation und geistige Erneuerung nutzen. Da die Wege damals nur schwer passierbar waren, hatte diese Regelung sicher auch praktische Gründe. Heutzutage fehlt es nicht an guten Wegen, sodass die Mönche auch nicht wie damals die Reisfelder überqueren müssen. Dennoch halten sie sich an Buddhas Empfehlung. In Thailand wird die Zeit zwischen Juli und Oktober als *khao pansa* – als »Regenzeitklausur« – bezeichnet.

»In der Pansa-Zeit«, schreibt Peter, »dürfen Mönche nur wenig reisen und auch nicht außerhalb des Klosters übernachten.«

Bevor die Regenzeit einsetzt, muss sich jeder Mönch entscheiden, in welchem Kloster er in den nächsten Monaten wohnen möchte. Wenn die Pansa-Zeit beginnt, verkündet er seinen Entschluss in gesungenem Pali. Von nun an verbringt er seine Nächte an ein und demselben Ort. Gleichzeitig füllen sich in dieser Zeit die Klöster, weil viele junge Männer für mehrere Wochen oder Monate als Novizen aufgenommen werden möchten.

Noch immer sind es einige Wochen bis *khao pansa*, denn zunächst muss der Reis gepflanzt werden. Darum ist es auch durchaus möglich, dass sich Peter noch auf Wanderschaft befindet. Doch wenn er nach Hause kommt, wird er mir nicht entgehen.

Abend. In Nakhon Sawan leuchten alle Lichter, als der Bus aus Lampang auf die Hauptstraße einschwenkt. Auf den Straßenschildern sehe ich chinesische Schriftzeichen, und in der Ferne, auf einem Höhenzug, meine ich ein palastartiges Gebäude auszumachen. Peters Kloster? In seinem Buch erwähnt er die beiden größten Klöster in dieser Stadt, Wat Nahoob und Wat Kob.

Nakhon Sawan hat 100 000 Einwohner und ist viel zu groß, als dass hier jeder jeden kennen würde. Doch die Chinesin, die das Hotel leitet, hat »selbstverständlich« schon von »Phra Peter« gehört. So viel sie weiß, ist er der einzige ausländische Mönch in der Stadt. »Alle« würden ihn kennen, weil er sofort auffalle, wo auch immer er sich zeige.

»Warum das?«

»Weil er so groß ist! Phra Peter ist extrem dünn und riesengroß, bestimmt zwei Meter!«

Sie ist überzeugt davon, dass er in Wat Nahoob wohnt. Das Kloster liegt im Dorf Nahoob, gleich außerhalb der Stadt. Am nächsten Morgen mache ich mich schon vor Sonnenaufgang auf den Weg. Morgens um sechs begeben sich alle 300 000 thailändischen Mönche auf ihre tägliche Almosenrunde. Falls ich Glück habe, wird er mir also direkt über den Weg laufen in seinem safrangelben Gewand, mit der großen schwarzen Almosenschale in der Hand. Und sobald er seine Runde beendet hat, werde ich ihn höflich fragen, ob er nicht ein oder zwei Stunden seiner wertvollen Zeit für mich erübrigen könne.

Was für ein Regen! Immer noch ist es dunkel, doch vom Rücksitz aus ahne ich den ersten Schimmer des anbrechenden Tages. Zirka 200 Meter vom Eingangstor entfernt bleiben wir stehen, mein Fahrer und ich. In den wenigen Häusern herrscht bereits Leben. Die thailändischen Bauern sind Frühaufsteher, gilt es doch, so viel wie möglich zu erledigen, ehe die Sonne anfängt zu brennen. Gähnend, aber in gespannter Erwartung, postiere ich mich unter dem schützenden Banyanbaum des Dorfes und sehe der Begegnung mit den Mönchen entgegen. Ich bin eine halbe Stunde zu früh dran. Könnten Peter und die anderen Mönche sich nicht bitte ein wenig beeilen?

Mönch in der Regenzeit zu sein ist wahrlich kein Vergnügen. In einem seiner Bücher erzählt Peter von den zahlreichen ekelhaften Kriechtieren, die die Mönche terrorisieren. Halbe und ganze Bataillone von Schlangen, Skorpionen und Krebsen verlassen den nahe gelegenen See und die umliegenden Reisfelder, um auf Wat Nahoob vorzurücken. Eines Morgens erwachte Peter in seiner winzigen Klause in Gegenwart eines riesigen Pythons. Mehrere Tage lang leistete die Schlange ihm Gesellschaft, doch als buddhistischer Mönch durfte der Arme sie natürlich nicht töten. Auch giftige, bis zu 20 Zentimeter lange Tausendfüßler sind an der Tagesordnung. Dazu kommen Krebstiere, die den Tempel zu Tausenden überfallen und die barfüßigen Mönche in die Zehen zwicken.

Doch am schlimmsten sind die Flugameisen, die überall eindringen, auch in Peters *kuti*. Bevor sie sterben, fallen ihnen die Flügel ab, worauf sie über den Boden krabbeln. Peter fegt sie Abend für Abend zusammen und füllt damit eine ganze Schüssel. Und man braucht wenig Fantasie, um sich vorzustellen, was für possierliche Tierchen sich auf der Tempeltoilette herumtreiben. Peter empfiehlt der naturwissenschaftlichen Abteilung des BBC, sich während der Regenzeit einmal in Wat Nahoob umzusehen.

Er ist nicht der einzige Mönch in Wat Nahoob, der an chronischer Erkältung und Bronchitis leidet. Doch falls es seine Gesundheit zulässt, geht er jeden Morgen mit der Almosenschale nach draußen, selbst bei strömendem Regen. »Mönche brauchen keinen Regenschirm«, meint er.

Plötzlich geschieht etwas. Eine schweigende, safrangelbe Kolonne schiebt sich gemächlich aus der Klosterpforte. Mindestens 100 Mönche machen sich auf den Weg. Der längste von ihnen ist mindestens zwei Meter groß. Kann das Peter sein? Wie eine sich ringelnde Schlange biegen die Mönche in die Hauptstraße des Dorfes ein, ziehen am Blechschmied sowie einer Werkstatt für Zwei- und Vierräder vorbei. Mit starrem Blick, als wären sie in Trance, schreiten sie auf einen großen Baum zu, unter dem die Frauen bereits damit beginnen, in ihren Körben nach etwas Essbarem zu suchen, vorwiegend Reis, aber auch Gemüse. Eine von ihnen hat den Schoß voller Plastiktüten, in denen sich getrockneter Fisch befindet.

Die Almosenrunde ist ein wichtiger Bestandteil des Tagesablaufs, schreibt Peter. Sie dient nicht nur der Beschaffung von Nahrung, sondern bietet den Mönchen auch eine hervorragende Gelegenheit, über das Leben und ihr Verhältnis zur Lokalbevölkerung nachzudenken. Um ihr Leben in derselben Weise weiterführen zu können, sind sie darauf angewiesen, dass andere »die vier Beiträge« leisten – Essen, Kleidung, Medizin und Wohnung. Im Westen wird die Almosenschale oft als »Bettlerschale« bezeichnet. Doch Mönche betteln nicht, präzisiert Peter. Während der Almosenrunde verhalten sie sich vollkommen ruhig. Wird ein Almosen gegeben, bleiben sie kurz stehen. Ansonsten gehen sie einfach weiter. Sie dürfen sich weder auf ein Gespräch einlassen noch für die Almosen danken. Denn auch der Geber wird belohnt. Dadurch, dass er den Mönchen ein Weiterleben ermöglicht, erwirbt er sich einen religiösen Verdienst und kommt dem endgültigen Ziel allen Strebens näher, dem Nirwana.

Wo bist du, Peter? In der Hoffnung, mir einen besseren Überblick zu verschaffen, bin ich auf eine brüchige Mauer gestiegen. Doch wohin ich auch schaue, sehe ich nur Thais. Nachdem die Mönche ungefähr 200 Meter zurückgelegt haben, sind sie bereits völlig durchnässt. Der warme Monsun tropft von ihren kahlen Schädeln. Ihre Schritte im lehmigen Boden erzeugen ein schmatzendes Geräusch. Ich studiere jedes einzelne Gesicht, und als der Zwei-Meter-Mann vorbeigeht, bin ich in höchster Alarmbereitschaft. Doch es ist nicht Peter. Enttäuscht muss ich feststellen, dass Peter Robinson, der kluge Mönch aus dem Londoner Eastend, sich nicht an der Almosenrunde beteiligt. Entweder wohnt er inzwischen woanders, oder er liegt krank in seinem *kuti*. Halsentzündung? Schlangenbiss? Ameisenüberfall?

Nachdem die Mönche ihre Almosenrunde beendet haben, komme ich mit zweien von ihnen ins Gespräch.

»Phra Peter ist weggezogen«, antworten sie wie aus einem Mund. »Nach Wat Kob!«

Als es wenig später zu regnen aufhört, tritt eine beeindruckende Landschaft hervor. Hinter den flachen Reisefeldern erheben sich überraschend steile Berge. Vermutlich eine Laune des Schöpfers, eine Unterbrechung der Monotonie durch himmlischen Humor. Für den Rest des Tages streife ich durch die feuchte, sonnendurchflutete Gegend und stelle fest, dass Nakhon Sawan mit vielem gesegnet ist: mit Bergen, Wasser und Reisfeldern. Von einem der Hügelkuppen aus sehe ich, wie sich vier Flüsse zu einem vereinen, dem Chao Phraya, der von hier aus weiter gen Süden fließt und Bangkok erreicht, bevor er sich ins Meer ergießt. Die Thais nennen ihn den Fluss der Könige.

Morgen ist Peter fällig! Doch bevor es so weit ist, werde ich mich entspannen und das Leben genießen. Warum auch nicht? In meinem Hotel gibt es viele hübsche Frauen, die derzeit Gelegenheit haben, *noch* schöner zu werden. »GET RID OF YOUR DARK FACE« steht auf einem Schild, das an der Restauranttür hängt. *»Learn more about our whitening skin products. Cima Natural Beauty.«*

Drinnen sitzen etwa 50 Frauen, die von einer helleren Haut träumen.

»Gleich wird Pause sein«, sagt mir der Mann an der Rezeption. »Sie haben bereits eine Stunde hinter sich.«

Der Repräsentant von Cima Natural Beauty, ein Mann mit glatten, geschniegelten Haaren, steht vor einem ganzen Wald an Flaschen, Tuben und Packungen und wird von den Frauen mit ständigem Applaus bedacht. In der Pause strömen sie in die Lobby, um sich Erfrischungsgetränke reichen zu lassen. »Sehen Sie«, sagt der Mann an der Rezeption, »jetzt verstehen Sie bestimmt, warum die Frauen sich angemeldet haben.«

Ein Gespenst geht um in Thailand. Weil harte Arbeit unter sengender Sonne mit dunkler Gesichtsfarbe und vielen Falten bestraft wird, haben pfiffige Produzenten Hautcremes entwickelt, die den Teint aufhellen sollen. Solche Cremes gibt es in vielen Geschäften und sogar auf der Straße zu kaufen. Für Kosmetika geben die Thais zirka 120 Millionen Euro im Jahr aus.

»Unsere Veranstaltung ist ein Seminar«, erklärt der Cima-Repräsentant. »Zunächst einmal wollen wir Kenntnisse vermitteln. Viele Frauen kaufen Kosmetika, die nicht das halten, was sie versprechen, und sind nachher bitter enttäuscht.«

»Woran mangelt es diesen Produkten?«

»An der richtigen chemischen Zusammensetzung. Sie wurden nicht nach wissenschaftlichen Kriterien entwickelt. Hautcremes enthalten oft zu viel Quecksilber oder Blei, was zu bleibenden Schäden führen kann. Manche bekommen Probleme mit den Nieren oder mit den Nerven. Unsere Produkte hingegen basieren auf langjähriger Forschung.«

»Aber warum wollen eigentlich alle hellere Haut haben?«

»Weil das schöner ist! Es ist doch auch kein Zufall, dass die japanischen Geishas ihre Gesichter weiß anmalen. Alle Untersuchungen verweisen in dieselbe Richtung: Männer bevorzugen Frauen mit hellem Teint. Jede Frau, die heute in der Werbung zu sehen ist oder an einem Schönheitswettbewerb teilnimmt, sollte so helle Haut wie möglich haben. Die diesjährige *Miss Thailand* war so perfekt, dass sie gut und gerne aus Island hätte kommen können. Auch hinter einer Ladentheke oder an der Kasse eines Einkaufszentrums sollte man präsentabel aussehen. Und wer davon träumt, Nachrichtensprecherin im Fernsehen zu werden, hat mit dunkler Haut überhaupt keine Chance.« Der Mann ist gar nicht mehr zu bremsen. »Die Mädchen da drinnen«, fährt er fort, »befinden sich schließlich alle in einer entscheidenden Phase ihres Lebens. Sie wollen sich einen Partner suchen. Manche sind schon 25, und die Uhr tickt unaufhaltsam. Wenn sie nicht an sich arbeiten, enden sie vielleicht als alte Jungfern.«

»Und wenn sie am Ende so aussehen wie Michael Jackson?«

»Michael Jackson? Bei dem ist doch nicht die Haut das Problem, sondern die Nase. Der muss einen schlechten Chirurg gehabt haben.«

Normalerweise schlafe ich gut, doch in dieser Nacht denke ich an Peter. Denn draußen regnet es. Kurz nach Mitternacht wird der Himmel von Donner und Blitz auseinandergerissen, worauf ein Sturzregen folgt, der bis zum frühen Morgen anhält. Wat Kob – oder Worranatbanpot, wie das Kloster offiziell heißt – liegt ein gutes Stück außerhalb der Stadt. Peter schreibt, es existiere bereits seit 700 Jahren, und wer es besuchen wolle, müsse zunächst 437 Stufen überwinden. Lieber Gott, lass es nicht regnen!

Soweit ich weiß, ist Peter in diesem Teil von Thailand der einzige ausländische Mönch. Er räumt ein, dass ihn die meisten für einen komischen Vogel halten und den beschwerlichen Aufstieg zum Kloster nur auf sich nehmen, um ihn mal aus der Nähe zu betrachten. Selbst seine Klosterbrüder hielten ihn für »anders«. Einer von ihnen habe sogar in den Raum gestellt, dass er ein vom Papst entsandter Spion sein könne. »Doch im Großen und Ganzen fühle ich mich akzeptiert, zumindest toleriert …«

Peters großes Handicap ist, dass er kein Thai spricht. Wenn er mit den anderen Mönchen reden möchte, muss jemand für ihn übersetzen. Manchmal hat er das Gefühl, als gingen die Mönche Tätigkeiten nach, die nichts mit dem Buddhismus zu tun haben. Wie in anderen asiatischen Ländern auch, vermischen sich regionale Überlieferungen und tradierter Aberglaube mit Buddhas ursprünglicher Lehre. So sind beispielsweise eines Tages sämtliche Mönche zum nächsten Dorf gegangen, um dort eine neue Waschmaschine zu segnen. Ein anderes Mal war es ein Lastwagen, dann ein Baum. »Warum machen wir das? Wer hat uns bevollmächtigt, Bäume, Lastwagen und Waschmaschinen zu segnen? Bin ich ein buddhistischer Mönch oder ein Brahmanenpriester?«

»Bei meiner Ordination«, fährt Peter fort, »war ich sicher, dass ich für den Rest meines Lebens ein Mönch bleiben würde. Doch mit der Zeit habe ich gelernt, dass wir Menschen uns ständig weiterentwickeln und niemals wissen können, was die Zukunft bringt. Nur der Augenblick ist von Bedeutung. Mein Mönchsgewand abzulegen ist mir nie in den Sinn gekommen, doch der menschliche Geist überrascht immer wieder durch seine Unbeständigkeit, so sehr wir auch versuchen, diese zu zügeln.«

Es ist sechs Uhr morgens. Aus Wat Kobs schmaler Eingangspforte strömen etwa 100 Mönche. Es hat aufgehört zu regnen, und um Peters Tag gut anfangen zu lassen, habe ich ihm eine Tüte getrockneten Fisch mitgebracht. Doch kein Peter zeigt sich auf Straße.

Eine Stunde später erfahre ich den Grund.

»Peter ist kein Mönch mehr.«

»Wie bitte?«

»Er ist Geschäftsmann geworden.«

Das darf doch wohl nicht wahr sein! Peter ein Geschäftsmann? In Bangkok werde ich ihn finden, versichert mir der Abt und schreibt mir spontan Peters E-Mail-Adresse in die Hand.

Stunden später sitze ich in Nakhon Sawans einzigem Internetcafé.

»Lieber Peter. Ich bin Norweger und würde gern …«

Es wird ein äußerst liebenswürdiges Schreiben, das mit der Bitte um ein baldiges Treffen endet.

Ein gemütlicher Segeltörn auf dem Fluss der Könige zur Stadt der Engel. Der Chao Phraya hat nur wenig mit dem Mekong oder dem Yangtze gemein. Zudem wird die Schifffahrt im oberen Flusslauf immer wieder durch tückische Sandbänke behindert. Doch von der Kleinstadt Pa Mok aus kann man sich gemütlich treiben lassen, und ein Motor wäre eigentlich gar nicht nötig. Ich befinde mich in Gesellschaft von zirka 30 Thais. Das fast flachbödige Schiff hat kein Dach, doch bei Regen kann eine Plane über die Bänke gespannt werden. Nachdem die erste sanfte Kurve hinter uns liegt, beginnen die Passagiere, sich eine Mahlzeit zuzubereiten. Langsam gleiten wir durch eine flache Landschaft. Hinter einem schmalen Waldstreifen zu beiden Ufern befinden sich mehrere Dörfer mit je einem leuchtenden Tempel.

Nach dem gemeinsamen Frühstück schließen die meisten der Passagiere die Augen und sinken zusammen, ganz plötzlich, als wäre ein Hypnotiseur unter uns. Zwei junge Männer in Trainingsanzügen hingegen beginnen mit ihrer Morgengymnastik.

»Wo wollt ihr hin?«, frage ich, nachdem sie fertig sind.

»Nach Amphoe Amphawa«, antwortet der eine.

»Wir wollen an einem Marathonlauf teilnehmen«, fügt der andere hinzu.

Ein Marathonlauf? In dieser Hitze? Viel mehr ist aus den beiden nicht herauszukriegen; ihr Englisch lässt auch ziemlich zu wünschen übrig. In *The Nation* lese ich ein paar Tage später eine ungewöhnliche Reportage über den alljährlichen »Tempellauf«, der in diesem Jahr in Amphoe Amphawa seinen Anfang nahm. Mehr als 1000 Thais und 200 Ausländer gingen an den Start, um die 42 Kilometer lange Strecke zu bewältigen. Auf den 518. Platz kam der 63-jährige Amerikaner Andrew Kotulski aus New York. »Der thailändische Tempellauf war der beste Marathon, den ich je mitgemacht habe. Vor allem die vielen Musikgruppen am Straßenrand haben mir gut gefallen. Leider war meine Zeit nicht die Beste, weil ich ständig stehen bleiben und zuhören musste. Thailand ist so unvergleichlich und schön! Ich werde ganz bestimmt wiederkommen.«

An Bord meines Schiffes geht der Morgen in den Vormittag über. Unendlich langsam gleiten wir durch Thailands Reiskammer. Erst in wenigen Wochen wird die Erde feucht genug sein, um die Setzlinge in die Erde zu stecken. Bis auf Weiteres haben die Bauern genug damit zu tun, die feinen Kanäle zu präparieren, durch die das Wasser laufen soll – ein schier unglaubliches, allein von Menschenhand geschaffenes Netzwerk. Über viele Jahrhunderte hinweg ist diese Arbeit von Sklaven und Leibeigenen verrichtet worden. Nachdem König Chulalongkorn die Sklaverei abgeschafft hatte, wurden diejenigen, die trotzdem weiterarbeiteten, mit einer Parzelle Land belohnt.

Die ersten Passagiere haben ihr Verdauungsschläfchen beendet und schlagen die Augen auf. Vor uns liegt Ayutthaya, einst Thailands prächtige Hauptstadt. 400 Jahre lang herrschten von hier aus insgesamt 33 Könige über das Reich. Doch heute sind nur noch Ruinen zu sehen. Die alte Stadtmauer ist nahezu völlig zerstört. Jenseits davon haben sich einige moosüberwachsene Tempelanlagen, Pagoden und Paläste erhalten und künden von einer fernen Zeit.

Das märchenhafte Ayutthaya wurde 1350 gegründet. Der Fürst U Thong hatte große Ambitionen und machte es zu seiner Hauptstadt. Binnen weniger Jahre besiegte er die rivalisierenden Fürsten und schuf ein Großreich, das auch Teile von Birma umfasste. Seine Nachfolger hatten es auf Kambodscha abgesehen, und 1431 wurde Angkor, die Hauptstadt des Khmer-Reichs, geplündert und niedergebrannt. In Ayutthaya schwelgten die Könige indes in unermesslichem Reichtum. Im frühen sechzehnten Jahrhundert kamen die ersten europäischen Kaufleute in die Stadt, um mit einem der großen Imperien des Ostens Handel zu treiben. Angesichts der fast 2000 vergoldeten Türme kniete ein gottesfürchtiger Portugiese vor seinem Logbuch nieder und schrieb: »Oh, Herr, kann dies das Paradies sein?« Nicht ganz, doch war er tatsächlich in eine der größten und reichsten Städte der Welt gelangt. Innerhalb der mächtigen Stadtmauern lebten eine Million Menschen, mehr als im damaligen London.

Weiter kommen wir nicht. Nicht mit diesem Boot. Es ertönen auch keine Fanfaren, als wir den Anleger erreichen. Fort ist Wang Luang, der prachtvolle Königspalast, verschwunden ist das meiste. Als die Stadt 1767 kollabierte, wurden ihre Überreste Stein für Stein nach Bangkok verfrachtet. Was nicht zerschlagen wurde, durfte in Frieden ruhen.

Dann kamen die Birmanen mit mehreren tausend Elefanten und noch mehr Soldaten und machten der Stadt endgültig den Garaus. Tausende wurden getötet oder als Sklaven verschleppt.

So starb Ayutthaya und wurde nie wieder aufgebaut. Von allen Seiten bin ich von Wasser umgeben, denn die Stadt liegt am Schnittpunkt mehrerer Flüsse wie eine Insel. Hier und da bleibe ich stehen, um zu lauschen, so als könnten die Tempelglöckchen und königlichen Trompeten nach Jahrhunderten der Stille erneut die Luft erfüllen. Doch höre ich nur vereinzeltes Vogelgezwitscher in den Baumkronen. Irgendwo auf dem See, der inmitten der Stadt liegt, quakt eine Froschfamilie, die sich über den Regen der letzten Tage freut. Im Dickicht zirpen die Zikaden. Hin und wieder wird die Stille durch das Megafon einer Touristengruppe unterbrochen. Aus Bangkok sind sie gekommen, um die Überreste der Stadt zu besichtigen, die einst in Rekordzeit, manche sagen, innerhalb eines Jahres, unterging. Ayutthaya war die thailändische Antwort auf Kambodschas Angkor. Sie wurde geboren, als Angkor starb, erlitt jedoch dasselbe Schicksal. So unbarmherzig ist die Geschichte.

Im Chaos, das folgte, gelang es einem starken Mann namens Taksin, die Reste des alten Königtums hinter sich zu vereinen. Doch Taksin und seine Gefolgsleute begriffen, dass es unklug wäre, die Hauptstadt an alter Stelle wieder aufzubauen. Dort lag sie zu ungeschützt. Deshalb zogen sie 85 Kilometer weiter in den Süden und riefen fünfzehn Jahre nach Ayutthayas Fall Bangkok als neue Hauptstadt aus.

Die Thais betrachteten Taksin als ihren Retter, und nach alter Sitte verlangte auch er, wie ein Gott verehrt zu werden. Er versuchte sogar einmal, sich wie ein Vogel in die Luft zu erheben, offenbar mit wenig Erfolg. Taksins Größenwahn führte zu wachsenden Unruhen, bis er 1781 zur Abdankung gezwungen wurde. Er flehte um sein Leben, doch sein Nachfolger, Rama I., kannte keine Gnade. Taksin wurde nach alter Sitte in einen Samtsack gesteckt – da königliches Blut nicht vergossen werden durfte – und in Anwesenheit Ramas zu Tode geprügelt.

Wie einfach ich es dagegen habe. Alles, was ich für meinen Umzug brauche, steckt in einem Rucksack mit acht Taschen. Zwar ist er in den letzten Wochen ein wenig angewachsen, doch noch immer kommt er mir ziemlich leicht vor. Das Boot, das mich nach Bangkok bringen soll, heißt *Montha*, ein knarrendes Fahrzeug von klassischer Eleganz, das aus Teak und Mahagoni besteht. Die Fahrkarte kostet mehr, als ich gedacht habe, doch was soll's! Meine Ankunft in der Hauptstadt soll schließlich Stil haben. Drei Stunden später, nachdem ich auf dem Chao Phraya frische Krabben mit kühlem Weißwein genossen habe, halte ich Einzug in der Stadt der Engel. In der Ferne glänzen das Dach des Königspalasts und zahlreiche Heiligtümer wie Wat Arun, auch Tempel der Morgenröte genannt, oder Wat Po, bekannt für seinen liegenden Buddha.

Es ist später Nachmittag am 1. Juni, als die *Montha* in der Nähe von Wat Po anlegt. Ich bin inzwischen seit vier Monaten auf Reisen. Höchste Zeit für eine Massage.

Beim Gedanken, dass es so etwas
Fantastisches auf unserer düsteren
Erde gibt, muss man einfach lachen.
WILLIAM SOMERSET MAUGHAM

Verborgene Perlen im Beton

Ich kann nicht mehr länger warten. Seit Tagen und Wochen habe ich mich nach diesem Augenblick gesehnt. Mich endlich fallen zu lassen, die Augen zu schließen und von einer kundigen Frau der Glückseligkeit näher gebracht zu werden. Sobald ich an Land bin, beginne ich zu laufen. Ich habe den Ort auf meiner Karte gefunden und folge nur noch den roten Pfeilen, die ich selbst eingezeichnet habe. Da vorne, ja! Durch das Tor und dann nach links, eine schmale Gasse hinunter, an einer Statue vorbei, entlang einer Mauer und links um die Ecke – endlich!

Die Frauen im Innern des Gebäudes sehen ein wenig erschöpft aus – zugegeben. Sie hatten ja auch einen anstrengenden Tag hinter sich. Ein Kunde nach dem andern, das zehrt an den Kräften. Eine der Frauen, eine Schönheit mit langem, wallendem Haar, steht in der Türöffnung und atmet die frische Luft tief ein. Hinter ihr, halb von einem Vorhang verborgen, sehe ich eine andere Frau, ein zartes Geschöpf mit goldbrauner Haut. Sie kann nicht älter als 20 sein, aber der Preis?

»Nur 200 Baht«, sagt die Frau mit dem langen Haar.

200 Baht? Weniger als fünf Euro.

Die Frau bittet mich zu warten, die Schlange scheint immer noch lang zu sein. Doch ehe ich die Räumlichkeiten näher in Augenschein nehmen kann, werde ich hinter den Vorhang gebeten. Zuvor bin ich aufgefordert worden, mir die Schuhe auszuziehen. Folgsam habe ich sie ins Regal hinter der Kasse gestellt.

Der große Augenblick ist gekommen. Ich lege mich auf den Rücken, und schon im nächsten Augenblick bekomme ich weibliche Gesellschaft.

Wir befinden uns auf heiligem Boden. Wat Po ist Bangkoks größte und älteste Tempelanlage. Das erste Gebäude wurde im siebzehnten Jahrhundert errichtet, und heute funkelt das kompakte Tempelgebiet wie ein bis zum Rand gefülltes Schmuckkästchen. William Somerset Maugham schrieb, die Tempel in Bangkok seien anders als alles, was er bisher gesehen habe. »Beim Gedanken, dass es so etwas Fantastisches auf unserer düsteren Erde gibt, muss man einfach lachen.« Ob er dabei auch an Wat Po dachte? Das ganze Jahr hindurch strömen täglich Tausende von Menschen in dieses Heiligtum. In seinem westlichen Teil befindet sich der wertvollste aller Schätze, der schlafende Buddha. Er ist 46 Meter lang und 15 Meter hoch – kein Wunder, dass er ein ganzes Gebäude ausfüllt. Vergoldet und friedlich liegt er auf der Seite und wartet auf Nirwana. Allein die enormen Fußsohlen mit ihren 108 symbolischen Perlmutt-Intarsien kann man ewig betrachten.

Die Massageklinik liegt im östlichen Teil der Tempelanlage. Was eine Massage mit dem Buddhismus zu tun hat? Sehr viel. In Indien wurde die Ayurveda-Massage schon vor zirka 2500 Jahren praktiziert, also lange vor Buddhas Geburt. Buddha hatte ein großes Verständnis für den Zusammenhang zwischen Körper und Geist. Unter Anleitung seines klugen Leibarztes Jivaka versuchte er, ein möglichst gesundes Leben zu führen. Heutzutage wird Jivaka als Vater der thailändischen Medizin verehrt.

Leider gibt es keine schriftlichen Zeugnisse über die Massagetechniken der damaligen Zeit. Die Kenntnisse wurden mündlich weitergegeben, was die Vermutung nahe legt, dass im Lauf der Zeit einiges Wissen verloren ging, anderes hinzugefügt wurde. Das erste »Anleitungsbuch« wurde auf Palmblättern geschrieben. Viele dieser Blätter haben ihren Weg in die prachtvollen Tempel Ayutthayas gefunden. Dort wurden sie wie religiöse Schätze verwahrt und gepflegt, bis die Birmanen die Stadt überfielen und die Archive in Brand steckten. Einige Schriftzeugnisse müssen jedoch überlebt haben, denn 1832 beschloss König Rama III., die erhaltenen Texte in Stein zu ritzen und in Wat Po aufzubewahren.

»So werden sie bis in alle Ewigkeit leben!«, sagte er.

Wie ich so daliege, widme ich König Rama III. einen freundlichen Gedanken. Überall ist wohliges Stöhnen zu hören. Seit vielen Stunden sind sie bereits bei der Arbeit, die Masseurinnen, und noch immer ziehen und drücken, pressen und kneten, strecken und beugen sie, damit die Lebensenergie wieder frei durch die unsichtbaren Bahnen des Körpers fließen kann. Die Lebensenergie wird als *prana* bezeichnet, die Energiebahnen heißen *sen*. Oft werden sie durch eine falsche Lebensführung, zu wenig oder zu viel Essen, durch Bewegungsmangel oder Kummer blockiert. Deshalb ist die Kunst, sie wieder zu öffnen, von entscheidender Bedeutung. Simon de la Loubère, ein französischer Diplomat, notierte bereits 1690: »Wenn ein

Mensch in Siam erkrankt, bekommt er Hilfe von einer tüchtigen Fachkraft, die auf den Körper des Kranken klettert und mit den Füßen auf ihm herumtrampelt.«

Jetzt bin ich an der Reihe. Die Frau, die mir Energie verleihen soll, nimmt vor meinen Füßen Aufstellung, hebt die Hände, presst die Handflächen aneinander und betet. Sicher ein Gebet, dass Geber und Empfänger vom Energieaustausch profitieren werden. Denn es handelt sich um einen *Austausch – Prana* fließt in beide Richtungen. Die Frau fängt mit den Füßen an, wo die Energiebahnen beginnen und enden. Die leichten Berührungen sind nur der Anfang, denn bei der klassischen Thaimassage kommt der ganze Körper zum Einsatz. Füße, Ellbogen und Knie, ja sogar das Gesäß werden benutzt, um die blockierten Energiebahnen wieder frei zu machen. Wie eine Katze ein geliebtes Kissen bearbeitet, so krabbelt sie über meinen Rücken, und als sie schließlich an ihren Ausgangspunkt zurückkehrt, hat sie sowohl Kopf, Ohren und Nase als auch Hals und Nacken massiert. Am Ende des Raumes sitzt Buddha auf seinem Sockel und lächelt.

Berührung sei mit die beste Medizin, schreibt Maria Mercati in ihrem Buch über klassische Thaimassage. Jeder, der seinen Körper regelmäßig auf diese Art bearbeiten lässt, fühle sich entspannt, ausgeglichen, jung und glücklich.

Bin ich jetzt glücklicher?

Absolut. Mit einer dankbaren Verbeugung nehme ich Abschied von Wat Pos Massageklinik, und während ich mir meinen Weg aus der labyrinthischen Tempelanlage bahne, bleibe ich vor 60 Steintafeln stehen, in die uraltes Wissen eingeritzt ist.

Vogelperspektive. Von meinem Hotelzimmer im 28. Stock aus lasse ich den Blick über die Zehn-Millionen-Stadt schweifen. So viel Beton! Das Grau breitet sich hemmungslos in alle Richtungen aus; zudem legen sich die Abgase von mehreren Millionen Fahrzeugen wie eine giftige Haut über alles. »Ist diese Stadt nicht unglaublich hässlich?«, fragt ein BBC-Korrespondent im Fernsehen. »Natürlich ist sie hässlich«, antwortet der in Bangkok beheimatete Architekt Sumet Jumsai. »Doch finden sich darunter auch die schönsten Perlen.« Dr. Sumet träumt davon, der Stadt ein »menschlicheres« Antlitz zu verleihen. Er möchte einige der alten Wasserstraßen wiederbeleben, Hausboote restaurieren, schwimmende Restaurants eröffnen, die Luft reinigen, grüne Lungen schaffen und Gebäude mit »Charakter« bauen.

Lange Zeit war Bangkok ein Fischerdorf und blieb auch, nachdem es zur Hauptstadt ernannt worden war, eine friedliche Idylle. Geliebt und bewundert, lautet ihr offizieller Name: »Stadt der Engel, große Stadt [und] Residenz des heiligen Juwels Indras [Smaragd-Buddhas], uneinnehmbare Stadt des Gottes, große Hauptstadt der Welt, geschmückt mit neun kostbaren Edelsteinen, reich an gewaltigen königlichen Palästen, die dem himmlischen Heim des wiedergeborenen Gottes gleichen, Stadt, die von Indra geschenkt und von Vishnukarn erbaut wurde.«

Die ersten Europäer, die nach Bangkok kamen, verliehen der Stadt einen weiteren Namen: »Venedig des Ostens«. Noch vor 150 Jahren lebten drei Viertel der Einwohner auf Hausbooten, da die ganze Stadt von Wasseradern durchzogen war. Der britische Diplomat John Bowring stellte 1855 fest: »Hier bewegt man sich nicht auf Straßen und Wegen, sondern auf Flüssen und Kanälen fort.« Erst neun Jahre später bekam die Stadt ihre erste Straße, die vom Königspalast nach Chinatown führte. In den folgenden Jahrzehnten wuchs die Zahl der Straßen beständig an, doch erst nach dem Zweiten Weltkrieg wurden die alten Wasserwege einfach zubetoniert.

Mit dem Asphalt kamen die Autos, und heute droht die Stadt der Engel am Verkehr zu ersticken. In Bangkok gibt es fast ebenso viele Autos wie Menschen, und jeden Tag gesellen sich weitere 750 hinzu. Während der Rushhour am Vor- und am Nachmittag kommt der Verkehr in weiten Teilen der Stadt völlig zum Erliegen. Da können sich die Thais schon glücklich schätzen, dass zumindest die neuen Autos inzwischen bleifreies Benzin tanken. Noch vor wenigen Jahren berichteten die Zeitungen ständig von Kindern, aber auch Erwachsenen, die eine Bleivergiftung erlitten hatten. Die Weltbank schlug Alarm: »Ohne gesunde und normale Kinder wird Thailand international in die zweite Reihe zurückfallen.«

Inzwischen sagen Experten, dass die Luft in Bangkok so gut sei, wie schon lange nicht mehr. Doch der Lärm nimmt zu, und jeden Tag kommt es zu den schrecklichsten Verkehrsunfällen. Von ihrer modernen Kommandozentrale aus versucht die Polizei, Ordnung ins Chaos zu bringen. Im Volksmund wird diese Zentrale als »Kriegskabinett« bezeichnet, doch dessen Chef scheint resigniert zu haben: »Wir verlieren einen Kampf nach dem anderen. Der Feind ist übermächtig.« Verantwortlich dafür macht er auch den Schicksalsglauben der Thais: »Die meisten Leute meinen, sie könnten fahren, wie sie wollten, weil ihr Schicksal ohnehin vorherbestimmt sei. Was sollen wir dagegen schon ausrichten?«

Glücklicherweise hat Bangkok seinen Skytrain bekommen, der hoch über den Straßen und Kanälen der Stadt seine Bahn zieht. Der »Himmelszug« gibt dem Reisenden die Gelegenheit, Bangkoks verborgene Perlen zu entdecken. Allerdings ist das Schienennetz bisher nur 24 Kilometer lang und dasjenige der neuen U-Bahn noch kürzer. Für viele sind daher Autos, Busse, Boote, Motorradtaxis oder die dreirädrigen Tuk-Tuks unentbehrlich. Gewöhnliche Fahrräder sind eine Seltenheit.

Welche Perlen sehe ich von meinem schwindelerregenden Stehplatz aus?

Bangkok hat angeblich über 400 Tempel. Wat Po habe ich bereits erwähnt. Wat Arun auf der anderen Seite des Flusses ist nach Aruna benannt, dem indischen Gott der Morgenröte. Der gesamte Komplex ist mit einem Mosaik aus buntem chinesischen Porzellan und Muscheln – insgesamt etwa eine Million Teile – überzogen, das jeden Morgen im Licht der aufgehenden Sonne erstrahlt. Der von den Khmer inspirierte Tempelturm ist 82 Meter hoch und bietet den Restaurantbesuchern am Fluss einen spektakulären Blickfang, wenn er abends beleuchtet wird. Fast ebenso hoch wie Wat Arun ist die vergoldete Pagode auf dem Goldenen Berg, der oft als Bangkoks höchster Punkt angegeben wird.

Auch Hindutempel, Kirchen und Moscheen sind zahlreich vertreten. Bangkok ist eine tolerante Stadt. Die alten Teakhäuser hingegen befinden sich auf dem Rückzug. Auf der Sukhumvit, einer der bedeutendsten Straßen der Stadt, konnte man bis in die achtziger Jahre hinein die tropischen Gärten voller Blumen und Bienen bewundern, in deren Mitte stets ein hübsches Haus aus goldbraunem Teakholz thronte. Doch im Zuge der sogenannten *Stadtentwicklung* mussten sie weichen. Bambus und Bananenpalmen wichen Hochhäusern und Wolkenkratzern. Der Jasminduft wurde durch stinkende Abgase ersetzt.

Man könnte leicht nostalgisch werden, doch die Zeit vergeht, und Bangkoks Schicksal ist keineswegs einzigartig.

In Asien wie im Rest der Welt hat die Landflucht ehemalige Idyllen in Millionenstädte verwandelt. Derzeit leben 1,5 Milliarden Asiaten in Städten, in fünfzehn Jahren werden es 2,5 Milliarden sein. Die Probleme, die mit der Urbanisierung einhergehen, sind auch in Bangkok allgegenwärtig: Entfremdung, Verslumung, Verschmutzung, Lärm und ein zunehmender Wassermangel. »Weint, Engel, weint!«, war ein Leserbrief überschrieben, der unter dem Pseudonym »Geboren 1927« von der *Bangkok Post* abgedruckt wurde. Der Schreiber ließ oft die Tränen fließen, wenn er an die Stadt dachte, die er einst geliebt hatte.

Ob auch der König weint?

Von meinem Fenster aus habe ich ungehinderte Sicht auf den Grand Palace – den Königspalast. Auch König Bhumibol wurde 1927 geboren und hat die völlige Verwandlung der Stadt miterlebt. Kein Wunder, dass er bei jeder Gelegenheit aufs Land fährt, um den Duft der Natur einzuatmen. Der

König wandert oft auf den Pfaden des Goldenen Dreiecks, spaziert durch die Reisfelder und Dörfer, während ihm stets eine Kamera vor der Brust baumelt. Hin und wieder bleibt er stehen, um eine junge Blüte zu bewundern und ein wenig mit einem unbekannten Landsmann zu schwatzen. Bhumibol ist ein sehr volksnaher König, obwohl er offiziell als *devaraja* (Gottkönig) verehrt wird. Die Thais lieben ihn, und er liebt sie.[6]

Mit der Abschaffung der absoluten Monarchie 1932 war der König zu einer Art Zeremonienmeister degradiert worden. Vierzehn Jahre später bestieg Bhumibol den Thron, auch er war nichts anderes mehr als der erste Repräsentant seines Staates. Doch nicht alle thailändischen Politiker haben sich ihrer gewachsenen Verantwortung als würdig erwiesen, was auch für die Generäle gilt. Beim Putschversuch von 1992 im Herzen von Bangkok wurden mehrere hundert Demonstranten vom Militär erschossen. Der erzürnte König bestellte Ministerpräsident Suchinda Kraprayoon zu sich ein und ging mit ihm so demonstrativ ins Gericht, dass dieser danach politisch tot war.

Auch bei anderen Gelegenheiten zeigte sich Bhumibol als Mann des Volkes. So wie der abgedankte König Sihanouk von Kambodscha hat er eine Vorliebe für den Jazz. Er spielt verschiedene Instrumente wie Saxofon, Klavier, Klarinette und Gitarre, besitzt ein eigenes Jazzorchester und ist im Lauf der Jahre mit Größen wie Benny Goodman und Stan Getz zusammen aufgetreten. Er liebt Hunde und hat über den streunenden Hund, den er 1989 adoptierte, sogar ein Buch geschrieben. Die ersten 100 000 Exemplare wurden den Buchhändlern am Erstverkaufstag förmlich aus der Hand gerissen.

Im dritten Jahrtausend ist es für viele Monarchen schwierig geworden, ihren alten Status aufrechtzuerhalten, doch nicht für König Bhumibol.

An jedem Morgen höre ich die Menschenmenge unter mir die Nationalhymne singen. Auf dem Schulhof stehen die Kinder stramm, wenn die rotweiß-blaue Fahne Thailands gehisst wird. In Kinos und Theatern wird vor jeder Vorstellung das Königslied angestimmt. Unten auf der Straße gibt es ein kleines Geschäft, das sich auf königliche Devotionalien spezialisiert hat: auf Porträts seiner Majestät, auf königlichen Jazz und königlichen Weihrauch, das Hundebuch des Monarchen etc. Der Alte hinter der Theke legt sofort eine Schallplatte auf, als ich den Laden betrete. »*His Majesty the King and His Benny Goodman playing*«, erklärt er stolz. »*Yes, His Majesty and His Benny.*«

König Bhumibol ist 78 Jahre alt. Gern hätte ich ihn einmal live spielen gehört, doch in den letzten Jahren hat seine Gesundheit sehr nachgelassen. Er hat Probleme mit den Lungen, aber der Kopf ist immer noch klar.

Glücklicherweise sind Teile des königlichen Palastes von Sonnenaufgang bis Sonnenuntergang zu besichtigen. Nach Plänen, die fast eine identische Kopie des alten Palastes von Ayutthaya waren, ist er zwischen 1782 und 1785 erbaut worden. Hohe Mauern teilen die gesamte Anlage in drei Teile. Im äußeren Teil liegen der administrative Bereich des Palastes sowie der königliche Tempel Wat Phra Kaeo. Darin, auf einem goldenen Altar, befindet sich die größte Kostbarkeit des Landes: Der Smaragd-Buddha wurde 1434 durch einen Zufall entdeckt. Ein Tempel in Chiang Rai wurde von einem Blitzschlag getroffen, aber der Smaragd-Buddha blieb unbeschadet. Die Thais knien vor der meditierenden Gestalt zum Gebet nieder, denn die 66 cm hohe und 48 cm breite Jadefigur symbolisiert gewissermaßen Thailands Seele: den König, das Volk und das Land gleichermaßen.

Einen grüneren Buddha habe ich niemals gesehen. Teile seines Körpers sind mit glänzendem Schmuck bedeckt, auf dem Kopf trägt er eine goldene Krone. Dreimal im Jahr kommt der König hierher, um ihm die Kleider zu wechseln. Noch trägt er seine Sommerkleidung, doch bald wird er, wie immer in der Regenzeit, ein Mönchsgewand umgelegt bekommen. Im Winterhalbjahr wärmt ihn ein goldener Schal. Ein ausländischer Tourist zieht eine Digitalkamera aus der Jackentasche.

»Verboten!«, sagt einer der Wächter. »Keiner darf ihn stören.«

Sicher braucht er noch Ruhe. In den ersten Jahren nach seiner Entdeckung wurde er als Kriegsbeute hierhin und dorthin verfrachtet. Niemand konnte sich mit Fug und Recht als König bezeichnen, der nicht im Besitz des Smaragd-Buddhas war. Lange Zeit verbrachte er in einem Tempel in Laos, was die Siamesen als äußerst demütigend empfanden. Doch 1779 wurde er von einem siamesischen Heer erobert und nach Hause gebracht. Wat Phra Kaeo wurde ausschließlich erbaut, um dem Buddha eine endgültige Bleibe zu verschaffen. Sicherheitshalber wird er von mehreren furchterregenden Dämonen bewacht, die aus Holz geschnitzt und mit grellen Farben bemalt sind.

Wer Wat Phra Kaeo und den Königspalast wirklich würdigen will, der muss scharfe Augen haben. Denn der Detailreichtum ist überwältigend, und hinter jeder Statue, hinter jedem noch so kleinen Ornament ahne ich eine tiefe symbolische Bedeutung. Wie auch in Kambodscha vermischen sich hinduistische und buddhistische Traditionen mit altem Volksglauben. In der klassischen Thai-Architektur sind insbesondere die Dächer ein ästhetischer Genuss. In mehreren mattrosa und jadegrünen Schichten streben sie steil in den Himmel, und inmitten dieser von Menschen geschaffenen Schönheit, über alles und jeden erhaben, glitzern die hoch aufragenden

Tempeltürme. Jetzt weiß ich, warum William Somerset Maugham zum Lachen zumute war, denn ich lache auch.

Ich frage mich übrigens, ob der König zu Hause ist.

»O nein!«, entgegnet der Fremdenführer. »Er wohnt nicht im Palast. Nicht mehr.«

König Bhumibol ist längst nach Chitralada umgezogen, in einen Palast, der in einem anderen Stadtteil liegt. Der letzte König, der ständig im Palast gelebt hat, war Chulalongkorn, wenngleich ihm die Hitze, die Hofintrigen und hohen Mauern ein klaustrophobisches Gefühl beschert haben mögen. Um wie viel freier muss er sich da am Nordkap gefühlt haben, vor sich das Meer und den Himmel.

Heute ist es im inneren Bereich des Palastes vollkommen ruhig und die Eingangspforte geschlossen. Doch über ein Jahrhundert lang wohnte hier der König mit seinem Harem. Einer der wenigen Männer, die einen Einblick bekamen, war der britische Arzt Malcolm Smith, der von 1831 bis 1864 für den Königshof arbeitete. Hinter den hohen Mauern entdeckte er eine Welt von apathischen Frauen. »Der Harem war wie eine eigene Stadt«, schreibt er in seinen Memoiren. Die über 1000 Frauen lebten dicht an dicht, und die sanitären Verhältnisse waren erbärmlich. Wasser musste hineingetragen, sämtlicher Unrat, den sie hinterließen, hinausgetragen werden. »Der Gestank war manchmal so unerträglich, dass ich mir die Nase zuhalten musste.«

Die Stadt bestand aus aneinandergereihten Häusern und schmalen Straßen, doch auch aus Rasenflächen, Gärten, künstlichen Seen und Geschäften. Sie besaß ihre eigenen Institutionen, hatte ihre eigenen Gesetze sowie ihr eigenes Gericht. Nur bei besonderem Bedarf, wenn jemand krank war oder etwas repariert werden musste, wurde Hilfe von außen in Anspruch genommen. Doch sobald der Auftrag erledigt war, musste der Betreffende – unter Kontrolle einer weiblichen Polizei – die Palastanlage umgehend wieder verlassen. Die zahlreichen Söhne des Königs durften nur bis zur Pubertät in der Stadt wohnen bleiben.

Um seine zahlreichen Geliebten zu disziplinieren, gab es neben der weiblichen Polizei auch eine Haremsvorsteherin. Doch haben sich nur wenige Quellen erhalten, die von Klatsch und Tratsch im Harem berichten. Ein Vorfall aus dem Jahr 1838 verdient allerdings Erwähnung: Ein Diener hatte ein Auge auf eine der Konkubinen geworfen. Die beiden hatten nie miteinander geredet, aber mit fremder Hilfe gelang es ihnen, kleine Geschenke und Gedichte auszutauschen. Schließlich schlug der Werbende vor, die Frau solle den König um ihre Freilassung bitten. Der König war außer sich vor Wut, überließ es jedoch – wie es das Gesetz vorschrieb – dem Gericht, die Sache zu entscheiden. Und das Gericht kannte keine Gnade. Sowohl der Mann als auch die Konkubine und alle Personen, die ihre Kommunikation ermöglicht hatten – insgesamt zehn Personen –, wurden zum Tode verurteilt.

Von einer der Terrassen aus versuche ich einen Blick in die innere Stadt zu werfen. Von Königen, Haremsdamen und unziemlichen Freiern fehlt jede Spur. 150 Jahre, nachdem Dr. Smith hier war, ist die Königsstadt zwar bestens erhalten, doch gähnend leer. Alles glänzt und schimmert. Kein Staubkorn wird im prachtvollsten aller thailändischen Paläste geduldet.

In Chitralada hingegen gibt es nicht nur Staub, sondern auch Kuh- und Elefantenmist. Ich selbst bin nie dort gewesen, habe mir aber erzählen lassen, dass die Umgebung von König Bhumibols Palast sehr ländlich wirke. Dort befinden sich neben seinen berühmten weißen Elefanten auch die Teiche seiner Fischzucht. Außerdem baut der Monarch verschiedene Reissorten an, und die königlichen Gärten sind ein einziges Rosenparadies. Jeden Morgen spaziert der König durch sein ein Quadratkilometer großes Reich. Haremsdamen gehören der Vergangenheit an. König Bhumibol begnügt sich mit seiner Sirikit, mit der er seit 1950 verheiratet ist. Doch außerhalb der Palastmauern lebt die Vielweiberei ungehindert fort.

Mia noi?

Thailands Volksvertreter haben die Polygamie vor über 60 Jahren abgeschafft, doch alte Traditionen halten sich hartnäckig. »Manche Männer nehmen sich eine zusätzliche Frau, eine *mia noi*, und wer besonders ehrgeizig ist, der lässt es nicht bei einer bewenden«, sagt der Soziologe Pasuk Phongpaichit. »Oft sind das Leute mit dicker Brieftasche, die das Leben voll auskosten wollen. Aber auch diejenigen, die nicht so viel Geld übrig haben, wenden häufig ihr halbes Monatsgehalt für eine zweite Frau auf.«

Im alten Siam war die Polygamie weit verbreitet, vor allem in den höheren Schichten. Von der Bevölkerung wurde dies weitgehend akzeptiert, doch die Missionare konnten sich damit nicht abfinden. Einer von ihnen wurde fast ertränkt, als er – mit der Bibel in einer Hand und dem Kreuz in der anderen – einem hohen Beamten ins Gewissen reden wollte.

»Statt zu einer Prostituierten zu gehen und sich vielleicht mit HIV zu infizieren, betrachten es die meisten Thais als sicherer, sich eine zweite Frau zuzulegen«, fährt Phongpaichit fort. »Es ist ein stillschweigendes Abkommen: Ich helfe dir und du hilfst mir. Du bekommst Geld und Nahrung, bestenfalls eine Wohnung und ein Auto, und ich bekomme Sex. Dieses Abkommen hat in der Regel so lange Bestand, bis der Mann das außereheliche Verhältnis von sich aus beendet.«

Hin und wieder geschieht es sogar, dass eine *mia noi* beim Mann und seiner Familie mit einzieht. Die *Bangkok Post* berichtet von einem Lebensmittelproduzenten, der sich sieben Nebenfrauen und zwanzig außereheliche Kinder leistet. »Tek Tor«, so sein Spitzname, hat Geld genug, denn seine Fleischklößchen verkaufen sich im ganzen Land. Von seiner Ehefrau hört er niemals ein böses Wort. »Alles funktioniert wunderbar«, versichert er. »Sie sehen doch, dass wir glücklich sind.«

Für viele Ehefrauen ist diese Tradition ein unumgänglicher Teil des Lebens. Was sollten sie auch dagegen tun? Eine *mia noi* kann zehn, zwanzig oder dreißig Jahre jünger sein als sie. Außerdem ist die Ehefrau finanziell von ihrem Mann abhängig und muss darauf hoffen, dass die Ehe Bestand hat. Dennoch gibt es Frauen, die den Kampf aufnehmen. Manche wenden sich an Familienberater, und diejenigen, die es sich leisten können, engagieren sogar einen Privatdetektiv. Sie wollen zunächst Klarheit darüber, was ihr Mann so am Feierabend treibt, wenn er schon nicht nach Hause kommt. Die Branche der privaten Ermittler, die untreuen Ehemännern auf den Fersen sind, befindet sich in der Stadt der Engel jedenfalls auf Wachstumskurs.

In letzter Zeit habe ich mich wie ein zahmes Haustier gefühlt, doch der Mann auf dem Bildschirm hebt den Zeigefinger und mahnt: »*Think! Think! Think!* Wer nicht nachdenkt, riskiert sein Leben!«

Ich erinnere mich an ihn. Vor zehn Jahren habe ich ihn persönlich kennen gelernt. Ein wenig gealtert ist er, seine Haare sind etwas grauer und dünner geworden, doch das Temperament von Mechai Viravaidya ist ungebrochen. Viele sind der Meinung, er habe mehr Thais das Leben gerettet als jeder andere. Und warum? Weil er ein Kämpfer ist. Sein Feind ist ein Virus. Niemandem ist es bisher gelungen, ihm den Garaus zu machen, und bislang gibt es nur zwei Verteidigungswaffen: sexuelle Enthaltsamkeit und Kondome. Mechai setzt vor allem auf Kondome. Im Volksmund ist er als »Kondomkönig« bekannt, und auch jetzt, während er zur besten Sendezeit im thailändischen Fernsehen spricht, hat er den Schoß voller farbenfroher Kondome, die angeblich sogar nach Mango, Erdbeeren oder frisch aufgebrühtem Kaffee duften.

»Schauen Sie her!«, sagt er, während er ein rosafarbenes Kondom in die Höhe hält. »Die Regierung will für mehrere Milliarden Baht neue Waffen kaufen. Allein die neuen Jagdflugzeuge kosten vier Milliarden. Doch hier sehen Sie die effektivste Waffe in der langen Geschichte unseres Landes.«

Die Kamera fängt ein kleines, schlaffes Stück Gummi ein. Die Jugendlichen im Studio kichern, doch Mechai hat recht. Millionen von Thais verdanken Kondomen ihr Leben.

Ich habe eine Verabredung. Erneut will ich den Kondomkönig treffen, aber erst morgen. Im Restaurant Cabbages & Condoms wollen wir zusammen zu Mittag essen. Um mich gebührend vorzubereiten, suche ich Asia Books auf und kaufe seine Biografie, die gestapelt an der Kasse liegt. »Wirkliche Führungspersönlichkeiten sind selten«, lese ich im Vorwort, bevor ich bezahle und den nächsten Mittagstisch aufsuche. An der langen Sukhumvit-Straße, unter Laternenpfählen und Bäumen, die unter Sauerstoffarmut leiden, stehen die Mädchen. Es sind nicht zehn oder fünfzehn, sondern mehrere hundert. Sie bieten sich an und sie sind billig. Manche sind HIV-infiziert, andere nicht. Ob sie darauf bestehen, dass die Männer ein Kondom benutzen?

Der Kondomkönig fordert, dass Kondome genauso zugänglich sind wie Kohl. Doch warum trägt er auf dem Buchumschlag einen Kilt? Weil die Mutter Thai und der Vater Schotte ist. Mechai wurde 1941 geboren. Er studierte Ökonomie und schnell wurde ihm klar, dass das rasche Bevölkerungswachstum eine große Bürde für Thailand war. In ländlichen Gebieten hatten die Familien im Durchschnitt immer noch sieben Kinder. Die Lösung dieses Problems konnte seiner Meinung nach nur in aktiver Familienplanung bestehen. 1974 gründete er die People's Development Agency (PDA), eine Organisation von Freiwilligen. Mechai besuchte jedes noch so entlegene Dorf und begegnete aufmerksamen Landsleuten. Vor allem die Frauen waren sehr aufgeschlossen.

Damals hatten Thailand und die katholischen Philippinen ungefähr gleich viele Einwohner. Heute haben die Philippinen 88 Millionen, Thailand hat 65 Millionen.

»Die Zahlen sprechen für sich«, schreibt Mechais Biograf. Dem kann ich nur zustimmen.

Dass sich der HI-Virus in den achtziger Jahren zu verbreiten begann, machte Mechais Botschaft umso dringlicher. Sich zu schützen, war wichtiger denn je. Doch während die Regierung die Hände in den Schoß legte, verteilte Mechai Millionen von Kondomen und sprach auf unzähligen Veranstaltungen. Er brachte sogar Mönche dazu, die Kondome mit Weihwasser zu segnen. »Zu viele Geburten verursachen Leiden«, zitierte Mechai einen alten buddhistischen Text.

1990 wurde Mechai von der Regierung zur Galionsfigur im Kampf gegen HIV und Aids erkoren. In den nächsten zwölf Jahren, von 1991 bis 2003, sank die Anzahl der jährlichen Neuansteckungen von 140000 auf 19000. Plötzlich war ein Land, das viele schon zum Sterben verurteilt sahen, ein Vorbild für andere geworden.

Als Senator verbringt Mechai einen Großteil seiner Zeit in der Nationalversammlung. Doch heute finde ich ihn hinter seinem Schreibtisch bei der PDA.

»Willkommen«, sagt er und bittet mich Platz zu nehmen. Doch dieser Mann fragt seine Gäste nicht, ob sie Tee oder Kaffee möchten. »Was für Kondome bevorzugen Sie?« Auf dem Tisch vor uns liegen Hunderte farbiger Kondome, die zu einer großen Blume geformt sind. Mechai bittet mich, eines davon auszusuchen, und nachdem die Qual der Wahl überstanden ist, gehen wir ins nahe gelegene Restaurant.

Cabbbages & Condoms ist unter Bangkoks Restaurants nicht mehr wegzudenken. Es liegt versteckt in einer ruhigen Seitenstraße, doch wer es findet, wird mit thailändischer Küche bester Qualität verwöhnt. Die Speisekarte führt über 80 Gerichte. Das billigste kostet drei, das teuerste fünf Euro. Wir einigen uns rasch darauf, einen mäßig scharfen »Kondomsalat« zu probieren, einen Yam Tung Yang. »Von unserem Essen werden Sie nicht schwanger«, lautet das Motto des Restaurants. Von der Decke baumeln aufgeblasene meterlange Kondome. Hinter mir hängt ein Plakat, das zu »Safer Sex« aufruft, und auf dem T-Shirt der weiblichen Bedienung lese ich: *»In Rubber We Trust.«*

»Viele erröten, wenn sie ein Kondom sehen«, sagt Mechai. »Aber warum? Es besteht doch genauso aus Gummi wie ein Tennisball. Haben Sie in Wimbledon schon mal jemanden wegen der Bälle erröten sehen? Ihre Schuhe haben Gummisohlen, und das Mädchen, das da hinten die Tische wischt, trägt Gummihandschuhe. Ist Ihnen das etwa peinlich? Gummi ist ein Naturprodukt und Sex die natürlichste Sache der Welt. Ohne Sex hören wir auf zu existieren. Kondome gehören zu den besten Erfindungen der Menschheitsgeschichte und können zu weitaus mehr als Sex benutzt werden.«

»Zum Beispiel?«

»Als Verpackungsmaterial. In der Regenzeit können sie Ihr Handy vor einem Wasserschaden bewahren. Jedem Handy sein Kondom! Sie können Blutungen zum Stillstand bringen. Viele Bauern werden ja von Schlangen oder anderen Kriechtieren gebissen. Die sollten stets ein Kondom zur Hand haben. Und Kinder spielen doch so gerne mit Luftballons. Da kann man auch Kondome aufblasen. Kondome sind elastisch und wasserdicht, also sollte jeder seiner Fantasie freien Lauf lassen, wozu man sie gebrauchen kann. Im südlichen Teil des Landes arbeiten viele Menschen auf den Gummiplantagen. Unterstützt die Gummiindustrie!«

Mechais phänomenales Talent, gleichzeitig zu essen und zu reden, nötigt mir tiefen Respekt ab. Was natürlich ebenso für sein Fachwissen, sein

Engagement, seinen Humor und seinen Ernst gilt. Denn wir sprechen über ein sehr ernstes Thema. Jeder HIV-Infizierte ist eine Tragödie. Mechai hat Tausende von ihnen leiden und sterben sehen. Ständig bekommt er Briefe von HIV-Infizierten, die nach wirksamen Medikamenten fragen. Doch nur Kondome schützen vor einer Ansteckung.

Währenddessen berichten die Zeitungen immer wieder von »Wunderheilungen«. Ein aidskranker Bauunternehmer sah bereits dem Tod ins Gesicht und bestellte sein eigenes Begräbnis. Doch ehe es dazu kam, tauchte ein Waldmönch am Bett des Sterbenden auf. Er hatte eine eigene Medizin aus Melonenextrakt und der Galle eines weißen Elefanten hergestellt. Am nächsten Tag schlug sich der Bauunternehmer gegen die Brust und sagte: »Ich bin geheilt!« Der Arzt, der eine Blutprobe entnahm, bestätigte es: »Tatsächlich. Das Virus ist verschwunden. Sie sind gesund!«

Fünf Tage später starb der Bauunternehmer.

Manche Aidskranke haben es mit *Love Dharma* versucht, einer Mischung aus Klebreis und verschiedenen Kräutern. Andere setzen ihre Hoffnung in die Organe potenter Tierarten, die sie mit Chili und Alkohol zu sich nehmen. Auch der »V-1 Immunitor« hat seine eingeschworenen Anhänger. Diese Pille wurde vor vier Jahren von einem Hobbypharmazeuten auf den Markt gebracht. Im Fernsehen behauptete er, sie bestehe aus Magnesium, Kalzium und »nicht lebendigen chemischen Stoffen«.

»Wir wissen, dass diese Pille Leben retten kann«, sagte er. »Wir können nur nicht erklären, warum. Vielleicht werden wir in zehn Jahren Genaueres sagen können, wenn unsere Forschungen abgeschlossen sind.«

Zehn Jahre? So lange wollte das Gesundheitsministerium nicht warten. Darum entschied es sich, neun V-1-Patienten über einen Zeitraum von sechs Monaten zu beobachten. Doch als die Beobachtungen beginnen sollten, waren alle bereits gestorben. Aber der Hobbypharmazeut ließ sich nicht beirren. An einem Sommertag vor drei Jahren gab er bekannt, dass er alle gratis mit V-1-Pillen versorgen wolle, die sich zu angegebener Zeit in einem bestimmten Fußballstadion einfinden würden. »Es war ein Spektakel, das an eine mittelalterliche Wandmalerei erinnerte«, schrieb Robert Horn vom Nachrichtenmagazin *Time*. »Mehr als 4000 Aidskranke schleppten sich ins Stadion, um Pillen entgegenzunehmen, die eine Woche lang reichen würden. Manche wurden auf einer Bahre getragen. Für zwei Patienten kam jedoch jede Hilfe zu spät. Sie bezahlten das Gedränge und die quälende Hitze mit dem Tod.«

Thailand hat unzählige solcher Geschichten zu bieten, und Mechai kennt die meisten von ihnen.

»Die Leute sind verzweifelt, doch ein Heilmittel gibt es bis auf den heutigen Tag nicht. Das Einzige, was hilft, sind Kondome, und wir werden nicht müde zu erklären, dass die Leute sie überstreifen müssen, *bevor* es zur Sache geht, nicht hinterher.«

Mechai ist stolz auf seine Organisation. Die PDA besteht aus ein paar Angestellten und Tausenden ehrenamtlichen Mitarbeitern, die hoch motiviert sind. Da Prostituierte und Drogenabhängige ein besonders hohes Risiko tragen, kümmert sich die Organisation vor allem um diese beiden Gruppen. Vieles haben sie schon erreicht, doch am Horizont ziehen dunkle Wolken auf. Der Kondomkönig fürchtet, die Verbreitung des Virus könne wieder zunehmen, wenn es der Regierung weiterhin nur um Wirtschaft und Profit gehe. Dass der Ministerpräsident kein Interesse an der Leitung des Nationalen Komitees gegen HIV und Aids hat, findet er bezeichnend und höchst beunruhigend.

»Wir dürfen nicht nachlassen! Jedem neuen Jahrgang muss dieselbe Lektion eingebleut werden.«

Dem Kondomkönig geht es vor allem darum, die Jüngsten der Gesellschaft zu erreichen, die Schulkinder. Denn sie sind die Zukunft des Landes. Auch in Thailand erreichen die Kinder immer früher die Geschlechtsreife. Ansonsten ist er hauptsächlich an dem Verhalten der 15- bis 30-Jährigen interessiert. Aktuellen Zahlen zufolge benutzen nur 30 Prozent in dieser Altersgruppe Kondome, weniger als vor zehn Jahren. Unter den Prostituierten beträgt die Quote um die 90 Prozent – zehn Prozent zu wenig, wie Mechai meint. Das Verhalten männlicher Homosexueller gibt noch größeren Anlass zur Besorgnis, und gerade in dieser Hinsicht fordert er die Regierung auf, endlich aktiv zu werden.

»Die Gesundheit des Volkes zu schützen, ist eine staatliche Aufgabe, vor allem in diesen Zeiten. Wenn uns nicht der nächste Tsunami tötet, dann werden wir durch Aids sterben. Doch den Mächtigen geht es nur um ihre eigenen Interessen.«

Mechai ist gerade von einer Vortragsreise aus den USA zurückgekehrt. Auf seinem Schreibtisch haben sich in der Zwischenzeit Briefe, Bittgesuche und Dokumente angehäuft. Der Kondomkönig sagt, er liebe es, sich unter normalen Menschen zu bewegen. Oft sehnt er sich nach den siebziger Jahren zurück, in denen er ein Dorf nach dem anderen besuchte. Als Senator ist er gezwungen, ein ungesundes Leben im Sitzen zu führen. »Aber der Salat war immerhin gesund, nicht wahr? Außerdem haben Sie damit fünf neue Kondome finanziert – Kondome, die vielleicht Leben retten werden. Haben Sie vielen Dank!«

Cabbage & Condoms liegt an der Sukhumvit Soi 12. Eine *soi* ist eine Seitenstraße. Bangkok hat viele nummerierte *soi*, was die Orientierung erleichtert. Also notieren Sie sich die Adresse, essen Sie einen Kondomsalat und lassen Sie es sich guten Gewissens schmecken!

Mechai und ich verabschieden uns voneinander. Tadellos gekleidet in seinem beigefarbenen Anzug, läuft er die Treppe hinauf, um den Mount Everest seiner unerledigten Post in Angriff zu nehmen.

An der Sukhumvit-Straße gibt es auch ein Internetcafé. Ich habe schon lange nichts von meinen Liebsten gehört. Höchste Zeit, mal einen Blick in meine Mailbox zu werfen.

»*You have mail*«, blinkt es auf dem Bildschirm. Und siehe da, ich habe eine Nachricht von Peter!

Endlich habe ich Kontakt zu dem Engländer bekommen, der Buddha aufgab, um Geschäftsmann zu werden. »Lieber Tor«, schreibt er. »Ich würde dich gern morgen früh um 10.00 Uhr treffen, Sektion 24, Wat Mahadhatu, Bangkok. Freu mich drauf. Grüße, Peter.« Wat Mahadhatu? Klingt ganz wie ein Kloster.

Am nächsten Morgen erwache ich früh. In den letzten Wochen, vor allem in den Nächten, ist Peter mein ständiger Begleiter gewesen. Unser Treffpunkt befindet sich in unmittelbarer Nachbarschaft zu Wat Po und ist von einer hohen Mauer umgeben. Peter, Mönch oder Geschäftsmann? Der Torwächter führt mich zu einem Labyrinth niedriger Mönchsklausen. Da es heute Nacht geregnet hat, entsteigt den Blumenkrügen ein süßlicher Duft. Hätte ich mehr Zeit, würde ich mich in aller Ruhe daran berauschen. Doch es ist bereits kurz vor 10.00 Uhr. In einiger Entfernung sehe ich einen groß gewachsenen Mann auf den Stufen stehen und seine Morgenzigarette rauchen. Peter? Sektion 21, 22, 23 – tatsächlich, das ist er.

Peter begrüßt mich wie einen alten Freund. Man sollte fast glauben, wir hätten früher miteinander die Friedenspfeife geraucht. Vielleicht in Marrakesch.

Mönch Peter, jetzt Peter S. Robinson, hat sein orangefarbenes Gewand abgelegt und trägt nun ein kariertes Hemd, eine hellbraune Hose und braune Schuhe. Auch die Sonnenbrille ist an ihrem Platz, an seinem Gürtel baumelt ein Handy. Das grau melierte Haar darf wieder sprießen, und sein Profil könnte an Gaius Julius Cäsar erinnern. Zwei Meter groß ist er sicherlich nicht, aber wohl einsneunzig. Er macht einen sanften, angenehmen Eindruck. Peter ist ein Mensch, in dessen Gegenwart man sich vom ersten Händedruck an wohlfühlt. Er winkt mich zu sich herein. Auf einem runden

Tisch steht eine ebenso runde Teekanne. Es dampft aus der geschwungenen Tülle und bald dampft es auch aus den Tassen.

Sauber und aufgeräumt ist es hier, von meinem Platz aus sehe ich den eingeschalteten Laptop des Exmönchs.

»Du bist Geschäftsmann, wohnst aber im Kloster – wie passt das zusammen, Peter?«

»Geschäftsmann, ich?« Peter lacht. »Ja, schon möglich. Ich habe das Dasein als Mönch vor anderthalb Jahren aufgegeben, um meine eigene Stiftung zu leiten. Ich versuche unentwegt, Geld aufzutreiben, aber mein Ziel ist es, *anderen* zu helfen, nicht mir selbst.«

Peter hatte die Stiftung 1994 gegründet, um einem einzelnen Studenten zu helfen. Nach und nach verdiente der kluge Mönch ganz gut an seinen Büchern, aber was sollte er mit dem Geld anfangen? Er selbst brauchte nur wenig, doch was war mit den Novizen? Die meisten waren noch Teenager und kamen aus ärmlichen Verhältnissen. Sie hatten nur eine bescheidene Ausbildung und wussten nicht, was sie tun sollten, wenn ihre kurze Zeit im Kloster vorbei war. Manche waren gefährdet, in die Kriminalität oder ins Drogenmilieu abzurutschen. Peter schilderte das Problem seinen Freunden und Bekannten, und die Stiftung wuchs. Im Frühjahr 2003 sah er schließlich ein, dass sich das meditative Mönchsdasein nicht mit der Rolle als Finanzbeschaffer und Buchhalter vereinbaren ließ.

»Ich musste mich entscheiden, und jetzt bin ich hier.«

»Fiel die Entscheidung schwer?«

»Eigentlich nicht. Die Abschiedszeremonie dauerte auch nur zehn Minuten. Ein Mönch kann jederzeit seinen Stand verlassen, denn so ist das Leben, es verläuft in Phasen. Was in einer Lebensphase richtig ist, braucht nicht zwangsläufig in der nächsten richtig zu sein. Der Abt war übrigens ganz meiner Meinung. Ein guter Mönch sollte sich nicht durch administrative Aufgaben ablenken lassen.«

Peter lebt immer noch in Nakhon Sawan, doch wenn er sich in Bangkok aufhält, was oft der Fall ist, dann wohnt er stets hier, in demselben Kloster, in dem er vor fünfzehn Jahren ordiniert wurde. Einige ältere Mönche sind seitdem verschwunden, neue hinzugekommen. Einer von ihnen unterstützt ihn bei der Arbeit, und Peter hofft, dass die Stiftung eines Tages ohne ihn auskommt, damit er wieder sein altes Gewand überziehen kann.

Peter ist hungrig. Wie wäre es mit einer kleinen Zwischenmahlzeit? Gemeinsam schlendern wir zum Ufer des Chao Phraya hinunter, wo wir einen freien Tisch unter einem grünen Sonnenschirm finden. Mit größter Selbstverständlichkeit zündet sich der Exmönch eine lange Filterzigarette an, die nicht die einzige bleiben wird. »Als Mönch durfte ich nicht rauchen. Doch jetzt gönne ich mir ab und zu eine Zigarette«, sagt er und lässt drei Rauchkringel in die Luft steigen.

Endlich kommt die Bedienung und fragt, ob wir etwas trinken möchten.

»Wie wär's mit einem Bier?«, fragt Peter. Gute Idee. Genießen wir das Leben. Peter pafft fröhlich vor sich hin, und ich freue mich auf ein kaltes Pils mit weißem Schaum. Auf dem Fluss pulsiert das Leben. Das Essen ist so scharf, dass wir rasch Nachschub an Getränken bestellen. Peter, immer noch so klug wie zuvor, räumt ein, dass es Vorteile habe, ein »normaler Mensch« zu sein. Dennoch betont er, auch weiterhin ein genügsames Leben führen zu wollen, und von Sex könne schon gar keine Rede sein.

Peters braune Ledertasche ist voller Broschüren für die gute Sache. Einer offiziellen Statistik zufolge besuchen fast alle thailändischen Kinder die Schule. Aber die Zahlen sind trügerisch. Die meisten beginnen irgendwann in der Schule, hören aber frühzeitig wieder auf, weil ihre Eltern sie für andere Zwecke einspannen. 80 Prozent der Bevölkerung leben von den Erträgen, die ihr Grund und Boden abwirft, da wird jede helfende Hand gebraucht, vor allem im armen Nordosten. Dank Peters Stiftung haben 1500 Mädchen und Jungen die Möglichkeit erhalten, ihre Schullaufbahn fortzusetzen, und es sollen noch mehr werden.

»Nun ja«, sagt er, »mein Beitrag ist nur ein Tropfen im riesigen Meer, doch das Meer besteht eben aus vielen Tropfen.«

Thailand hat zirka 300 000 Mönche, aus denen während der Regenzeit rasch 400 000 werden. Es entspricht einer alten Tradition, Jungen oder junge Männer eine gewisse Zeit im Kloster verbringen zu lassen. Viele betrachten die Ordination als symbolischen Übergang von der Kindheit zum Erwachsenenalter, was in etwa der Konfirmation oder Firmung entsprechen würde. Für die Eltern ist sie zudem eine Möglichkeit, sich religiöse Verdienste zu erwerben. Peter erzählt, dass es immer mehr Novizen gebe. Manche sehen darin eine wachsende Sehnsucht nach Religion, doch Peter ist skeptisch: »Wahrscheinlich liegt es eher daran, dass es so wenige überzeugende Angebote in unserer Gesellschaft gibt.«

Er macht keinen Hehl daraus, dass er sich ein stärkeres soziales Engagement der Mönche wünscht. Eine politische Parteinahme sei zwar tabu, dennoch sollten die Mönche einen größeren Beitrag zum Wohle der Gesellschaft leisten. Aber die Traditionalisten, wie Peter sie nennt, stehen für eine nach innen gerichtete Denk- und Lebensweise. Dort, wo die Modernisten sich engagieren wollen, ziehen sich die Traditionalisten zurück. Ihr Lebensraum ist das Kloster, nicht die Gesellschaft. Selbst innerhalb der Klostermauern beschränken sie ihre Unterweisungen auf religiöse Inhalte. An der Vermittlung anderer Kenntnisse, die junge Leute gut gebrauchen könnten, wie Mathematik, Fremdsprachen oder Geschichte, haben sie kein Interesse, und das sei ein Fehler, meint Peter.

»Auf der anderen Seite werden sie nicht müde, ständig neue kostbare Buddhastatuen einzuweihen. Ich bin jetzt vielleicht etwas radikal, aber du verstehst sicher, was ich meine.«

Ein erwachsener ordinierter Theravada-Mönch soll 227 Regeln befolgen, während die Novizen mit weniger auskommen. In seinem Eifer versuchte Peter zunächst, allen Regeln gerecht zu werden. Umso enttäuschter war er, als er bemerkte, dass es nicht alle mit den Verboten und Geboten so genau nahmen wie er. Oft wurden die elementarsten Regeln von den jüngeren Mönchen gebrochen, ohne dass einer der älteren auch nur die Augenbrauen gehoben hätte. Beispielsweise sollen Mönche nur zweimal am Tag essen. Die erste Mahlzeit wird bei Anbruch des Tages eingenommen, die zweite am Vormittag. Doch nicht selten beobachtete er, wie die Mönche noch am Nachmittag oder am Abend heimlich etwas zu sich nahmen.

»Anfangs hat es mich wirklich auf die Palme gebracht, dass Theorie und Praxis oft so weit auseinanderklafften. Im Lauf der Jahre bin ich dann realistischer geworden. Mönche sind auch nur Menschen. Natürlich streben sie alle danach, ein gutes Leben zu führen, doch bleiben sie immer Menschen und damit fehlbar. Als ich nach Thailand kam, habe ich die kahl geschorenen, orange gekleideten Mönche idealisiert. Doch die armen Novizen hatten vermutlich guten Grund, etwas häufiger zu essen. Übergewichtig waren sie jedenfalls nicht. Wenn die *sangha*, die Gemeinschaft der Mönche, wieder ein vitaler Teil der Gesellschaft werden will, brauchen wir mehr Mönche mit echtem Engagement und weniger Gleichgültige, die keinen anderen Inhalt im Leben finden können.«

Peter ist inzwischen 60 Jahre alt. Wie stellt er sich sein weiteres Leben vor?

Seit er in Thailand lebt, hat er drei Mal sein Heimatland besucht, und stets fiel ihm auf, wie fremd und kompliziert ihm die britische Gesellschaft erschienen war. Selbst die alten Freunde waren kaum wiederzuerkennen. Nein, da wollte er lieber in Thailand bleiben. Er betrachtet seine Arbeit als eine Art Entwicklungshilfe, die er gern fortsetzen möchte. Doch früher oder später will er wieder ein mönchisches Leben führen. Vor einiger Zeit las er von einem wunderschönen Kloster, das sich in Kandy auf Sri Lanka befindet und für seine lange buddhistische Tradition bekannt ist.

»Vielleicht gehe ich später dorthin. Ich weiß nicht, was die Zukunft bringt. Doch Buddha wird immer der Mittelpunkt meines Lebens sein.«

Auf einen Abstecher nach Kandy werde ich diesmal verzichten, aber ich will weiter. Die Stadt der Engel hat mich doch ziemlich erschöpft, und obwohl es sicher noch viele Perlen zu entdecken gibt, habe ich keine Energie mehr, um nach ihnen zu suchen. »Gott schuf das Dorf, und der Mensch schuf die Stadt«, soll ein weiser Mann mal gesagt haben.

Ich frage mich, was Gott im ländlichen Birma erschaffen haben mag.

So wie Vietnam, Kambodscha und Thailand ist auch Birma ein buddhistisches Land. In der Hauptstadt Rangun, gewiss eine altmodische Stadt, befindet sich Shwedagon, die vielleicht schönste Pagode auf Gottes Erden. Als Somerset Maugham sie zum ersten Mal sah, notierte er: »Shwedagon erhob sich strahlend und glitzernd mit all seinem Gold, wie ein plötzlicher Hoffnungsschimmer in einer finstren Seele ...« Und Kipling fügte hinzu: »Das ist Birma, und es wird ganz anders werden als alles, was Sie bisher erlebt haben.«

Von hier aus sind es 150 Kilometer bis zur Grenze und 550 Kilometer bis nach Rangun. In früherer Zeit sind Reisende auf einem Elefanten nach Birma geritten, oftmals über den Drei-Pagoden-Pass. Den Pass kann man reitend noch immer erreichen, aber dann ist Schluss. Auch die Anreise mit dem Schiff ist Touristen inzwischen verwehrt. Ich bin also auf das Flugzeug angewiesen, um eine von Asiens vergessenen Städten zu erreichen. Und die Flugzeit? Eine Stunde und zehn Minuten.

Das ist Birma, und es wird gänzlich anders
sein als alles, was Sie bisher erlebt haben.

RUDYARD KIPLING

Gänzlich anders

In der Botschaft Myanmars in Bangkok habe ich keinerlei Probleme. Im Visumsantrag bezeichne ich mich als »Referent«. Der Sekretär stempelt den Antrag energisch ab und sagt, Norwegen sei ein furchtbar kaltes, aber schönes Land. Dass dieses kalte Land die größte Widerstandskämpferin gegen das Militärregime mit dem Friedensnobelpreis ausgezeichnet hat, erwähnt er nicht. Und auch die Tatsache, dass die birmanische Opposition einen Radiosender betreibt, der von einem Osloer Hinterhof aus sendet, kommt nicht zur Sprache.

Birma braucht Devisen und Touristen, doch in der Regel bleiben diese aus. Die Abendmaschine nach Rangun ist nur halb besetzt. Unter mir verschwindet ein gigantisches Lichtermeer und weicht völliger Dunkelheit. Wollen wir hoffen, dass der Kapitän den Weg kennt. Das Ziel der Reise ist nämlich nicht nur im politischen Sinn ein dunkles. Der elektrische Strom kommt und geht, wie es ihm gefällt.

Ich muss an einen alten Bekannten denken, der vor über 50 Jahren die Bauarbeiten von Ranguns neuem Flughafen leitete. Als ich ihm vor einer Weile in Oslo begegnete, sagte er mir, dass er nie eine größere Hitze erlebt habe. Der Flughafen ist immer noch in Betrieb, und ich kann nur hoffen, dass er damals gute Arbeit geleistet hat.

Inzwischen hat der Landeanflug begonnen, doch wo ist Rangun? Und wo ist der Flughafen? Die Maschine von Bangkok Airways fliegt schon bedenklich tief. Einige Passagiere spähen aus dem Fenster, können aber nichts erkennen. Dennoch setzt die PG 701 in dieser tropischen Sommernacht sanft auf der Rollbahn auf.

Wie merkwürdig. Als befände man sich an einem völlig unbekannten Ort.

Ein klappriger Bus älteren Datums bringt uns zur Ankunftshalle. Ein paar Lichter brennen tatsächlich, wenn auch nicht viele. Wir stehen also im

Dämmerlicht und warten auf unser Gepäck. Durch das Fenster sehe ich ein paar Flughafenangestellte, die sich mit einem großen Gepäckwagen abmühen. Als sich das Gepäckband endlich in Bewegung setzt, fällt der Strom aus. Für eine Weile liegt der Yangon International Airport, wie er offiziell heißt, in bedrückender Finsternis, bis ein brummender Generator das Gepäckband und die nackten Glühbirnen zu neuem Leben erweckt.

Der Rest geht wie von selbst. Die Zollbeamten und Passkontrolleure sehnen sich danach, endlich Feierabend zu machen, und winken uns durch zu den wartenden Autos. Große Banner klären uns darüber auf, dass wir uns nun in der Union Myanmar befinden. Die Umbenennung fand 1989 statt. Die Militärjunta war es Leid, dass das Land Birma – auf Englisch Burma – und auf Birmanisch Myanmar hieß. Die Generäle waren der Meinung, dass »Myanmar« sowohl national als auch international der bessere Name sei, da das Land nicht nur aus Birmanen – der größten Bevölkerungsgruppe –, sondern auch aus anderen Ethnien bestehe. Außerdem hat der Name Myanmar tiefe historische Wurzeln.

Eine Reihe anderer Namen wurde nach demselben Prinzip geändert. Rangun sollte fortan Yangon heißen. Doch viele fahren damit fort, die alten Namen zu benutzen, und ich tue das auch.

Mein kleines Hotel liegt in unmittelbarer Nachbarschaft der Shwedagon-Pagode. Der Taxifahrer, ein Betel kauender Mann mit knöchellangem *longyi* – dem birmanischen Sarong –, schimpft auf die unberechenbaren Radfahrer, die immer wieder wie Gespenster aus der Dunkelheit auftauchen. Er selbst hat allerdings auch nur Abblendlicht eingeschaltet. »*Yesterday and today no power!*«, klagt er. »*No power, many criminals!*« Doch in der Ferne erstrahlt die Shwedagon-Pagode, die offenbar von den hellsten Scheinwerfern in ganz Asien beleuchtet wird. Ralph Fitch, vermutlich der erste Brite, der Rangun erreichte, war vom Anblick des Heiligtums wie paralysiert. In seinem Reisebericht von 1586 schrieb er: »Es wird Dagon genannt, ist von wundersamer Höhe und zur Gänze vergoldet. Dieser Ort muss der märchenhafteste der ganzen Welt sein.«

Später Abend in Rangun. In Bangkok tobt um diese Zeit das Leben, doch in Birmas Hauptstadt schauen fünf Millionen Einwohner gähnend auf die Uhr. Als ich vor einer halben Stunde in mein Hotel zurückkehrte, lagen die Angestellten von der Rezeption, zwei Frauen und ein Mann, auf ihren Pritschen und schliefen. Außer dem Zimmerschlüssel gaben sie mir eine Kerze und eine Schachtel Streichhölzer mit. Auf dem Gehsteig vor dem Hotel saßen mehrere Männer im Schneidersitz und spielten im Schein einer

Öllampe Karten. Die Stille war so ohrenbetäubend, dass ich das Rascheln eines Vogels im Baum auf der anderen Straßenseite hören konnte. Doch wenn ich die Fensterläden öffne, habe ich den unvergleichlichen Ausblick auf die Shwedagon-Pagode. Worte sind überflüssig, denn so vieles ist über sie schon gesagt worden. Ich bin sogar gezwungen, ein wenig die Augen zusammenzukneifen, denn so ist das Auge, es erträgt nicht zu viel Licht.

Doch sollte ich hier überhaupt stehen?

Aung San Suu Kyi, Birmas Oppositionsführerin, bittet ausländische Touristen, zu Hause zu bleiben. »Unser Land existiert schon seit so vielen Jahren, kommen Sie lieber später. Denn wer heute nach Birma reist, der unterstützt damit das Regime.« 1990 errang Suu mit ihrer Partei, der Nationalen Liga für Demokratie, einen überwältigenden Wahlerfolg. Das Volk jubelte. Doch die Generäle erkannten das Wahlergebnis nicht an und warfen die Siegerin ins Gefängnis. Bis auf den heutigen Tag steht Suu unter Hausarrest.

Die Opposition leitete 1995 ihre Boykottmaßnahmen ein. Suu argumentierte, dass die Devisen der Touristen das Regime nur länger am Leben erhalten und schlimmstenfalls neue Waffen und Gefängnisse finanzieren würden. Inzwischen ist Suu zum Schweigen gebracht worden, denn abgesehen von der Hausangestellten, dem Arzt und wenigen anderen darf niemand ihr Haus an der Universitätsstraße 54 betreten. Der Boykottaufruf besteht ungehindert fort, obwohl die Opposition inzwischen einen aufgeklärten und kritischen Tourismus befürwortet. Das bedeutet, dass die Reisenden den Angeboten der Militärregierung bewusst aus dem Weg gehen sollten, unabhängig davon, ob es sich um Beförderung, Unterkunft oder Verpflegung handelt. Ihre Devisen sollen unmittelbar dem birmanischen Volk zugute kommen.

Doch der Opposition geht es schlecht, wie in so vielen anderen Ländern auch. In China beispielsweise ist die allmächtige Kommunistische Partei seit 1949 an der Macht. Freie Wahlen hat es nie gegeben. Millionen Unschuldiger sitzen unter grauenhaften Bedingungen im Gefängnis, noch mehr Menschen sind an Hunger und Erschöpfung gestorben. Bauern, die versuchen, ihre kleinen Felder gegen skrupellose Geschäftemacher zu verteidigen, riskieren, ins Gefängnis geworfen, schlimmstenfalls getötet zu werden. Im »befreiten« Tibet sind die Tibeter zu Bürgern zweiter Klasse degradiert, doch nur wenige fordern, Tibet oder China deshalb zu boykottieren – auch nicht der Dalai Lama, das Oberhaupt der Tibeter im Exil. »Geht auf Reisen«, sagt er. »Sprecht mit so vielen Menschen wie möglich.« In einer Welt der Missverständnisse und verhärteten Fronten betrachtet er es als positiv, dass Touristen heute den Gebirgsstaat besuchen, den er einst verließ. Die meisten Tibeter leben zwar fernab der Touristenströme, doch der Gottkönig hofft darauf, dass auch kleine Tropfen irgendwann Kreise ziehen.

Es besteht kein Zweifel, dass Birma eine Diktatur ist. Doch handelt es sich womöglich um eine Diktatur ganz eigener Prägung.

Während ich immer noch die Shwedagon-Pagode betrachte, empfinde ich mich durchaus als kritischen und aufgeklärten Touristen. Der Widerschein von Birmas Leuchtturm taucht mein gesamtes Zimmer in ein goldenes Licht. Hinter dem kunstvoll verzierten Kleiderschrank aus Teak sind ein paar fette Geckos erwacht und lauern auf Insekten. Ein Gecko kann stundenlang regungslos verharren, um plötzlich blitzschnell zum Angriff überzugehen. Langsam schließe ich die Fensterläden, worauf es in Zimmer Nummer zwölf erneut dunkel wird.

Die Geckos schlafen vermutlich wieder, doch was ist mit den Mücken? Der Regen der letzten Tage hat zu Tausenden, Millionen, Milliarden, ja Billionen von Wiedergeburten geführt. Einige von ihnen wollen mich mit ihrem sirrenden Chorgesang unterhalten. Na wartet! So … ein bisschen giftiges Mückenspray, dann ist Ruhe. Fast.

Stunden später. Das Scheinwerferlicht von gestern Abend ist natürlicher Helligkeit gewichen. Das Auge, dieses feine Instrument, das nicht dafür gemacht ist, die explosive Mischung aus grellem Sonnenlicht und goldener Farbe zu ertragen, wird auf eine harte Probe gestellt. Erst jetzt tritt die Umgebung hervor. Das himmelstrebende Heiligtum thront auf der grünen Kuppe eines Hügels, um den die letzten Schleier des schwindenden Nebels wabern. Der Fahrer meiner *trishaw*, eines dreirädrigen Fahrradtaxis, umkurvt im Slalom die schmutzigen Pfützen, denn heute Nacht hat es geregnet. In der mit Wasser gefüllten Mulde auf der anderen Straßenseite zittert des Spiegelbild der Pagode. Der Legende zufolge existiert die Pagode seit zweieinhalb Jahrtausenden, also fast so lange wie der Buddhismus selbst. Aber ist das wirklich wahr?

Shwedagon hat vier Eingänge, die den vier Himmelsrichtungen entsprechen. Ich entscheide mich für den südlichen. Von jedem führt ein schmaler überdachter Gang zu der Plattform, die den Stupa umgibt. Bevor ich hineingehe, muss ich meine Sandalen in Birmas größter Schuhgarderobe abliefern. Schon steht meine Fremdenführerin neben mir. Sai, die eine helle Seidenbluse und einen weinroten *longyi* trägt, kann nicht älter als zwanzig sein. Wie so viele andere Frauen hat sie sich die Wangen mit *thanaka* eingerieben, das aus dem graugelben Rindensaft des Thanaka-Baums gewonnen wird und die Haut vor der Sonne schützt. Die Frauen tragen ihn in verschiedenen Mustern auf. Sai bevorzugt zwei breite Streifen auf jeder Wange.

»Wo kommen Sie her?«, fragt sie mich.
»Aus Norwegen.«
Sai muss gut nachdenken.
»Die Norweger sind ein christliches Volk. Deshalb pilgern sie nach Bethlehem. Die Hindus pilgern nach Varanasi, die Muslime nach Mekka. Aber die Buddhisten kommen hierher, denn Shwedagon ist das Mekka aller Buddhisten.«
Wir schließen uns dem Strom der frommen Pilger an. Sai, die ihre schwarzen Haare im Nacken zu einem Knoten zusammengebunden hat, geht voran. Sie ist eine schmale, zartgliedrige, doch resolut wirkende Frau. Zu beiden Seiten des Gangs sitzen die Verkäufer, meist ältere Frauen, deren Körbe bis zum Rand mit nützlicher Pilgerware gefüllt sind: Räucherstäbchen, Kerzen, Honigkuchen, Früchte und Amulette. Kleine Krüge enthalten heiliges Wasser. Sai empfiehlt mir, frische Blumen und eine Schachtel Räucherstäbchen der Marke Forever Burn zu kaufen. Da der Tag noch jung ist, gehorche ich auf der Stelle.
»Nur Muslime dürfen nach Mekka reisen«, fährt sie fort. »Doch Shwedagon steht allen offen. Sie können hier so viele Räucherstäbchen anzünden, wie Sie wollen.«
Den dunklen Durchgang zu verlassen und die Marmorplattform zu betreten, die Shwedagon umschließt, ist ein Schock für die Sinne. Der Besucher befindet sich plötzlich in einer verwirrenden Welt, die, wie Kipling schon warnte, vollkommen anders ist. In der Mitte erhebt sich der 98 Meter hohe Stupa. Der Legende zufolge bewahrt er nicht nur Reliquien des letzten Buddhas, sondern auch von dreien seiner Vorgänger[7]. Der große Stupa ist von einer Vielzahl kleinerer Stupas, Pavillons, Altäre, Galerien und Tempel umgeben.
Die Buddhisten kreisen im Uhrzeigersinn um das Heiligtum, doch zunächst winkt mich Sai in eine schattige Ecke: »Bevor wir weitergehen, sollten Sie erfahren, wie Shwedagon entstand.«
Es geschah vor langer Zeit, zirka 500 Jahre vor Christus. Zwei birmanische Brüder unternahmen eine Handelsreise nach Indien. Unterwegs wurden sie von einem *nat*, einem Geist, angehalten, der ihnen erzählte, dass Prinz Siddartha Gautama endlich »erleuchtet«, also ein Buddha geworden sei. Er fragte, ob sie ihm begegnen wollten. Als die Brüder freudestrahlend bejahten, führte er sie zu dem Bodhibaum, unter dem er saß. Buddha erzählte ihnen von dem Weg, der alle Leiden überwinde, und gab ihnen zum Andenken acht Haare, die er sich ausgerissen hatte. Im selben Augenblick begannen die Haare wie tausend Strahlen zu leuchten, erzählt Sai, sodass

der Wald vollkommen erhellt wurde. Die Erde bebte vor Freude und Verwunderung, der Jubel von Seen und Meeren war ohrenbetäubend.

Buddha bat die Brüder, die Haare in einem heiligen Schrein aufzubewahren, und zwar auf einer Anhöhe namens Singuttara in ihrem Heimatland, weil sich dort bereits die Reliquien von drei früheren Buddhas befanden. Sie bedankten sich demütig, und damit die Haare nicht verloren gingen, zauberte der Geist einen Schrein herbei, der mit kostbaren Rubinen verziert war. Dann bereitete er den Brüdern einen prachtvollen Weg zum Meer, wo ein goldenes Schiff auf sie wartete.

Die Nachricht von der Begegnung der Brüder mit dem Buddha verbreitete sich rasch. Der König in ihrem Heimatland war außer sich vor Freude. Vom höchsten Turm seines Palastes aus spähte er ungeduldig in die Ferne, und während die Tage vergingen, bereitete auch er den Brüdern den Weg. Zu beiden Seiten wurde hohes Zuckerrohr in die Erde gesteckt und mit einem Dach aus duftenden Blumen versehen. Als schließlich die Ankunft des Schiffs mit Trommeln und Cymbeln verkündet wurde, ritt der König den Brüdern auf seinem weißen Elefanten entgegen. Der Anblick der acht Haare machte ihn so glücklich, dass er anbot, seinen eigenen Kopf zu opfern. Doch die Königin protestierte, denn wer außer dem König wäre in der Lage, den Singuttara-Hügel zu identifizieren und dafür zu sorgen, dass die Haare gut aufbewahrt wurden? Schließlich entschied sich der König, seine Krone zu opfern, die mit 16 000 Edelsteinen geschmückt war.

Doch fiel es ihm so schwer, Singuttara ausfindig zu machen, dass er die Suche bald aufgab. Die Geister jedoch begannen den Dschungel rund um die Stadt Dagon zu lichten, der mehrere kleine und große Hügel verbarg. Eines Tages entdeckten sie eine Anhöhe, die sie zweifelsfrei für Singuttara hielten. Doch wo genau sollten sie nach den Reliquien der drei früheren Buddhas suchen? Nur vier uralte Geister waren in der Lage, sich so weit zurückzuerinnern. Sie meinten, die Reliquien seien direkt auf dem Hügel, allerdings in großer Tiefe vergraben. Die Geister begannen zu graben und förderten nach langem Suchen drei Kostbarkeiten – einen Wanderstab, eine Kelle und ein Gewand – zutage. Der Wanderstab hatte dem ersten, die Kelle dem zweiten und das Gewand dem dritten Buddha gehört.

»Die Freude war unbeschreiblich!«, erzählt Sai lächelnd.

Die Geister legten die Reliquien in den Schrein zurück. Dann kam der große Augenblick, in dem die acht Haare den Reliquien hinzugefügt werden sollten. Da erhoben sie sich in die Luft, bis sie die siebenfache Höhe einer Palme erreicht hatten, bevor sie zu Boden fielen. Die Erde bebte, die Blinden begannen zu sehen und die Stummen zu sprechen. Vom Himmel regnete es

Edelsteine, und entgegen der Jahreszeit begannen alle Bäume des Himalaja zu blühen und Früchte zu tragen. Die Geister füllten daraufhin das tiefe Loch mit Gold und Silber und allen Kostbarkeiten, die der König herbeischaffen konnte. Auch ein goldenes Schiff – ein Ebenbild des Schiffs, das die Brüder von Indien nach Birma gebracht hatte – fand Platz in der Grube. Schließlich wurde sie geschlossen und versiegelt. Um sie zu beschützen, schufen die Geister eine mechanische Verteidigungsanlage aus rotierenden Schwertern und Speeren. Nun konnte der Stupa errichtet werden.

Eine hübsche Legende, doch die Archäologen wissen es besser. Der erste, nicht sonderlich große Stupa wurde frühestens im siebten Jahrhundert gebaut. Noch im vierzehnten Jahrhundert war er nur acht Meter hoch. Aber dann begann er zu wachsen, man verlängerte ihn Stück für Stück, bis er 200 Jahre später 98 Meter weit in den Himmel emporragte.

»So, jetzt gehen wir weiter«, sagt Sai.

Die Shwedagon-Pagode samt ihrer Umgebung genau zu erforschen, würde Tage dauern. Doch Sai wird mich zumindest mit den größten Sehenswürdigkeiten vertraut machen. So weist sie mich beispielsweise auf den Diamanten an der Spitze des Stupa hin. Im Gegenlicht kann ich ihn nicht ausmachen, obwohl er mit seinen 76 Karat sichtbar ist, wie mir Sai glaubhaft versichert. Der Stupa hat einen Umfang von 433 Metern. Auf seinem Weg in den Himmel gibt er seine charakteristische Glockenform auf, um in einer schier unendlichen Spitze zu enden. Der bauchige untere Teil ist von mehreren Schichten Blattgold bedeckt, während der obere mit Gold und Silber sowie Tausenden kleiner Diamanten, Rubinen, Saphiren und Topasen besetzt ist.

Der Marmorweg führt um den Stupa herum, dessen acht Ecken bestimmten Wochentagen zugeordnet sind. Wer an einem Montag geboren ist, begibt sich zum Gebetsort für die Montagsleute. Die Dienstagsleute versammeln sich eine Ecke weiter. Da ich an einem Dienstag geboren bin, schlägt Sai vor, ich solle ein paar Blumen opfern, was ich auch tue. Die Mittwochsleute teilen sich in zwei Gruppen, je nachdem ob sie am Vormittag oder am Nachmittag das Licht der Welt erblickt haben. Vor jedem kleinen Heiligtum geschieht etwas: Räucherstäbchen werden angezündet, man opfert und betet; sitzende Buddhas werden mit erfrischendem Wasser übergossen – eine Freitagshandlung –, denn in einem Land wie Birma kann einem ganz schön warm werden, wenn man jahrhundertelang in der Sonne sitzt.

Vor zwei Bäumen, die mit Blumen und Gebetsfahnen geschmückt sind, bleiben wir stehen. Sai erzählt mir, die Bäume seien – möglicherweise! –

Ableger des berühmten Bhodibaums, der im indischen Bodhgaya steht. Wir passieren einen der vielen Fußabdrücke Buddhas, und an einem viel frequentierten Platz kniet Sai zum Stupa gewandt nieder, denn wer genau an dieser Stelle betet, der wird erhört werden.

»Manche beten um Frieden auf Erden«, sagt Sai, als sie zurückkehrt. »Andere beten für Birma, für ihre Eltern oder für sich selbst.«

»Und Sie?«

»Ich bete für meinen Vater. Er ist herzkrank und braucht eine bestimmte Medizin.«

»Kostet sie viel?«

»Zehn Dollar im Monat.«

Als wir uns trennen, gebe ich Sai zehn Dollar, die sie mit strahlendem Lächeln entgegennimmt. Für ein paar Sekunden bleibt sie stehen und streicht mit den Fingern über den grünen Geldschein.

»Wenn Sie ein Problem haben«, sagt sie, »dann kommen Sie wieder nach Shwegadon und beten an derselben Stelle wie ich.«

Rangun, sagt man, sei wie eine alternde Frau. Manchmal zieht sie Lippenstift und Make-up aus ihrer Handtasche, doch will es ihr nicht mehr gelingen, sich jünger und attraktiver zu machen. Wenn sie in den Spiegel blickt, sieht sie, dass zu viele Jahre vergangen sind. Auch ein Blick in den Geldbeutel kann sie nicht aufheitern. Zumindest die Architektur profitiert in gewisser Weise von der allgemeinen Armut, denn vieles Schöne und Bewahrenswerte ist erhalten geblieben.

Ein Jahrtausend lang befand sich an dieser Stelle ein verschlafenes Dorf, das zunächst zum Handelszentrum und schließlich von den Briten besetzt wurde. Vom Meer aus folgten sie dem Fluss einige Kilometer in nördliche Richtung, ehe sie sich einig wurden: »Hier soll die Stadt liegen!« Das war anno 1824.

Die nächsten Jahrzehnte standen im Zeichen der Kolonisierung. Die Briten bemächtigten sich des Landes in mehreren Etappen. Erst kam der Süden an die Reihe, dann die Mitte und schließlich der Norden. Rangun wurde eine Stadt der breiten, geraden und schattigen Straßen, die von luftigen Häusern aus Bambus und Teak gesäumt wurden. Später kamen Gebäude aus Stein hinzu. Die Stadt entwickelte sich allmählich zu einem Schmelztiegel verschiedener Impulse und Stile. In den Kneipen entlang dem Fluss wurde in vielerlei Sprachen geflucht. Den britischen Seeleuten hatte es besonders der *arak* angetan, ein starkes Gebräu aus Kokos, Palmzucker und Reis. Wenn der Alkohol seine Wirkung zeigte, dann liefen sie oft Arm in

Arm auf die Dalhousie Street, ohne sich um die grimmigen Sikhs mit ihren Turbanen zu kümmern, die dort Wache hielten.

Mit seinem weitverzweigten Netz an Wasserstraßen war Birmas südliche Region für den Reisanbau wie geschaffen, doch zunächst musste das Deltagebiet gründlich gerodet werden. Die Birmanen krümmten für ihre Kolonialherren den Rücken – und der Reis begann zu sprießen.

James George Scott, ein britischer Beamter, hat sein halbes Leben in Birma verbracht. In seinem unter dem Pseudonym Shway Yoe veröffentlichten und zum Klassiker gewordenen Buch, *The Burman*, beschreibt er die Verwandlung Ranguns in eine der größten Hafenstädte der Welt. Aus China kamen geschäftige Kaufleute, und aus Indien karrten die Briten zähe Arbeiter heran. »Die Stadt wimmelte von Kulis, deren monotone Rufe ›Eh-ya-mah-la Tah-ma-lay, Madras Ag-boat Tah-ma-lay‹ von früh bis spät zu hören waren …«

Am geschäftigsten war die Stadt von Januar bis Mai, wenn die Frachter anlegten, um den Reis zu holen. Die Dampfboote verdrängten nach und nach die Segelschiffe, und dank der schnelleren Überfahrt durch den zeitsparenden Suezkanal wurde es möglich, den geschälten Reis unbeschadet nach Europa zu transportieren.

Lange Zeit fühlten sich die Birmanen zu schwach, um Widerstand zu leisten, doch in den zwanziger Jahren begannen sie zu marschieren. In Rangun kam es zu zahlreichen Demonstrationen, die nicht selten von Mönchen angeführt wurden. In der Hoffnung, die Briten ein für alle Mal loszuwerden, verbündeten sich die birmanischen Nationalisten mit dem militaristischen Japan. Zu Beginn der vierziger Jahre war ihr Kampf von Erfolg gekrönt. Nach der japanischen Niederlage 1945 kamen die Briten zwar noch einmal zurück, doch nur für eine kurze Zeit.

1948 wurde Birma in die Unabhängigkeit entlassen. An der Spitze des Freiheitskampfes hatte der Vater von Aung San Suu Kyi, Bogyoke Aung San, gestanden, der jedoch von einem politischen Rivalen getötet wurde, noch ehe die Selbstständigkeit des Landes erreicht war. In den folgenden Jahren ging es kontinuierlich bergab. Das große und vielgestaltige Land ließ sich nur schwer regieren, und 1961 putschte sich General U Ne Win an die Macht. Von nun an sollte das Land dem »birmanischen Weg zum Sozialismus« folgen. Als Vorgeschmack darauf wurden alle Betriebe des Landes, ob klein oder groß, verstaatlicht. Rangun verwandelte sich binnen kurzer Zeit in eine Geisterstadt. Zuvor war Birma der größte Reisexporteur der Welt gewesen. Nun hatte das Land alle Hände voll damit zu tun, sich selbst zu ernähren. Während die Preise stiegen, versank Birma im Elend.

1988 begehrte das Volk schließlich auf. Rangun wurde von riesigen Demonstrationen und Protesten erschüttert. Zwei Jahre später gingen die demokratischen Kräfte als Sieger aus freien Wahlen hervor. Doch die Generäle weigerten sich, den Willen des Volkes zu akzeptieren, und der Rest ist Geschichte.

Im Stadtzentrum kaufe ich mir eine englischsprachige Zeitung namens *The New Light of Myanmar*. »Vernichtet alle inneren und äußeren destruktiven Elemente, denn sie sind unser gemeinsamer Feind«, lese ich auf der Titelseite. »Bekämpft alle externen Elemente, die als Vermittler auftreten, aber nur negative Stimmung erzeugen! Bekämpft alle, die die Stabilität des Staates und den Fortschritt der Nation gefährden! Bekämpft fremde Länder, die sich in die inneren Angelegenheiten unseres Staates einmischen!«

Das Sprachrohr der Generäle ist voller Warnungen und Ermahnungen, voller Gebote und Verbote, voller Aufrufe zum Denunziantentum. In der heutigen Ausgabe zähle ich 42 Fotos. 36 von ihnen sollen den anstrengenden Arbeitstag der Generäle dokumentieren. Was haben sie nicht alles geleistet am gestrigen Tag! In Rangun haben sie wichtige Reden gehalten, in Moulmein mehrere Bänder durchschnitten, in Pathein besichtigten sie eine Kunstdüngerfabrik, in Hinthada eröffneten sie ein Wasserkraftwerk, und in Pinbu, einer Kleinstadt auf dem Weg nach Mandalay, fungierten sie als Ehrengäste bei der Wiedereröffnung eines alten Tempels. Wie elegant sie knien können.

Zwei junge Männer sehen mir zu, wie ich in der Zeitung blättere. Sie scheinen etwas sagen zu wollen, lassen es jedoch.

Rangun macht sich morgens am besten, was es mit vielen anderen Städten gemeinsam hat. Es tut gut, sich einfach treiben zu lassen und in aller Ruhe die Dinge zu betrachten, die an einem vorüberziehen: eine verblichene viktorianische Schönheit, eine anglikanische oder katholische Kathedrale, ein Lagerhaus von 1888, ein chinesisches Handelskontor, ein Hindutempel und sogar eine Moschee. Im Herzen der Stadt steht die 48 Meter hohe vergoldete Sule-Pagode, die man auch aus großem Abstand bewundern kann, weil in Rangun der Wolkenkratzer noch nicht erfunden wurde. Doch wo finde ich das Strand Hotel, in dem William Somerset Maugham und Noël Coward[8] einst wohnten und ihren heiß geliebten Tee tranken? Natürlich an der 98 Strand Road. Wie der Name schon sagt, liegt das Hotel unmittelbar am Fluss. Vom Teesalon aus sollten die Gäste einen ungehinderten Blick auf die Lastkähne und Dampfboote, die geschäftigen Händler und das bunte Leben haben.

»*Where are you going, Sir?*«, fragt ein hilfsbereiter Birmane.

Während wir uns gemeinsam über den Stadtplan beugen, erklärt er mir höflich, dass die alten englischen Straßennamen der Vergangenheit angehören. Die Windermere Road heißt heute Thanlwin Road, und aus Dalhousie, Fraser und Montgomery Street sind Maha Bandoola, Anawratha und Bogyoke Aung San geworden. Doch die Strand Road gibt es immer noch.

In *Murray's Handbook for Travellers in India, Burma & Ceylon* von 1910 wird das Strand Hotel als »das eleganteste Hotel östlich von Suez« bezeichnet. Wer etwas auf sich hielt, der stieg in Rangun in dieser Nobelherberge ab, die zu Beginn der vierziger Jahren jedoch von einer japanischen Bombe getroffen wurde und schließen musste. Als das Land die Unabhängigkeit erlangte, setzte ihr Verfall vollends ein. John Reed, ein früherer Manager, berichtet, wie die Ratten, die auf und unter den Mittagstischen zu finden waren, die Gäste teilweise in Panik versetzten. Ich frage mich, in welchem Zustand das Hotel sich heute befinden mag. In meiner Lektüre steht, es liege ein wenig abgeschieden und sei von einem Garten und einem hohen Zaun umgeben. Doch jetzt sehe ich, dass Zaun und Garten durch zudringliche Nachbarn ersetzt wurden. Auf der Straße lärmt der Verkehr, und der Blick auf den Fluss ist auch nicht mehr derselbe wie früher. Das Strand Hotel erweist sich als kleiner dreistöckiger Bau im spätviktorianischen Stil. Zeit für einen erfrischenden Morgentee?

Angelockt von der Vergangenheit betrete ich die kühle Lobby und kann schon bald an meinem »High Tea, English Style« nippen. Der junge Kellner verrät mir, dass das Hotel insgesamt nur 32 Zimmer habe. Für das teuerste muss man 350 Dollar die Nacht hinblättern, *»but not including breakfast and tax, Sir«*. Ein wenig einsam ist es schon hier, denn die Gäste sind rar. Da ging es in den dreißiger Jahren schon munterer zu. Noel Coward ging nicht einmal mehr vor die Tür, er hatte von den Einheimischen gelernt: *»In Rangun the heat of noon is just what the natives shun, they put their Scotch and rye down and lie down… but mad dogs and Englishmen go out in the midday sun.«*

Jetzt sind die Engländer verschwunden, doch nicht die streunenden Hunde. Während Helios hoch am Himmel steht, sehe ich sie mit heraushängenden Zungen nach ein wenig Schatten suchen.

Menschen wissen sich mit einem Sonnenschirm zu behelfen, offenbar eine chinesische Erfindung aus ferner Zeit. Mitten am Tag ist er unentbehrlich. Der Pikkolo verkauft mir einen für 60 Cent. Vom Strand Hotel schlendere ich die Pansodan, die Straße der Buchhändler, entlang, passiere das zentrale Telexbüro und biege nach rechts ab. Birma wird vom »Staatsrat für Frieden und Entwicklung« regiert, der hier, in der Maha Bandoola-Straße, seinen Sitz hat. Doch mein spitzer Sonnenschirm wird mir nichts nützen, denn davor stehen Soldaten mit dem Finger am Abzug.

Frieden herrscht offenbar, doch wie steht es mit der Entwicklung?

Birma ist eines der ärmsten Länder dieser Erde. Das Bruttoinlandsprodukt pro Einwohner beträgt 1800 US-Dollar. (In Thailand 8300 und in Norwegen 42400 Dollar.) Ein Viertel der Einwohner lebt unterhalb der offiziellen Armutsgrenze. Die Wirtschaft wächst um anderthalb Prozent im Jahr, während andere asiatische Länder Steigerungsraten von sieben bis neun Prozent verzeichnen können. Um die Gesundheit der Bevölkerung steht es schlecht, und der Regierung wird vorgeworfen, ausgiebig Gebrauch von der Zwangsarbeit zu machen. In den traurigen Statistiken der Weltgesundheitsorganisation nimmt Birma oft vordere Plätze ein. 67 von 1000 Kindern sterben, bevor sie das sechste Lebensjahr erreichen. Die durchschnittliche Lebenserwartung beträgt 60,7 Jahre. Dafür ist die Opiumproduktion die zweithöchste in der Welt, und bei der Inflationsrate belegt das Land Rang drei. Auf der Liste von Transparency International wird Birma als viertkorruptestes Land der Welt aufgeführt. Dennoch behaupten die Generäle, alles stehe zum Besten.

Doch was ist mit den Menschen, die in den Wahlen von 1990 das Mandat der Bevölkerung erhielten? Sie schmachten noch immer hinter dicken Gefängnismauern, stehen unter Hausarrest oder leben im Exil.

Universitätsstraße 54. Ohne die Wachposten und die Wegsperre wäre die U 54 – vermutlich nach der Shwedagon-Pagode – die meist besuchte Adresse der Stadt.

Nun bin ich an der Reihe. Aung San Suu Kyi hat seit Jahren keinen Besuch mehr empfangen. Die Straße, in der sie wohnt, windet sich am Ufer des Inya-See entlang. Von hier aus müssen es noch ungefähr drei, vier Kilometer bis zu ihrem Haus sein, doch als ich die Hälfte der Stecke zurückgelegt habe, werde ich vom Regengott aufgehalten. Normalerweise schläft er morgens und vormittags, um am Nachmittag förmlich zu explodieren – so wie jetzt. Auch der Donner will mitmischen und setzt die Glöckchen des Sri-Kali-Tempels in Bewegung. Auf dem nahe gelegenen Markt decken die Händler geschwind ihre Stände mit blauen Plastikplanen ab. Aber die Abfälle werden vom Regen fortgetragen, durch das Tor gespült und die Straße hinuntergeschwemmt – eine Prozession von Bananenschalen und leeren Pappkartons.

Ich spurte um die Ecke und finde Schutz unter dem Dach der Holy Trinity Cathedral, einer anglikanischen Kirche. Ich drücke das angelehnte

Eingangsportal auf und befinde mich plötzlich in einem frisch restaurierten Kirchenraum. »Wir haben zwei Millionen Kyat [240.000 Euro] für die Renovierungsarbeiten ausgegeben«, erzählt mir einer der barfüßigen Wächter, der mit *longyi*, Hemd und Weste bekleidet ist. Aber das Dach ist immer noch undicht. Aus kleinen Ritzen tropft frisches Monsunwasser; die Altardecke ist schon ganz nass. »Wir hätten mit dem Dach beginnen sollen«, räumt er ein. »Aber wir haben uns zunächst um die sichtbaren Schäden gekümmert.« In der Sakristei stehen mehrere Plastikeimer, die jetzt zum Einsatz kommen.

Im überwiegend buddhistischen Birma machen die Christen nur eine kleine Minderheit aus. Doch obwohl sie vom Militärregime überwacht, schikaniert, ja sogar eingesperrt werden, versammeln sich die Gläubigen jeden Sonntag im neun Uhr in der Holy Trinity Cathedral. »Die Ernte ist groß, der Arbeiter aber sind wenige«, steht an einer der Wände geschrieben, ein Zitat aus dem Lukas-Evangelium. Als ich die Kirche verlasse, schließt der Wächter hinter mir ab. Der Regen hat nachgelassen, und die ersten Sonnenstrahlen finden den Weg durch die Lücken in der Wolkendecke. Ein Taxi kommt vorbei, der Fahrer nimmt mich gern mit zum Inya-See. Aber zur U 54? *»Impossible!«*, sagt er. *»Big roadblocks and too many police.«* Dann eben zum Inya Lake Hotel, das auf der anderen Seite des Sees liegt. Von dort aus kann ich zumindest einen vagen Blick auf das Haus werfen, das Aung San Suu Kyi von ihren Eltern geerbt hat. Mit seinen zwei Etagen soll es zwar geräumig, doch nach Jahren der Vernachlässigung auch ziemlich heruntergekommen sein. Der Garten ist von Unkraut überwuchert und in der Regenzeit ein beliebter Sammelplatz giftiger Schlangen.

Der Anblick des Sees bereitet mir gute Laune, und so beschließe ich, zu Fuß weiterzugehen. Der Regen hat die Luft gereinigt, besser habe ich lange nicht mehr geatmet. Es tropft aus den schweren dunkelgrünen Baumkronen. Der blühende Nagas- oder Eisenbaum, *Mesua ferrea*, verströmt seinen süßlichen Duft. Mein Weg führt mich durch eine alte Villengegend, deren Grundstücke von hohen Zäunen umgeben sind. Hier wohnt die privilegierte Schicht Ranguns. Das Inya Lake Hotel erweist sich als weitläufige Oase ungeahnter Möglichkeiten mit saftig grünen Parkanlangen, einem Swimmingpool, zwei Tennisplätzen, Joggingparcours, Fitnessstudio, Sauna, Dampfbad, Restaurants, Geschäften, Bars und Bankettsälen sowie 211 Gästezimmern. Doch Gäste gibt es nicht viele, und der Barkeeper in der Lake View Lounge wirkt beinahe erleichtert, als ich ein Glas Weißwein bestelle. Von hier aus kann ich mehrere Häuser am anderen Ufer ausmachen, doch welches ist ihres?

Jetzt könnte ich gut die Hilfe eines *nat* gebrauchen, eines Geistes, der mich in Verbindung mit der Frau setzen könnte, die 1991 den Friedensnobelpreis erhielt. Damals stand sie unter Hausarrest, und daran hat sich bislang nichts geändert. Ein Leben in Gefangenschaft.

Aung San Suu Kyi wurde 1945 geboren. Als ihr Vater starb, war sie erst zwei Jahre alt. 1960 wurde ihre Mutter zur birmanischen Botschafterin in Indien ernannt. Für Suu begann damit eine neue Phase ihres Lebens, die sie im Ausland verbrachte. Nachdem sie das College in Neu Delhi abgeschlossen hatte, ging sie nach England, um in Oxford Philosophie, Politik und Ökonomie zu studieren. Dort lernte sie ihren Kommilitonen Michael Aris kennen und verliebte sich in ihn. 1972 heirateten sie und bekamen die beiden Söhne Alexander und Kim. Suu versuchte Familie und Karriere unter einen Hut zu bringen und widmete sich insbesondere der Kultur und Geschichte ihres eigenen Landes. Doch dann kam das Schicksalsjahr 1988. Ihre Mutter, die inzwischen in Rangun lebte, erlitt einen Schlaganfall. Suu nahm das nächste Flugzeug nach Hause. Sie kam in eine Stadt, die sich im Aufruhr befand. Das Volk hatte genug gelitten und wollte General U Ne Win loswerden. Die Unruhen weiteten sich aus. Friedlichen Demonstranten wurde in die Brust geschossen, auf den Straßen floss Blut. Als Tochter ihres Vater spürte Suu, dass sie eine Verantwortung gegenüber ihrem Land trug. Schließlich stand dessen Schicksal auf dem Spiel. Die Bevölkerung ihrerseits suchte nach einer Symbolfigur, um die sie sich scharen konnte – warum sollte dies nicht die Tochter des ehemaligen Widerstandskämpfers sein, der die Unabhängigkeit seines Landes nicht mehr hatte erleben dürfen?

Die Birmanen hatten von jeher einen Sinn für die Symbolkraft von Zahlen. Am 8. August 1988 um 8.08 Uhr traten Millionen von Arbeitern, Ladenbesitzern und Beamten in Streik. Durch die Straßen Ranguns schob sich ein Meer von Menschen. »Nieder mit der Junta! Gebt uns Demokratie!«, riefen die Massen, doch die Militärjunta antwortete mit einem Kugelhagel. Zwei Wochen darauf versammelten sich 100 000 Menschen vor der Shwedagon-Pagode, um Aung San Suu Kyi reden zu hören. »Hochgeachtete Mönche, verehrte Landsleute! Mit der heutigen Versammlung wollen wir die ganze Welt vom Willen unseres Volkes in Kenntnis setzen!« Und dessen Wille stand außer Frage: Birma sollte eine freie Gesellschaft sein, die auf friedlichem Dialog basierte. Kurz darauf ließ sie sich zur Vorsitzenden einer neuen oppositionellen Organisation wählen, der Nationalen Liga für Demokratie.

Dann starb ihre Mutter. Die Beerdigung wurde zu einem regelrechten Volksauflauf. Die trauernde Tochter versprach, ihrem Land so zu dienen, wie es auch ihre Eltern getan hatten – notfalls bis in den Tod.

Suus Popularität war ungebrochen, und an einem Julitag 1989 wurde sie zum ersten Mal unter Hausarrest gestellt. Ihrem überwältigenden Wahlerfolg von 1990 verweigerten die Militärs die Anerkennung. Als ihr im Jahr darauf der Friedensnobelpreis verliehen wurde, blieb ihr Platz während der Zeremonie leer. »Aung San Suu Kyi ist leider nicht in der Lage, den Preis persönlich entgegenzunehmen«, sagte der Vorsitzende des Nobelkomitees. »Ihre Abwesenheit erfüllt uns mit großer Unruhe und Besorgnis …« Doch ihr Ehemann und ihre beiden Söhne vertraten sie bei der Verleihung. Der damals neunzehnjährige Alexander hielt anstelle seiner Mutter die Dankesrede. »Ich hoffe sehr«, sagte er, »dass meine Mutter schon bald zu Ihnen persönlich sprechen kann und meine Vermittlung nicht mehr nötig hat.«

Vier Jahre später wurde ihr Hausarrest aufgehoben, aber das Militärregime überwachte nach wie vor jeden ihrer Schritte. 1999 ereignete sich eine weitere Tragödie. Ihr Ehemann starb an Krebs. Kurz vor seinem Tod bat er das Militärregime um ein Visum, um seine Frau ein letztes Mal sehen zu können, doch es wurde ihm verweigert. Suu selbst wollte nicht nach London reisen, weil sie dann nicht mehr in ihr Heimatland hätte zurückkehren dürfen. Alexander war inzwischen 27, Kim 22, und beide lebten auf britischem Boden.

2000 wurde der Hausarrest erneuert und besteht seit 2003, nach einer kurzen Zeit der Freiheit, bis zum heutigen Tag fort. Suu führt ein Leben in Gefangenschaft. Keine Gratulanten erschienen zu ihrem 60. Geburtstag. Das Telefon ist tot, die Post wird zensiert. Wie mag ihr Tagesablauf aussehen? Vielleicht immer noch so wie 1996, als sie von John Pilger interviewt wurde. In aller Frühe, oft schon um halb fünf, stand sie auf, um zu meditieren. Später hörte sie Musik, aß, las Bücher, meditierte erneut, aß wiederum, las weiter, hörte noch mehr Radio, bis sie schließlich um neun Uhr abends ins Bett ging.

Jetzt ist es sieben Uhr abends, und während die Sonne untergeht, bilde ich mir ein, eine gewisse telepathische Verbindung zu ihr aufgebaut zu haben.

»Aung San Suu Kyi, ich sitze hier in der Lake View Lounge im Inya Lake Hotel. Was tun Sie gerade am anderen Seeufer?«

»An den Abenden, wenn ich von meinem Garten aus über den See blicke, sehe ich die wettergegerbte Schönheit des Kängurubaums, die tropische Fruchtbarkeit der Kokospalmen, die großblättrigen exotischen Bananenpflanzen und den hässlichen Stacheldraht, der sich am Ufer entlangzieht. Auf der anderen Seite […] steht ein neues Hotel, das dem Profit, nicht der Eleganz geschuldet ist. Wenn die Sonne zu sinken beginnt, erstrahlt der

Himmel in orangefarbenen Tönen. Die Birmanen bezeichnen diese Zeit als die Stunde der brennenden Wolken. Zu dieser Zeit wird das Hässliche schön, weil das goldene Licht die meisten Farben mit einem schmeichelnden Schimmer überzieht.« (*Letters from Burma*, S. 204)

»Dann setzt die Dämmerung ein ...«

»Wie wunderbar [...] als könnten wir in der Dämmerung innehalten, um uns auf die wohlverdiente Ruhe einer friedlichen Nacht zu freuen. Doch im faschistischen Disneyland herrscht Nacht in seiner schlimmsten Bedeutung. Es ist eine Zeit, in der wir des Lichts in mehrfacher Weise beraubt sind. Selbst in Rangun fällt ständig der Strom aus, sodass wir hilflos der Dunkelheit ausgeliefert sind. Die Unfähigkeit der Regierung, uns mit Strom zu versorgen, zwingt viele Haushalte, sich selbst zu behelfen, wie zum Beispiel sich an eine benachbarte Energiequelle anzuschließen, die des Nachts vielleicht ein wenig Strom liefert. Die lokalen Behörden verschließen vor solchen Maßnahmen die Augen [...] Wer allerdings Mitglied der Nationalen Liga für Demokratie ist, wird rasch mit zwei Jahren Gefängnis bestraft, wenn er versucht, sein Haus mit Strom zu versorgen. Noch bedrohlicher ist die Nacht im faschistischen Disneyland, weil zu dieser Zeit des Tages die meisten Inhaftierungen geschehen ...« (*Letters from Burma*, S. 204)

»Dennoch wirken die Birmanen außerordentlich höflich und freundlich. Wie ist das möglich?«

»Die Menschen, die unser Land besuchen, sprechen oft über die Freundlichkeit, Höflichkeit und den Humor des birmanischen Volks. Dann fragen sie, wie ein solches Volk nur ein so brutales, humorloses und autoritäres Regime hervorbringen konnte. Eine umfassende Antwort auf diese Frage würde eine ganze Abhandlung erfordern. Eine kurze Antwort könnte sein, dass Birma eines der Länder mit Charme und Rohheit ist, wie ein Schriftsteller es einst formulierte. Ich habe unter meinen Landsleuten mehr Warmherzigkeit, mehr Liebe aus ganzem Herzen, mehr Empfindsamkeit, mehr Mut und mehr liebevolle Fürsorge erlebt [...] als an jedem anderen Ort der Welt. Doch diejenigen, die hassen und nach Rache dürsten, die Menschen vernichten und auslöschen, sind ebenfalls Birmanen.« (*Letters from Burma*, S. 205)

»Jetzt ist es Juli. Was bedeutet Ihnen diese Jahreszeit?«

»Der Juli ist kein Monat, der zur Poesie inspiriert. Vielleicht liegt das daran, dass er ein Monat des Übergangs ist, gefangen zwischen dem sommerschönen Juni und dem strahlenden August, und deshalb die Fantasie nicht zu stimulieren vermag. Ich kann mich an kein einziges Gedicht erinnern, das dem Juli gewidmet wäre, abgesehen von einem wertlosen Gedicht, das ich […] auf meiner Schule in Delhi schrieb. Es begann folgendermaßen: ›Im Juli, dem Monat des Regens und des Staubs …‹ In Nordindien hat zu dieser Jahreszeit gerade der Monsun begonnen, obwohl die Sandstürme, die zu dieser trockenen und warmen Jahreszeit dazugehören, noch nicht vorbei sind.« (*Letters from Burma*, S. 135)

»Hört sich ziemlich langweilig an.«

»Schon, aber der Zwischenmonat Juli hat auch viele Gedenktage, zum Beispiel den Bastilletag, den Amerikanischen Unabhängigkeitstag sowie das Juliattentat auf Hitler 1944. Auch in unserem Land wird wichtiger Begebenheiten in unserer jüngeren Geschichte gedacht. Am 19. Juli 1947, sechs Monate vor der offiziellen Unabhängigkeitserklärung Birmas, wurden mein Vater und mehrere seiner Kollegen während einer Sitzung des Exekutivrats der Gouverneure getötet. Vier Männer mit Kampfanzügen und automatischen Waffen stürmten in den Sitzungssaal und eröffneten das Feuer. Sieben Ratsmitglieder gehörten zu den führenden Politikern des Landes. Auch ein Beamter und ein Berater wurden getötet. Die Ausführung des Verbrechens, das ungeahnte Folgen für Birma als unabhängiges Land haben sollte, dauerte nur wenige Minuten.« (*Letters from Burma*, S. 135)

»Wer stand hinter diesem Verbrechen?«

»Die Morde waren von dem politischen Veteranen U Saw geplant worden, der sich gegen freie Wahlen und für die Gewalt entschied. […] Auch für mich selbst ist der Juli ein ereignisreicher Monat gewesen. Am 20. Juli 1989 wurde ich unter Hausarrest gestellt. Die erste Warnung erhielten wir, als ein Nachbar uns am frühen Morgen aufsuchte und erzählte, die ganze Straße sei voller Soldaten.« (*Letters from Burma*, S. 135 u. 137)

»Die Militärjunta sagt, Sie seien keine echte Birmanin, weil sie so lange im Ausland gelebt haben und mit einem Ausländer verheiratet waren.«

»Diese Tatsachen haben die Liebe und Ergebenheit zu meinem Land in keiner Weise beeinflusst und werden das auch niemals tun.« (*Freedom from Fear*, S. 193)

»Die Junta wirft Ihnen auch vor, Birma nicht gut genug zu kennen.«

»Das Problem besteht wohl darin, dass ich Birma nur zu gut kenne. Keine Familie weiß besser als meine, wie kompliziert und berechnend die birmanische Politik sein kann. […] Genau darum sagte auch mein Vater, dass er sich in die Machtpolitik nicht einmischen wolle, die nach Birmas Unabhängigkeit zwangsläufig kommen würde.« (*Freedom from Fear*, S. 193)

»Aber Sie wollen sich einmischen?«

»Die Antwort ist, dass die derzeitige Krise die ganze Nation betrifft. Als Tochter meines Vaters kann ich gegenüber der jetzigen Entwicklung nicht gleichgültig bleiben. Diese nationale Krise ist in Wahrheit ein zweiter Kampf für unsere nationale Unabhängigkeit.« (*Freedom from Fear*, S. 193)

»Viele Birmanen setzen in Sie ihre letzte Hoffnung. Ist das eine Bürde?«

»Ja und nein. Wenn das Volk seine Hoffnung allein in mich setzt, ist das natürlich eine große Verantwortung. Doch habe ich immer gesagt, dass weder ich noch die Nationale Liga irgendetwas allein ausrichten kann. Wir brauchen die Hilfe der Bevölkerung sowie die Unterstützung durch den Rest der Welt. Ich habe immer gesagt, dass ich mein Bestes geben werde, aber ich habe nie versprochen, dem Volk Demokratie zu bringen.« (*The New Internationalist*, Juni 1996)

»Im Westen werden Sie längst als Heldin verehrt.«

»Ich bin keine Heldin, dass können Sie der Welt gern ausrichten.« (*The New Internationalist*, Juni 1996)

»Fürchten Sie um Ihre eigene Sicherheit?«

»Nein, überhaupt nicht. Das hat aber nichts damit zu tun, ob ich besonders mutig bin oder nicht. Doch Angst bringt einen nicht weiter. Wenn sie mir etwas antun wollten, könnten sie dies jederzeit.« (*Los Angeles Times*, 15. Januar 2006)

»Glauben Sie, die Unabhängigkeit Birmas noch selbst erleben zu können?«

»Ich weiß nicht, wie lange ich leben werde. Deshalb kann ich diese Frage nicht beantworten.« (*The New International*, Juni 1996)

Die Dunkelheit hat sich über den Inya-See gesenkt. In den halb verdeckten Villen am anderen Ufer sehe ich schwache Lichter glimmen, eine abgeschottete Welt auf Sparflamme. Noch immer hat Aung San Suu Kyi ein Klavier in ihrem Wohnzimmer stehen, doch angeblich benutzt sie es nur selten. Vor ein paar Jahren hat sie es geschafft, eine der Saiten zu beschädigen. Suu gibt zu, manchmal ein hitziges Temperament zu haben, doch versuche sie, es mit Hilfe von Buddha und ihren täglichen Meditationen zu bändigen.

Auch ein krummer Mond ist zu Besuch gekommen. Wie ich hier sitze, hätte ich gern »Clair de Lune« von Claude Debussy gehört – natürlich gespielt von Suu auf ihrem neu gestimmten Klavier. Wie schön er sich spiegelt, der Mond, im schwarzen, unbewegten See. Wie ein Lächeln liegt er da, vollkommen reglos. Möge das gelbe Licht zu der inhaftierten Frau am anderen Flussufer durchdringen. Und natürlich auch zu den armen Gefangenen des großen Insein-Gefängnisses.

Das Insein-Gefängnis liegt nicht weit von hier entfernt. Ich habe eine Zeichnung davon gesehen. Von oben sieht es aus wie ein Stern. In jedem seiner Strahlen ist eine Gefangenensektion untergebracht, und in der Mitte befindet sich der hohe Orwellsche Turm. Die Engländer bauten das Gefängnis 1892. Nach mehreren Erweiterungen fasst es inzwischen 10 000 Häftlinge. Die Anzahl der politischen Gefangenen in Birma wird auf gut 1000 veranschlagt. Viele von ihnen sind in Insein eingesperrt, darunter mehrere frühere Mitarbeiter von Suu, Studenten, Ärzte, Lehrer und nicht wenige Mönche. »Wer lange genug dort ist, wird unweigerlich ›*insane*‹ (verrückt)«, sagt ein ehemaliger Häftling. Seine Zelle war eng und dunkel, kaum größer als eine Hundehütte und voller namenloser Insekten. Die Mahlzeiten waren so karg, dass er ständig hungerte. Dafür waren die Wärter umso freigebiger im Austeilen von Tritten und Schlägen. Manche Gefangene wurden grausamer Folter ausgesetzt.

Auch Ausländer haben das Insein-Gefängnis schon von innen kennen gelernt, manche in Sträflingskleidung, andere in Uniform. George Orwell war einer von ihnen. Der Mann, der ein weltberühmter Schriftsteller werden sollte, kam 1922 nach Birma, um bei der britischen Imperial Police Force seinen Dienst anzutreten. Eric Blair, so sein bürgerlicher Name, war damals erst neunzehn Jahre alt. In den nächsten Jahren stolzierte er in der schmucken Uniform der britischen Kolonialpolizei umher – eine Kleidung, die ihm ungeahnte Macht verlieh. Diesem Blair gefiel es offenbar, die Peitsche zu schwingen, sich widerspenstige Birmanen vorzuknöpfen und ihnen einzutrichtern, dass Birma zum britischen Empire gehörte. Spielte er nur eine Rolle, oder wohnte in dem schmächtigen Körper ein kleiner Imperialist?, fragt Emma Larkin in ihrem Buch *Secret Histories, Finding George Orwell in a Burmese Teashop.*

1925 wurde er ins Insein-Gefängnis beordert. Damals gab es dort erst wenige Häftlinge, doch für die Polizei und die Gefängniswärter war die Aufgabe schwer genug. Was der junge Blair genau tat, wissen wir nicht. Doch die Jahre in Birma haben ihn manches gelehrt. Jahre später schrieb er unvergessene Bücher wie *Tage in Burma*, *Farm der Tiere* und *1984*. Er ergründete die Psychologie der Macht, die gefährlichen Mechanismen, die anständige Menschen in Raubtiere verwandeln.

Seit die Briten Birma verlassen haben, ist ein halbes Jahrhundert vergangen. Doch die Birmanen sind weiterhin ein leidendes Volk.

Für Eric Blair war der Aufenthalt in Birma 1927 beendet. Die Familie machte gerade Urlaub in Cornwall, als er plötzlich auftauchte. Er hatte sich einen Bart zugelegt, schreibt Larkin, und seine Haare waren dunkler geworden. Die Schwester meinte, er habe sich verändert. Er machte einen ungepflegten Eindruck und hatte es sich zur Gewohnheit gemacht, seine Zigarettenkippen überallhin zu werfen. Wer sollte sie aufheben? Etwa seine birmanischen Diener? Nach einer Weile eröffnete er seinen Angehörigen, dass er seinen Job bei der Polizei an den Nagel hängen und stattdessen Schriftsteller werden wollte. Die Familie war fassungslos. Niemand konnte sich vorstellen, dass er seine vielversprechende Karriere bei der Imperial Police Force zugunsten eines unsicheren Autorendasein aufgeben würde.

Doch Eric blieb hartnäckig. Mehrere Jahre später hatte er sich als George Orwell einen Namen gemacht. *Tage in Burma* wurde 1934 in den USA veröffentlicht. Englische Verlage hatten das Manuskript abgelehnt. »Orwells Hass auf den Kolonialismus, genährt durch Hitze und Einsamkeit, wuchs wie eine Pflanze im Treibhaus«, schreibt Larkin. »Er schrieb, dass er sich schuldig fühle wegen der Rolle, die er in der despotischen Maschinerie des Empire gespielt hatte.« Die Gesichter der Gefangenen auf der Anklagebank, von Männern, die in den Zellen der Verurteilten warteten, von misshandelten Dienern und Kulis sowie von alten Bauern, denen Unrecht getan wurde – all dies verfolgte ihn Tag und Nacht.

Orwell wurde nur 47 Jahre alt. Ein Jahr vor seinem Tod erschien *1984*. Der Roman beschreibt einen totalitären Staat, in dem die Menschenrechte rigoros eingeschränkt werden. An der Spitze des Staatssystems steht ein fiktiver Führer, der »Große Bruder«, der alles sieht. Im Staate Ozeanien gibt es ferner eine Gedankenpolizei und eine von der Regierung verordnete neue Sprache. Orwell hatte die Sowjetunion im Sinn, vielleicht auch Nazi-Deutschland. Doch das Schreckgespenst einer totalitären Diktatur, das der Autor heraufbeschwört, trifft auch auf das heutige Birma zu, ein halbes Jahrhundert nach dem Tod des Autors.

Kritischen Journalisten wird die Einreise nach Birma verwehrt. Wäre dies anders, könnten sie über sonderbare Vorgänge berichten, die sich dort derzeit abspielen. Große, militärgrüne Lastwagen, voll beladen mit Archivschränken und Büromöbeln, fahren aus dem Tor der Macht in der Maha-Bandoola-Straße. Es sieht wie ein Umzug aus. Jeder Wagen ist mit großen, gelben Zahlen markiert. Die Gummiknüppel und weiße Handschuhe tragende Sicherheitspolizei winkt sie auf die Straße. Von der Maha Bandoola biegen sie auf die Strand Road, bevor sie in nördliche Richtung verschwinden.

»Sie sind auf dem Weg«, sagt ein Passant, ein verzagter Mann mit hängenden Schultern.

»Auf dem Weg?«

»Nach Pyinmana, Sir.«

»Pyinmana?«

»Die neue Hauptstadt.«

Der Mann hat recht. Demnächst wird Ranguns lange Ära als Hauptstadt beendet sein. Die Generäle haben sich entschieden, nach Pyinmana umzuziehen, das 320 Kilometer weiter nördlich liegt. Bulldozer, schwere Grabungsmaschinen und Tausende von Arbeiter roden den Dschungel dort, wo die Stadt entstehen soll. Ein paar öffentliche Gebäude sind bereits errichtet, und quer durch das Chaos von gefällten Bäumen und rotem Lehm verlaufen die ersten Straßen der zukünftigen Hauptstadt. Der Informationsminister der Militärjunta begründet den Umzug mit den geografischen Gegebenheiten: »Von Pyinmana werden wir leichteren Zugang zu allen Landesteilen haben.«

Jahrelang hat das Militärregime gegen aufrührerische Minderheiten im Norden und Nordosten angekämpft. Darum hat dieses Argument aus Sicht der Machthaber durchaus etwas für sich. Doch sind auch andere Gründe denkbar. Manche glauben, die paranoide Militärjunta wolle den Umzug vor allem, um sich selbst in Sicherheit zu bringen. Militäranalysten betonen, dass Birma keine wirkliche Marine habe – nur die Landstreitkräfte taugen etwas –, und Rangun liege schließlich nah am Meer. Amerikanische Kriegsschiffe wären jederzeit einsatzbereit, und die USA sind ein scharfer Kritiker des Militärregimes. Obwohl das Weiße Haus niemals mit einer Invasion gedroht hat, dürfte der Junta jedes Mal mulmig werden, wenn die Amerikaner ihre militärische Stärke demonstrieren.

Eine dritte Erklärung könnte die Liebe der Birmanen zur Astrologie sein. Die Könige früherer Zeiten zogen stets Astrologen zurate, ehe sie eine wichtige Entscheidung fällten. General U Ne Win tat dies ebenso, oft mit katastrophalen Folgen, und selbst das gegenwärtige Militärregime scheint dieser alten Tradition folgen zu wollen. Was mögen ihnen die Astrologen diesmal geraten haben?

Inzwischen wurde bekannt, dass die neue Hauptstadt nicht Pyinmana, sondern Naypyidaw[9] heißen soll. Der Name bedeutet »Sitz der Könige«. Der Informationsminister kündigte an, dass die Ministerien nach und nach in die neue Hauptstadt verlegt werden sollen. Die armen Beamten. Vielleicht werden sie künftig besser bezahlt, doch müssen sie fortan auf die Shwedagon-Pagode und den Sonnenuntergang über dem Rangun-Fluss verzichten. Die schattigen Avenuen, die engen Gassen, die 100 Jahre alten Teehäuser, Kathedralen und Tempel, die Sule-Pagode – all das wird zur Erinnerung an eine Stadt gehören, die inmitten der Tragödie immer noch atmet und lächelt.

Sind Sie sicher, dass Sie mit
diesem Boot fahren wollen?

FAHRKARTENVERKÄUFER

Auf den Spuren einer verlorenen Zeit

Unter dem warmen Blechdach des »Water Inland Transport«-Unternehmens drängen sich Tausende von Menschen zusammen. Selbst 90-jährige Frauen warten stundenlang in der Hocke, stehen dann jedoch mühelos auf, als seien ihre Gelenke mit Teak- oder Palmöl geschmiert. Durch die offene Wartehalle weht eine leichte Brise, aber das Knacken des Blechdachs ist ein sicheres Zeichen dafür, dass die Temperatur steigt. Die Jüngsten schreien, weil sie gestillt werden wollen; die Älteren begnügen sie sich mit abgekochtem Wasser oder grünem Tee. Vom gegenüberliegenden Ufer dringt das Läuten der Tempelglocken herüber, und um Punkt sieben wird die Uhr auf dem Anleger ihre dumpfen, melancholischen Schläge von sich geben.

Vor unseren Augen ist der Fluss zum Leben erwacht. Die ersten Fähren, manche von ihnen kaum noch seetüchtig, legen um sieben Uhr ab. Ferner gibt es hier immer noch Dampfschiffe und bunt bemalte knirschende Holzboote zu sehen.

Das große Delta, das zu Rangun gehört, ist ein fein verzweigtes System von Adern und unzähligen Kapillaren. Die Hauptschlagader namens Irrawaddy[10] entspringt dem östlichen Himalaja. Bevor sie sich dem Meer nähert, teilt sie sich in mehrere Wasserwege. Einer von ihnen ist der Rangun-Fluss, der in südöstliche Richtung fließt und sich bei Rangun durch verschiedene Zuflusse weitet. Von hier bis zur Mündung sind es weniger als 40 Kilometer.

Der aufmerksame Kipling fuhr 1889 flussaufwärts. Er wollte nach England, doch anstatt den schnellsten Weg nach Hause durch den Suezkanal zu nehmen, entschied er sich für die Route über Singapur, Hongkong, Japan und die USA. Unterwegs stattete er Birma einen Besuch ab. Joseph Rudyard Kipling wurde 1865 in Bombay geboren. Er war so etwas wie der literarische Soldat des britischen Empire. Viele seiner Bücher und Gedichte handeln von der Notwendigkeit, die Welt außerhalb von Europa zu zivilisieren. In seinem Gedicht *The White Man's Burden* verklärte er die Zivilisierung der »Wilden« zu einer Last, die dem »weißen Mann« auferlegt sei. Lange bevor die ersten Sandbänke in Sichtweite kamen, empfand er eine enorme Freude darüber, dass Birma, dieses mystische goldene Land, zum britischen Empire gehörte.

In einer Ecke der Wartehalle stehen einige Engländer. Der Fremdenführer, ein Mann mit durchdringender Stimme, faltet seine Karte auseinander und zeigt mir die Reiseroute »auf Kiplings Spuren«. Am Fuße eines grünen Hügels liegt das eigentliche Ziel ihrer Reise, das sagenumwobene Mandalay. Ich mag den Namen, weil er sich so musikalisch anhört. Mit ihm verbinde ich das helle Bimmeln von Tempelglöckchen, die Gegenwart zahlreicher Mönche, britischer Seeleute und wunderschöner Frauen sowie ein unsterbliches Gedicht.

»Ich möchte Ihnen eine Quizfrage stellen«, sagt der Fremdenführer, der sich alle Mühe gibt, die kleine Reisegruppe bei Laune zu halten. »In welchem Jahr reiste Rudyard Kipling durch Birma?« Verschiedene Jahreszahlen werden gerufen, doch keine ist richtig. »1889!«, gibt der Fremdenführer selbst die Antwort. In Wahrheit ist Kipling aber niemals durch Birma gereist, denn er kam nur nach Rangun. Oder wie es einer seiner Biografen formulierte: »Kiplings Birma-Aufenthalt dauerte nicht einmal 48 Stunden.« Doch 48 Stunden waren genug, um ein Gedicht zu schreiben, das heute immer noch zitiert wird. Eine Kostprobe:

By the old Moulmein Pagoda
lookin' lazy at the sea
There's Burma girl asettin'
And I know she thinks of me;
For the wind is in the palm-trees,
And the temple-bells they say:
»Come you back you British soldier;
come you back to Mandalay!«
Come you back to Mandalay,
Where the old Flotilla lay;
Can't you 'ear their paddles chunkin'
from Rangoon to Mandalay?
On the road to Mandalay,
Where the flyin' fishes play,
An' the dawn comes up like thunder
Outer China 'crost the Bay!

Mit seinen Versen schuf Kipling einen kollektiven Traum; den Traum von Mandalay. Noch immer ist er lebendig, und vor mir liegt der Weg der fliegenden Fische, »*Where the flyin' fishes play* ...«

Endlich legen wir ab. Ein blaueres Boot als die *Mottana* mit ihrem flatternden Plastikdach habe ich niemals gesehen. Den ersten Zwischenstopp legen wir in Twante ein, nachdem wir den Twante-Kanal durchquert haben, der in den achtziger Jahren des neunzehnten Jahrhunderts allein von Menschenhand ausgehoben wurde. Der Kanal windet sich in westliche Richtung, und wer weit genug fährt, kann schließlich in den Irrawaddy einbiegen, um das nördlich gelegene Mandalay anzusteuern. Als ich mich ein letztes Mal umdrehe, sehe ich in der Ferne die goldene Shwedagon-Pagode erstrahlen, als könne sie nur von Helios selbst übertroffen werden.

Ein Passagier ist mir dabei behilflich, meine Landkarte zu halten. Von hier aus müssen es mindestens 600 Kilometer bis nach Mandalay sein. »*My country very big*«, sagt er. Ja, groß ist das Land, doppelt so groß wie Norwegen. Während die flachen südlichen und zentralen Regionen gut für den Reisanbau geeignet sind, steigt die Landschaft im Norden stetig an und gipfelt im 5881 Meter hohen Hkakabo Razi, dem höchsten Berg Südostasiens. Er markiert die Grenze zwischen Birma und China.

In einem so großen Land ist Platz für viele Menschen. Über 50 Millionen sind es inzwischen, und jedes Jahr kommt eine weitere Million hinzu. Die Mehrzahl, zirka 65 Prozent, sind Birmanen, während die übrigen 35 Prozent aus verschiedenen Ethnien wie den Shan, Min, Kayin, Kayah, Chin oder Kachin bestehen. Sie alle unterscheiden sich in ihrer Sprache, ihrer Kultur und Lebensweise und bilden doch gemeinsam das birmanische Volk.

Die am weitesten verbreitete Religion ist der Buddhismus, genauer gesagt, dessen Südliche Schule, der Theravada-Buddhismus. Doch wie in Vietnam, Kambodscha und Thailand ist auch der uralte Geisterkult noch lebendig. Buddhas birmanische Anhänger haben versucht, ihn zu unterdrücken. Vor 1000 Jahren ging König Anawratha gar so weit, ihn zu verbieten. Zerstört die Geisterhäuser! Verbrennt sie! Doch die Geister entschieden den Kampf für sich und sind immer noch putzmunter. Selbst gebildete Birmanen beteiligen sich an diesem Geisterkult, schreibt Aung San Suu Kyi und verweist auf den starken Einfluss des vorbuddhistischen Glaubens. »Im Buddhismus gibt es keine Götter, die wir um Beistand und Hilfe bitten könnten. Unser Schicksal hängt einzig und allein von unserem eigenen Verhalten ab. Obwohl die meisten Menschen dies als Wahrheit anerkennen, ist es doch – vor allem in harten Zeiten – schwierig, dem Drang zu widerstehen, an übernatürliche Kräfte zu glauben.« *(Freedom from Fear, S. 71)*

Die *Mottana* ist so schmal wie ein Pfeil, doch gleiten wir nur sehr langsam durch den Twante-Kanal, um die morgendlichen Schwimmer nicht zu gefährden. Kinder springen von schwankenden Stegen ins Wasser, Frauen waschen ihre Kleidung. Fischerboote, Kanus und eine Vielzahl anderer Wasserfahrzeuge sind in beiden Richtungen unterwegs. Eine Schiffsreise auf dem Twante bietet einem die seltene Gelegenheit, das Leben auf den Dörfern aus der Nähe zu beobachten. Während wir uns in westliche Richtung voranschieben, blicke ich in unzählige Häuser. Dort, wo der Kanal einen Knick vollführt, hat ein Friseur unter einer grünen Baumkrone seinen Laden aufgebaut. Als wir unmittelbar an ihm vorbeigleiten, kann ich mich selbst in dem zersprungenen Spiegel betrachten. Ich müsste wirklich dringend zum Friseur. Die Landschaft ist flach und eintönig, doch jeder neue Palmenhain kündigt ein weiteres Dorf an.

Schließlich erreichen wir Twante. An seinem Ufer haben sich die Töpfer breitgemacht. Es sind kreative Männer mit geschickten Händen, die aus rotbraunem Ton bauchige Kunstwerke schaffen. Im Hintergrund werden die Öfen für die Arbeit des Tages befeuert. Twante ist die Töpferhauptstadt Birmas. Das Leben kreist um Krüge und Töpfe. In einem Land, in dem Kühlschränke trotz der oft quälenden Hitze eine Rarität sind, kann es nicht genug Tongefäße geben. Zu allem möglichen können sie benutzt werden, zum Aufbewahren von Reis, Einpökeln von Fisch, Einlegen von Gurken und anderen Lebensmitteln, um darin zu baden oder seine Haare zu waschen, denn sie werden in allen Größen und Formen hergestellt. So riesig können sie sein, dass selbst Ali Baba und die vierzig Räuber in ihnen Platz finden, schrieb James George Scott vor über einem Jahrhundert.

Wir legen einen zweistündigen Zwischenstopp ein, um etwas zu essen und das Leben zu genießen. Auf dem Markt nahe des Fähranlegers türmen sich riesige Tongefäße, als wollten sie Scotts Worte bestätigen. Größere habe ich noch nie gesehen. Doch was ist das? Kein Gefäß, sondern ein Globus. Sein Erzeuger hat sogar Zeit gefunden, die fünf Kontinente zu gestalten.

»Wo kommen Sie her?«, fragt mich der Verkäufer.

»Aus Norwegen.«

Mehrere Schaulustige haben sich um uns geschart, was der Verkäufer zum Anlass nimmt, einen kleinen Vortrag zu halten, den ich nicht verstehe. Während er spricht, deutet er auf ein längliches Etwas, das vermutlich Norwegen darstellen soll, um seinen Zeigefinger im nächsten Moment zum Nordpol gleiten zu lassen.

»Was haben Sie den Leuten erzählt?«, frage ich ihn, nachdem er seine Ausführungen beendet hat.

»Ich habe ihnen erzählt, dass Sie der erste Norweger sind, der jemals Twante besucht hat.«

Sicherheitshalber bittet er seinen Nebenmann, die Aussage zu bekräftigen, doch habe ich meine Zweifel.

In *Letters from Burma* rühmt Aung San Suu Kyi die traditionelle Gastfreundschaft der Birmanen. In Twante, wie in Rangun, bekomme ich dies bestätigt. Alle Töpfer des Dorfes laden mich zu einem warmen Tee und einem gemütlichen Plausch ein. Viele von ihnen sprechen ein wenig Englisch, ein nützliches Erbe vergangener Tage. Doch sind sie vorsichtig genug, politische Themen zu meiden. Denn die Junta hat gute Ohren, und wer ein wenig zu laut spricht, riskiert ein ungemütliches Treffen mit den Machthabern. Statt Klartext zu reden, sprechen die Birmanen durch die Blume oder lenken das Gespräch auf Wetter und Wind und die ersehnte Ankunft des Monsuns.

Dieser Monsun. Eine Zeit lang sitzen wir beieinander und reden über diese himmlische Quelle allen Lebens. Einer der Teetrinker meint, Birma habe drei, nicht vier Jahreszeiten. Die Trockenzeit dauert von März bis Juni. Von den Sandstränden im Süden bis zum Gebirge im Norden scheint das ganze Land zu verdursten. Alles welkt und verbleicht, während die Temperaturen nicht selten 40 Grad erreichen. Doch im Juli, wenn der gesegnete Monsun Einzug hält, wechselt die Natur binnen weniger Tage die Farbe. Die mageren, entkräfteten Kühe mit den vorstehenden Rippen kommen wieder auf die Beine. Schlangen beginnen zu beißen, Frösche zu springen, Vögel zu singen und Insekten zu summen. Auf Millionen spiegelblanker Anbauflächen beginnt das zu sprießen, was wenig später ein ganzes Volk ernähren wird. Wenn im November die Ernte eingebracht ist, gehen die Birmanen der kühleren Jahreszeit entgegen, die bis zum Februar dauert.

»Dann kann es wirklich kalt werden«, ergänzt ein anderer. »Fünfzehn Grad!«

Alle Mann an Bord. Die *Mottana* setzt ihre Fahrt fort. Viele Passagiere haben uns in Twante verlassen. Dafür haben sich vier Ochsen am Bug des Schiffs zu uns gesellt. Auch sie sehen nicht so aus, als hätten sie in den letzten Monaten sonderlich viel gefressen. Am späten Nachmittag ballen sich dunkle Wolken am Horizont zusammen und kündigen den Regen des Abends an. Doch schon Minuten später versammeln wir uns alle unter dem blauen Plastikdach, weil es dem Regengott gefällt, ein wahres Trommelfeuer auf uns loszulassen, das mehrere Stunden lang anhält. Den Ochsen stehen die Mäuler offen. Könnten sie lachen, würden sie es tun, denn jedes Geschöpf in dieser Gegend liebt den Monsun.

Als das Prasseln endlich nachlässt, legen wir in Ma-Ubin an, einer düsteren Hafenstadt mit schiefen Lagerhäusern. Während sich die Dunkelheit über das Land senkt, hat die *Mottana* ihr Ziel erreicht.

Obwohl die Frau an der Rezeption des Hafenhotels das Bein nachzieht, eilt sie erstaunlich schnell in den zweiten Stock, um mir mein Zimmer zu zeigen. Sie bittet mich, von innen abzuschließen, und reicht mir ein Stück Tau, das ich durch den am Türrahmen befestigten Metallring ziehen soll.

Fünf Stunden später klopft sie an die Tür, erst vorsichtig, dann zunehmend lauter, um mir zu signalisieren, dass ein neues Boot, die *River Lady*, zur Abfahrt bereit liegt. Es ist erst halb fünf, doch als ich das rechte Auge öffne, erkenne ich eine graue Menschenmasse, die sich über den Kai schiebt und das Boot in Beschlag nimmt. Ganz am Ende geht ein Hund.

»Sind Sie sicher, dass Sie mit diesem Boot fahren wollen?«, fragt der Fahrkartenverkäufer.

»Ja«, antworte ich. »Ganz sicher.«

Mir gefällt diese Lady. Obwohl sie kein Schaufelrad besitzt, hätte Mark Twain zufrieden gelächelt und sich an den Mississippi versetzt gefühlt. Doch die *River Lady* ist durch und durch birmanischer Abstammung; nur ihre Bemalung scheint aus New Orleans, Baton Rouge oder St. Louis zu kommen. Ihre behäbige Gestalt ist wie geschaffen für gemächliche Reisen *»up the lazy river«*, und so gefällt es mir. »In einer Stunde werden wir den Irrawaddy erreichen, Sir«, klärt mich ein unbekannter Freund auf und winkt mich die Treppe hinauf. Eifrig läuft er mir voraus und zeigt auf einen separat stehenden Klappstuhl aus Teak.

Im glitzernden Sonnenaufgang breitet sich der Irrawaddy wie ein rosafarbener Teppich vor uns aus. Auf dem Oberdeck erschallt ein Freudenschrei. Der Irrawaddy muss drei bis vier Kilometer breit sein und scheint weder Anfang noch Ende zu haben. Der Wasserpegel ist in den letzten Tagen gestiegen, wofür Regen und Schneeschmelze gleichermaßen verantwortlich sind. Im Gegensatz zum Mekong, der durch fünf Länder fließt, gibt sich der Irrawaddy mit einem einzigen zufrieden. Er entsteht am Fuße des Hkakabo Razi und schlängelt sich, gespeist von weiteren Flüssen, durch eine urwüchsige Landschaft Mandalay entgegen. Von dort aus fließt er gemächlich gen Süden, um sich nach 800 Kilometern auszuweiten und in untrinkbares Salzwasser zu verwandeln.

Fließendes Süßwasser hat die größten Zivilisationen ermöglicht – am Nil ebenso wie an Euphrat und Tigris, am Indus nicht weniger als am Ganges oder am Brahmaputra. Und die birmanische Kultur wurde am Irrawaddy geboren. Lange Zeit wurde dieser Landesteil vom Volk der Mon beherrscht, das eine dem Khmer verwandte Sprache spricht. Aus dem Fluss kam der Fisch, aus der Erde der Reis und aus dem großen Indien der Buddhismus. Nach und nach wurden die Mon von der Majorität der Birmanen vertrieben und absorbiert. Das Volk der Birmanen stammte aus dem Grenzland zwischen China und Tibet, und trotz seiner kriegerischen Vergangenheit kniete es schließlich vor Buddha.

Vom Achterdeck der *Lady* erschallt ein Ruf – es ist Frühstückszeit. Wir eilen die Treppe hinunter, auf der uns bereits der salzige Geruch von *ngapi* in die Nase steigt, einer eingedickten Fischsauce, die mit Reis vermischt und mit Andacht verzehrt wird. Der Koch steht hinter einem dampfenden Topf und teilt die Köstlichkeit freigebig aus. Bevor der Fisch zu *ngapi* wird, muss er nach allen Regeln der Kunst gären – ein Vorgang, bei dem möglicherweise die Tongefäße aus Twante zum Einsatz kommen. Die Gefäße stehen an einem möglichst schattigen Ort, wie schon J. George Scott berichtete. Erst nachdem auf diese Weise ein Monat vergangen ist, wird die Delikatesse serviert. »Die ungeübte Nase fühlt sich vom *ngapi*-Geruch nicht gerade geschmeichelt«, fährt Scott fort, »aber das ist bei Backsteiner oder Limburger Käse aus Süddeutschland schließlich auch nicht der Fall.«

Da der Mensch jedoch ein spirituelles Wesen ist, lebt er nicht von *ngapi* allein. Ich brauche nur den Kopf zu heben, um zahlreiche, im Morgenlicht schimmernde Tempel, Klöster und Pagoden an mir vorbeiziehen zu sehen. Der Buddhismus hat es nicht weit bis nach Birma gehabt. Nur zwei Jahrhunderte nach Buddhas Tod begann er an den Ufern des Irrawaddy Wurzeln zu schlagen. Heute hat Birma angeblich 50 000 Tempel und Klöster sowie eine halbe Million Mönche vorzuweisen. An Bord der *River Lady* sitzen sechs von ihnen im Halbkreis, mit verschränkten Beinen, stumm, steif und unbeweglich wie Statuen. Nur der Älteste von ihnen pendelt mit dem Oberkörper hin und her, wie Mönche es tun, wenn sie ihre heiligen Verse sprechen.

Die Obstverkäufer, die Mangos, Papayas, Pflaumen und Durians anbieten, ziehen ihre Wagen über das Deck. Viele Passagiere sind durstig geworden. Einer der Verkäufer hat auch Betelnüsse im Sortiment, die, wenn sie gekaut werden, einen blutroten Saft absondern. Die Nüsse werden in zwei Hälften geteilt, zerhackt und in mit gelöschtem Kalk bestrichene Betelblätter gerollt, bevor sie in den Mund gesteckt werden. Das Kauen von Betel, sagt man, stimuliere die Verdauung und fördere die Entspannung – ein Zustand, der sogar die Sprachfähigkeit beeinflussen soll. »Es herrscht die verbreitete Auffassung, dass niemand Birmanisch sprechen kann, der zuvor nicht Betel gekaut hat«, schrieb Scott und fügte hinzu: »Von Demosthenes wird gesagt, dass er kleine Steine im Mund hatte, wenn er seine großen Reden hielt.« Viele mit *longyi* bekleidete Männer geben dem Betelverkäufer ein Handzeichen, doch sind sie rücksichtsvoll genug, den roten Saft in den Fluss zu spucken.

Mein Nebenmann ist glücklicher Besitzer mehrerer Metalldosen, in denen die verschiedenen Ingredienzien aufbewahrt werden. Wie hübsch sie sind, diese Dosen mit ihren gemusterten Deckeln. Das kleine Messer, das dazugehört, ist ein Kunstwerk für sich. Bald beginnt er zu kauen – und zu reden:

»*Do you have a typewriter, Sir?*«

Früher hab ich mal eine gehabt, aber das ist schon lange her. Wenn ich mich recht erinnere, landete sie in den achtziger Jahren auf dem Flohmarkt.

»*I'm in the typewriter business*«, fährt er fort. »*I'm selling typewriters.*«

In den nächsten Minuten bekomme ich eine Einführung in die Vortrefflichkeit manueller Schreibmaschinen. Sie brauchen keinen Strom, kommen ohne Leitungen und Kabel aus, können gänzlich auf jede Art von Software verzichten. Kurz und gut, sie benötigen nur ein Farbband, sonst nichts.

Birma ist reich an Flüssen und könnte deren Wasserkraft eigentlich zur Energiegewinnung nutzen. Aber da die Militärjunta dazu nicht in der Lage ist, hat die Schreibmaschinenindustrie immer noch Konjunktur. Die Maschinen würden aus Kalkutta importiert, erfahre ich, und seien so zuverlässig, dass sie praktisch niemals kaputt gingen. »Kommen Sie mit!«, befiehlt er und führt mich zu den großen Holzkisten auf dem Achterdeck, die bis zum Rand mit Schreibmaschinen gefüllt sind. Der Name des Absenders ist deutlich zu lesen: WEST BENGAL TYPEWRITER COMPANY. 12B, Clive Row. Calcutta-700 001.

Mein Betel kauender Freund will die Schreibmaschinen nach Hinthada, eine Stadt am Westufer des Irrawaddy, liefern. Doch ehe wir dort ankommen, stellt er mich weiteren Passagieren vor: den vier Brüdern, die im Norden beim Reispflanzen helfen sollen; dem frisch verheirateten Paar, das sich in Pyay von einem Mönch segnen lassen will; dem ernsten Wirtschaftsprüfer mit seiner schwarzen Aktenmappe; dem kleinen Tierarzt, der all meine Fragen mit verlegenem Lachen beantwortet, sowie dem Blattgoldverkäufer, der einen Teil seiner Ware offenbar dazu benutzt hat, seine Vorderzähne zu tapezieren. Um eine Taurolle sitzen vier Männer und zwei Frauen, die davon leben, andere Menschen zu unterhalten. Es sind Gaukler und Spaßmacher, und auch sie wollen nach Hinthada. Mehrere Reisende haben sich hoffnungsvoll um sie geschart, doch an diesem Morgen wollen sie ihre Ruhe haben.

Der Kapitän muss vorsichtig navigieren, weil Sandbänke, die vor kurzem noch sichtbar waren, nun unter Wasser liegen. Manchmal drosselt er die Geschwindigkeit, um ein Besatzungsmitglied, das mit seinem langen Stock am Bug steht, die Wassertiefe kontrollieren zu lassen. Sandbänke gibt es viele im Irrawaddy. Manche sind ständig in Bewegung und auf Grund gelaufene Boote kein seltener Anblick. Größere Schiffe sind in den gefährlichsten Passagen auf die Hilfe von Lotsen angewiesen, und die *River Lady* mit ihren 200 Passagieren bildet hier keine Ausnahme. Eine weitere Gefahr geht von den vielen Fähren und Kleinbooten aus, die unablässig den Fluss überqueren. Da es an Brücken fehlt, sind die Wasserfahrzeuge umso zahlreicher.

An den Ufern liegen die Bootswerften. Gebaut wird in der Trockenzeit. Den Stapellauf übernimmt die Natur. Und jetzt ist es fast soweit. Die letzten Arbeiten sind erledigt, die Schiffsbauer haben sich zurückgezogen.

Alle 40 oder 50 Kilometer stattet die *Lady* einer weiteren Stadt ihren Besuch ab, was jedes Mal ein kleines Volksfest auslöst. Die Anlegestege quellen förmlich über von lärmenden Menschen, die sich in beide Richtungen bewegen. Reissäcke werden hierhin und dorthin gezerrt. Zierliche Frauen tragen die schwersten Tonkrüge. Der Güterverkehr auf dem Irrawaddy scheint einem bestimmten Muster zu folgen. Fertigprodukte werden flussaufwärts, Rohwaren flussabwärts transportiert. Von den dichten Teakholzwäldern des Nordens treiben unzählige Stämme gen Süden. Manche sind zu großen Flößen zusammengebunden, auf denen die Flößer ihre schmalen Bambushütten errichtet haben. Sie winken uns zu, und wir winken zurück. Auch die Frauen und Kinder der Flößer sind mit von der Partie, ein Leben in Bewegung.

Bevor mein Freund, der Schreibmaschinenverkäufer, an Land geht, preist er den Irrawaddy in den höchsten Tönen. Er hätte auch mit dem Bus in den Norden gelangen können, doch die Straßen seien erbärmlich. Der Zug wäre ebenfalls eine Möglichkeit gewesen, zumindest teilweise, doch Züge seien langsam, unbequem und altmodisch. Da reise man doch lieber auf dem schönsten aller Flüsse, und ich kann ihm nur beipflichten. So eine Reise hat etwas Zeitloses und Erhabenes. Selbst die Städte scheinen ein gemächliches Leben zu führen. Die Luft ist klar und rein. Doch jenseits der scheinbaren Idylle befindet sich ein Birma der Mühsal und Ungerechtigkeit, der Unterdrückung und Zwangsarbeit, der Gefängnisse und der Folter. Eine schöne Bootsfahrt auf dem Irrawaddy ist nur ein kleiner Ausschnitt der birmanischen Realität.

Der Tag geht in die Nacht über. Wir schlafen im Sitzen oder im Liegen. Niemand friert, denn die Nacht ist sanft und mild. Wer will, kann sich ein dünnes Tuch als Schutz gegen Mücken und Wind ausleihen. Als wir bei Anbruch des Tages erwachen, bekommen wir einen, dann zwei, dann zehn und schließlich Hunderte von Tempel zu Gesicht. Wir stehen auf, reiben uns den Schlaf aus den Augen und schwanken benommen hin und her. Danach massieren wir uns ein weiteres Mal die Lider, weil wir unseren Augen nicht trauen wollen – vor uns breitet sich eine weite Ebene mit 2000 Pagoden, Tempeln, Stupas und Ruinen aus. Wir haben das heilige Bagan erreicht, einen Höhepunkt von Birma, von ganz Asien.

Manchmal, wenn ich auf diesem
Dach sitze, versuche ich mir die
unwirklichen Bilder der Vergangenheit ins Gedächtnis zu rufen.

MEIN FREUND KO THI HA

Glühende Kathedralen

Mit wackligen Beinen betrete ich die schwankenden Teakholzplanken des Anlegers. Ich befinde mich auf festem Grund und bin bereit, das erste der 2000 Heiligtümer in Augenschein zu nehmen. Und da sitzt sie, das kleine fünf- oder sechsjährige Mädchen, und lehnt sich an die Mauer der Pagode. »*There's Burma girl asettin', and I know she thinks of me*«, hat Kipling geschrieben. Sie scheint tatsächlich an mich zu denken, denn sobald sie meiner ansichtig wird, läuft sie die Böschung hinunter, barfüßig, mit braunem Teint, in ihrem roten, zerknitterten Kleid. In der einen Hand hält sie einen länglichen Gegenstand. Kurz bevor wir zusammenstoßen, bleibt sie lächelnd stehen.

»Heute«, sagte sie und zieht das Wort in die Länge, »heute ist es sehr warm!«

Vorsichtig öffnet sie den Sonnenschirm, ein Kunstwerk aus rot lackiertem Papier, dessen Griff und Verstrebungen aus Bambus sind. Mit einer leichten Handbewegung lässt sie ihn kreisen, und als sie schließlich drei graziöse Tanzschritte macht und mich mit ihrem lückenhaften Milchgebiss anlächelt, ist es um mich geschehen. Ich bekomme meinen Schirm und sie ihre Dollarscheine. Ein höflicher Herr weist mich darauf hin, dass das Papier vom Maulbeerbaum stamme und, obwohl es bemalt und lackiert sei, keinen Regen vertrage.

Macht nichts. Außerdem gehört Bagan zur sogenannten »trockenen Zone« des Landes. Niederschläge halten sich selbst während der Regenzeit in Grenzen, weil die Regenwolken meist an den Bergen im Westen und Südwesten hängen bleiben. Die Landschaft ist tatsächlich auffallend trocken, was mich verwundert, denn wie konnte ein mächtiges Königreich, eine große buddhistische Zivilisation, ausgerechnet hier entstehen? Angkor ertrank nur so im Regen, doch nicht Bagan.

Geschützt von meinem roten Sonnenschirm wandere ich nach Nyuang U, eine pittoreske kleine Stadt, die allmählich aus ihrem Dornröschenschlaf erwacht. Doch ein wenig verträumt wirkt sie noch immer. Ein gewisser Tourismus scheint sich im dritten Jahrtausend zumindest anzubahnen, und auf der Ebene mit den 2000 Heiligtümern befindet sich heute ein kleiner Flugplatz. Von dort aus geht es mit dem Bus oder Auto nach Nyuang U, wo Pensionen mit weit geöffneten Fensterläden auf die Besucher warten.

Eine dieser Pensionen gehört dem schwerhörigen Ko Thi Ha, der schon seit 77 Jahren in seinem ockergelben Haus lebt, mit Blick auf den Irrawaddy und das Gewimmel der Tempel. Wäre mit seinem Gehör alles in Ordnung, hätte ich ihn niemals kennen gelernt. Doch jedes Mal, wenn er seiner Lieblingsrede lauscht, dreht er die Lautstärke voll auf, wie auch an diesem Vormittag: »*I have nothing to offer but blood, toil, tears and sweat!*«

Angelockt von der durchdringenden Stimme schleiche ich mich die Treppe zum dritten Stock hinauf, wo sich Kos Bibliothek befindet. In der Mitte des Raumes steht sein geliebtes altes Grammophon der Marke His Masters Voice mit lackiertem Untergestell und einem Trichter, der aussieht wie eine deformierte Trompetenblume. »*You ask what is our policy? I say it is to wage war by land, sea and air. War with all our might and with all the strength God has given us, and to wage war against a monstrous tyranny never surpassed in the dark and lamentable catalogue of human crime. That is our policy.*«

Inzwischen sind Ko und ich Freunde geworden. Winston Churchill hat uns zusammengeführt. »Churchill hat uns vor dem Untergang bewahrt«, erklärt er. »Ohne ihn wäre der Westen in deutscher und der Osten in japanischer Hand.«

Ko hat niemals gegen die Japaner gekämpft. Doch beide Brüder haben dies unter Einsatz ihres Lebens getan. Und nun, auf seine alten Tage, genießt Ko Churchill in vollen Zügen. An jedem Vormittag gegen zwölf Uhr lässt er die knisternde Rede wie eine Fanfare ertönen. Der Retter vieler Nationen strebt dem Höhepunkt entgegen: »*You ask, what is our aim? I can answer in one word. It is victory. Victory at all costs. Victory in spite of all terror. Victory however long and hard the road may be, for without victory there is no survival.*«

Ko sitzt dirigierend auf seiner Matratze und lächelt zufrieden, als der Premierminister seine Rede beendet hat. Ich glaube, er ist ein glücklicher Mann, glücklich mit seinem nostalgischen Tick und den vielen birmanischen Büchern, unter denen sich auch ein paar englischsprachige befinden. »Geschichte ist meine Leidenschaft«, sagt er, während er mit den Fingerspitzen über die Buchrücken streicht. »Doch zu Birma nach 1948 werde ich mich nicht äußern.«

Aber vielleicht zu Bagan, wie es früher einmal war?

Später am Tag treffen wir uns erneut. Diesmal möchte er so hoch und luftig wie möglich sitzen, nämlich auf dem Dach seines Hauses. Wir steigen die breite Treppe hinauf, ich mit den Teetassen und der Aprikosentüte, er mit einer rosafarbenen Thermoskanne in der Hand. Katzengleich eilt der klein gewachsene Mann die Stufen hinauf. Was für eine Aussicht! Hier könnte William Somerset Maugham vor nahezu 80 Jahren gestanden haben. »Ich weiß nicht, wie viele Pagoden es in Bagan gibt«, schrieb er. »Steht man auf einem Hügel, ist man von ihnen umgeben, so weit das Auge reicht. So dicht stehen sie beieinander wie Grabsteine auf einem Friedhof. Es gibt sie in jeder Größe und in jedem Zustand.«

Bevor wir am Teakholztisch Platz nehmen, bleiben wir für einen Moment schweigend stehen und lassen den Blick über das Terrain schweifen, insgesamt 42 Quadratkilometer, mit Sakralbauten übersät. Man denke sich alle europäischen Kathedralen, von der Peterskirche bis Notre Dame, auf einer Ebene vereint. Und jetzt, bei Sonnenuntergang, scheinen sie alle in Flammen zu stehen. Die ganze Landschaft färbt sich rot, während sich der Irrawaddy, dieser träge Fluss, gemächlich seinen Weg in den Süden bahnt.

»Da drüben«, sagt Ko und streckt den Arm aus, »da sehen Sie die Shwezigon-Pagode. Dort sind Gubyaukgyi und Gubyauknge, und dahinter liegt der Anandatempel, sehen Sie?«

Unbekannte Namen reihen sich wie Perlen an einer Schnur. Als Bagan vor 800 Jahren auf dem Höhepunkt seiner Macht stand, wurde diese Landschaft von 13000 Heiligtümern geschmückt. Heute sind »nur« noch 2217 davon übrig geblieben, von denen viele als Ruinen gelten müssen. Doch das größte hat sich bis auf den heutigen Tag unbeschadet erhalten. Selbst das schwere Erdbeben von 1975 hat ihm nichts anhaben können. Hier und da ein herausgebrochener Stein, ein paar neue Risse im Mauerwerk, das ist alles.

Wie Bagan entstand?

Angeregt von Tee und Aprikosen beginnt Ko zu erzählen:

»In ferner Zeit war Birma in zahlreiche Königtümer zersplittert, die sich gegenseitig bekämpften. Doch dann kam König Anawratha und einte das Land zu einem Reich.«

»Wissen Sie, wann genau?«

»1057. In diesem Jahr eroberte er die Hauptstadt der Mon im Südosten. Der König beschloss, dass die neue Hauptstadt an dieser Stelle, in der Mitte des Reiches, liegen sollte.«

»Aber warum ausgerechnet hier, in dieser trockenen Gegend?«

»Vieles war damals anders. Kanäle wurden ausgehoben, Wasser umgeleitet. Von hier aus konnte er seine Soldaten schnell in jeden Winkel des Reichs entsenden. Bedenken Sie, dass Birma ein großes und unwegsames Land ist. Selbst heute hat die Regierung noch Schwierigkeiten, es bis in jeden Winkel zu kontrollieren. Anawratha hingegen konnte es.«

»Er war ein starker König?«

»*I think so!*«

Dann erzählt er mir in groben Zügen von der Legende, wie der Krieg gegen die Mon damals seinen Anfang nahm. Anawratha war zu Ohren gekommen, dass sich ein heiliger Mönch im Wald unweit des Königspalastes niedergelassen habe. Der König sandte einen Boten, um den Mönch zu ihm zu bringen. »Nimm Platz, wo immer du willst«, sagte Anawratha, worauf der Mönch eine Todsünde beging und sich auf den Thron setzte. Der Mönch erklärte sein Verhalten damit, dass er Buddha repräsentiere, und der stünde über allen Königen dieser Welt. »Ich komme aus dem Land der Mon, in dem alle Menschen Buddhisten sind.«

Anawratha nahm es ihm nicht übel und wollte mehr über diese edle Religion erfahren. Schließlich bat er den Mönch, ihm die heilige Schrift des Theravada-Buddhismus, den *Tipitaka*, zu besorgen. Der Mönch empfahl, den Monkönig um eine Abschrift zu bitten. Dieser jedoch lehnte empört ab, worauf Anawratha eine ganze Legion von Soldaten mobilisierte. Er wollte unbedingt in den Besitz des *Tipitaka* kommen, koste es, was es wolle. Wenige Monate später eroberten die Soldaten Thaton, die Hauptstadt der Mon. Die königliche Familie, gelehrte Männer, Handwerker und mehrere tausend Sklaven wurden nach Bagan gebracht. »Doch die wertvollste Beute war der *Tipitaka*«, schließt Ko. »Ich glaube, er hat Anawratha dazu inspiriert, wahre Wunder zu vollbringen.«

Im Nu verwandelte sich Bagans weite Ebene in Asiens größte Baustelle. Die Heiligtümer schossen wie Pilze aus dem Boden. Anawrathas Wort war Gesetz. Doch 1077 erlitt der König einen gewaltsamen Tod. Schuld daran war nicht etwa eine vergiftete Speise oder ein Pfeil in der Brust, sondern ein wild gewordener Wasserbüffel, der offenbar nicht wusste, wen er da auf die Hörner nahm. Dennoch wurde in den nächsten 200 Jahren mit unverminderter Energie weitergebaut. Die Monarchen lösten einander ab, während das Reich von Bagan eine ungeheure Macht entfaltete.

»Ich wünschte, ich hätte vor 800 Jahren gelebt«, sagt Ko. »Manchmal, wenn ich auf diesem Dach sitze, versuche ich mir die unwirklichen Bilder der Vergangenheit ins Gedächtnis zu rufen.«

»Wie stellen Sie das an?«

»Ich kneife einfach die Augen zusammen, so wie jetzt, und sehe durch den Schleier hindurch das Bagan, wie es einst gewesen sein muss.«

Helios hat sich zur Ruhe begeben, die letzten Feuerzungen lecken an den Wolken im Westen. Die glutroten Tempel werden langsam dunkler, und bevor wir die Geschichte vom Aufstieg und Fall Bagans vollständig rekapitulieren können, sind die beeindruckenden Silhouetten vollkommen von der Finsternis verschluckt worden. Nur widerstrebend verlassen wir das schönste Dach in ganz Birma.

Und der Rest der Geschichte? Lange Zeit lebten die Könige von Bagan in friedlichem Einvernehmen mit ihren Nachbarn, auch mit China. Doch nachdem die Mongolen China im dreizehnten Jahrhundert unterworfen hatten, wurde die Situation zunehmend schwieriger. Dschingis Khan, der Großkhan der Mongolen, ließ sich zum »Weltkaiser« ausrufen, und seine Nachfolger waren nicht minder ehrgeizig. Sein Enkel, Kublai Khan, verlangte vom Bagan-König, einen Tribut an den mongolischen Hof zu entrichten, doch dieser lehnte ab. In der Hoffnung, den Konflikt zu lösen, entsandte Kublai Khan mehrere Vermittler nach Bagan, die sich in ihrer Arroganz jedoch weigerten, zur königlichen Audienz die Schuhe auszuziehen. Der König ließ die Vermittler daraufhin einsperren und köpfen. Zwei weitere Versuche Kublai Khans, mit dem König des Bagan-Reichs in Verhandlungen einzutreten, endeten auf dieselbe Art und Weise.

Da schien Kublai Khan irgendwann der Kragen geplatzt zu sein, und so kam es 1284 zu einer der sonderbarsten Schlachten der Weltgeschichte, in der Pferde gegen Elefanten kämpften. Marco Polo hat erzählt, er sei damals vom Herrscher der Mongolen zum Präfekten ernannt worden und habe in seinem Auftrag jahrelang China durchstreift, um ihm später Bericht zu erstatten. Nur wenig deutet darauf hin, dass er das Heer des Großkhans nach Birma begleitet hat. Dennoch hat er eine lebhafte Schilderung der lärmenden Schlacht hinterlassen.

Marco Polo erzählt, die beiden Heere seien in Vochan, dem heutigen Bhamo, aufeinandergetroffen. Der Ort liegt nahe der chinesischen Grenze, gut 400 Kilometer von Bagan entfernt. Dem König von Bagan standen 2000 große Elefanten zur Verfügung, auf deren Rücken sich solide Holzburgen – »sehr geeignet zur Kriegführung« – befanden. Jeder dieser Burgen war mit mindestens zwölf Männern besetzt. Hinzu kamen weitere 40 000 Soldaten, teils zu Fuß, teils zu Pferde. In Erwartung der Schlacht schlugen sie ihr Lager auf, denn der Marsch war bereits lang und anstrengend gewesen.

Als der Kommandant des Khan das feindliche Heer erblickte, erschrak er sehr, denn sein eigenes Heer bestand nur aus 12000 Reitern.

Nur einen Kilometer von ihnen entfernt ließ der König die Elefanten mit ihren schwankenden Holzburgen Aufstellung nehmen. Die Spannung war schier unerträglich, der Vorhang zur größten »Tierschlacht« aller Zeiten hatte sich gehoben.

Nachdem der König das Heer versammelt hatte, griff er den Feind mit seiner ganzen Stärke an, so weit Marco Polos Schilderung. Die Mongolen zeigten keine Furcht, als sie es kommen sahen, sondern erwiesen sich als entschlossene und tüchtige Krieger. Denn sie traten in geschlossener Formation auf und näherten sich dem Feind mit größter Ordnung und Disziplin. Als sie sich jedoch direkt gegenüberstanden und die Schlacht hätte beginnen können, wurden die Pferde der Mongolen mit solcher Angst vor den Elefanten erfüllt, dass ihre Reiter sie nicht dazu bewegen konnten, auch nur einen Schritt weiterzugehen. Was sie auch taten, die Pferde wichen zurück.

Doch der Anführer der Mongolen wusste Rat. Er befahl den Reitern, umgehend kehrtzumachen. Statt sich auf einen Kampf einzulassen, der von vornherein verloren war, führten sie die Pferde in den Wald und banden sie an den Bäumen fest.

Danach griffen die Reiter zu den Bogen und schossen ihre Pfeile den Elefanten entgegen. Ein unglaublicher Pfeilregen ging auf sie nieder, und die Elefanten wurden schwer verwundet. Also machten sie kehrt und flüchteten den Soldaten des Königs in wildem Chaos entgegen. Und sie hielten nicht eher an, bis dass sie den Wald erreicht hatten, wo sie die Holzburgen in ihrer Panik zertrampelten. Als die Mongolen dies sahen, schwangen sie sich auf die Rücken ihrer Pferde und jagten dem König und seinen Männern entgegen.

Die Schlacht dauerte mehrere Stunden. Schließlich musste der Bagan-König sie verloren geben. Die Mongolen konnten am Ende mehr als 200 Elefanten einfangen, die durch den Wald geirrt waren. Von diesem Tag an wurden sie zu einem Teil der mongolischen Kriegführung.

Drei Jahre später wurde Bagan von den Mongolen erobert. Manche behaupten, sie hätten die Stadt dem Erdboden gleichgemacht, doch die meisten Historiker bezweifeln dies. Da die Mongolen inzwischen Buddhisten geworden waren, ist es wahrscheinlicher, dass sie die Heiligtümer stehen ließen. Möglicherweise wurde mancher Tempel *vor* dem Eintreffen der Mongolen von den Birmanen selbst niedergerissen, weil man Steine brauchte, um Verteidigungsanlagen zu errichten.

Mit Bagans Fall 1287 begann auch der Niedergang Birmas. Zwar lebten die Menschen weiter in den Städten, und die Mönche wurden ihrer Mantras nicht müde, doch nachdem der König geflüchtet war, hatte sich das Leben verändert. Unbedeutende Regionalfürsten bekriegten einander, während die Heiligtümer der Tempelstadt immer neuen Plünderungen und Zerstörungen zum Opfer fielen. Die noblen Holzbauten begannen zu verrotten, selbst die königlichen Teakpaläste verfaulten.

In den folgenden Jahrhunderten nahm die Welt kaum Notiz von der schlafenden Stadt, ehe der wissbegierige Schotte Henry Yule 1855 nach Bagan kam. Er begriff sofort, dass er an einen einzigartigen Ort gelangt war, fertigte Zeichnungen an und begann die Heiligtümer zu erforschen. Seine Ergebnisse fasste er in einem Buch zusammen. »Bagan hat uns alle überrascht«, schrieb er. Unser Zeitgenosse Paul Strachan, der ebenfalls ein Buch über diese Stadt geschrieben hat, fügt hinzu: »Yule und seine Begleiter waren die ersten Menschen aus dem Westen, die Bagans Bedeutung erkannten und sie dem Rest der Welt vermittelten.«

Archäologen, Historiker und Sprachwissenschaftler folgten seinen Spuren. Heute wissen wir sehr viel mehr, doch längst nicht alles.

Bei Anbruch des Tages bin ich an der Reihe. Mein Freund, der Churchill-Verehrer, schnarcht unüberhörbar, doch die Lackierer sind schon wach. Einer von ihnen arbeitet bereits auf der anderen Straßenseite in einem Innenhof, in dem zahlreiche Vasen, Dosen und Schmuckkästchen ausgestellt sind. Seit nunmehr 800 Jahren gehört das Lackieren zu den klassischen birmanischen Handwerkskünsten. Eine stumme Kolonne von Mönchen zieht vorüber. Ihre Almosenrunde haben sie bereits beendet, denn die Krüge, die sie tragen, sind voller Reis.

Auch die Pferde, Esel und Maultiere haben sich aufgerappelt. Wege gibt es nur wenige auf der weiten Ebene, doch die Tiere kommen aus allen Richtungen. Zu dem hellen Bimmeln feiner Glöckchen laufen sie aus Nyang U hinaus, den rostroten Monumenten entgegen. In den Karren, die sie ziehen, sitzen Touristen. Ich habe mir Kos Fahrrad ausgeliehen, ein Ungetüm aus grauer Vorzeit mit schlaffen Reifen. Doch bevor ich den ersten Verkehrskreisel erreiche, kommt das kleine Mädchen von gestern hinter mir hergelaufen.

»Sonnenschirm?«, fragt sie.

Ich halte an. Das rote Schmuckstück wird mir sicher gute Dienste leisten, denn noch ist der Tag jung.

Wer das erforschen will, was sich Bagans archäologische Zone nennt, muss zehn Dollar herausrücken. Die Übersichtskarte lässt einen schier verzweifeln, denn welcher der 2217 Attraktionen soll man sich zuwenden? Ich beginne mit der Shwezigon-Pagode, die jeden Reisenden auf dem Irrawaddy wie ein Leuchtturm blendet. Der vergoldete glockenförmige Stupa hat vieles mit Ranguns Shewdagon-Pagode gemeinsam. Den Auftrag zum Bau des Heiligtums gab König Anawratha. Die Legende erzählt, dass er in den Besitz einiger Gebeine von Buddha gelangt war. Als der weiße Elefant, der die Reliquien transportierte, am Ufer bei Bagan erschöpft in die Knie ging, wurde dies als Zeichen dafür gewertet, dass die Pagode an dieser Stelle errichtet werden sollte. Die Bauarbeiten begannen 1049 und wurden 31 Jahre später abgeschlossen. Doch kosmetische Veränderungen werden immer noch durchgeführt.

»Blattgold, Blattgold! Billiges Blattgold!«

Die Frau in der Toreinfahrt verkauft Blattgold in großen Mengen, und auch hier gilt die alte Regel: Je mehr Blattgold ein Pilger kauft, desto besser wird sein nächstes Leben. Da ich heute meinen spendablen Tag habe, kaufe ich so viel Blattgold, dass der Frau verwundert der Mund offen steht. Doch sobald der Handel abgeschlossen ist, tritt ein Mönch aus dem Schatten und bittet um die langen goldenen Streifen, denn befestigt werden können sie nur von denjenigen, die diese Kunst beherrschen.

Shwezigon bezeichnet ein großes Gebiet, denn Sakralbauten gibt es viele. Ich frage mich, was der genügsame Buddha wohl zu den vielen Statuen seiner Person gesagt hätte. Liegende Buddhas, sitzende Buddhas, stehende Buddhas, Buddhas in Stein geritzt und Buddhas in Jade gemeißelt. Buddha hat die Verehrung seiner Person strikt abgelehnt. In den ersten Jahren nach seinem Tod wurde er nur in Form von Symbolen dargestellt – ein Fußabdruck, ein Rad, ein Bodhibaum, eine Lotosblüte. Abbilder seiner Person gab es erst später. Die ersten indischen Statuen stammen aus dem zweiten Jahrhundert vor Christus. Da hatte Buddha bereits seit 200 Jahren geschlafen.

Heute ist die Produktion von Buddhabildern, Buddhastatuen und Buddhaamuletten eine milliardenschwere Industrie. Eifrige Anhänger seiner Leere versuchen sich gegenseitig zu übertreffen. Die mit 120 Metern höchste Buddhastatue der Welt findet sich in Tokio. Der sitzende Buddha im chinesischen Leshan misst 71 Meter, während der liegende Buddha in Yiyang 416 Meter lang und 60 Meter hoch ist.

Doch in Shwezigon hat Buddha Konkurrenz bekommen. Ein Tempel in der südöstlichen Ecke ist den zahlreichen Geistern gewidmet, die für viele Birmanen immer noch von Bedeutung sind. Die Geister sind zwar unsichtbar, ruhen jedoch nie. Sie wohnen in der Natur, in Bäumen, Flüssen und Wasserfällen, und beeinflussen das Leben der Menschen im Guten wie im

Schlechten. Umso wichtiger ist es, sie zu besänftigen. Vor den Holzfiguren, die sie darstellen sollen, dampfen Räucherstäbchen vor sich hin. Die Pilger beten in einem Moment zu Buddha und im nächsten zu den Geistern.

Der Brite Gordon Hannington Luce verbrachte den Großteil seines Erwachsenenlebens auf der schönsten Ebene der Welt. Überliefert ist sein Stoßseufzer, kurz bevor er starb: »Möge ich genau an dieser Stelle wiedergeboren werden, als Gordon Hannington Luce.«

Der kleine, stets lächelnde Luce kam 1912 nach Birma. Gemeinsam mit seinem birmanischen Schwager und anderen setzte er die mühsame Arbeit fort, die Yule begonnen hatte – er zeichnete, kartografierte, grub und wertete aus. Er förderte eine ungeheure Menge an neuem Wissen zutage. »Luce war ein Romantiker, bei dem sich Engagement mit Kenntnisreichtum und wissenschaftlicher Genauigkeit verbanden«, schrieb Paul Strachan in seinem neuen Werk über Bagan.

1939 kam der Zweite Weltkrieg nach Birma. Schlimmstenfalls hätten die Krieg führenden Nationen, Japan und die Alliierten, Bagan schwere Schäden zufügen können. Doch der Brite nahm direkten Kontakt zum Hauptquartier der Alliierten auf und erklärte den Verantwortlichen die Bedeutung Bagans. »Keine einzige Bombe!«, warnte er. Die Generäle gehorchten.

»Danke, Gordon!«, flüstere ich und radele weiter.

Der unverwüstliche Engländer verbrachte insgesamt 28 Jahre in dieser riesigen Schatzkammer. Ich selbst habe fünf Tage eingeplant. Auf Kos Klapperfahrrad, den Sonnenschirm hoch in die Luft gereckt, rolle ich auf schmalen Pfaden an trockenem Gestrüpp, Kakteen und halbhohen, luftigen Akazien vorbei. Akazien brauchen nur wenig Wasser, und in dieser Gegend, die lange Zeit als *tattadesa* – verdorrtes Land – bezeichnet wurde, gedeihen sie ausgezeichnet. Hier hat man es stets weit bis ins nächste Dorf, doch stets nah bis zum nächsten Heiligtum. Da und dort sieht man Bauern die karge Erde aufhacken. Sie warten auf ein bisschen Regen, um den Mais pflanzen zu können. Andere bauen Erdnüsse an, und wen es nach Süßem verlangt, der gewinnt den zuckerreichen Saft aus der schlanken Palmyrapalme, die bis zu 30 Meter hoch wird.

Ein radelnder Tempelwächter kreuzt meine Spur. Die größeren Tempel sind bewacht, doch allzu viele scheinen sich selbst überlassen zu sein. Jeder Besucher kann sich davon überzeugen, dass im Lauf der Jahrhunderte, ja selbst in den letzten Jahren, viele Kunstwerke gestohlen oder zerstört wurden. In dieser Hinsicht teilt Bagan das Schicksal von Angkor. Aber im Gegensatz zu Angkor ist Bagan nicht von der UNESCO zum Weltkulturerbe erklärt worden. Die birmanischen Behörden haben sich auch niemals um diese Auszeichnung bemüht. Die letzten Experten der UNESCO haben 1993 nach anhaltenden Streitigkeiten über die Art und Weise der Restaurierung das Gebiet verlassen.

Bis auf weiteres versuchen die Behörden die Heiligtümer aus eigener Kraft instand zu halten, oft mit deprimierendem Resultat. »Was geschieht, ist furchtbar«, sagt der französische Professor Pierre Pichard, der den Birmanen vorwirft, auf inkompetente Handwerker und ungeeignete Materialien zurückzugreifen. Die Restaurateure nehmen sich »künstlerische Freiheiten« heraus und errichten manche Tempel gar Wand an Wand mit den alten.[11]

Ich beschließe, mich den besser erhaltenen Monumenten zu widmen. Doch die Hitze geht nicht spurlos an mir vorüber, und als wir an meinem vorletzten Abend wieder auf Birmas schönstem Dach sitzen, sagt der alte Ko zu mir: »Ein Berg wird Ihnen guttun!«

Der Popa ist nicht besonders hoch, schlappe 737 Meter, doch hoch genug, um Körper und Seele Linderung zu verschaffen. Er ist der Wohnsitz von 37 prominenten birmanischen Geistern. Das ganze Jahr hindurch pilgern die Birmanen zu diesem Berg, um sie anzubeten. Win, mein Fahrer, erzählt mir, dass er den Popa mindestens zweimal im Jahr aufsuche, vorzugsweise während des Vollmondfestes im Mai und November. In den Tempeln am Fuß des Berges bietet er den Geistern Bananen und Kokosnüsse an, und wenn sich die Dunkelheit des Popa bemächtigt, steigt er gerne auf seinen Gipfel, um zu beobachten, wie der Mond die Landschaft in ein unwirkliches Licht taucht.

Der Morgen ist diesig und kühl. Wir folgen der Landstraße in südöstliche Richtung. Win ist ein tüchtiger Fahrer, und obwohl er ständig die Scheibe hinunterkurbeln muss, um den dunkelroten Betelsaft auszuspucken, lassen wir Kilometer um Kilometer hinter uns. Der Popa war vor 250 000 Jahren ein aktiver Vulkan, dessen Asche die Landschaft fruchtbar machte. Wenn jetzt nur ein wenig Regen fällt, werden die Felder die Farbe wechseln. Je weiter wir vorankommen, desto zahlreicher werden die Palmyrapalmen. Geschmeidige Körper klettern die schlanken Stämme empor. Das Gegenlicht verwandelt sie in feine Silhouetten. Sie holen die Saftbehälter herunter, die sie gestern aufgehängt haben, und ersetzen sie durch neue. Aus dem Saft entsteht ein viel geliebter Wein.

Popa bedeutet Blume, und Win versichert mir, dass der Berg seinen schönen Namen zu Recht trage. Auf dem steil ansteigenden Felsen gedeihen allerlei Blumen und Kräuter. Auch Schlangen gibt es nicht wenige, und die zahlreichen Affen treiben wie üblich ihren Schabernack mit den Pilgern.

»Ich hoffe, du magst Affen«, sagt Win, indem er ein weiteres Mal aus dem Fenster spuckt.

Wenig später sehen wir den grünen Berg, der sich einsam und steil vor uns auftürmt. Auf seinem Gipfel thronen mehrere Tempel und Stupas. Im Hintergrund kann ich das Bago-Yoma-Gebirge ausmachen. Win wirft einen zufriedenen Blick auf meine Garderobe, denn schwarze oder rote Kleider ziemen sich nicht auf diesem Berg. Auch Fluchen sowie das Verzehren von Schweinefleisch sind tabu.

Als König Anawratha vor einem Jahrtausend die Macht ergriff, huldigten die Birmanen schon seit Jahrhunderten dem Geisterglauben. Selbst die Könige machten dem Popa einmal im Jahr ihre Aufwartung, um die Geister anzubeten. Anawrathas Versuch, mit dem Geisterkult zu brechen, endete mit einem Kompromiss. Anstatt ihn rigoros zu verbieten, ließ er ihn an verschiedenen Stellen – auch auf dem Popa – bestehen. Damals wurden 36 Geister angebetet, denen Anawratha noch einen hinzufügte: Thagyamin, den er zum »König aller Geister« machte. Dieser Geist, der eigentlich hinduistischen Ursprungs war, hatte Buddha seit langem als seinen Herrn und Meister anerkannt. Somit hatten sich nun auch alle anderen Geister, ob groß oder klein, Buddha unterworfen – ein geschickter Schachzug des Königs.

Am Fuße des Popa wimmelt es von Menschen, unter denen sich zahlreiche Mönche befinden. Buddhas Kinder haben sich also versammelt, um vorbuddhistischen Geistern zu huldigen. Nach und nach drängen wir in den Felsentempel, in dem die Geister in Reih und Glied auf uns warten. Wie deformierte Puppen sehen sie aus in ihren edlen Kleidern aus Baumwolle, Brokat, Seide und Satin. Ihre Gesichter sind ruhig, die Blicke klar. Jeder von ihnen hat einen eigenen Namen und eine bestimmte Funktion. Ihr Chef Thagyamin fährt jedes Jahr im April auf die Erde nieder, wenn die Birmanen ihr Neujahrsfest feiern. Innerhalb der nächsten drei Tage macht er sich ein Bild vom Verhalten jedes einzelnen Menschen im vergangenen Jahr. Die Namen der guten Menschen trägt er in sein goldenes Buch ein, während sich die schlechten Menschen in einem Buch aus Hundeleder wiederfinden. Im alltäglichen Sprachgebrauch wird der König aller Geister oft erwähnt. »Ich schwöre bei Thagyamin, dass ich die Wahrheit sage…« oder »Möge Thagyamin mir beistehen…«, sind beliebte Redewendungen.

»Das hier ist Thagyamin«, flüstert Win mir zu. Wir bleiben vor einer schlanken Gestalt stehen, der Win eine grüne Banane opfert. Lange verharrt er regungslos und murmelt vor sich hin, während die Frau hinter uns eine monotone Melodie summt. Sicherheitshalber hat Win drei Büschel mit Bananen gekauft – genug um sämtlichen Geistern den Bauch zu füllen. Wir wandern von Puppe zu Puppe, und jedes Mal wiederholt sich das Ritual. »Jetzt fühle ich mich sicherer«, sagt er, nachdem wir die gesamte Geistergalerie hinter uns gelassen haben. Bevor wir ins Freie treten, dreht er sich noch einmal um und verneigt sich tief vor seinen Beschützern.

Im Groben lassen sich Birmas Geister in zwei Gruppen unterteilen: in die 37, die dem Popa angehören, und in die anderen. Das Besondere an den 37 Geistern ist, dass sie einst als Menschen auf der Erde gelebt haben sollen. Mit Ausnahme von Thagyamin wurden sie alle von früheren Königen hingerichtet. Doch noch immer machen sie ihren Einfluss geltend, und nur wer sich gut mit ihnen stellt, kann Unglück, Krankheit und vorzeitigem Tod entgehen.

Sicherer als je zuvor nehmen wir die steilen Stufen in Angriff. Ein rostiges Wellblechdach soll uns vor Sonne und Regen schützen, während sich von überall her kleine Affen zu uns gesellen. Einer von ihnen hängt mit einem Arm an einem Eisenrohr und dreht uns mit der freien Hand eine lange Nase. Auch die Mönche in ihren weinroten Gewändern entgehen nicht ihren Zudringlichkeiten. Schlangenbeschwörer, Tee- und Kräuterhändler haben die Stufen in Beschlag genommen. Dem durstigen Win wird ein wundersamer Tee angeboten, dessen sieben Kräuter alle vom Popa stammen sollen. Bevor wir den ersten Schluck zu uns nehmen, gibt die Verkäuferin eine lange Erklärung ab, die Win folgendermaßen übersetzt: »Dieser Tee schützt vor Kopfschmerzen, Schlaflosigkeit, Polio, Tollwut, Malaria und Tuberkulose, und wer ihn täglich trinkt, wird niemals seine Potenz verlieren.«

Schon fühle ich mich besser. 700 Treppenstufen später stehen wir auf dem Gipfel des Popa, inmitten eines Gewimmels von Tempeln und Stupas. Hier oben ist Buddhas Reich, wenngleich die Heiligtümer jüngeren Datums sind. Sicherheitshalber kommt einer der Mönche zu mir herüber und sagt: *»Not very old, not very interesting.«* Er rümpft die Nase, als wolle er sich dafür entschuldigen, dass man mich bis auf den Gipfel gelockt hat. Nicht nötig, denn die Aussicht ist spektakulär. In der Ferne kann ich die größten Sakralbauten Bagans als kleine Punkte ausmachen, während sich der Irrawaddy gleich einer glitzernden Silberader gen Süden windet.

Wie gut die Luft hier oben ist, bei angenehm kühlen fünfzehn Grad. Win erzählt, was für eine Plage die Hitze in Birmas Trockenzone sein kann. Wenn die Quecksilbersäule ihren Höhepunkt erreicht, schlafen viele auf Bastmatten und alten Teppichen im Freien. Bevor es Ventilatoren gab, lebten ganze Dörfer zeitweise auf der Straße. Die Kinder fanden das spannend, während die Erwachsenen stöhnten und klagten. Die Ältesten rangen nach Luft, und die Schwächsten schlossen unter freiem Himmel für immer die Augen.

Wir verlassen Popa, Win und ich. Während des Abstiegs bleiben wir hier und da stehen, um die grünen Hänge zu bewundern, auf denen rote, weiße und blaue Blumen die neue Jahreszeit willkommen heißen. Am Fuße des Berges verschmelzen die Pilger zu einer unruhigen, suchenden Masse. Ich muss an die Worte Aung San Suu Kyis denken, dass der Geisterkult ein menschliches Bedürfnis befriedige, das der Buddhismus nicht stillen könne – das Bedürfnis nach übernatürlichem Beistand.

»Ist doch kein Wunder«, sagt Win, als wir uns wieder auf der Landstraße befinden. »Wir Menschen lieben die Abwechslung. Manchmal wollen wir grünen Tee, dann wieder Palmwein. So einfach ist das.«

Ich empfinde ein bisschen Wehmut, als ich von der schönsten Ebene der Welt Abschied nehme.

Von hier aus sind es 180 Kilometer bis nach Mandalay. Das Boot, das mich dorthin bringen soll, schaukelt schon seit heute Morgen am Fähranleger. Hier auf dem Dach des alten Ko kann ich die *Road to Mandalay* in Ruhe durchs Fernglas betrachten. Lang und schlank, erinnert sie mich an eines der Touristenboote, die auf der Donau oder dem Rhein verkehren. Und tatsächlich ist sie in Deutschland gebaut worden. Das Boot erlebte seine Jungfernfahrt 1964 auf dem Rhein. 30 Jahre später wurden es von den Birmanen gekauft und über Suez nach Birma transportiert. Dort wurde es dann nach birmanischer Sitte mit Teak, Mahagoni und Messing verziert sowie mit Buddhas, Geistern und mythischen Tieren geschmückt.

Heute verfügt die 330 Fuß lange *Road to Mandalay* über 58 Kabinen, ein Restaurant, eine Bar, einen Teesalon, eine »Boutique«, eine Bibliothek, einen Schönheitssalon sowie ein großes Sonnendeck mit einer weiteren Bar und einem kleinen Schwimmbecken. Die Kabinen sind in drei Typen unterteilt: »state«, »superior« und »single« – ich entscheide mich für »single«. Die Reise wird schon teuer genug.

Hunderte von Menschen haben sich am Kai versammelt, vor allem, weil sie nichts anderes zu tun haben. Mehrere Millionen Birmanen sind arbeitslos, und so ist ihnen die Rolle des Zuschauers zur Gewohnheit geworden. Manche Passagiere schleppen schwere Koffer. Ich bin mit meinem Gepäck – dem leichten Rucksack und meinem Sonnenschirm – überaus zufrieden. Im allgemeinen Trubel entdecke ich das kleine Mädchen, das glücklich lächelt, als sie sieht, dass der Schirm mit auf die Reise geht. Ein langes Tuten, dann gleitet die *Road to Mandalay* gemächlich auf den Fluss hinaus. Vom Sonnendeck aus beobachte ich, wie Bagans himmelstrebende Heiligtümer im sanften Nachmittagslicht verschwinden.

Es ist vollbracht. Wir haben die Goldene Stadt errichtet und die Worte unseres großen Lehrmeisters in Stein gemeißelt.

KÖNIG MINDON (1872)

Die Goldene Stadt

Ich bin viel zu früh aufgewacht, und jetzt weiß ich auch, warum. Nach dem gestrigen Abendessen war ich erschöpft in der Pianobar sitzen geblieben, gemeinsam mit etwa 30 deutschen Urlaubern. Der Pianist, ein älterer Birmane im schwarzen Smoking, hatte eine empfindsame Stimme, die mich an Marlene Dietrich denken ließ. Doch die Sonne und die Sinneseindrücke in Bagan hatten uns die Kräfte geraubt. So verschwanden alle sehr rasch in ihren Kabinen, zuerst das sonnengebräunte Ehepaar, das neben dem Flügel gesessen hatte, danach all die anderen und schließlich ich selbst.

Die *Road to Mandalay* hat in der Nacht alle Strömungen und Sandbänke gemeistert. Als das Morgenlicht durch die Fenster flutet, fällt mein Blick auf einen leuchtenden Stupa. Wir nähern uns Mandalay, und bei Sagaing, eine Stunde vor der Ankunft, ist die Landschaft erneut übersät mit buddhistischen Monumenten. Die Tropfen an den Scheiben verraten, dass es in der Nacht geregnet hat. Das frisch lackierte Sonnendeck ist glitschig vom tropischen Regenwasser. Wir haben die trockene Zone hinter uns gelassen und sind in den feuchten Norden vorgedrungen. Ich bin sicher, dass dieser Ausblick Claude Monet, dem Vater des Impressionismus, gefallen hätte. Vielleicht hätte er seine Staffelei vor dem Rettungsboot Nummer drei aufgestellt. Ein Bild aus dem Jahr 1873 zeigt zwei kleine Boote in der Morgendämmerung. Er nannte es »Impression, soleil levant«. So entstand, sicherlich unbeabsichtigt, ein neuer Begriff in der Malerei.

Sagaing, lese ich, ist das lebendige Zentrum des birmanischen Buddhismus, und mein Handbuch irrt sich nur selten. Von den weiten Hängen dringt das Echo der Cymbeln, Gongs und Glöckchen herüber – eine zeitlose Musik, erzeugt in Hunderten von Tempeln. Hierher kommen die Jungen und jungen Männer in der Regenzeit, um die Mönchsweihe zu empfangen.

Die Zeremonie wird *shin-pyu* genannt und ist eine Feierlichkeit, die ein ganzes Volk in stiller Andacht vereint. Im Hinterland leben Tausende von Mönchen, deren Genügsamkeit im Kontrast zum Verschwendungsreichtum der Natur steht, die Frangipanis, Bougainvilleasträucher, Mango- und Tamarindenbäume freigebig über die Landschaft verteilt hat. Während an Ufern und Hügeln immer neue Heiligtümer grüßen, erzählt mir ein klein gewachsener Birmane, dass die schönste, rundeste und verlockendste Pagode hinter einem der Hügel verborgen liege.

»Leider«, fügt er hinzu, »erinnert ihre Form an eine weibliche Brust.«

Die üppige Pagode wurde im siebzehnten Jahrhundert von König Thalun errichtet. Der Legende zufolge sollen ihr die Brüste seiner Lieblingsfrau als Vorbild gedient haben – allerdings vergrößert auf eine Höhe von 46 Metern und einen Durchmesser von 274 Metern. Für einen Augenblick gerate ich in Versuchung, einfach über Bord zu springen und an Land zu schwimmen, doch eine weitere Verlockung hält mich davon ab. Denn in der Ferne schimmert bereits der saftig grüne Mandalay-Berg, hinter dem sich, wie ein graublauer Rand, das mächtige Shan-Gebirge erhebt.

Die Anzahl der Boote hat auf den letzten Kilometern merklich zugenommen. Im rötlichen Morgenlicht kommt uns ein Klassiker der Kolonialzeit, die *Pandaw I*, entgegen, nun komplett restauriert und frisch lackiert. Gemeinsam mit der *Pandaw II* und der *Pandaw III* gehört sie zur legendären Irrawaddy Flotilla Company, die 1865 von geschäftstüchtigen Schotten gegründet worden war. In den zwanziger Jahren bestand die Flotte aus 650 Schiffen, vor allem Raddampfern, die ausnahmslos von den Werften entlang dem schottischen River Clyde gebaut worden waren. 1942 versenkten die Briten die Schiffe in der Hoffnung, die vorrückenden Japaner zu behindern, bestenfalls aufzuhalten. Ein Schiff nach dem anderen sank auf den Grund des Irrawaddy, wodurch die größte Privatreederei der Welt schlagartig verschwand. Doch die *Pandaw I* wurde 1947, natürlich am Clyde, wiedergeboren und begrüßt den Tag mit einem reinen, hellen Flötenton. Die *Road to Mandalay* antwortet mit einem dumpfen Tuten, und in der Ferne läuten die Tempelglocken.

Eine Stadt tritt aus dem Morgendunst, eine Stadt, die Kipling niemals kennen lernte, aber in 52 Strophenzeilen verewigte.

Mandalay. Die Stadt wurde 1857 gegründet. König Mindon, der damals über »Upper Birma« herrschte, besaß umfassende Kenntnisse der buddhistischen Schriften und Legenden. Eine Legende berichtet, wie Buddha den Mandalay-Berg bestieg. Während er seinen Blick über die weiten Täler schweifen ließ, erklärte er, dass am Fuße des Hügels dereinst – allerdings erst 2400 Jahre nach seinem Tod – eine große buddhistische Lehrstätte entstehen würde. König Mindon beschloss, diese Prophetie zu erfüllen, und verlegte den damaligen Königssitz Amarapura, inklusive 150 000 Birmanen, nach Mandalay. Dort wurde der neue Königspalast errichtet, worauf Mönche aus dem ganzen Land in die Goldene Stadt strömten, um die heiligen Schriften zu studieren.

»Unsere neue Stadt soll der Mittelpunkt des Universums sein«, verkündete der König.

Doch der erste Eindruck ist alles andere als golden. Der nächtliche Regen hat die Straßen nahezu unpassierbar gemacht. Der Trishawfahrer kurvt im Zickzack um Pfützen, wilde Hunde und liegen gebliebenen Müll. Die Reihen der morschen Häuser haben etwas Gespenstisches an sich. Doch in meinem Reiseführer bin ich auf ein königliches Hotel, zumindest einen königlichen Namen gestoßen: Das Royal City Hotel liegt nur einen Steinwurf vom Befestigungsgraben entfernt, der den alten Königspalast umgibt. Es handelt sich um ein bescheidenes Hotel – einen Legostein im Hochformat – mit kleinen Zimmern und niedrigen Preisen. Der Strom hat sich verabschiedet, der Lift steht still, aber wozu hat man Beine? Von der Dachterrasse aus lasse ich meinen Blick über den Mandalay-Berg, das Shan-Gebirge und ungezählte Dächer schweifen. Die Goldene Stadt soll eine Million Einwohner haben. Aus Straßen und Hofeinfahrten dringt der Lärm spielender Kinder und das Knirschen der Karren zu mir herüber. Ein Nachbarschaftsstreit, ein Dieselgenerator, ein knatterndes Moped, ein knisterndes Megafon, das an einem schiefen Laternenpfahl befestigt ist …

Ich mache es wie Buddha. Wer den Mandalay-Berg bezwingen will, muss 1729 Treppenstufen hinter sich bringen. Tausende tun dies täglich und werden, selbst wenn es regnet, nicht einmal nass dabei, denn das Blechdach über dem Wanderpfad hält tatsächlich dicht.

Der Trishawfahrer und ich. Gemeinsam biegen wir auf die 26. Straße ab und folgen dem westlichen Befestigungsgraben in nördliche Richtung. Durch einen Riss in der Wolkendecke fällt versöhnliches Licht auf die verwahrloste Stadt. Eitel, wie sie sind, spiegeln sich die Tamarindenbäume im stillen Wasser. Einen längeren Befestigungsgraben habe ich nie zu Gesicht bekommen. Der innere Palastbereich, geschaffen von König Mindon und zahllosen Menschenhänden, muss zu den größten und grünsten der ganzen Welt gehören.

Zwei kolossale weiße Löwen begrüßen den Pilger am Fuß des Mandalay-Berges. Sämtliches Schuhwerk wird in der Garderobe zur Rechten abgeliefert, dann erst der Aufstieg in Angriff genommen. Die meisten gehen barfuß, während ich einen sinnlosen Versuch starte, dem ausgespucktem Betelsaft und anderen Unreinlichkeiten zu entgegen, indem ich die Socken anbehalte. Viele Menschen haben sich an diesem Morgen auf den Weg gemacht. Unter dem gewölbten Blechdach vereinigen sich Stimmen aus dem ganzen Land. Dann fängt es sacht an zu regnen, erst leise, dann zunehmend lauter, ehe die wütenden Tropfen wie harte Perlen das Dach malträtieren. Die Ältesten unter uns, die Krummen, Müden und Hüftschwachen, nehmen auf jedem Treppenabsatz die Steinbänke in Anspruch, ehe sie keuchend weiterstapfen. Buddha, der so gern sitzt, steht nach 1000 Treppenstufen aufrecht da. Rank und schlank zeigt die vergoldete Figur mit erhobener Hand auf Mandalay und Umgebung, als wolle er sagen: »Hier soll die Stadt liegen!« Eine für ihn höchst ungewöhnliche Haltung. Zu seiner Rechten kniet sein Jünger Ananda, der ihn offenbar begleitet hat.

»Buddha war ein großer Reisender«, flüstert der aufsichtführende Mönch. »Manchmal ging er zu Fuß, zuweilen ließ er sich in einem Ochsenkarren ziehen, mitunter nahm er auch ein Boot.«

»Sind Sie sicher, dass er auch Birma besucht hat?«

»Ganz sicher. Er stand genau an dieser Stelle.«

Man kann davon ausgehen, dass Buddha viel herumgekommen ist, doch mit seinem ausgeprägtem Bedürfnis nach Meditation wird er lange Perioden an ein und demselben Ort verbracht haben. Vorwiegend war er im nördlichen Indien unterwegs. Ob er je nach Birma oder in andere Länder kam, wissen wir nicht. Die riesigen Entfernungen waren damals schwer zu überwinden. Um auf dem Landweg nach Mandalay zu gelangen, hätte er die weitläufigen, von zahlreichen Flüssen durchzogenen Ebenen des heutigen Bangladesch durchwandern und dann das zerklüftete Gebirge überwinden müssen, das die Grenze zu Birma markiert. Die Reise mit dem Boot wäre vielleicht einfacher gewesen, doch die armen Menschen, die ihn gegebenenfalls den langen Strom flussaufwärts hätten rudern müssen!

Hübsch ist sie zweifellos, diese Legende, und König Mindon nahm sie beim Wort. Unter persönlicher Beaufsichtigung des Monarchen wurde die Statue in den sechziger Jahren des neunzehnten Jahrhunderts errichtet.

Noch mehr Stufen. Ein Absatz folgt dem nächsten, und auf jedem steht ein kleines Heiligtum. Hoffnungsvolle Pilger glauben bereits den Gipfel erreicht zu haben, aber nein, die Himmelsleiter will einfach kein Ende nehmen. Da ein bisschen Abwechslung nottut, trinke ich Tee, esse Pflaumen, kaue Aprikosen und inhaliere den vom Regen verstärkten Duft der Wildblumen, die an den Berghängen wachsen. Auch die Astrologen sind inzwischen an Ort und Stelle. Eine von ihnen, Frau Thien, baut gerade ihren schiefen Tisch auf, als ich vorbeitrotten will. Sie ist eine lebhafte, schmale Frau, ohne Schuhe, doch mit einer violetten Seidenbluse und einem klein karierten knöchellangen *longyi* bekleidet.

»Ich bin 62«, sagt sie, »und wohne dort unten.« Sie dreht sich um und deutet auf eines der Dörfer in der Tiefe. »Seit 34 Jahren steige ich hier hinauf, um anderen Menschen zu helfen, und heute sind Sie an der Reihe!«

Sie bittet mich, auf einem kleinen Holzschemel Platz zu nehmen. Auf der weißen Tischdecke liegen ein paar zerfledderte Bücher. Die birmanischen Astrologen gehen ihrer Profession seit Jahrtausenden nach. Könige und Ministerpräsidenten haben ihnen ihr Ohr geliehen, und noch heute fungieren sie im Verborgenen als Berater auf allerhöchster Ebene. Frau Thien fragt mich zunächst nach meinem Geburtsdatum. Ohne den Blick zu heben, stellt sie sofort fest, dass ich an einem Dienstag geboren sei, was absolut richtig ist. Weitere Berechnungen folgen, doch nun nimmt sie ihre Bücher zur Hilfe. Auf einem Blatt Papier beginnt sie, absonderliche Schnörkel zu zeichnen. Danach will sie meine Hände begutachten. Da sie kurzsichtig ist, beugt sie sich so weit nach vorn, dass ihr Gesicht fast meine Finger berührt. Die lange Furche, die von der Handwurzel bis in die Mitte von Daumen und Zeigefinger verläuft, weckt ihr besonderes Interesse. Vorsichtig streicht sie mit dem Zeigefinger an ihr entlang.

Dann fällt sie ihr Urteil.

»Sie werden sehr alt werden, so viel kann ich sagen.«

»Schön zu hören.«

»Aber Sie sollten weniger Whisky trinken.«

»Whisky? Ich trinke niemals Whisky.«

»Ich sehe an Ihrer Hand, dass Sie Whisky trinken. Aber daran werden Sie nicht sterben. Nein, Sie werden sehr alt werden …«

»Wie alt?«

»Das verrate ich nie!«

»Könnten Sie nicht eine Ausnahme machen?«

»Sag ihm nur die Wahrheit«, kommt es aus der Ecke.

»Das ist meine Schwester«, sagt Frau Thien. »Sie ist zwei Jahre älter als ich.«

Die Schwester sitzt im Schneidersitz auf einer grünen Decke. Ihr Oberkörper ist leicht nach vorn geneigt. Um den Kopf hat sie ein gewürfeltes Tuch geschlungen, das ihr halbes Gesicht verdeckt.

»Sag ihm nur die Wahrheit«, wiederholt sie. Ihre krächzende Stimme klingt müde.

»Nun gut. Sie werden 98 Jahre alt.«

»Woran werde ich sterben?«

»Das verrate ich nie!«

»Sag ihm nur die Wahrheit«, wiederholt die Schwester zum zweiten Mal.

»Nun, es sieht ganz danach aus, als würden Sie durch ein Verkehrsunglück ums Leben kommen.«

»Was für ein Verkehrsunglück?«

»Sie werden aus einer Rikscha fallen. Jemand wird Sie in den nächsten Tempel bringen, wo Sie unter einer großen Messingglocke Ihr Leben beenden.«

»Können Sie mir auch sagen, wo das sein wird?«

»In Ihrem Heimatland.«

Viele Jahre habe ich also noch vor mir – viele Jahre und noch mehr Stufen. Der Regen prasselt weiterhin auf das Wellblechdach. Die Pilger stützen sich auf das Geländer, um zu beobachten, wie das Wasser die Hänge hinabschießt. Der Regengott hat zahlreiche kleine Bäche geschaffen. Als ich den Hals recke, sehe ich eine fette Schlange, die sich durch das Gras windet. In keiner Region des Landes gibt es mehr Schlangen als hier. Am meisten gefürchtet wird die Kettenviper. Auch Kobras und Pythons sind weit verbreitet, doch glücklicherweise ist der Python nicht giftig. Dafür ist er ein Meister im Erwürgen seiner Opfer. Wird er groß genug, kann er sogar einen erwachsenen Menschen verschlingen, so geschehen im Jahr 1927: Da entdeckte ein völlig ausgehungerter Zwanzig-Meter-Python nördlich von Mandalay einen schlafenden Jäger und machte kurzen Prozess mit ihm. Dasselbe wiederholte sich 1972, diesmal mit einem achtjährigen Jungen.

Ich erklimme die letzte Stufe und werde mit dem Anblick einer dunkelgrauen Regenwolke belohnt. Als ich auf dem Rückweg an Frau Thien vorbeikomme, bietet sie mir erneut ihre Dienste an, doch ich lehne dankend ab. Im Grunde bin ich äußerst zufrieden mit meinen Aussichten. 98 Jahre ist doch gar nicht übel, und was kann mir Schöneres passieren, als unter einer hübschen Messingglocke das Zeitliche zu segnen, noch dazu auf norwegischem Boden?

Der Regengott, erschöpft von der Mühsal der vergangenen Tage, scheint eine Pause zu brauchen. Langsam, wie ein Film in der Entwicklerflüssigkeit, tritt die Goldene Stadt hervor. Scharfe Sonnenstrahlen sprengen die Wolkendecke auseinander, und schon im nächsten Moment badet der Königspalast im strahlenden Scheinwerferlicht der Natur. Nach König Mindons Willen sollte die Goldene Stadt die »kosmischen Gesetze« widerspiegeln.

Jede Straße, jede Mauer und sichtbare Linie der Metropole sollte nach einer der vier Himmelsrichtungen ausgerichtet werden. Wichtige Gebäude wurden nach demselben Prinzip gebaut. Es entstand eine Art Schachbrett, das jetzt wie ein grünes Quadrat zu meinen Füßen liegt. Die Mauer, die den Königspalast umgibt, ist angeblich 2400 *ta* oder 7920 Meter lang – kein Zufall, denn König Mindon wollte, dass ihre Länge der Anzahl von Jahren entsprach, die seit Buddhas Tod vergangen waren.

Auf Anweisung des Königs wurde eine große Anzahl von Menschen unter jedem der Tore, in jeder Ecke, ja selbst unter dem Thron lebendig begraben. Die Opfer sollten als ruhelose Geister weiterleben und jeden abschrecken, der sich dem Palast mit bösen Absichten nähern würde. James George Scott hat erzählt, wie die Menschen panikartig die Stadt verließen, als sie von den geplanten Menschenopfern erfuhren. Die Boote auf dem Irrawaddy platzten aus allen Nähten. Die Menschenopfer hatten im Grunde nichts mit dem Buddhismus zu tun, doch König Mindon war wie die meisten Birmanen ein Kind zweier Welten, des Buddhismus und der vorbuddhistischen Zeit.

Ursprünglich hatte der Palast zwölf Eingangstore, die jeweils mit einer Brücke verbunden waren, die den Befestigungsgraben überquerte. Heute werden noch vier von ihnen benutzt. Hinter den Mauern schwelgte der König in unerhörtem Luxus, während sich die Briten weiterhin mit der Kontrolle über »Lower Burma« begnügten.

1872 war König Mindon stolzer Gastgeber des sechsten buddhistischen Konzils, zu dem Mönche von nah und fern nach Mandalay anreisten. Aus gegebenem Anlass waren 2400 (!) geduldige Mönche damit beschäftigt, den *Tipitaka*, das heilige Buch des Theravada-Buddhismus, in Marmorplatten zu ritzen. Jede Steinplatte dieses »längsten Buchs der Welt« wurde anschließend in einer eigens errichteten weißen Pagode aufbewahrt. »Es ist vollbracht«, erklärte der König. »Wir haben die Goldene Stadt errichtet und die Worte unseres großen Lehrmeisters in Stein gemeißelt.«

König Mindon starb 1878. Zahlreiche Söhne schielten nach dem Thron, aber der König hatte keinen von ihnen zu seinem Nachfolger ernannt. Es folgte eine blutige Familienfehde, an deren Ende sich Mindons Sohn Thibaw durchsetzte. Doch auch nach seiner prunkvollen Krönung kam der Palast nicht zur Ruhe. Aus ständiger Furcht vor Intrigen ließen er und die Königin Hsinbyumashin weitere Familienmitglieder, darunter mehrere Brüder und Onkel, ermorden.

Als das Massaker beendet war, wurde die Stadt von einer Pockenepidemie heimgesucht. Kinder und Erwachsene starben wie die Fliegen. Zu allem

Elend brach auch noch der Tiger des Königs aus seinem Käfig aus. Der Anblick des brüllenden Raubtiers in Mandalays Straßen wurde als Zeichen betrachtet, dass die Tage der Goldenen Stadt gezählt seien. Die Astrologen bei Hofe rieten dem König zu weiteren Menschenopfern, um der Krise Herr zu werden, was James George Scott zufolge abermals eine ungeheure Panik in der Stadt auslöste. Als der König sah, wie seine Untertanen Hals über Kopf das Weite suchten, überlegte er es sich anders und opferte offenbar sehr viel weniger Menschen als ursprünglich geplant.

Nur wenigen Ausländern wurde je eine Audienz beim jungen König gewährt – im Gegensatz zum unermüdlichen Scott, dem gleich mehrmals die Ehre zuteil wurde. Doch sein Urteil fiel vernichtend aus:

»Seine strahlende Majestät, Herrscher über die Stadt Mandalay, Herr der aufgehenden Sonne, Kaiser der Imperien Thumaparanta und Zampudipa [...] König aller Könige und Beherrscher des Universums – er hat einen abscheulichen Charakter. Er ermordet seine Brüder und Schwestern – und er trinkt Gin.«

1885 waren die Briten mit ihrer Geduld am Ende. Englische Truppen nahmen Mandalay ein, setzten König Thibaw ab und schickten ihn ins Exil. Endlich konnte das britische Empire ganz Birma sein Eigen nennen, und auf dem Königspalast wurde eine neue Fahne gehisst, die britische. Das Palastgebiet wurde fortan Fort Dufferin genannt. Britische Soldaten und Offiziere zogen ein und verwandelten die herrschaftlichen Räume in eine Kaserne. Der Audienzsaal der abgesetzten Königin wurde zum »Upper Burma Club« umgestaltet, in dem der Whisky floss.

Viele Jahre später, 1942, wurden die Briten von den Japanern davongejagt. Doch sie kehrten zurück. So unerbittlich tobten die Kämpfe, dass sämtliche Gebäude dem Erdboden gleichgemacht wurden – mit Ausnahme eines einzigen kleinen Tempels.

»Können Sie die Turmspitze erkennen?«, fragt mich ein Birmane, der offenbar erfolglos durch sein Fernglas geschaut hat. Jetzt darf ich mein Glück versuchen, doch auf zwei, drei Kilometer Entfernung ist es wirklich nicht leicht, sie zu identifizieren.

Im Herzen des königlichen Palasts ragte einst eine lange Spitze in den Himmel. Die Briten haben sie zerstört, doch Birmanen mit einem Sinn für ihre Geschichte haben sie längst wieder aufgebaut. Mit Hilfe der ursprünglichen Spitze kommunizierten Mindon und Thibaw mit den himmlischen Mächten. Wenn sie mit diesen in Kontakt treten wollten, knieten sie in der Pagode nieder, auf der sich die Spitze befand. Doch von hier aus kann ich nur ihr zum Himmel strebendes Dach ausmachen. Selbst vom Mandalay-Berg aus wird das Palastgebiet größtenteils von Bäumen verdeckt. Nur hier und da lassen sich die Gebäude dahinter erahnen.

Besser zu erkennen sind hingegen die Pagoden, in denen das längste Buch der Welt aufbewahrt wird. Sie liegen am Fuße des Hügels und sehen aus wie ein Wirrwarr kleiner, weißer Zuckerhüte. »Hier«, sagt der Mönch, der den ersten von ihnen bewacht, »hier beginnt der *Tipitaka*.« Die 2400 Mönche benötigten ein halbes Jahr, um den Text in die Marmortafeln einzuritzen. Danach wurde er mit Blattgold überzogen.

»Das Blattgold ist nicht mehr da«, bemerkt der Mönch. »Aber der Text kann niemals verschwinden. Weder ein Feuer noch der Monsun können ihm etwas anhaben.«

Auf dem Rückweg ergreife ich die Chance, dem Palast einen Besuch abzustatten. Ausländer haben nur über das Osttor Zugang, dafür bekomme ich aber auch vier Fremdenführer, zwei Männer und zwei Frauen. Da sie ein ausgeprägtes Dienstleistungsbewusstsein haben, stellen sie sich sogleich als Mike, Giggs, Liza und Betty vor. Gemeinsam schlendern wir durch den kühlen Tamarindenwald. Die Wege sind natürlich schnurgerade, wie der Himmel es befohlen hat. Mike erklärt, man habe versucht, die Gebäude so nachzubauen, wie sie einst gewesen sind, als kleine, bordeauxrote Teakpaläste mit luftigen, geschichteten Dächern. Die Paläste früherer Zeiten bestanden ausschließlich aus Teak, doch die Architekten unserer Tage haben sich die Freiheit genommen, sie mit Betonsäulen zu stützen. Hinter den Wänden geht der Blick oft ins Leere. Die einstigen Schätze befinden sich im British Museum und anderen Sammlungen. Selbst der pompöse Löwenthron ist nur eine lausige Attrappe.

Schließlich heben wir die Köpfe, um die schnurlose Verbindung des Königs mit dem Himmel zu bewundern. Die hübsche Spitze schießt 79 Meter weit in die Höhe.

Doch der Himmel ist manchmal ein schlechter Ratgeber, und so haben – 120 Jahre nach Thibaws Sturz – Vögel, Eidechsen, Grashüpfer sowie kleine, pechschwarze Regenwürmer längst ihre Herrschaft über den Palast angetreten. Rot und grün gefleckte Vögel, die an Papageien erinnern, singen den Monsun herbei. Ihre Arien mischen sich mit dem ewig plappernden Gezwitscher sowie den schrillen Pfeiftönen ihrer Artgenossen. Zwei geschäftige Eichhörnchen kreuzen unseren Weg, auch sie scheinen ihre Freude an dem täglichen Regenguss zu haben. Alles sprießt und gedeiht, auch der Reis auf den umliegenden Feldern, und manche Birmanen behaupten sogar, sie könnten ihn wachsen hören.

Betty hat ihren Job erst vor kurzem angetreten. Neue Vokabeln trägt sie in ihr Notizbuch mit dem rosa Plastikumschlag ein. Mike ist ihr bei der Schreibweise und Aussprache behilflich. Besondere Schwierigkeiten scheint ihr das Wort »dictatorship« zu bereiten. Mike erklärt ihr die Bedeutung anhand des Ausnahmezustands in Indien in den siebziger Jahren. Über Birma verliert er kein Wort.

»*I'm still a student*«, sagt Betty bescheiden und lacht.

Das Ende der Öffnungszeit naht. Während wir uns in Richtung Ausgang bewegen, wird mir bewusst, dass ich den Palast nahezu für mich allein gehabt habe. An menschlichen Wesen haben ich nur ein paar Fremdenführer, Gärtner, Wächter und eine Handvoll anderer Besucher zu Gesicht bekommen. »In der Regenzeit bleiben die Leute lieber daheim«, erklärt Mike, der auf die Uhr sieht und nach Hause will. Ob Regenzeit oder nicht – die Mehrzahl der Birmanen kann sich die Freuden des Urlaubs nicht leisten, und Ausländer entscheiden sich in der Regel für andere Ziele.

Am Osttor verabschiede ich mich von Mike, Giggs, Liza und Betty. Höchste Zeit für die Rückkehr, ehe der große Regen einsetzt. Mandalay muss eine der wenigen asiatischen Städte sein, in denen die Fahrradfahrer das Straßenbild dominieren. Doch die Motorroller sind auf dem Vormarsch, und wer es sich leisten kann, fährt einen japanischen oder südkoreanischen Kleinwagen. Ich selbst bevorzuge weiterhin die Trishaws. Wir machen einen kleinen Umweg, der Fahrer und ich, und halten vor dem Eingang des noblen Mandalay Hill Resort. In der Lobby entdecke ich die Kipling's Bar, doch die Gäste lassen sich an zwei Händen abzählen. Die Musiker sitzen mit überkreuzten Beinen vor ihren Instrumenten und trinken Tee.

Mandalay wird gern als Birmas kulturelle Hauptstadt bezeichnet. Doch auch hier ist das kulturelle Leben einer strengen Zensur unterworfen, und die meisten Leute gehen früh ins Bett. Manche schließen den Tag mit einem Kinobesuch ab. Andere suchen die kleinen Theater auf, in denen Geschichtenerzähler, Gaukler und Spaßmacher versuchen, dem Publikum ein paar Reaktionen zu entlocken. Jede Vorstellung kultureller Art wird als *pwe* bezeichnet. Diejenigen des *yok thei pwe*, des birmanischen Puppentheaters, sind für gewöhnlich ausverkauft. Der Meister hinter dem Vorhang scheint unerklärlich viele Puppen gleichzeitig zum Leben zu erwecken, und auch für den Dialog kann er kaum allein verantwortlich sein. Die Geschichten sind allesamt »harmlos«, spielen sie doch in mythischer Vorzeit, und sollte jemand von der Zensurbehörde unter den Zuschauern sein, kann er nach der Vorstellung beruhigt nach Hause gehen.

Viele Theatergruppen ziehen von Ort zu Ort. In den kleinen Dörfern versammeln sich die – allem Anschein nach – unterernährten Einwohner vor den provisorischen Bambusbühnen mit den schmuddeligen Vorhängen. Oft treten die Gruppen an Geburtstagen, auf Hochzeiten und Begräbnissen auf. Die berühmten »Schnurrbart-Brüder« führten ein solch unstetes Leben, und wohin sie auch kamen, stießen sie auf eine demoralisierte Bevölkerung. Den Menschen fehlte es an allem, an Grund und Boden, an Arbeit, Schule, Medizin, Versammlungsfreiheit, Redefreiheit, Gerechtigkeit. Die öffentlichen Proteste gegen Ende der achtziger Jahre ließen neue Hoffnung aufkeimen, und während des Wahlkampfs 1990 erreichte die optimistische Stimmung ihren Höhepunkt. Das Wahlsymbol der Nationalen Liga für Demokratie (NLD) war ein Bauernhut. Par Par Lay, einer der Brüder, ergriff die Gelegenheit und rief: »Dieser Bauernhut, liebes Publikum, ist groß genug, um ganz Birma zu beschützen!«

Er erntete tosenden Applaus. Die Junta war jedoch weniger begeistert und verurteilte Par Par Lay zu einem Jahr Gefängnis.

Sechs Jahre später wurden die Schnurrbart-Brüder von Aung San Suu Kyi nach Rangun eingeladen. Die NLD wollte an Birmas Unabhängigkeitstag eine Massenkundgebung veranstalten – und warum sollten auf dieser die Leute nicht auch ein wenig unterhalten werden? Zu dieser Zeit genoss Suu eine ihrer kurzen Phasen in Freiheit. Die Erwartungen waren groß, als Par Par Lay und Lu Zaw die Bühne betraten. Der dritte der Brüder, Lu Maw, war in Mandalay geblieben, um nicht Gefahr zu laufen, dass womöglich alle drei gleichzeitig verhaftet würden. Par Par Lay sagte gleich zu Beginn, dass ihm seine Liebe zur Demokratie schon ein Jahr Gefängnis eingebracht habe. »Aber hin und wieder will man doch reden, wie einem der Schnabel gewachsen ist, und wenn Sie das zum Lachen reizt, dann tun Sie sich keinen Zwang an ...«

Es wurde eine so großartige Veranstaltung, wie Birma sie seit Jahrzehnten nicht mehr erlebt hatte, um Suu zu zitieren. Die Zuhörer schütteten sich förmlich aus vor Lachen, doch wieder gab es einige unter ihnen, die das alles überhaupt nicht komisch fanden. Drei Tage später wurden die beiden Brüder in ihrem Haus in Mandalay verhaftet. Man warf ihnen vor, die Sicherheit des Staates gefährdet zu haben. Aung San Suu Kyi bot an, als Zeugin vor Gericht zu ihren Gunsten auszusagen. Doch als sie am Tag des Prozesses im Zug nach Mandalay saß, trat unterwegs ein »technisches Problem« auf, das zwingend erforderlich machte, ihren Wagen abzukoppeln. Man brachte sie zurück nach Rangun, während die Brüder zu einer siebenjährigen Haftstrafe verurteilt wurden. 2001 wurden die Brüder vorzeitig entlassen, worauf alle drei ein Wiedersehen in ihrem Haus in der 39. Straße feiern konnten. Ich frage mich, ob sie dort immer noch wohnen und ihre Späße treiben.

»M-o-u-u-u-u-s-t-a-c-h-e«, flüstert der Trishawfahrer, der zu mir aufschließt.

Es ist Abend. Erneut hat es zu regnen begonnen, doch der Trishawfahrer hat ein überdachtes Gefährt sowie drei Brüder mit Bart im Angebot. Wir biegen in die 78. Straße ein und rollen an einem Teehaus, einem Goldschmied, dem neuen Bahnhof sowie der Pater-Lafon-Kirche vorbei. In den Häusern ist es dunkel. Die Goldene Stadt lebt auf Sparflamme. Aus Kohleöfen steigt graublauer Rauch. Auf der 39. Straße hat das Regenwasser breite Bäche gebildet, und 100 Meter, bevor wir am Ziel sind, muss der Fahrer abspringen, um sein Fahrradtaxi über einen mit Wasser gefüllten Krater vorsichtig hinwegzuschieben. Doch schon belohnt mich der Anblick eines Schilds: MOUSTACHE BROTHERS. Darunter sitzt ein kleingewachsener bärtiger Mann.

»Willkommen!«, ruft er. »Willkommen am Mandalay Broadway!«

Die Schnurrbart-Brüder danken dem Himmel, dass sich direkt vor dem Eingang ein kleiner See gebildet hat. »Heute Abend kommen ganz bestimmt keine Spitzel!« Damit ich trockenen Fußes ihr Haus betreten kann, holt er drei lange Holzlatten und legt sie über die riesige schmutzigbraune Pfütze. Seit vier Jahren dürfen die Schnurrbart-Brüder nicht mehr öffentlich auftreten. Aber in ihren eigenen vier Wänden springen, tanzen, reden und lachen sie wie in alten Zeiten.

Ich bin früh gekommen, doch Lu Maw, mit *longyi*, weißem Hemd und grauer Weste bekleidet, begrüßt mich wie einen alten Freund. Schon im nächsten Moment sitze ich auf einem rosa Plastikstuhl. »Die Show beginnt in einer Dreiviertelstunde, selbst wenn Sie der einzige Zuschauer bleiben sollten.« Er schlägt sich grinsend auf die Schenkel. Der liebenswürdige Schnurrbart-Bruder weiß gar nicht, was er mir alles Gutes tun soll. In einem Augenblick schenkt er mir Tee ein, im nächsten erzählt er Witze, und kurz darauf kommt er mit einem Album voller vergilbter Zeitungsausschnitte angelaufen.

»Schauen Sie!«, sagt er beim Blättern. »Alle großen Zeitungen in der Welt haben über uns geschrieben! Die *Sun*, die *Times*, *Washington Post*, *Le Monde*, *Die Welt*, *El Pais*, *Sydney Morning Herald*, *The Straits Times*, *Asahi Shimbun*, *South China Morning Post* – alle! Ach übrigens, aus welchem Land kommen Sie eigentlich?«

»Aus Norwegen.«

»Norwegen? Das Land, in dem der Friedensnobelpreis verliehen wird? Sie sind heute Abend unser Ehrengast! Blättern Sie weiter, wir haben auch einen Zeitungsausschnitt aus Norwegen.«

Tatsächlich, auch *Aftenposten* hat über die Schnurrbart-Brüder berichtet. Doch habe ich immer noch nicht entdeckt, wer da hinter Glas über meinem Kopf hängt. Das Farbfoto zeigt vier lachende Birmanen, die Schnurrbart-Brüder und Aung San Suu Kyi.

Birmas meist diskutierter Theaterraum erinnert an eine umgebaute Garage. Draußen auf der Straße hat sich ein Halbkreis neugieriger, halb nackter Kinder gebildet. Aus der Dunkelheit tritt ein junges israelisches Paar, dem zwei deutsche Frauen folgen. Eine von ihnen verliert das Gleichgewicht, was ihr einen schmutzigen Schuh und einen nassen Fuß einbringt. Die nächsten Zuschauer, ein lächelndes thailändisches Paar, überqueren die Planken mit größter Leichtigkeit. Fünf Minuten vor Beginn der Vorstellung stellt Lu Maw fest, dass tatsächlich sieben der fünfzehn Plastikstühle besetzt sind. »Ist doch gar nicht so übel, denn Touristen sind rar, und das Wetter ist scheußlich. Und denken Sie daran, Birmanen haben hier keinen Zutritt, das haben die CIA und der KGB so angeordnet. Sonst wären hier längst 50 Millionen Menschen!«

Vor die Öffnung zur Straße wird ein leichter Vorhang gezogen, damit weder staatliche noch private Spione zu sehen bekommen, was hier geschieht. Der Kassettenrekorder wird eingeschaltet. Par Par Lay, Lu Zaw und Lu Maw treten auf, worauf die kleine Höhle in der 39. Straße unter einer wilden Abfolge von Liedern, Tanzeinlagen und Standup Comedy explodiert. Die benachbarte Küche dient als Garderobe. Ein Trommelwirbel, und Par Par Lay ergreift das Wort: »Eine wichtige Durchsage, meine Damen und Herren: Falls die CIA und der KGB kommen, machen wir uns aus dem Staub, und Sie werden verhaftet!« Darauf flüchten die drei Komiker Hals über Kopf in die Küche, um im nächsten Moment barfüßig, großäugig und verängstigt wieder in den Theaterraum zu schleichen.

Durch Schaden klug geworden, benutzen sie einen Kode, wenngleich dieser leicht zu entschlüsseln ist. CIA und KGB sind Synonyme für die Junta. In der nächsten Stunde brennen die Schauspieler ein Feuerwerk grimmiger Komik ab. Die drei birmanischen Landplagen Inflation, Korruption und die ständigen Stromausfälle sind sozusagen die *Running Gags* des Programms. Plötzlich tänzelt Ma Win Mar, die Ehefrau Par Par Lays, herein. Sie ist stark geschminkt, trägt ein buntes Kostüm und führt einen akrobatischen Akt nach dem anderen auf, während der unermüdliche Lu Maw Tonmeister, Requisiteur, Kellner und Conférencier in einer Person ist.

»Geizen Sie nicht mit Applaus! Nur keine falsche Bescheidenheit!«, ruft er. »Senden Sie der Straße eine Botschaft, geben Sie der Welt zu verstehen, dass die Schnurrbart-Brüder immer noch am Leben sind!«

Am Ende gehen die Brüder in die Hocke, legen lächelnd die Arme umeinander und halten drei Plakate in die Höhe. »*KGB*« steht auf einem, »*Most wanted*« auf dem anderen, während das dritte verkündet: »*Moustache Brothers Are Under Surveillance.*«

Nach der Vorstellung frage ich Lu Maw, ob er noch Zeit für ein Gespräch habe. »Selbstverständlich«, antwortet er. Die Schnurrbart-Brüder leben von den wenigen Touristen, die nach Mandalay kommen. Je mehr von ihnen erzählen, desto besser. Wir setzen uns in die Küche, umgeben von Masken, Hüten, falschen Bärten, Leim und Puder, Sicherheitsnadeln und Puppen. Ma Win Mar, die sich abgeschminkt hat, schenkt Tee ein, während Lu Maw zu erzählen beginnt. »Diese Form der Unterhaltung nennen wir *ah-nyeint*«, sagt er. »Das ist eine alte birmanische Kunstgattung, eine Mischung aus Tanz, Musik, Oper, Drama und Komödie. Die Themen stammen aus dem Alltag. Die Machthaber zum Narren zu halten, war von jeher ein Bestandteil der *ah-nyeint*-Tradition. Selbst die Briten wurden mit Komik und Tanz lächerlich gemacht. Aber die Umstände sind schwierig geworden.«

Lu Maw ist der Einzige von ihnen, der englisch spricht. Die anderen nicken hin und wieder. Nun, da ihr Lachen verstummt ist, haben ihre Gesichter einen melancholischen Zug angenommen. Alle sind sie in den Fünfzigern. 35 Jahre auf der Bühne sind nicht spurlos an ihnen vorübergegangen. Par Par Lay und Lu Zaw leiden noch immer an den Folgen von Gefängnis und Arbeitslager. Die bescheidenen Einkünfte aus den Vorstellungen halten sie über Wasser. Außerdem verdienen sie sich durch den Verkauf ihrer selbstgemachten Marionetten ein wenig hinzu. Es sind schöne, festlich gekleidete Puppen aus der alten Sagenwelt. »Das ist Mintha«, sagt Lu Maw, einen Prinzen von der Wand nehmend. »Und das ist Minthamee, die Prinzessin.«

In der Ferne hören wir Rufe, Trommelschläge und Gesang. Auch in der Nachbarschaft wird Theater gespielt. Nein, die *ah-nyeint*-Tradition ist nicht tot, doch wer könnte sich schon mit den Schnurrbart-Brüdern messen? Sowohl die Brüder als auch ihre Schwestern, Ehefrauen und Kinder begleiten mich zur Tür. Lu Maw wiederholt: »Erzählen Sie der Welt, dass die Schnurrbart-Brüder noch am Leben sind!« Der See vor dem Haus Nr. 23 ist noch angeschwollen; Par Par Lay muss eine weitere Planke holen.

Ich bedanke mich bei den Brüdern für diesen denkwürdigen Abschluss meiner sechsmonatigen Reise. Doch Lu Maw protestiert. Der letzte Akt findet morgen statt.

Kandidat! Bist du ein Mensch?

AUS DEM ORDINATIONSRITUAL DES THERAVADA-BUDDHISMUS

Shin-pyu

Der Tag ist nass, aber großartig! Die Regenzeitklausur ist gekommen. Zeit für den *shin-pyu*.

Von den überschwemmten Reisfeldern des Südens bis zum windumtosten Hkakabo Razi im Norden – von überallher kommen Hunderttausende Jungen und junge Männer, die als Novizen in den Mönchsstand aufgenommen werden wollen. Manchen wird das Klosterleben so gut gefallen, dass sie später als Mönche womöglich für immer im Kloster bleiben werden. Andere werden im Lauf von Wochen oder Monaten zu ihrem früheren Leben zurückkehren.

Für die ordinierten Mönche bedeutet die Regenzeitklausur drei Monate stiller Meditation. Keine Wanderungen, keine Reisen, nichts als Stille. Die einzige Form von Unterhaltung ist der Regen, der sich wie eine warme, feuchte Decke über Land und Leute gelegt hat.

Die *shin-pyu*-Zeremonie findet bei Vollmond statt, doch als ich gestern Abend zu Bett ging, sah ich keine goldene Scheibe. Der Regengott hingegen war umso verschwenderischer, und auch heute lässt er sich nicht lumpen. Der Mandalay-Berg hält sich hinter einer gespenstischen Nebeldecke verborgen, als wolle er weiterschlummern, ohne von herrenlosen Hunden und zudringlichen Pilgern belästigt zu werden. Auf der anderen Straßenseite ist eine Trishaw im Platzregen umgekippt. Der Vorhang, der eigentlich vor einem Frisiersalon hängt, findet sich inmitten einer nassen Baumkrone wieder. Aus Rohren und Regenrinnen sprudelt das Wasser, während sich die wenigen Radfahrer in ihren durchsichtigen Plastikhüllen mit verzerrten Gesichtern und klitschnassen Haaren die Straße entlangkämpfen.

Unglaublich, wie sehr die Geckos in den letzten Tagen gewachsen sind! Jeden Morgen habe ich sie mit Argusaugen beobachtet. Einen von ihnen nenne ich Großen Bruder. Als ich vor einer Woche eingezogen bin, war er ein ganz niedliches Kerlchen, doch inzwischen hat er sich an den unzähligen Insekten der Regenzeit dick und rund gefressen. Einen fetteren Gecko hat die Welt noch nicht gesehen. In den letzten beiden Tagen klebte er vollkommen unbeweglich über meinem Kopf an der Decke. Seine kleinen Glubschaugen sind mir nicht geheuer. Der Boy, der jeden Morgen die Teekanne füllt, hat mir erzählt, in Birma gebe es über 100 Eidechsenarten. Doch im Grunde lassen sich diese in zwei Arten unterteilen – die, die drinnen, und die, die draußen sind. Und Großer Bruder gehört definitiv zur ersten Kategorie. Gestern habe ich versucht, ihn aus dem Zimmer zu jagen, doch als ich die Tür öffnete, sprangen sofort zwei neue zu mir herein.

In Mae Hong Son hatte ich mehr Glück. Als die Kühlschranktür offen stand, hopste der dortige Große Bruder ins Eisfach und erfror. Doch inzwischen weiß ich die Gegenwart der Geckos durchaus zu schätzen. Wer ihnen gut zuredet, der wird von Fliegen, Mücken, Käfern und anderen Quälgeistern verschont bleiben. Außerdem dürfen wir Menschen nicht töten. Vor Ende dieses Tages werden Millionen junge Männer in ganz Asien ein heiliges Gelübde ablegen, dass sie sich ihr Leben lang von Mord und Gewalt, Lüge, Diebstahl und anderen Sünden fernhalten werden.

»*Mister*!«, ruft der Boy und klopft an die Tür. »Das Boot nach Mingun geht in einer Stunde.«

Die Ufer des Irrawaddy wimmeln von festlich gekleideten Menschen. Das Boot ist bis zum Rand gefüllt. Noch eine Eidechse, dann wird es sinken. Mingun liegt auf der anderen Seite des Flusses, ungefähr zwei Stunden von hier in nördlicher Richtung. Der Boy hat mir diese Fahrt empfohlen, in erster Linie wegen der bevorstehenden *shin-pyu*-Zeremonie, doch auch, damit ich Gelegenheit habe, die Fragment gebliebene Mingun-Pagode sowie die größte Glocke der Welt zu betrachten, die 1808 in Bronze gegossen wurde.

Zum Glück ist aus dem Wolkenbruch ein lauwarmer Sprühregen geworden. Über dem breiten Fluss wabern weiße Nebelschwaden, die Luft ist schwer und klamm. Am heutigen Tag sind viele zusätzliche Boote unterwegs: ein rostiges Fischerboot, eine reaktivierte Fähre, ein Bambusfloß, ein mit Obst beladener Kahn und viele andere. Vor einem blauen Holzboot mit Außenbordmotor stehen mehrere ernste Jungen. Auch sie sollen nach Mingun. Alle laufen wild durcheinander auf der Suche nach einem Sitzplatz – ich eingeschlossen. Ein barmherziger Mann sieht meine Orientierungslosigkeit und zieht mich am Arm. »Hier entlang, schnell!«

Doch die Eile ist vergebens. Während unsere schwimmende Rostlaube in nordwestliche Richtung tuckert, halten sich die Passagiere aneinander fest, so gut es geht. Als wir unterwegs mit schwerem Treibholz kollidieren, läuft ein unheilvolles Zittern durch den Rumpf. Doch kurz darauf tritt die unvergleichliche Mingun-Pagode wie ein brauner, viereckiger Berg aus dem Nebel. Vor über 200 Jahren wollte der König, der über dieses Gebiet herrschte, die größte Pagode der Welt errichten. Er brauchte eine angemessene Behausung für Buddhas Zahn, den er vom mächtigen Kaiser von China geschenkt bekommen hatte. Die Pagode sollte 170 Meter hoch werden, damit er sie von seinem 22 Kilometer entfernten Palast aus sehen konnte. Um ihre Entstehung zu überwachen, zog er während der Bauarbeiten auf eine Insel, die sich in der Mitte des Flusses befand. Die Mehrzahl der Arbeiter, rund 50 000 Mann, wurde aus dem Westen des Landes zwangsrekrutiert.

Doch dann lief das Projekt aus dem Ruder. Die Arbeiter begannen ob der großen Anstrengung zu murren. Einige Aufrührer flüchteten gar über die Grenze nach Britisch-Indien, und um dem Ganzen die Krone aufzusetzen, bebte auch noch die Erde und spaltete das provisorische Heiligtum in zwei Hälften. So steht es da bis auf den heutigen Tag, einsam und verlassen, 100 Meter breit und 50 Meter hoch, doch imponierend genug, um dem Betrachter die Sprache zu verschlagen.

Mingun selbst ist ein kleiner Ort, der ohne die Pilger wie ausgestorben wirken würde. Die meisten Einwohner leben offenbar vom Verkauf der Strohhüte, Regen- und Sonnenschirme. Am heutigen Tag scheinen wirklich alle auf den Beinen zu sein, um ihre einheimischen Erzeugnisse anzubieten. Ich halte einen Regenschutz für angebracht, und mein Strohhut kostet nur 60 Cent. Die lokalen Taxis in Gestalt von Ochsenkarren sind in höchster Bereitschaft, desgleichen die Münz- und Amulettverkäufer, die Schmuckhändler und Geldwechsler. Mingun hat sich mächtig herausgeputzt, viele tragen ihren Sonntagsstaat. Doch die Jungen, die bald Novizen sein werden, sind auffallend ernst. Die meisten von ihnen scheinen zwischen zehn und fünfzehn Jahre alt zu sein. Vor wenigen Tagen haben sie an einer langen Prozession durch die Straßen von Mandalay teilgenommen. Einige waren gekleidet wie Prinzen, mit brokatdurchwirkten Seidengewändern und goldenen Kopfbedeckungen. Ihre schimmernden Kleider sollten den irdischen Reichtum symbolisieren, auf den sie hinfort verzichten müssen.

Nun wartet das klösterliche Leben auf sie. Langsam bewegt sich die unruhige Menge auf das in den Fels geschlagene Kloster zu. Die Eltern tragen die spärliche Habe, mit der ihre Söhne in nächster Zeit auskommen müssen – einen *longyi*, das Mönchsgewand, einen Umhang, einen Gürtel, eine schwarz lackierte Almosenschale, ein Rasiermesser, eine Nähnadel, um die Kleider zu flicken, und einen Lappen als Filter, um das Wasser zu reinigen.

»Immer mit der Ruhe«, sagt der Mann, der mir an Bord half. »Die Zeremonie fängt später an.«

Er zeigt in den Himmel und macht den Regen für die Verzögerung verantwortlich.

Wir haben also genug Zeit, uns unter einer Baumkrone niederzulassen und ein wenig Tee zu trinken. Nur 100 Meter von uns entfernt, ragt – wie eine ewige Erinnerung an den Irrsinn der Mächtigen – die braune Pagode vor uns auf.

»König Bodawpaya regierte 38 Jahre lang«, erzählt er. »So viel ich weiß, hatte er 122 Kinder und 208 Enkel, dennoch starb er als unglücklicher Mann. Hier sehen Sie, warum.«

Das Erdbeben, das dem Bauprojekt für immer ein Ende bereitete, ereignete sich 1838, ein Vierteljahrhundert nach dem Tod des Königs. Die Risse verlaufen kreuz und quer durch das Gebäude, doch lange vor dieser Naturkatastrophe statteten die Männer des Königs die inneren Räume mit mehreren tausend silbernen und goldenen Statuen aus. Hinzu kamen Amulette und wertvolle Schriften, nicht zu vergessen Buddhas weißer Zahn. Für eine nagelneue englische Erfindung, eine Sodawassermaschine, war auch noch Platz, wenn wir dem britischen Abgesandten Hiram Cox Glauben schenken dürfen. Schließlich wurden die Wände mit Blei verstärkt und die Kammern versiegelt.

Von der Pagode, die die größte der Welt hätte werden sollen, schlendern wir auf nassen Pfaden zu der größten intakten Glocke der Welt. Das bronzene Unikat wiegt 101,6 Tonnen. Während des Erdbebens von 1838 fiel sie herab, doch die Schäden waren nur gering, und so wurde sie von tüchtigen Männern in einem massiven Turm aus Eisen und Holz wieder aufgehängt. Mögen der Turm, die Bolzen und riesigen Eisenhaken das nächste Erdbeben überstehen! Auf einer Messingplatte lese ich, die »Mingun Bell« sei vierzehn Mal so groß wie ihre Schwester in der St. Paul's Cathedral in London, doch weniger als halb so groß wie die defekte Zarenglocke des Kreml. Mehrere Mönche sitzen in stiller Andacht um sie herum, und wie es sich ziemt, haben Buddhas Kinder einen hübschen Pavillon über dem Bronzewunder errichtet. Darüber schichtet sich in mehreren Lagen ein rotes Dach, das wiederum in einer dünnen, himmelstrebenden Spitze endet.

Meine neue Bekanntschaft verliert sich im Anblick der mächtigen Glocke und sagt: »Die sollten Sie mal hören!« Doch mit Rücksicht auf die meditierenden Mönche lässt er den hölzernen Stock in der Ecke liegen.

Khin heißt er, der hilfsbereite Mann. Er muss in den Sechzigern sein und hat es sich zur Gewohnheit gemacht, alljährlich zur *shin-pyu*-Zeremonie nach Mingun zu kommen. Auf meine Frage, ob er selbst einst ein Novize gewesen sei, antwortet er: »*Of course!*« Er wirft mir einen erstaunten Blick zu, als hätte ich die Essenz Birmas nicht begriffen, den starken Drang zum Kontakt mit seinen religiösen Wurzeln. Vor 50 Jahren, 1955, war Khin ein Novize.

»Wo war das?«

»Da drüben, wo heute die Zeremonie stattfindet.«

»Wie lange sind Sie hier geblieben?«

»Zwölf Wochen.«

»Hat es Ihnen gefallen?«

»Überhaupt nicht. Wie die meisten anderen Novizen fand ich es schrecklich langweilig. Außerdem bekamen wir nur zweimal am Tag was zu essen, das erste Mal bei Sonnenaufgang, das zweite Mal um die Mittagszeit. Manche von uns fantasierten davon zu flüchten, doch im Nachhinein habe ich ein anderes Bild von dieser Zeit. Jeder junge Mann sollte Buddha kennen lernen. Heute kann ich es nur bedauern, dass ich nicht mein Leben als Mönch verbracht habe.«

»Ach, wirklich?«

»Mönche haben ihren inneren Frieden gefunden und sollten auch von anderen in Frieden gelassen werden. Als normaler irdischer Mensch ist man den Wechselfällen des Lebens ausgeliefert. An einem Tag hat man was zu essen, am anderen nicht. Man kann mitten in der Nacht geweckt und irgendwo hingeschickt werden, ohne zu wissen, warum. Diese Unsicherheit hat ein Mönch nicht.«

Wir folgen der Spur der Karren, die bergauf führt. Mehrere Bettler sind im Matsch auf die Knie gesunken. »Seid barmherzig an diesem heiligen Tag!« Wir befreien unsere Taschen von den letzten Münzen und kreuzen ein paar sprudelnde Bäche. Einer der Karren ist im zähen, rotbraunen Lehm stecken geblieben, doch gemeinsam sind wir stark. Mein neuer Freund versichert mir weiterhin, dass wir jede Menge Zeit hätten, doch nun sehen wir, dass die Zeremonie auf der Kuppe des Hügels bereits begonnen hat. Ein älterer Mönch ist dabei, dem ersten von achtzehn Novizen den Kopf zu scheren. Die Menschenmenge ist auf dem glitschigen Hang an der Südseite des Tempels zusammengelaufen. Der kleine Junge, mit einem grünen *longyi* und einer roten Jacke bekleidet, sitzt in der Hocke, während seine Haare fallen. Zwei Frauen, vermutlich Mutter und Schwester, fangen sie mit einem weißen Tuch auf.

Auch wenn der Friseur mit Schere und Rasierer geschickt umzugehen weiß, dauert es seine Zeit, achtzehn Köpfe von sämtlichen Haaren zu befreien. Manche Betrachter machen es wie der Novize und gehen in die Hocke. Khin versucht einen besseren Platz auf der anderen Seite des Berges zu finden, doch der Andrang ist groß. In der Ferne schimmert der Irrawaddy, und aus dem lichten Wald in der Höhe erklingt ein hohler Ton wie von einer Konchylie.

Während die Zeremonie ihren Lauf nimmt, erzählt Khin, dass die Jungen einen Vorbereitungskurs bei einem Mönch absolviert haben. Sie hätten das Einweihungsritual gepaukt, das in Pali vor sich gehe, sowie gelernt, sich wie richtige Mönche zu benehmen, mit anderen Worten, so zu gehen, zu sitzen, zu essen und zu sprechen, wie es sich geziemt. Sie haben gelernt, ihre Almosenschale vorschriftsmäßig zu tragen und während der Almosenrunde niemals ihren Blick umherschweifen zu lassen, sondern auf einen festen Punkt zwei Meter vor ihnen zu richten. »All das ist nicht leicht«, sagt Khin, der weiß, wovon er redet.

Wenn die letzte Strähne gefallen ist, verschwinden die Jungen hinter den roten Säulen. Nur wenige der Schaulustigen sehen, was dahinter geschieht, doch Khin erklärt mir, dass die Jungen sich, dem Ritual gemäß, an den Abt wenden und um Aufnahme in die Mönchsgemeinschaft bitten. Sobald der Abt seine Zustimmung erteilt hat, fallen sie vor ihm auf die Knie, und zwar nicht nur ein Mal, sondern drei Mal. Dann wechseln sie die Kleider und ziehen ihr mitgebrachtes Mönchsgewand an. Feierlich geloben sie, die zehn Vorschriften zu befolgen: kein Gesang, kein Tanz, keine Musik, kein Alkohol, kein Sex… Schließlich erklären sie, immer noch auf Pali: »Ich nehme Zuflucht zu Buddha, ich nehme Zuflucht zur *dharma* [der Lehre], ich nehme Zuflucht zur *sangha* [der Mönchsgemeinschaft].« Der Abt beendet die Zeremonie, indem er jedem von ihnen eine Almosenschale reicht.

Der Nachmittag wird lang. Die schwachen Stimmen aus dem Innern des Tempels vereinen sich mit dem milden Duft des Weihrauchs, der aus der Messingurne auf dem Hofplatz aufsteigt. Khin bietet mir einen trockenen Keks aus seiner Stofftasche an, doch vor allem habe ich Durst.

Endlich tritt zwischen den Säulen der erste der achtzehn Novizen in seinem weinroten Gewand hervor. In den Händen hat er seine Almosenschale. Die Zuschauer, die mehr als zwei Stunden ausgeharrt haben, recken die Hälse und erweisen ihm ihren stummen Respekt. Einer Mutter kommen die Tränen, und auch Khins Stimme hört sich plötzlich ein wenig brüchig an.

»Vor dieser Zeremonie«, sagt er bewegt, »waren diese Jungen kaum besser als Tiere. Doch jetzt sind sie Menschen.«

Von nun an gehören die Novizen – solange sie dies wollen – der Mönchsgemeinschaft an. Die meisten werden diese nach wenigen Wochen wieder verlassen. Die Ordination geschieht in der Regel, wenn ein Novize zwanzig Jahre alt wird. Khin entnimmt dem leisen Stimmengewirr, dass sich zwei junge Männer noch heute ordinieren lassen wollen. Eigentlich hätte dies schon früher am Tag geschehen sollen, doch der Regen hat den Zeitplan durcheinandergebracht.

Aber zunächst wollen wir etwas essen. Am Abhang hinter einem achteckigen Pavillon haben umsichtige Mönche mehrere Gefäße mit warmen vegetarischen Speisen aufgestellt. Ich erblicke Reis, Bohnen, Zwiebeln, Chili, Zuckerrohr und kleine dreieckige Kräuterblätter, die Khin zufolge allen rheumatischen Leiden binnen fünf bis acht Tagen ein Ende bereiten. Viele Menschen würden während der Regenzeit von Gicht geplagt, sagt er. Darum täten wir gut daran, uns ausgiebig mit den dunkelgrünen Blättern zu versorgen. Während wir in der Hocke die Erzeugnisse der Erde genießen, die Schale immer dicht am Mund, wird uns warmer Tee aus verbeulten Blechbechern angeboten.

Nach dem Essen gehen Eltern und Verwandte denselben Weg zurück, den sie gekommen sind. Die Mütter drehen sich mit feuchten Augen ein letztes Mal nach ihren hoffnungsvollen Sprösslingen um, doch keine Umarmung, nicht einmal eine leichte Berührung gibt es zum Abschied. Mönche und Frauen dürfen sich nicht berühren.

Als die Ordination der beiden Zwanzigjährigen beginnt, setzt bereits die Dämmerung ein. Khin kennt die beiden nicht. Der eine ist lang, dünn und krumm, der andere auffallend klein gewachsen, o-beinig und kompakt. Sein runder, kahl geschorener Schädel ruht wie in einer Mulde zwischen den Schultern. Außer dem Abt und den Mönchen sind nur wenige Zuschauer anwesend. Khin und ich haben endlich einen Logenplatz auf unserem glatten Hügel.

Das Ordinationsritual ist dasselbe wie eh und je – seit über 2000 Jahren. Leider verstehe ich nicht eine einzige Silbe, denn Pali gehört nicht zu meinen Stärken. Doch verlasse ich mich vertrauensvoll auf James George Scott, der so mancher Ordination beigewohnt hat. Der Mönch, der die Zeremonie vornimmt – für gewöhnlich ist es der Abt –, wird *upyitsi* genannt. Und nun, an einem späten Abend im Juli, kniet der erste Kandidat vor dem sitzenden Abt nieder.

»Kandidat!«, beginnt dieser. »Bist du von Aussatz oder anderen ernsten Krankheiten befallen? Leidest du an Asthma oder Husten? Trägst du eine Krankheit in dir, die durch unreines Blut verursacht wird? Bist du vom Wahnsinn oder anderen Übeln betroffen, die dir Riesen, Hexen oder böse Geister zugefügt haben?«

Der Kandidat antwortet auf jede dieser Fragen: »Von solchen Leiden oder Krankheiten bin ich frei.«

Die Prüfung wird fortgesetzt:

»Bist du ein Mensch?«

»Ja, das bin ich.«

»Bist du ein echter und legitimer Sohn?«

»Ja, das bin ich.«

»Hast du Schulden?«

»Nein, das habe ich nicht.«

»Bist du ein freier Mann oder irgendjemandem untergeordnet?«

»Ich bin ein freier Mann.«

»Haben deine Eltern dieser Ordination zugestimmt?«

»Ja, das haben sie.«

»Bist du zwanzig Jahre alt?«

»Ja, das bin ich.«

»Hältst du deine Hilfsmittel und deine Almosenschale bereit?«

»Ja, das tue ich.«

»Kandidat, wie ist dein Name?«

»Wago [ein böser und unfertiger Mensch].«

»Wie wird der genannt, der über dir steht?«

»Er wird *upyitsi* genannt.«

Damit ist die Prüfung beendet. Der Gehilfe des Abts wendet sich an die Versammlung und sagt:

»Ehrwürdiger *upyitsi*, anwesende Brüder, seid so gut und lauscht meinen Worten. Nach den bestehenden Vorschriften habe ich diesen Kandidaten erzogen, der Aufnahme in unsere Gemeinschaft wünscht. Scheint dies die richtige Stunde, um ihm seinen Wunsch zu gewähren? Falls dies der Fall ist, dann bitte ich ihn, vorzutreten.«

Der Kandidat tritt vor, und der Gehilfe bittet ihn, die versammelten Mönche zu fragen, ob er würdig ist, in ihre Gemeinschaft aufgenommen zu werden. Er geht mit durchgedrücktem Rücken in die Hocke, hebt die Hände, presst die Handflächen aneinander und sagt: »Ich bitte euch, Väter dieser Versammlung, als *yahan* [Mönch] aufgenommen zu werden. Habt Mitleid mit mir und leitet mich, damit ich mich von meinem sündigen und unvollkommenen Zustand als Laie befreie und ein *yahan* werde, der im Zustand der Tugend und Vollkommenheit lebt.«

Erneut ergreift der Gehilfe das Wort:

»Oh, Väter, die ihr hier versammelt seid, hört meine Worte. Dieser Kandidat, der sich demütig vor uns auf die Knie geworfen hat, bittet seinen *upyitsi* um Aufnahme in die Gemeinschaft. Er ist frei von körperlichen und geistigen Leiden, die ihn daran gehindert hätten, unserem heiligen Orden beizutreten. Er hat seine Almosenschale und die heiligen Ornate empfangen und die Versammlung vorschriftsmäßig um Aufnahme in den Orden gebeten. Darum bitte ich die versammelten Väter, die Ordination vorzunehmen. Wer ihr zustimmt, möge schweigen. Wer den Kandidaten aber für unwürdig hält, der möge vortreten.«

Diese Aufforderung ergeht drei Mal, und falls niemand einen Einwand vorbringt, ist die Sache entschieden.

»Da alle Schweigen, so lasst es geschehen«, erklärt der Gehilfe. »Entlasst den Kandidaten aus seinem Zustand der Sünde und Unvollkommenheit und nehmt ihn als ordinierten Mönch in eure Gemeinschaft auf.«

Wir befinden uns auf dem Rückweg. Khin klagt, dass er so wacklig auf den Beinen geworden sei. Ob am Tag oder bei Nacht, im Hellen oder im Dunkeln, ständig stolpere er und falle auf die Nase. Doch einer der Mönche begleitet uns ein Stück des Weges, während wir uns behutsam eine steile Böschung hinuntertasten und um einen steilen Felsen herumgehen. Mingun, das heilige Dorf, ist zur Ruhe gekommen. Einzig die Mücken, ein paar herrenlose Hunde und einige Gäste im Teehaus beleben diesen schwarzen Juliabend. Als ich mich ein letztes Mal umdrehe, sehe ich, dass der Tempel an der Felswand ebenfalls in völliger Dunkelheit liegt.

Khin will das letzte Boot nach Mandalay noch erwischen, doch ich entscheide mich zu bleiben. Bevor wir uns voneinander verabschieden, legt er den Kopf auf die Seite und sagt: »Trinken Sie viel Wasser und seien Sie geduldig.«

Auf der anderen Seite des Kieswegs, von mehreren Bananenstauden verborgen, liegt eine kleine Pension. Eine Stunde vor Mitternacht erfahre ich, dass kein Zimmer mehr frei ist. Doch direkt dahinter erhebt sich wie ein schwarzes Gespenst der Pavillon über der »Mingun Bell«. Auf dem Steinboden finde ich ein paar Mönche und einige andere vor, die mit Bastmatten, Decken und Thermoskannen ausgerüstet sind. Einer nestelt an seinem Moskitonetz, ein anderer murmelt heilige Verse, und in der Ecke, zwischen Kleidern und gestreiften Tüchern, schläft ein Kind in Embryonalstellung, den Daumen im Mund. Die Mutter, eine junge Frau, liegt auf dem Rücken. Ihr schmaler Brustkasten hebt und senkt sich in gleichmäßigem Rhythmus.

Auch für mich ist noch Platz. Eine Bastmatte, Mückenöl, Moskitonetz und Wasser kaufe ich im Teehaus. Eine Decke ist überflüssig, denn die Nacht ist sanft und mild. Ich frage mich, ob der Regengott uns völlig vergessen hat.

Seit heute Vormittag hat es nicht mehr geregnet, und tatsächlich beginnt um kurz vor Mitternacht auch noch der Mond mit den schweren Wolken zu spielen. Er verleiht ihnen einen schimmernden blaugelben Rand, und für einen kurzen Moment wird Mingun in ein nahezu überirdisch schönes Licht getaucht. Wie verwunschen sie plötzlich aussehen, die Bananenstauden, im Schein des himmlischen Oberbeleuchters. Ein paar Hunde beginnen müde zu kläffen, verstummen jedoch gleich wieder. Einer von ihnen trottet zu uns herein, legt sich auf den Bauch, leckt sich die Pfoten und schläft ein.

Mitternacht. Eine Silhouette, ein Mönch, kommt aus dem Mondlicht und betritt unseren Schlafsaal. In der Hand hält er einen massiven, langen Holzstock. Er hebt den Arm und schlägt zu. Die größte Glocke der Welt gibt ein ohrenbetäubendes Dröhnen von sich, einen zitternden, dumpfen Klang, der nicht sekunden-, sondern minutenlang anhält, ehe er langsam verebbt und schließlich verstummt.

Anmerkungen

1 Am 11. Januar 2007 ist Vietnam als 150. Mitglied der Welthandelsorganisation WTO beigetreten.

2 Später erfuhren die Kambodschaner, dass sich hinter dieser Organisation die Kommunistische Partei unter Führung Pol Pots verbarg.

3 Stupas oder Reliquienkammern sind in buddhistischen Ländern kein seltener Anblick. Ursprünglich wurden sie errichtet, um die Überreste von Königen oder anderen hochstehenden Personen zu bergen. Nach Buddhas Tod wurden seine Überreste verteilt und in zahlreichen Stupas in Indien aufbewahrt, unter Umständen auch in den Nachbarländern. Manche Stupas sind wichtige buddhistische Wallfahrtziele.

4 Khieu Ponnary starb 2003 im Alter von 83 Jahren an Krebs. In der Regierungszeit der Roten Khmer (1975–79) leitete sie den Nationalen Frauenverband. Im Herbst 1978, wenige Monate vor dem Sturz des Regimes, wurde sie nach China geflogen und in ein Krankenhaus eingeliefert.

5 Am 19. September 2006 kam es zu einem Putsch. Polizei und Militärkräfte besetzten Bangkok und erklärten die Amtszeit Thaksin Shinawatras für beendet. König Bhumibol sicherte den Putschisten am 20. September seine Unterstützung zu. Am 1. Oktober 2006 wurde der neue Premierminister Surayud Chulanont durch den König bestätigt. Derzeit arbeitet ein vom Militärregime ernannter Verfassungsrat eine neue Verfassung aus. Für Herbst 2007 sind freie Wahlen vorgesehen.

6 König Bhumibol ist der dienstälteste Monarch der Welt. Im Juni 2006 feierte er sein 60-jähriges Thronjubiläum. Eine Million Menschen hörten seine Rede, die er auf dem Balkon des Palastes hielt. Die meisten Menschen waren in Gelb gekleidet, der Farbe, die in Thailand mit dem Montag in Verbindung gebracht wird, denn Bhumibol wurde an einem Montag geboren.

7 Die Lehre des Theravada-Buddhismus besagt, dass bereits 27 Buddhas vor dem bislang letzten, Siddharta Gautama, gelebt haben.

8 Neben Rudyard Kipling und William Somerset Maugham ist auch Noël Coward (1899–1973) für seine Reiseschilderungen aus fernen Ländern bekannt. Auf

seiner asiatischen Rundreise zu Beginn der dreißiger Jahre besuchte er u.a. Siam, Singapur und China.

9 Am 27. März 2007 durfte das ansonsten streng abgeriegelte Naypyidaw während der Paraden am Tag des Militärs erstmals besichtigt werden.

10 Die meisten Birmanen nennen den Fluss Ayeyarwady. Der Name kommt aus dem Sanskrit und bedeutet »Elefantenfluss«.

11 Zudem wurde 2005 mitten in der Ebene ein Aussichtsturm errichtet, der gegen eine hohe Eintrittsgebühr den Touristen einen Rundblick über ganz Bagan ermöglichen soll. Allerdings gilt der Bau vor allem aus architektonischen Gründen als heftig umstritten.

Zeittafel

VIETNAM

207 v. Chr. – 909
Weite Teile des Landes werden von China beherrscht.

909
Vertreibung der Chinesen durch die Vietnamesen.

1010
Hanoi wird Hauptstadt von Dai Viet (Großvietnam), wie das Land damals hieß.

1407
Chinesische Truppen besetzen das Land. 21 Jahre später sind die Vietnamesen wieder Herr im eigenen Haus.

1651
Der französische Jesuit Alexandre de Rhodes reformiert die vietnamesische Schriftsprache und führt das lateinische Alphabet ein.

1867
Südvietnam (Cochinchina) wird französische Kolonie.

1883
Der nördliche und südliche Teil des Landes (Tonkin und Annam) werden französische Protektorate.

1887
Frankreich gründet die Indochinesische Union, bestehend aus Vietnam und Kambodscha. Später kam Laos hinzu.

1930
Ho Chi Minh gründet die Indochinesische Kommunistische Partei.

1940
Japanische Truppen besetzen das Land.

1945
Die Vietminh, ein Zusammenschluss nationalistisch gesinnter Gruppen unter Führung der Kommunistischen Partei, ergreift die Macht.
Ho Chi Minh erklärt das Land für unabhängig.

1946
Französisches Militär greift die Vietminh in der Hafenstadt Haiphong an. Die Vietminh leisten bewaffneten Widerstand.

1950
Die Demokratische Republik Vietnam wird von China und der Sowjetunion anerkannt.

1954
Die Genfer Konferenz endet damit, dass Vietnam entlang des siebzehnten Breitengrads geteilt wird.

1956
Der Staatschef von Südvietnam, Ngo Dinh Diem, leitet eine brutale Kampagne gegen politische Oppositionelle ein.

1957
Zunehmende Guerillatätigkeit und Terrorakte der kommunistischen Vietcong in Südvietnam.

1959
Nordvietnam infiltriert den Süden mit Waffen und Guerillasoldaten.

1960
Die USA verstärken ihre Unterstützung für das Regime in Südvietnam und erhöhen die Anzahl ihrer Berater auf 12 000.

1963
Die kommunistische Guerilla im Süden geht aus mehreren Schlachten siegreich hervor. Präsident Diem wird durch einen Militärputsch abgesetzt und hingerichtet.

1964
Die USA behaupten, ein amerikanisches Kriegsschiff sei im Golf von Tonkin angegriffen worden. Daraufhin beginnen die Amerikaner, Nordvietnam aus der Luft zu bombardieren.

1965
Entsendung von 200 000 amerikanischen Soldaten nach Vietnam.

1966
Die amerikanischen Bodentruppen werden zunächst auf 400 000 Soldaten, im nächsten Jahr auf 500 000 Soldaten aufgestockt.

1968
Die nordvietnamesische Armee und der Vietcong gehen in der Tet-Offensive gegen feindliche Stellungen in Südvietnam vor. Amerikanische Soldaten massakrieren im Dorf My Lai über 500 Zivilisten. Die USA und Nordvietnam nehmen in Paris Waffenstillstandsverhandlungen auf.

1973
Die Krieg führenden Parteien unterzeichnen einen Waffenstillstand. Die amerikanischen Soldaten ziehen sich aus Südvietnam zurück, doch die USA unterstützen weiterhin das Regime im Süden.

1975
Nordvietnamesische Truppen rücken in Südvietnam ein. Wiedervereinigung des Landes unter einer Regierung. Hunderttausende flüchten ins Ausland.

1976
Offizielle Gründung der Sozialistischen Republik Vietnam.

1979
Vietnamesische Truppen marschieren in Kambodscha ein und beseitigen das Regime der Roten Khmer unter Pol Pot. China reagiert, indem es den nördlichen Teil von Vietnam angreift.

1986
Die Kommunistische Partei leitet eine neue und liberalere Wirtschaftspolitik ein.

1989
Die Vietnamesen ziehen ihre Streitkräfte aus Kambodscha zurück.

1994
Die USA heben das seit 1975 bestehende Handelsembargo gegen Vietnam auf.

1995
Vietnam und die USA stellen wieder volle diplomatische Beziehungen her.

2000
Präsident Bill Clinton stattet Vietnam einen offiziellen Staatsbesuch ab.

2004
Zum ersten Mal seit 1975 erhält Vietnam Besuch von einem amerikanischen Marineschiff.

2005
Der Ministerpräsident Vietnams reist zu einem offiziellen Staatsbesuch in die USA.

802
Jayavarman II. eint das Volk der Khmer unter seiner Herrschaft und begründet das Khmer-Reich von Angkor, das bis 1431 Bestand hat. Die Könige von Ankor regieren von ihrer gleichnamigen Tempelstadt aus, die westlich des Tonle-Sap-Sees liegt.

1112
König Suryavarman II. lässt Angkor Wat errichten, den größten Tempel innerhalb des Angkor-Komplexes.

1431
Ein siamesisches Heer greift Angkor an und plündert die Stadt. Neue Hauptstadt wird Phnom Penh.

1863
Kambodscha wird französisches Protektorat.

1941
Prinz Norodom Sihanouk wird König. Während des Zweiten Weltkriegs wird Kambodscha von Japan erobert.

1945
Ende der japanischen Okkupation.

1946
Wiedereinführung des französischen Protektorats. Eine neue Verfassung gestattet den Kambodschanern die Gründung eigener politischer Parteien. Die von den Kommunisten gesteuerte Guerilla beginnt ihren bewaffneten Kampf gegen die Franzosen.

1953
Kambodscha wird unabhängig. Gründung des Königreichs Kambodscha unter König Sihanouk.

1955
Sihanouk dankt ab, um in die aktive Politik einzutreten. Sein Vater wird König, er selbst Ministerpräsident.

1960
Der König stirbt, sein Sohn folgt ihm auf den Thron.

1965
Sihanouk bricht die Beziehungen zu den USA ab und gewährt nordvietnamesischen Truppen Zugang zu kambodschanischem Territorium. Nordvietnamesen kämpfen gegen das von den USA gestützte Regime in Südvietnam.

1969
Die US Airforce beginnt mit heimlichen Flächenbombardements gegen Vietcong-Stützpunkte in Kambodscha.

1970
Sihanouk wird abgesetzt, während er sich auf einer Auslandsreise befindet. Der USA-freundliche General Lon Nol wird neuer Ministerpräsident. Er macht Kambodscha zur Republik und startet mit Unterstützung südvietnamesischer Artillerie einen Angriff auf Vietcong-Stützpunkte in Kambodscha.

1975
Lon Nols Regime wird gestürzt. Die Roten Khmer marschieren in Phnom Penh ein. Die Einwohner werden gezwungen, die Stadt zu verlassen. Sihanouk wird zum Staatsoberhaupt ernannt. Die Roten Khmer führen eine neue Zeitrechnung ein. Das Jahr 1975 wird als »Stunde Null« betrachtet.

1976
Das Land wird offiziell in Demokratisches Kampuchea (DK) umbenannt. Sihanouk wird abgesetzt. Khieu Samphan wird neues Staatsoberhaupt, Pol Pot Ministerpräsident.

1977
Die Roten Khmer greifen vietnamesische Truppen im Grenzgebiet an.

1978
Im Dezember marschieren vietnamesische Einheiten in Kambodscha ein.

1979
Die vietnamesischen Einheiten nehmen im Januar Phnom Penh ein und beenden die Diktatur der Roten Khmer. Die Roten Khmer flüchten ins Gebirge, nahe der thailändischen Grenze. Hunderttausende Zivilisten fliehen über die Grenze.

1981
Die von Vietnam unterstützte Revolutionäre Partei des Kambodschanischen Volkes gewinnt die Wahl zur Nationalversammlung. Die Volksrepublik Kambodscha entsteht. Die abgesetzte Regierung, angeführt von den Roten Khmer, behält ihren Sitz in der UNO. Die Roten Khmer und andere Guerillagruppen führen einen bewaffneten Kampf gegen das neue Regime.

1985
Hun Sen wird vom kambodschanischen Parlament zum neuen Ministerpräsidenten gewählt.

1989
Vietnam zieht seine Truppen aus dem Land ab. Die Regierung unter Hun Sen bemüht sich um ausländische Investitionen, indem es sich von seinem sozialistischen Programm verabschiedet. Der Buddhismus wird als offizielle Religion wieder eingeführt. Das Land erhält einen neuen Namen: Der Staat Kambodscha (SOC).

1991
Die Bürgerkriegsparteien einigen sich auf eine vorübergehende Teilung der Macht unter Aufsicht der UNO. Deren Friedenstruppen werden nach Kambodscha entsandt, um einen geordneten Übergang zu freien Wahlen zu gewährleisten. Sihanouk wird erneut Staatsoberhaupt.

1993
Wahl zur neuen Nationalversammlung. Eine Partei unter Leitung von Prinz Norodom Ranariddh, einem Sohn Sihanouks, gewinnt die Wahl. Ranariddh wird neuer Ministerpräsident, Sihanouk als König wieder eingesetzt. Das Land wird in Königreich Kambodscha umbenannt. Die Exilregierung verliert ihren Sitz in der UNO.

1994
Mehrere tausend Soldaten der Roten Khmer ergeben sich.

1997
Hun Sen putscht gegen die Regierung. Prinz Ranariddh wird als Ministerpräsident abgesetzt. Die Roten Khmer machen ihrem Anführer, Pol Pot, den Prozess und verurteilen ihn zu »lebenslanger Haft«.

1998
Pol Pot stirbt in Anlong Veng im Norden Kambodschas. Die kambodschanische Volkspartei unter Hun Sen gewinnt die Wahl zur neuen Nationalversammlung.

2001
Die Nationalversammlung ratifiziert ein Gesetz zur Errichtung eines Tribunals, um die früheren Anführer der Roten Khmer des Völkermords anzuklagen. Die erste Brücke über den Mekong wird eröffnet. Kambodscha wird von mehreren Ländern substanzielle Finanzhilfe zugesagt.

2003
Die kambodschanische Volkspartei gewinnt die Wahl zur neuen Nationalversammlung, muss jedoch eine Koalitionsregierung eingehen.

2004
Kambodscha wird Mitglied der Welthandelsorganisation (WTO). König Sihanouk dankt ab. Neuer König wird sein Sohn Norodom Sihamoni.

2005
Das Internationale Rote-Khmer-Tribunal soll in Phnom Penh seine Arbeit aufnehmen.

2006
Im Juli werden in einer feierlichen Zeremonie 27 Richter des Tribunals, unter ihnen 10 ausländische Juristen, vereidigt. Das Verfahren steht immer noch aus.

THAILAND

Ca. 900
Das Volk der Thai wandert aus Südchina ins heutige Thailand ein. Die Mon, die bis dahin den größten Teil des Landes bewohnt hatten, werden vertrieben oder absorbiert.

1238
Sukhothai, das erste Thai-Königreich, entsteht. Es wird 200 Jahre Bestand haben.

1296
Gründung des Königreichs Lanna im Norden des Landes mit der Hauptstadt Chiang Mai. Es besteht bis 1556.

1350
Das Königreich Ayutthaya mit der gleichnamigen Hauptstadt wird im Zentrum des Landes errichtet und besteht bis 1767.

1431
Ein thailändisches Heer plündert Angkor, die Hauptstadt des Khmer-Reichs, im heutigen Kambodscha.

1511
Portugiesische Seefahrer gehen an Land.

1767
Birmanische Truppen marschieren in der Hauptstadt Ayutthaya ein und plündern sie.

1782
Begründung der Chakri-Dynastie unter König Rama I. Das Land hieß Siam, Bangkok wird Hauptstadt.

1868–1910
Regierungszeit von König Chulalongkorn, der sich auf westliche Ratgeber verlässt, um das Land zu modernisieren.

1902
Thailand annektiert die drei südlichen Provinzen Pattani, Yala und Narathiwat, die bisher zum malaiischen Königreich Pattani gehört haben.

1917
Siam verbündet sich während des Ersten Weltkriegs mit Großbritannien.

1927
Der heute noch amtierende König Bhumibol wird geboren.

1932
Aus der absoluten Monarchie wird eine konstitutionelle Monarchie. Das Land erhält die erste frei gewählte Nationalversammlung.

1939
Siam wird offiziell in Thailand (»Land der Freien«) umbenannt.

1941
Japanische Einheiten gehen an Land. Nach Verhandlungen mit der japanischen Regierung schließt Thailand einen Bündnisvertrag mit dem Kaiserreich und gewährt den Japanern, gegen Birma, Malaya und Singapur vorzurücken.

1942
Thailand erklärt den USA und Großbritannien den Krieg, doch der thailändische Botschafter in den USA weigert sich, dem amerikanischen Botschafter die entsprechende Urkunde zu überbringen.

1945
Ende des Zweiten Weltkriegs. Thailand muss annektierte Gebiete an Laos, Kambodscha und Malaya zurückgeben. König Ananda kehrt aus dem Exil zurück.

1946
König Ananda wird durch ein Attentat getötet. Sein jüngerer Bruder Bhumibol übernimmt die Thronfolge.

1947
Militärputsch unter Leitung von Phibun Songkhram, der während des Zweiten Weltkriegs auf der Seite Japans stand. Der König behält formell seine Macht, doch wird das Land praktisch bis 1973 von den Militärs regiert.

1962
Die USA sagen Thailand Hilfe gegen die »kommunistische Aggression« zu. Amerikanische Soldaten werden entsandt.

1965
Thailand gestattet den USA die Errichtung von Militärstützpunkten in ihrem Land. Der Vietnamkrieg verschärft sich. Thailändische Einheiten schließen sich in Südvietnam den Amerikanern an.

1967
ASEAN, eine Organisation fünf asiatischer Staaten, darunter Thailand, wird in Bangkok gegründet. Ihr Ziel ist es, politische Stabilität, wirtschaftlichen Aufschwung und sozialen Fortschritt zu erreichen.

1973
Studentenunruhen in Bangkok führen zum Sturz der Militärregierung. Aus freien Wahlen zur Nationalversammlung geht eine zivile Regierung hervor.

1976
Das Militär ergreift erneut die Macht. Die letzten amerikanischen Soldaten verlassen das Land.

1978
Das Land bekommt ein neues Grundgesetz.

1980
General Prem Tinsulanonda wird Regierungschef.

1983
General Prem verlässt die Streitkräfte und führt eine Zivilregierung. Drei Jahre später wird er wiedergewählt.

1988
Bei der Wahl zur Nationalversammlung wird General Chatichai Choonhavon neuer Ministerpräsident.

1991
Erneuter Militärputsch, der siebzehnte seit 1932. Anand Panyarachun, der nicht dem Militär angehört, wird zum Übergangsministerpräsidenten ernannt.

1992
Chuan Leekpai, der Vorsitzende der Demokratischen Partei, wird nach den Wahlen im September neuer Ministerpräsident.

1995
Die thailändische Nationalpartei übernimmt die Macht. Banharn Silpa-Archa wird Ministerpräsident.

1996
Korruptionsvorwürfe führen zum Sturz der Regierung. Die New Aspiration Party unter Vorsitz von Chavalit Yongchaiyudh bildet eine neue Regierung.

1997
Die Asien-Krise hat schwerwiegende Folgen für die thailändische Wirtschaft. Tausende von Konkursen führen zu einem rapiden Anstieg der Arbeitslosigkeit. Chuan Leekpai wird erneut Ministerpräsident.

1998
Zehntausende ausländische Arbeitskräfte werden in ihre Heimatländer zurückgeschickt.

1999
Leichte wirtschaftliche Erholung. Die Regierung beginnt eine Initiative gegen HIV und Aids.

2001
Thai Rak Thai (Thais lieben Thais), eine neue Partei unter Vorsitz des Medienmoguls Thaksin Shinawatra, gewinnt die Wahl und bildet eine Koalitionsregierung.

2002
Die Grenze nach Birma wird vorübergehend geschlossen, nachdem es zu einem Schusswechsel zwischen thailändischen und birmanischen Einheiten gekommen war.

2003
Über 500 thailändische Staatsbürger müssen aus Kambodscha evakuiert werden. Die Krise wird durch ein Gerücht ausgelöst. Eine thailändische Schauspielerin soll angeblich gesagt haben, der Angkor-Wat-Tempel in Kambodscha sei den Thais »gestohlen« worden. Auf die thailändische Botschaft in Phnom Penh wird ein Brandanschlag verübt.

2004
In den drei südlichsten Provinzen kommt es zu muslimischen Unruhen. Mehrere hundert Zivilisten werden getötet. Dem Tsunami vom

26. Dezember fallen mehrere tausend Menschen zum Opfer.

2005
Thai Rak Thai geht aus den Wahlen zur Nationalversammlung erneut als Sieger hervor.

2006
Thailand feiert das 60-jährige Thronjubiläum von König Bhumibol. Im September kommt es zu einem Militärputsch. Die Amtszeit Thaksin Shinawatras wird für beendet erklärt.

2007
Ein durch das Militärregime eingesetzter Verfassungsrat soll eine neue Verfassung ausarbeiten und freie Wahlen vorbereiten. Ende Mai befindet das Verfassungsgericht Thai Rak Thai des Wahlbetrugs für schuldig und verfügt die Auflösung der Partei; zudem untersagt es Thaksin Shinawatra sowie 110 weiteren Führungsmitgliedern der Partei jegliche politische Aktivität in den nächsten fünf Jahren.

BIRMA

1057
König Anawratha gründet das erste birmanische Reich mit Bagan als Zentrum. Der Buddhismus wird seine offizielle Religion.

1287
Bagan wird von mongolischen Heeren erobert.

1531
Die Toungoo-Dynastie vereint das Land.

1755
Die neu gegründete Konbaung-Dynastie verlegt die Hauptstadt von Mandalay nach Rangun.

1824–26
Erster Britisch-Birmanischer Krieg. Birma muss Assam, Manipur, Arakan und Tenasserim an die Briten abtreten.

1852
Im zweiten Britisch-Birmanischen Krieg gerät der südliche Teil des Landes, inklusive Rangun, unter britische Herrschaft.

1885–86
Mit der Eroberung von Mandalay wird ganz Birma zur Provinz von Britisch-Indien.

1937
Birma wird aus dem indischen Staatsverband (Britisch-Indien) herausgelöst und erhält als eigenständige Kronkolonie innere Autonomie.

1942
Mit Hilfe des birmanischen Unabhängigkeitsheers, das gegen die britische Kolonialherrschaft kämpft, besetzen japanische Truppen das Land. Später schließt sich dieses Heer dem Widerstandskampf gegen die Japaner an.

1945
Britische und birmanische Einheiten befreien das Land von der japanischen Besatzungsmacht.

1947
Bogyoke Aung San sowie sechs andere Mitglieder der Übergangsregierung werden bei einem Attentat getötet.

1948
Birma erlangt die Unabhängigkeit. U Nu wird der erste Ministerpräsident des Landes.

1955
Birma spielt eine wichtige Rolle bei der Asien-Afrika-Konferenz im indonesischen Bandung.

1962
General Ne Win ergreift die Macht und setzt die Regierung ab. In einer Deklaration umreißt er den »birmanischen Weg zum Sozialismus«. Alle anderen politischen Parteien werden verboten. Groß- und Einzelhandel, Banken und Industrie werden verstaatlicht.

1974
Ein neues Grundgesetz überträgt die Macht des Militärs auf die gewählte Volksversammlung, die von Ne Win und anderen Militärs geleitet wird.

1975
Verschiedene Widerstandsgruppen schließen sich zur Nationalen Demokratischen Front zusammen und beginnen einen bewaffneten Kampf gegen das Regime.

1981
Ne Win verzichtet zu Gunsten von General San Yu auf den Posten als Staatspräsident, bleibt jedoch Vorsitzender der Einheitspartei BSPP (Burma Socialist Programme Party).

1987
Die Regierung gibt die sofortige Entwertung des Kyat bekannt. Daraufhin kommt es in Rangun und anderen Städten zu Unruhen und Massenprotesten.

1988
General Saw Maung putscht sich an die Macht. Das neue Militärregime etabliert sich als »Staatsrat für die Wiederherstellung von Recht und Ordnung« (SLORC). Aung San Suu Kyi, die Tochter Aungs Sans, kehrt nach Birma zurück und wird rasch zur Galionsfigur der demokratischen Bewegung.

1989
Birma wird in Myanmar, Rangun in Yangon umbenannt. SLORC verhängt den Ausnahmezustand und stellt Aung San Suu Kyi unter Hausarrest.

1990
Die Opposition, angeführt von Aung San Suu Kyi und der Nationalen Liga für Demokratie, gewinnt die Wahl zur Nationalversammlung. Die Militärjunta erkennt den Sieg nicht an und inhaftiert mehrere Führungspersönlichkeiten der Opposition.

1991
Für ihren gewaltfreien Kampf um die Demokratie wird Aung San Suu Kyi der Friedensnobelpreis verliehen.

1995
Ihr Hausarrest wird aufgehoben.

1997
Birma wird Mitglied von ASEAN, und SLORC ändert seinen Namen in SPDC (»Staatsrat für Frieden und Entwicklung«).

1999
Michael Aris, der britische Ehemann von Aung San Suu Kyi, stirbt in London.

2000
Unter Führung von Aung San Suu Kyi leitet die Opposition heimliche Gespräche mit der Junta ein.

2001
Aung San Suu Kyi wird erneut unter Hausarrest gestellt, der zwanzig Monate später aufgehoben wird.

2003
Erneute Verhängung des Hausarrests, den die Junta als »Schutzverwahrung« bezeichnet.

2004
Der bisherige Erste Sekretär des SPDC, Khin Nyunt, wird Regierungschef. Die einberufene Nationalversammlung soll eine »Roadmap zur Demokratie« ausarbeiten. Die Diskussionen bleiben ohne Ergebnis. Khin Nyunt wird kurz darauf seines Amtes enthoben und unter dem Vorwurf der Korruption unter Hausarrest gestellt.

2005
Die birmanische Militärregierung verlässt überstürzt ihren Sitz in Rangun und zieht sich in die 320 Kilometer weiter nördlich gelegene Retortenstadt Naypyidaw zurück. Als Grund wird die Angst vor einer US-Invasion und Revolten vermutet.

2007
Am 27. März durfte das ansonsten streng abgeriegelte Naypyidaw während der Paraden am Tag des Militärs erstmals besichtigt werden.

Literatur

Abbott, Gerry: *Back to Mandalay*. Bangkok: Orchid Press 2004.

Anderson, Liz: *Red Lights and Green Lizards. A Cambodian Adventure*. Maidenhead: Wayfarer Publishing 1998.

Aris, Michael (Hg.): *Aung San, Suu Kyi. Ein Portrait*. München: Heyne 1991.

Ashwill, Mark A.: *Vietnam Today. A Guide to a Nation at a Crossroads*. Yarmouth, USA: Intercultural Press 2005.

Aung San, Suu Kyi: *Freedom from Fear*. London: Penguin Books 1991.

Aung San, Suu Kyi: *Letters from Burma*. London: Penguin Books 1997.

Aung-Twhin, Michael: *Pagan. The Origins of Modern Burma*. Honolulu: University of Hawaii Press 1985.

Bao Ninh: *The Sorrow of War*. London: Martin Secker & Warburg 1993.

Becker, Elizabeth: *When the War was Over. The Voices of Cambodia's Revolution and its People*. New York: Simon and Schuster 1986.

Bechert, Heinz/Gombrich, Richard (Hg.): *Der Buddhismus. Geschichte und Gegenwart*. München: Beck 2000.

Berntsen, Bredo: *Løperkongen. Nordmannen Mensen Ernsts eventyrlige liv*. Oslo: Grøndahl 1986.

Berski, P. Jeannerat de: *Angkor. Ruins of Cambodia*. London: Grant Richards 1923.

Bilton, Michael/Sim, Kevin: *Four Hours in My Lai. A War Crime and its Aftermath*. New York: Penguin Books 1992.

Bock, Carl: *Temples and Elephants*. Bangkok: White Orchid Press 1985 (Reprint der Ausgabe London 1884).

Brown, Louise: *Sex Slaves. The Trafficking of Women in Asia*. London: Virago Press 2000.

Carné, Louis de: *Travels on the Mekong: Cambodia, Laos and Yunnan*. Bangkok: White Lotus Press 1995.

Casey, Robert J.: *Four Faces of Siva. The Detective Story of a Vanished Race*. London: George Harrap 1929.

Chanda, Nayan: *Brother Enemy. The War after the War*. London: Harcourt Brace Jovanovich 1986.

Chandler, David: *Brother Number One. A Political Biography of Pol Pot*. Boulder: Westview Press 1992.

Chandler, David: *Facing the Cambodian Past.* Bangkok: Silkworm Books 1998.

Chandler, David: *The Land and the People of Cambodia.* New York: HarperCollins Publishers 1991.

Chandler, David: *Voices from S-21. Terror and History in Pol Pot's Secret Prison.* Bangkok: Silkworm Books 2000.

Cornwel-Smith, Philip: *Very Thai. Everyday Popular Culture.* Bangkok: River Books 2005.

Chong, Denise: *Das Mädchen hinter dem Foto. Die Geschichte der Kim Phuc.* Hamburg: Hoffmann und Campe 2001.

Cross, Mary: *Vietnam. Spirits of the Earth.* London: Bulfinch 2001.

Dagens, Bruno: *Angkor. Heart of an Asian Empire.* London: Thames & Hudson 2000.

Dang Van Ty: *Min barndom i Vietnam.* Oslo: Dreyers Verlag 1982.

D'Agnes, Thomas: *From Condoms to Cabbages. An Authorized Biography of Mechai Viravaidya.* Bangkok: Post Books 2001.

Delaporte, Louis: *Voyage au Cambodge. L'Architecture Khmère.* Paris: Maisonneuve et Larose 1999 (Reprint der Ausgabe Paris: Delagrave 1880).

Div. Verfasser: *Ancient Town of Hoi An.* Hanoi: Thê Glól Publishers 2003.

Div. Verfasser: *Ord om Vietnam. En internasjonal antologi.* Oslo: Gyldendal 1967.

Fawthrop, Tom / Jarvis, Helen: *Getting away with Genocide? Elusive Justice and the Khmer Rouge Tribunal.* London: Pluto Press 2004.

Fink, Christina: *Living Silence. Burma under Military Rule.* London: Zed Books 2001.

Farovik, Tor: *Indien und seine tausend Gesichter.* München: Frederking & Thaler Verlag 2006.

Farovik, Tor: *Veien til Xanadu – En reise i Marco Polos fotspor.* Oslo: Cappelen 2001.

Gargan, Edward A.: *A River's Tale. A Year on the Mekong.* New York: Vintage Books 2002.

Garnier, Francis: *Travels in Cambodia and Part of Laos.* 1866–1868. Bangkok: White Lotus Press 1996.

Garnier, Francis: *Voyage d'Exploration en Indochine.* Paris: Hachette et Cie 1873.

Gilboa, Amit: *Off the Rails in Phnom Penh. Into the Dark Heart of Guns, Girls and Ganja.* Bangkok: Asia Books 1998.

Gombrich, Richard F.: *How Buddhism Began.* London: The Athlone Press 1996.
Jamieson, Neil L.: *Understanding Vietnam.* Berkeley: University of California Press 1995.
Kamm, Henry: *Dragon Ascending. Vietnam and the Vietnamese.* New York: Arcade 1996.
Kamm, Henry: *Cambodia. Report from a Stricken Land.* New York: Arcade 1998.
Karnow, Stanley: *Vietnam. A History.* London: Penguin 1984.
Kelen, Betty: *Gautama Buddha in Life and Legend.* Singapur: Graham Brash 1990.
Kendall, Laurel (Hg.): *Vietnam. Journeys of Body, Mind, and Spirit.* Los Angeles: University of California Press 1999.
Khoo Thwe, Pascal: *From the Land of Green Ghosts. A Burmese Odyssey.* London: Harper Collins 2003.
Kiernan, Ben: *How Pol Pot Came to Power.* Theford, Norfolk: The Theford Press Limited 1985.
Kipling, Rudyard: *Letters from the East.* New York: Lovell 1900.
Kipling, Rudyard: *Werke.* München: List 1965.
Kissinger, Henry A.: *Memoiren.* 1968–1973. München: Bertelsmann 1979.
Kong Chulalongkorn: *Reisebrev fra Norge.* Oslo: Schibsted 1996.
Kraft, Heinrich: *Myanmar Panorama.* Yangon: Panorama Productions 2004.
Köllner, Helmut / Bruns, Axel: *Myanmar.* München: Nelles Verlag 1998.
Lacouture, Jean: *Ho Tschi Minh.* Frankfurt am Main: Fischer 1969.
Lamb, David: *Vietnam, Now. A Reporter Returns.* Cambridge: Perseus Books 2002.
Larkin, Emma: *Secret Histories. Finding George Orwell in a Burmese Teashop.* London: John Murray Publishers 2004.
Lintner, Bertil: *Outrage. Burma's Struggle for Democracy.* Bangkok: White Lotus Press 1990.
Mabbett, Ian / Chandler, David: *The Khmers.* Oxford: Blackwell 1995.
Malraux, André: *Der Königsweg.* München: dtv 1993.
Marshall, Andrew: *The Trouser People. A Story of Burma. In the Shadow of the Empire.* Washington, D.C.: Counterpoint 2002.
Mercati, Maria: *Thai Massage.* Bangkok: Asia Books 1998.
Mouhot, Henri: *Travels in Siam, Cambodia, Laos, and Annam.* 1858–1860. 2 Bde. Singapur: Oxford University Press 1992 (Reprint der Ausgabe London: John Murray 1864).

Mya, Than Tint: *On the Road to Mandalay.* Bangkok: White Orchid Press 1996.
Nath, Vann: *A Cambodian Prison Portrait. One Year in the Khmer Rouge's S*-21. Bangkok: White Lotus Press 1998.
Noble, Christina: *Bridge Across my Sorrows.* London: John Murray Publishers 1996.
Noble, Christina: *Mama Tina. Niemandskind. Das Schicksal in meiner Hand.* München: Heyne 1994.
Orwell, George: *Tage in Burma.* Zürich: Diogenes 2003.
Orwell, George: *Farm der Tiere.* Zürich: Diogenes 2005.
Orwell, George: *1984.* Zürich: Diogenes 1983.
Osborne, Milton: *Sihanouk. Prince of Light, Prince of Darkness.* Honolulu: University of Hawaii Press 1994.
Osborne, Milton: *The Mekong. Turbulent Past, Uncertain Future.* New York: Grove Press 2000.
O'Brien, Harriet: *Forgotten Land: A Rediscovery of Burma.* London: Michael Joseph 1991.
Page, Tim: *Derailed in Uncle Ho's Victory Garden. Return to Vietnam and Cambodia.* London: Simon & Schuster 1997.
Peissel, Michael: *The Last Barbarians. The Discovery of the Source of the Mekong in Tibet.* New York: Henry Holt and Company 1997.
Phra Dhammapitaka: *Thai Buddhism in the Buddhist World.* Bangkok: Buddhadhamma Foundation 2001.
Phra Peter Pannapadipo: *Good Morning, Buddha*. Bangkok: Post Books 2000.
Phra Peter Pannapadipo: *Litte Angels. The Real-life Stories of Twelve Thai Novice Monks*. Bangkok: Post Books 2001.
Phra Peter Pannapadipo: *Phra Farang. An English Monk in Thailand.* Bangkok: Post Books 1997.
Pim, Koetsawang: *In Search of Sunlight, Burmese Migrant Workers in Thailand*. Bangkok: Orchid Press 2001.
Polo, Marco: *Marco Polos Reiser*. Mit einem Vorwort von Tor Farovik. Oslo: Kagge Verlag 2003.
Polo, Marco: *Die Beschreibung der Welt* 1271–1295. Hg. von Detlef Brennecke. München: Frederking & Thaler Verlag 2004.
Prados, John: *The Blood Road. The Ho Chi Minh Trail and the Vietnam War.* New York: John Wiley & Sons 1998.
Rooney, Dawn F.: *Angkor Observed*. Bangkok: Orchid Press 2001.

Roux, Emile: *Searching for the Sources of the Irrawaddy*. Bangkok: White Lotus 1999.

Sachs, Dana: *The House on Dream Street*. New York: Seal Press 2000.

Saw Myat Yin: *Culture Shock. A Guide to Customs and Etiquette of Myanmar.* London: Kuperard 1994.

Sesser, Stan: *The Lands of Charm and Cruelty. Travels in Southeast Asia.* New York: Vintage Books 1994.

Shawcross, William: *Schattenkrieg. Kissinger, Nixon und die Zerstörung Kambodschas*. Berlin: Ullstein 1980.

Shway Yoe: *The Burman, his Life and Notions*. London: Macmillan 1882.

Sihanouk, Norodom / Burchett, Wilfred: *Mein Krieg mit dem CIA. Kambodschas Kampf um die nationale Unabhängigkeit.* Berlin: Oberbaumverlag 1974.

Smith, Malcolm: *A Physician at the Court of Siam.* London: Oxford University Press 1986.

Smithies, Michael: *Old Bangkok.* Singapur: Oxford University Press 1986.

Somerset Maugham, William: *The Gentleman in the Parlour. A Record from a Journey from Rangoon to Haiphong.* Bangkok: White Orchid Press 1995.

Sparrow, Gerald: *Land of the Moonflower*. London: Elek Books 1955.

Steinberg, David: *Burma. The State of Myanmar.* Washington, D.C.: Georgetown University Press 2001.

Stevenson, John: *Irrawaddy. Benevolent River of Burma.* Singapur: Times Editions 2001.

Strachan, Paul: *Pagan. Art and Architecture of Old Burma.* Honolulu: University of Hawaii Press 1999.

Sudham, Pira: *Monsoon Country*. Bangkok: Shire Asia 2002.

Sudham, Pira: *Shadowed Country*. Bangkok: Shire Asia 1988.

Sudham, Pira: *The Force of Karma*. Bangkok: Shire Asia 2002.

Sudham, Pira: *People of Esarn*. Bangkok: Shire Asia 1994.

Sudham, Pira: *Tales of Thailand*. Bangkok: Shire Asia 2002.

Swain, Jon: *River of Time*. London: Random House 1996.

Templer, Robert: *Shadows and Wind. A View of Modern Vietnam*. London: Little & Brown 1998.

Thant Myint-U: *The Making of Modern Burma*. Cambridge: University Press 2001.

Thayer, Thomas C.: *War without Fronts. The American Experience in Vietnam*. London: Westview Press 1985.

Tiyavanich, Kamala: *The Buddha in the Jungle*. Washington, D.C.: University of Washington 2003.

Warren, William: *Bangkok*. Singapur: Talisman Publishing 2002.

Vickery, Michael: *Cambodia* 1975–1982. Bangkok: Silkworm Books 1999.

Victor, Barbara: *The Lady. Aung San Suu Kyi, Nobel Laureate and Burma's Prisoner*. New York: Faber and Faber 2002.

Yule, Henry (Hg.): *The Book of Ser Marco Polo, the Venetian*. 2 Bde. Delhi: Pilgrims Book 1998 (Reprint der Ausgabe von 1875).

Yule, Henry (Hg.): *Narrative of the Mission to the Court of Ava in* 1855. London: Oxford University Press 1968.

Zhou Daguan: *Sitten in Kambodscha. Über das Leben in Angkor im 13. Jahrhundert*. Frankfurt am Main: G. Keller Verlag 2000.

Die Deutsche Bibliothek verzeichnet diese Publikation in Der Deutschen Nationalbibliografie; detaillierte bibliografische Daten sind im Internet über http://dnb.ddb.de abrufbar.

Titel der norwegischen Originalausgabe: »Buddhas barn. En reise blant mennesker«

www.frederking-thaler.de

Wir danken NORLA (Norwegische Literatur im Ausland) für die finanzielle Unterstützung der Übersetzung

Text und Fotos: Tor Farovik
Coverbild (vorne): LOOK-foto
Übersetzung: Knut Krüger, München
Lektorat: Claudia Alt, München
Kartografie: Eckehard Radehose, Schliersee
Herstellung und Satz: Büro Sieveking, München
Umschlaggestaltung: Dorkenwald Grafik-Design & Artwork, München
Reproduktion: Lorenz & Zeller, Inning am Ammersee
Druck und Bindung: Clausen & Bosse, Leck

Printed in Germany

ISBN 978-3-89405-691-9

INDIEN
Dhaka
BANGLADESCH
Bhamo
Mingun
Mandalay
Sagaing
Golf von Bengalen
Chin
BIRMA
Shan
Bagan
Irrawaddy
Mae Sai
Sop Ruak
Chiang Rai
Mae Hong Son
Pyay
Chiang Mai
2595
Doi Inthanon
Lampang
Kayah
Hinthada
Rangun
Thaton
Chao Phraya
Sukhothai
Phitsanul
Ma-Ubin
Twante
Irrawaddydelta
Moulmein
Golf von Martaban
Indischer Ozean
Nakhon Sawan
Andamanisches Meer
THAI
Ayutthaya
Tavoy
Bangkok
Andamanen (zu Indien)
Sattahip
Rayong
Golf v
Ranong
Surat Thani
Hat Yai / Pattani
Phuket